本书是国家社会科学基金一般项目"我国股票发
（项目编号：14BGL035）的部分研究成果

中国股票发行注册制相关问题研究

刘玉灿　周彩霞　等◎著

新股发行

注册制
核准制
审批制

企业管理出版社
ENTERPRISE MANAGEMENT PUBLISHING HOUSE

图书在版编目（CIP）数据

中国股票发行注册制相关问题研究 / 刘玉灿等著 . — 北京：企业管理出版社，2021.8
ISBN 978-7-5164-2424-7

Ⅰ.①中… Ⅱ.①刘… Ⅲ.①股票发行—注册—研究—中国 Ⅳ.① D922.287.4

中国版本图书馆 CIP 数据核字 (2021) 第 130486 号

书　　名	中国股票发行注册制相关问题研究
作　　者	刘玉灿　周彩霞　等
责任编辑	赵喜勤
书　　号	ISBN 978-7-5164-2424-7
出版发行	企业管理出版社
地　　址	北京市海淀区紫竹院南路 17 号　　邮编：100048
网　　址	http://www.emph.cn
电　　话	编辑部（010）68420309　　发行部（010）68701816
电子信箱	zhaoxq13@163.com
印　　刷	北京虎彩文化传播有限公司
经　　销	新华书店
规　　格	710 毫米 ×1000 毫米　　16 开本　　23 印张　　450 千字
版　　次	2022 年 1 月第 1 版　　2022 年 1 月第 1 次印刷
定　　价	88.00 元

版权所有　翻印必究　印装有误　负责调换

目　录

绪论 1

第一篇　中国新股发行监管制度的演进

第一章　中国新股发行监管制度变迁概述 8
第一节　时代背景：内生于中国金融制度改革中的 IPO 制度演变 8
第二节　他山之石：美国及中国香港的股票发行制度 17
第三节　曲折历程："前注册制"时期的中国股票 IPO 制度变迁 24
第四节　发展之路：注册制在中国 A 股市场的试点及展望 31
本章结论 41
参考文献 41

第二篇　注册制下新股低效定价行为研究

第二章　注册制过渡期 IPO 抑价水平研究 47
第一节　新股交易发行制度对 IPO 抑价影响的实证分析 47
第二节　IPO 存量发行对 IPO 抑价影响的实证分析 56
第三节　新股基本面财务信息 F-Score 对 IPO 抑价的影响分析 72
本章结论 87
参考文献 88

第三章　注册制实施后 IPO 抑价水平研究 90
第一节　IPO 抑价影响因素的实证分析 90
第二节　股份配售影响 IPO 抑价的实证分析 109
第三节　承销商声誉影响 IPO 抑价水平的实证分析 125
第四节　风险投资影响 IPO 抑价水平的实证分析 136
第五节　开放式基金配售比例影响 IPO 抑价水平的实证分析 144
本章结论 155
参考文献 156

第三篇　不同市场主体在 IPO 过程中的作用

第四章　承销商在 IPO 过程中的作用 ... 160
第一节　研究方法及研究方案设计 ... 161
第二节　承销网络对 IPO 过会的作用 ... 174
第三节　承销网络对 IPO 抑价的作用 ... 191
第四节　承销网络对 IPO 后市场表现的作用 ... 212
本章结论 ... 227
参考文献 ... 230

第五章　开放式基金配售新股影响 IPO 抑价水平的研究 ... 232
第一节　研究方法及研究方案设计 ... 233
第二节　开放式基金特征影响 IPO 抑价水平的实证分析 ... 238
第三节　开放式基金特征对 IPO 长期抑价的影响 ... 262
本章结论 ... 276
参考文献 ... 281

第六章　风险投资在 IPO 抑价中的作用 ... 282
第一节　理论基础与研究设计 ... 282
第二节　风险投资持股对 IPO 抑价的作用 ... 291
第三节　风险投资网络对 IPO 抑价的作用 ... 303
本章结论 ... 317
参考文献 ... 318

第七章　风险投资对 IPO 企业盈余管理的作用 ... 319
第一节　研究方法与方案设计 ... 319
第二节　风险投资影响 IPO 盈余管理的实证分析 ... 326
第三节　风险投资影响 IPO 盈余管理行为的稳健性分析 ... 341
本章结论 ... 360
参考文献 ... 362

后记 ... 363

绪　　论

新股发行上市是证券市场发展至关重要的环节。中国股票市场长期存在的诸如上市公司财务造假及操纵股价等违法犯罪行为屡禁不止，价值投资理念缺失、投机炒作盛行、退市机制不畅、投资者利益得不到充分保护等问题都被认为与作为源头的IPO制度有密切关系。IPO（Initial Public Offering）即首次公开发行，指首次获准公开发行股票上市的公司将股票发售给特定或非特定投资者的行为。IPO实际上包括"发行"与"上市"两个环节，"发行"是指符合条件的筹资人依照相关法规，按照一定的程序，向投资人出售代表公司资产权益的资本凭证（如股票）的行为；"上市"则是指已经公开发行的证券申请并得到批准后，在证券交易所等场所挂牌上市交易的行为。与证券发行上市相关的制度安排主要包括发行与上市审核制度、信息披露制度、发行定价制度等。发行与上市审核制度是决定后两者的基础，本质上是一种上市公司的遴选制度，其作用是防止低质量证券进入市场，同时调节证券市场供求关系。

在中国证券市场30年的发展历程中，股票IPO制度先后经历了从审核制到核准制，再到注册制的演变，具体的演进过程实际上也经历了诸多曲折反复。

与欧美等发达国家的股票发行市场相比，中国新股发行既存在高发行价、高市盈率和高募集资金的"三高"现象及高初始回报现象。什么样的发行监管制度才是最适合中国市场环境的制度？中国新股发行实施注册制后新股发行的"三高"现象是否会得到抑制？新股发行及上市的表现如何？主要参与主体如承销商、机构投资者、风险投资资本等的行为对股票发行市场的影响如何？这些都是本书试图探究的问题。

本书主要内容分为三篇。

第一篇研究中国新股发行监管制度的演进，对应第一章中国新股发行监管制度变迁概述的内容。通过对中国金融制度变迁情况的回顾可见，无论是建立银行主导型的金融体系，还是设立股票市场发展直接融资，其初衷都是维持政府对金融资源的控制和配置，表现出非常显著的"路径依赖"特征。而这一特征在中国股票发行审核制度的演变过程中同样得到了体现。作为金融制度的重要组成部分，中国新股发行审核制度的变迁保持了与中国渐进式金融体制改革几乎同步的推进，经历了基于"额度控制"

和"指标管理"的审批制与基于"通道制"和"保荐制"的核准制，并逐步向发达经济体普遍实行的基于"自律监管"和"事后管理"的注册制演变。政府与市场、监管与机构参与者、机构与散户之间等多方利益及矛盾的交织影响或决定了中国新股发行监管制度演进的路径，在各个时期分别显示了当时的时代特征。在审批制下，金融资源按行政原则配置，上市企业选择行政化色彩浓厚，往往是利益平衡的产物，甚至担负着为地方或部门脱贫解困的任务，无法区别对待拟上市的优质企业和劣质企业，自然也无法实现真实、准确、完整的信息披露，股票市场过于关注融资功能而忽视了资源优化配置功能，投资者利益保护更是无从谈起。即便是核准制下的通道制，仍是以行政手段来切分市场和控制发行速度，权力过度集中加上程序不透明导致存在较大的寻租空间。通过梳理各国股票发行制度的实际运作状况可见，注册制和核准制并不是非此即彼的关系，主要区别仅在于监管分权不同。核准制重心在行政监管，注册制重心在市场监督；核准制下，证券监管机构掌握发行权，甚至涉及定价、融资额、发行时点等，自律组织和市场机构的力量无从发挥；注册制下股票发行由市场机制决定，承担实质性审核任务的主体包括政府监管机构、交易所、会计师事务所、律师事务所、券商等。具体实践中多以注册制与审核制并行的混合模式为主。中国股票市场推进的IPO制度改革可谓是"牵一发而动全身"的重要变革，关键在于合理区分新股发行审核与上市审核，减少政府对市场的直接干预，充分发挥市场自律组织的作用，恢复市场自我调节的弹性。各证券市场参与者应重新审视并建构自身的监管职责：证券监管机构回归"市场保护者"的角色；证券交易所依照市场发展规律实现行业自律与自我监管；股票发行人必须强化市场义务；证券中介机构的监管实现职业化改革；投资者个人也要强化风险意识，进行理性决策。由此形成一种运行高效且分工明确的证券市场参与者体系。从2019年7月科创板正式开板试点注册制，到2020年6月创业板开启注册制试点，注册制还需要很长一段时间的磨合与探索。预计在相当长的一段时间里，我国新股发行都将采用注册制和核准制并行的"双轨制"，待科创板和创业板积累了足够的经验时，再将注册制逐步推广到其他板块。

第二篇是注册制下新股低效定价行为研究，主要包括第二章和第三章，分别从纵向视角和横向视角研究了2013年年底后的注册制过渡阶段和2019年7月注册制在科创板试点实施后的IPO低效定价。

第二章注册制过渡阶段IPO抑价水平研究。2013年11月30日，中国证券监督管理委员会（以下简称证监会）发布《关于进一步推进新股发行体制改革的意见》，中国的股票市场自此被认为进入注册制过渡阶段。本章从纵向视角考察了该文件发布后新股上市交易首日44%涨跌幅限制、存量发行、财务信息在IPO中的作用。研究发现上市首日交易涨跌幅44%的制度并没有起到抑制"炒新"的作用，只是人为延长抑价的过程，一定程度上助长了新股的高回报；存量发行一定程度上抑制了新股的抑价率，这一制度刚实施时，确有IPO公司采取了存量发行，但很快就鲜有IPO公司进行老股转让。可见，2013年后开始的在非科创板实施的上市首日最高涨幅44%的改革并没有起到抑制新股抑价水平的作用，这一交易机制的存废值得商榷。

第三章注册制实施后IPO抑价水平研究。本章主要从横向视角考察注册制正式实施后新股IPO抑价水平。本章以2019年6月13日至2020年4月27日间发行上市的新股（A股）为样本，主要考察发行承销制度、承销商声誉、风险投资声誉及开放式基金对IPO抑价的影响。首先考察的是注册制下发行承销制度对IPO抑价的影响。实证分析发现：首次发行股本比例越大，初始回报越小。承销商跟投比例越大，初始回报越低，承销商具有抑价的动机和作用；机构投资者网下配售锁定比例越大，新股初始回报越低。而承销商声誉在IPO中起着"声誉—逐名"的作用，没有达到对新上市企业的监督和认证作用。其次考察风险投资在IPO中的作用。注册制科创板为风险投资减持股份安排了灵活方便的退出机制，风险投资对IPO抑价水平也能起到抑制作用，即起着部分"认证/监督"作用，但不能排除风险投资的逆向选择作用。企业得到的风险投资的支持越多，其上市过程中受到的监督和监管越多，不确定性越少，因而抑价水平会降低。最后探究了开放式基金在IPO中的作用。开放式基金参与新股配售可适当降低IPO抑价水平，当获配新股的基金数量增加时，IPO抑价水平会降低；而获配新股比例的影响因素是复杂的，特别是会受到市场行情和公司发行规模的影响。获配新股基金比例在新股发行规模低于一个阈值时起到抑制IPO抑价水平的作用，高于该阈值时起到促进IPO抑价水平的作用。这给监管层抑制新股高初始回报提供了决策基础，应该加大首次公开发行股份所占比例，以抑制新股高初始回报，同时发行承销制度中的跟投和机构投资者锁定配售均对新股抑价具有抑制作用，验证了发行承销制度安排的有效性，同时需加强并健全承销商对新股的持续督导作用。对风险投资的减持提供灵活的退出机制的同时，要完善减持信息披露等的监管法规、规则体系。专业的开放式基金获配新股对IPO抑价具有很强的抑制作用，所以在加强基金监管的同时要加快新基金的审批和入市。

第三篇研究不同市场主体在IPO过程中的作用，包括第四章到第七章。注册制是以信息披露为主线，交易所审核、证监会注册的市场化发行，通过要求证券发行人真实、准确、完整、透明地披露公司信息，使投资者可以获得必要的信息，进而对证券价值进行判断并做出投资决策。注册制须要全面建立严格的信息披露规则体系，而承销商、风险投资、开放式基金三者均是主要的"信息生产者"和"信息认证者"，他们将新股IPO信息传递给外在投资者，因此在IPO过程中起着重要的作用。如第一章所述，中国股票IPO注册制的试点实施及进一步推广，必须以各类主体"各归其位，各尽其责"为前提。而中国股票市场主体的实际状况距离注册制的要求还存在较大距离。本篇将通过实证分析，对几类市场主体在IPO过程中所发挥的实际作用进行剖析，从而为改善这些市场主体的行为提供参考借鉴。

第四章研究金融中介在IPO过程中的作用，主要考察承销商的作用。金融中介作为第三方，充当信息生产者和信息认证者的角色。随着中国证券市场的发展与壮大和发行人信息披露制度的完善，金融中介特别是承销商、审计机构等在IPO过程中的持续督导、连带责任等制度不断完善。承销商网络地位中心性越强，拟IPO企业过会率越高，IPO抑价水平越低，IPO长期效能越强。承销商在IPO过程中起到了一定的中介认证者的作用，充当了"信息生产者"的角色，发挥了"认证/监督"的作用，在联合承销过程中也能起到互相监督的作用。在IPO询价过程中，承销商确实根据机构投资者和资金雄厚的个体投资者的报价信息，给拟IPO企业进行合理定价。同时，研究发现审计机构具有粉饰财务报表的动机，部分得到了证明。这使得监管层对会计师事务所及注册会计师加强监管和培训，同时加大对造假的处罚力度，杜绝持续造假，以防止上市公司上市不到一年就面临退市的尴尬。科创板中试行保荐机构及子公司参与配售新股的制度，承销保荐机构具有二重作用，既是股票市场的卖方（承销股票），又是市场的买方（参与配售），承销商如何寻求平衡，也是监管机构要进行的考量，其中可能存在损害发行人、投资者的逆向选择和道德风险问题。

第五章分析开放式基金特征对IPO抑价水平的影响，主要分析基金年龄和基金获配新股比例这两个特征。IPO网下配售的开放式基金的年龄越大，IPO的抑价水平越低，说明成立时间越长的基金，越能够充分运用专业团队的研究能力和丰富的投资经验，对IPO的询价过程提供更为合理的报价。而参与IPO网下配售的开放式基金获配新股比例越高，IPO抑价水平也越高，在IPO过程中没能抑制IPO低效定价。这可能是因为承销商以较低的发行价配售给机构投资者新股股份，吸引机构投资者以换取股票买方在佣金方面给予的利益反馈。这给监管层和二级市场投资者的监管和投资提供了信息支持。对监管层来说，设计合理的新股配售制度是抑制IPO高初始回报的主要选择；对投资者而言，基金持股比例高的新股，可能是高质量的公司，具有投资价值。

第六章主要探讨了风险投资对IPO抑价程度的影响。研究结果表明，有风险投资背景、风险投资持股比例越高、持股家数越多，IPO抑价程度越高。有风险投资背景、风险投资持股比例越高、持股家数越多，体现在上市公告书中会让投资者认为该企业得到了风险投资机构的认可，从而涌入一级市场，积极申购股票，并且在股票上市时大量进行买入交易，非理性地拉高了股价，提高了IPO的抑价程度。该结论在稳健性检验中得到了进一步证实。进一步研究风险投资网络在IPO抑价中的作用及投资网络的结构特征，通过多元回归分析网络中心度指标对IPO抑价的影响，发现风险投资机构的度数中心度和特征向量中心度越高,接近中心度越低,越会降低 IPO 抑价程度。这表明该风险投资机构越接近网络的中心地位,权力越大,同时交易能力、传递信息的能力也越强,并且与其合作的风险投资机构也是处于网络核心的机构,这能够帮助企业更好地增值,在一定程度上会提高企业的定价效率,从而降低 IPO 抑价程度。

第七章探讨了风险投资对 IPO 企业盈余管理的作用。实证结果表明,风险投资在 IPO 前阶段和 IPO 阶段时具有"认证/监督"的作用;而在新股锁定和解禁阶段,风险投资具有促使公司进行正向盈余管理的倾向,且锁定阶段正向盈余管理水平低于锁定解禁后阶段的正向盈余管理水平,在三年锁定解禁时,包括风险投资在内的原始股东减持的意愿强烈,他们为了获得高的减持回报会促使公司进行正向盈余管理,定义的锁定阶段在子样本中发现了认证监督的作用,这可能是处于解禁期的风险投资和处于锁定期风险投资博弈的结果。这说明风险投资在 IPO 前和 IPO 过程中发挥"认证/监督"作用,而在解禁阶段具有"声誉—逐名"的作用,促使其支持的公司进行正向盈余管理,粉饰财务报表,以较高的股价减持股份而获取较高的投资收益,再把获利资金重新投资拟 IPO 企业,达到"搅拌效应"。这一发现为监管层提供了监管决策信息:在新股保留股份解禁前后应该加强信息披露的监督,着重设计合理减持的信息披露制度。

我国风险投资体制还有待完善,风险投资对盈余管理行为的影响在 IPO 不同阶段存在差异。IPO 之前和 IPO 时这两阶段的负向盈余管理较为明显且结论稳健,锁定阶段和锁定期解禁阶段存在把利润做多的正向盈余管理。包括风险投资在内的原始股东在股份锁定期到期后,具有很强的减持股份的意愿,他们在解禁日之前可能存在进行正向盈余管理的强烈动机,以求获得高收益而成功退出,利用获利资金再进行投资。现实中政府和监管层可就企业本身在 IPO 四个阶段的盈余管理方面采用相应的监管措施。

概而言之,本书三大部分的研究有助于全面、客观、深入地了解中国的股票发行制度,对学界和实业界具有一定的借鉴价值,也对监管层、金融中介、风险投资、专业机构投资者乃至一般投资者有一定的借鉴意义。由于科创板的注册制于 2019 年 7 月才正式开板实施,创业板的注册制试点也才开启不久,具体运作体制机制都有待完善,存在的不足只有在具体运行过程中才会不断暴露出来,本书涉及的很多问题的研究结论只反映了阶段性的市场状况,尚需持续追踪、深入研究。

第一篇
中国新股发行监管制度的演进

证券市场是现代市场经济的重要组成部分，中国证券市场的产生与发展与中国经济金融体制改革进程息息相关。1990年上海证券交易所（以下简称上交所）的成立被认为是政府主动"驾驭"资本市场的重大举措，向全世界发送了中国将继续坚定奉行改革开放政策的信号；深圳证券市场早在1987年即开始启动，1991年深圳证券交易所（以下简称深交所）正式成立。上交所、深交所及全国证券交易自动报价系统（STAQ）的建立标志着中国证券市场的正式诞生。此后我国陆续设置了上交所主板、科创板以及深交所主板、中小板和创业板5个不同板块。截至2020年5月末，中国境内股票市场共有上市公司3868家，基本涵盖了国民经济90个行业大类的龙头企业，总市值59.61万亿元，是市值在全球排第二的股票市场。随着中国经济体制改革的不断深化，资本市场在金融运行中具有"牵一发而动全身"的作用，IPO制度也因此一直是学界和业界关注的焦点。IPO制度与中国的金融制度改革之间有什么关系？什么样的IPO制度才是适合中国市场环境的制度？中国的IPO制度将来应朝什么方向、沿着什么样的路径发展？本篇从制度变迁视角，在充分认识中国金融制度变迁时代背景的基础上，以美国和中国香港的股票发行制度作为参考，结合科创板及创业板注册制试点的最新内容，分析中国股票IPO制度的发展历程和全面推行注册制的路径构想以及需要解决的关键问题，以深化对新股发行制度本质的认识，并为后续章节的实证分析提供现实支撑。

第一章
中国新股发行监管制度变迁概述

第一节 时代背景：内生于中国金融制度改革中的 IPO 制度演变

一、金融制度和金融体系的内生性与最优金融结构

（一）金融制度和金融体系内生形成的逻辑

金融制度指在金融体系中，使资金从供给方向资金的最终需求者转移得以实现的机制中有关法律法规、交易规则、约定俗成和国际惯例的总和。作为有关资金融通的一个体系，金融制度包括构成这一体系的各个重要组成部分（包括个人及机构），各类金融机构在这一体系中的地位、作用、职能及它们彼此间的关系。金融体系实际上是一个经济体中实现资金融通的基本框架，由金融调控体系、金融组织体系、金融监管体系、金融市场体系、金融环境体系等组成。

基于曹啸（2006）的分析框架，金融制度和金融体系的内生形成及发展可以从必要条件和充分条件两个方面加以分析。

必要条件取决于储蓄者和投资者利用金融体系的"收益—成本"比较。当经济发展到一定阶段，人们拥有的财富禀赋超过最小限度，而且不确定性状态足够复杂，才会出现对提供固定收益资产的金融机构的需求。只有在一定的条件下（储蓄者和投资者的财富分布、所有权结构、交易频率、交易效率、交易费用等），有人超越自己对金融交易的需求而专业于金融交易以获取利润，分散化的储蓄者与投资者之间的金融交易就会内生出专业于创造金融资产、从事金融交易的企业，即金融机构。当利用金融体系的收益超过参与成本时，金融体系得以形成。

充分条件在于金融企业家发现了潜在的获利机会，且预期投资能够得到恰当的回报。金融资产源于各种合约。在一定的不确定性状态下，交易越复杂，合约中所应包含的条款就越多，需要界定的责任和权利边界就越多，从而也要耗费更多的成本。如果把合约拆分，每一部分合约完成一部分交易，拆分后的合约由具有不同比较优势的专业化参与者完成，每个合约的交易费用都低于原来复杂合约的成本，每一个简单合约受不确定性状态的影响也会降低。当制度环境能将内生不确定性控制在一个较小区间，对投资行为提供有效的保护时，企业家追求利润的行为就会促使金融体系产生，并不断催生出金融资产，促进金融机构创新。

以产业经济学的"结构—行为—绩效"范式来看，金融企业家的禀赋、偏好及所面临的约束条件决定了金融体系中的组织——金融中介和金融市场的产生，进而决定了金融市场的结构、金融市场主体的行为和金融市场运行的绩效，从而决定了金融体系的宏观效果。

专业化金融机构在信息和知识的专业化方面具有较大优势，同时拥有规模经济的优势。通过专业、集中处理市场交易中的风险合约，金融机构可以利用大数法则创造出具有相对稳定的收益分布和风险状态分布的金融资产。

在一定的不确定性状态分布和制度环境所决定的交易费用约束下，分散化的储蓄者和投资者对不同金融资产的选择，实际上是根据自己的偏好和资源禀赋选择最佳的风险和收益组合，实现风险和收益的平衡。金融体系的演进实际上是金融体系分工发展和专业化水平不断提高的过程。外部环境或相关因素的变化导致不确定性状态分布的变化，进而产生对新的金融合约的需求。不同国家的制度环境差异决定了这些国家金融发展水平的差异及金融体系类型和演进路径的不同。

被称为"法与金融"学研究领域"四剑客"的 La Porta、Lopez-de-Silanes、Shleifer 和 Vishny（LLSV）从公司治理的外部环境出发，设计了系列指标体系来衡量小股东与债权人受到法律保护的程度与法律执行的质量。他们通过对数十个国家与地区的法律及其实施在外源性融资保护上的相应数据的分析，证明了法律对投资者的保护与金融市场乃至国民经济的发展水平存在因果关系。投资者保护与外部融资之间同样存在因果关系。他们的研究结果表明，有习惯法传统的国家对投资者保护更充分，容易发展市场导向的金融体系，资本市场更发达；有成文法传统的国家相对缺乏对投资者的保护，倾向于发展银行导向的金融体系，间接融资在社会融资规模中所占的比重更大。

"法与金融"的后续研究大多在 LLSV 的研究基础上展开，Beck、Demirguc-Kunt 和 Levine（2003）通过实证数据检验分析了 LLSV 发现的法律体系影响外源性融资的政治机制和适应性机制。政治机制体现为普通法系能更好保护个人财产，因而能促进外源性融资的更快发展；适应性机制则是由于普通法系相比大陆法系有更强的灵活性，能针对经济环境的变化迅速做出调整，可以更好地保护外源性融资。Rajan 和 Zingales 关注了利益集团力量对金融发展的影响，他们认为在金融发展过程中发挥重要作用的是既得利益集团之间的博弈。江春和许立成（2007）运用 125 个国家和地区的数据检验了金融发展的政治经济学理论，实证结果表明金融利益集团的力量对金融发展有着显著稳定的负面作用。

基于不同国家或地区的政治、文化和经济历史背景，形成了市场主导型与银行主导型两类金融体系结构，前者以美国和英国为代表，后者则以德国和日本为代表。两者的特征比较如表 1-1 所示。

表 1-1　银行主导型与市场主导型金融制度比较

特征	市场主导型	银行主导型
内部融资重要性	高	低
对银行的依赖	低	高
主要融资工具	证券	贷款
主要金融交易	在金融市场	与银行的双边交易
主要股东	家庭、机构投资者	银行、企业交叉持股
银行持股	不重要	重要
公司监督控制	股票市场	银行
对法律实施的要求	高	低
风险分散	风险广泛分散在各经济主体之间	风险通常集中于银行体系
信息处理	市场公开发布	银行与客户通过长期关系共享信息

资料来源：郑振龙，陈国进，等. 金融制度设计与经济增长［M］. 北京：经济科学出版社，2009.

制度从高到低可分为三个层次：高层次制度指社会制度，涉及政权性质的基本制度；中层次的制度指经济制度，涉及经济运行机制；低层次的制度指具体规范，涉及市场交易中的行为规则或契约关系。诺思提出："制度包括人所发明设计的型塑人们交往的所有约束。"这些约束包括：正式约束（人所发明设计的规则）、非正式约束（行为规范、惯例和自我限定的行为准则等）和强制执行的外力。制度之间的相关性意味着对某项制度的需求往往引申出对其他与之相耦合的制度的需求，同时又引起对那些与之互斥的制度的排斥。因此，对某项制度的需求往往是其他制度的函数。一个制度系统中不同的具体制度的出现有先后次序，一些先出现的制度往往是后出现的制度的前提条件，或者是必要条件、充分条件，或者是充要条件。

由此可以得到的推论是，发展中国家和转轨国家移植发达国家的金融制度，模仿构建相应的金融体系往往并不能带来预期的金融发展和经济增长。因为模仿往往仅限于表层的形式，但发达国家金融制度和金融体系赖以维系的政治、经济、社会制度环境是发展中国家所不具备的。

本章所探讨的股票 IPO 制度实际上就是庞大制度结构中的一项制度安排，探讨中国的股票 IPO 制度变迁必须在中国的经济金融制度整体大框架下展开。

（二）与要素禀赋相适宜的金融结构观

既然不能简单模仿发达国家，那么发展中国家应该如何寻求适宜的金融制度与金融体系呢？

林毅夫、孙希芳、姜烨（2009）首次提出并论证了最优金融结构理论。他们认为，任何一个经济体在不同发展阶段的金融体系的基本作用是一致的，即动员资金、配置资金及分散风险，其中能否有效配置资金最为根本。但是每一个发展阶段的要素禀赋结构、比较优势、最优产业结构、企业规模和风险特性不同，因而一个经济体中的最优金融结构内生决定于实体经济的特性。判断某国的金融结构是否合理、金融体系是否有效的主要标准，不是其与发达国家的金融结构相比有什么样的差距，而是其与本国的经济发展阶段和相应的实体经济结构是否相适应。发展程度不同的国家，由于要素禀赋结构和比较优势的差异，其实体经济最具竞争力和资本回报率最高的产业部门的风险特征和企业规模不同，不同的金融安排在资金动员、配置和克服不同类型的风险方面各有长短，一国所处的经济发展阶段和相应的要素禀赋结构才是影响该国企业融资特征的根本因素。随着要素禀赋结构的提升、实体经济产业和技术结构的变迁，该经济体的最优金融结构也会内生地相应演变。

龚强、张一林、林毅夫（2014）从金融制度与产业特性相匹配的视角出发，考察了银行和金融市场在不同产业结构下的作用差异。一个拥有充裕劳动力要素的发展中经济体的金融体系，应该以能够为产品、技术相对成熟且资金需求规模相对较小的中小企业提供融资服务的区域性中小银行为核心；以区域性中小银行为主的间接融资方式和非正规融资应当成为发展中国家金融体系的基本特征。随着经济的发展，要素禀赋结构随着资本和技术要素的积累相应提升，实体经济中企业的规模和产品、技术的风险程度提高，金融体系中能够为大企业提供短期融资服务和分散风险的大银行和股票市场所占的比重也应该随之提高。最优金融结构将因此由银行主导型逐步转向市场主导型。

张成思和刘贯春（2016）的数理模型推导和实证分析发现，最优金融结构与生产效率、金融监管效率及有效性、技术进步指数等紧密相关，不同国家之间及同一国家的不同时期这些参数的差异是导致金融结构异质性的根源。随着金融服务的不断丰富和金融法律体系的完善，不同金融制度以一定的比例构成了最优金融结构。

对于发达国家而言，资本密集型产业和风险高、资金投入需求量大的产业是其比较优势。面对无先例可循的全新技术和产业，投资者即便拥有同样的信息，也很难做出一致的判断。所以，有效的金融体系及合理的金融结构必然要能够适应这种风险特征和资金需求特征。艾伦和盖尔（2000）认为，当投资者对同一信息不能做出一致判断时，银行主导或市场主导型金融制度的选择必须在节约信息成本和投资者的效用损失之间做出权衡。当一国以农业和传统工业部门为主时，以稳健、高效的现代银行体系为主的金融制度更能节约投资者的监督成本，解决小额投资者在信息搜集和处理过程中"搭便车"的问题，更能提高效率、促进经济增长；当高新技术产业成为主导产业，信息生产和信息处理成本较低时，以发达的资本市场为主的金融制度具有更好的信息反馈功能，有助于企业做出经营管理决策，更能鼓励技术创新和新兴产业的发展。

综上可见，金融体系是由为实体经济提供金融功能和服务的各种金融制度安排组成的，当实体经济本身是按照要素禀赋结构所决定的比较优势进行产品、技术和产业选择，从而形成最优的经济结构，同时金融体系中的各种金融制度安排所提供的金融功能能够与最优经济结构中的经济主体对金融功能的需求相互匹配时，由金融制度安排的相对规模所形成的金融结构就是最优的。此种状态下，经济能够实现最快增长，绩效也是最优的。

二、中国金融制度变迁的"路径依赖"特质

在成熟的市场经济中，经济学分析往往把完善的制度环境作为既定事实，更多关注资源的市场配置是顺理成章的。中国是发展中经济体，市场扭曲和制度供给不足同时存在，而后者对经济增长的阻碍可能更为根本。

林毅夫（1991）将制度变迁区分为诱致性制度变迁和强制性制度变迁。强制性制度变迁的特点包括：政府为制度变迁的主体，自上而下强制推动，具有存量革命性质。而诱致性制度变迁是经济主体在响应获利机会时自发组织和实行的制度调整，程序为自下而上，具有边际革命和增量调整性质，改革的路径是渐进的。

诺思提出制度变迁的"路径依赖"性，即制度变迁中的报酬递增和自我强化机制使制度变迁一旦走上了某一条路径，它的既定方向在以后的发展中会得到自我强化。过去做出的选择决定了现在可能的选择。沿着既定路径，未来的制度变迁可能进入良性轨道，不断优化；也可能陷入恶性循环，甚至被锁定在某种无效率的状态之中。

与经济体制改革一样，我国的金融改革也选择了渐进方式，是增量改革和边际制度变革的统一。渐进式改革意味着不触动旧制度核心，而是先在旧金融制度外培育新

的金融制度安排，以新金融制度安排的成长为旧金融制度的变革创造条件，待时机成熟再一步步谋求旧金融制度的彻底改革。这一制度变迁模式的限定与约束，有助于减少改革与现存政治、经济秩序和社会利益结构之间的摩擦，减少每一步变革可能遭遇的阻力，实现"积跬步以至千里"的目标。

因此，中国改革开放后的金融制度变迁过程绝非政府自上而下单方面的强制推动，而是诱致性制度变迁和强制性制度变迁综合作用的结果，同时又具有非常明显的"路径依赖"特质。

（一）改革开放前与计划经济相适应的金融制度安排

中华人民共和国成立后，基于特定国情与面对的严峻国际环境，我国的制度结构内生了赶超战略。外部竞争内生着对非均衡资源分布结构的需求，非均衡的资源分布结构又进一步派生出与之对应的非均衡制度结构。经济发展道路一旦选定，就需要特定的经济金融资源动员和配置流程与之匹配，而相应的制度安排也将紧随其后。

改革开放前，政府及政府控制的国有企业既是中国储蓄的主体，也是投资的主体。国有企业需要的基本建设投资资金及日常运营资金来自政府投资，经营所得的利润则要上缴中央财政。由于居民普遍收入水平低下，数量极少的储蓄主要存入国有银行，国有银行的信贷资金则服从财政调配的需要，投放给国有企业。因此，这一阶段的资金配置主要由财政主导，在政府部门及企业部门内部完成，客观上对金融渠道的需求极其有限，金融渠道在储蓄—投资转化中发挥的作用也非常有限。

（二）改革开放初期银行主导型金融体系的形成

改革开放以后，国有企业产出、利润的增长与管理决策权利的下放并不匹配。虽然拥有了一定的经营自主权，但是国有企业的诸如社会服务功能、低效的投资决策机制及"铁饭碗"制度等很多制度特征并未发生实质性改变，都持续内生着对财政补贴的制度性需求。而在20世纪80年代财政相对贫困的背景下，原有的财政渠道已经无力满足国有企业的资金需求。工业化的核心是资本形成，政府主导型金融体制成为顺应国有企业制度框架需求的必然制度反应，国有金融制度是低利率条件下保证国家工业化得到有效金融支持的最优金融制度安排。

受益于改革开放的成果，居民在最终可支配收入中所占的比重得到显著提升，逐渐成为储蓄主体，倾向于将储蓄存入国有银行，而企业和政府依旧是投资主体。财政渠道在中国社会融资结构中的地位下降，金融渠道的重要性随之不断提升。作为中央银行，中国人民银行配合国家的宏观经济发展计划给国有银行下达信贷计划，再由各大银行逐级向下分配；地方政府出于发展经济的需要会对国有银行的信贷资金配置施加影响。国有银行成为在居民部门与企业部门之间承担储蓄—投资转换责任的主要渠道，逐渐形成了银行主导型的金融体系。

在国有银行体系依照国家意图建立之后，国有企业通过"拨改贷"转而向国有银行寻求"金融支持"，原本是由国家财政体系提供的巨额财政补贴顺理成章地转换为由国有银行体系提供的更大规模的"金融补贴"。国有银行制度就是一种既能从非国有部门吸收资金，同时又能将这笔资金中的绝大部分贷放给国有部门的特殊金融制度。银行主导型的金融体系具有强大的资金动员能力，但在资金配置方面又存在效率不高的问题，一些效益低下的国有企业占据了大量金融资源，而日益成为我国经济发展主导力量的非国有经济则长期面临"融资难、融资贵"的问题。

（三）满足政府对金融资源进行控制和配置需求的金融制度变迁

多层次制度安排的相互关系决定了制度选择要受到现行的制度安排、权力关系、政治斗争、国家行为和文化传统等因素的约束。随着改革开放的进一步深入推进，在公有制为主体的制度约束之下，作为推动中国金融制度变迁的"第一行动集团"，政府在决定金融制度变迁的突破口和路径时，既有提升整体金融制度效率的动机，也有维护"公共金融产权"不变，确保自身对金融资源的控制和配置能力，实现政府效用函数最大化的动机。因此政府对一些既有的相对低效的金融制度并不会做根本性变革，而是持续进行一些增量型的边际改革。

20 世纪 90 年代后，中国证券市场的建立和发展从表面上看也是学习借鉴发达国家先进制度的结果，但当时设立证券市场的初衷还是为国有企业脱困，尽管通过资本市场的直接融资体系看起来较银行作为中介的间接融资体系似乎更为"现代"，实际上不过是在国有银行体系之外寻求另一条既能够吸纳分散的储蓄资金再配置给国有企业，又能够实现风险分散，避免出现系统性风险的路径，其产生和演进同样遵循的是满足政府对金融资源进行控制和配置的"内生需求"逻辑。股票市场这个集混合所有制、市场化和国际化为一体的新生事物一经推出，就表现出了强大的融资功能和财富效应，同时也因为种种"先天不足"而频繁出现剧烈波动。

2001 年加入世界贸易组织（WTO）使得中国金融体制改革的外部环境再一次发生了巨大改变。中国必须按照《国际贸易协议》向外国金融机构开放本国金融市场，对外开放成为进入 21 世纪后推动金融体制改革最主要的动力之一。随着国有商业银行股份制改革的深入推进及股票市场股权分置改革的完成，我国金融体制改革进入了一个全新的发展阶段。

总结近 30 年来中国金融制度变迁的历程可见，出于满足政府对金融资源进行控制和配置的需求，金融制度变迁长期存在"三重三轻"倾向：重增量，轻存量；重体制外，轻体制内；重金融组织与金融工具，轻金融（产权）制度。金融改革路径选择的着眼点更多地放在外延扩展上，如增设新机构、引进新工具、开辟新市场等。而对那些涉及面广，可能对现有制度框架和金融秩序造成冲击的深层次问题则尽可能采取回避和拖延态度，把改革的矛盾和困难不断后移。即使是已经推出的很多金融制度安排，离市场化的要求还有较大距离，能够较好满足不同类型经济主体金融需求的多层次金融体系远未建立。与这种增量改革相关的必然选择就是改革的试错性和局部性。这种金融制度变迁方式有助于保持改革的稳定性、连续性，降低了改革的摩擦成本，但同时也增加了改革的时间成本和实施成本。中国的股票 IPO 制度演进就内生于这样的金融制度变迁框架之内。

三、嵌入中国金融制度变迁中的股票发行制度演进

作为金融制度的重要组成部分，中国的新股发行制度经历了基于"额度控制"和"指标管理"的审批制与基于"通道制"和"保荐制"的核准制，并逐步向国际上普遍实行的基于"自律监管"和"事后管理"的注册制演变（如表 1-2 所示）。

表 1-2 中国股票 IPO 制度演进历程概况

年 份	股票发行制度		上市程序
1993 年以前	审批制	审批制起步	—
1993—1995 年		额度管理	政府规定额度，地方推荐，证监会审核，交易所上市
1996—2000 年		指标管理	政府限定额度和家数，地方推荐，证监会审核，交易所上市
2001—2004 年	核准制	通道制	中介机构鉴证，辅导机构推荐，证监会审核，交易所上市
2004—2013 年		保荐制	中介机构鉴证，保荐机构推荐，证监会审核，交易所上市
2014 年后		提出注册制改革	—
2019 年	注册制	科创板启动注册制试点	保荐机构推荐，申请与受理→上交所审核→证监会审核并履行注册程序→启动上交所公开发行
2020 年		创业板启动注册制试点	保荐机构推荐，申请与受理→深交所审核→证监会审核并履行注册程序→启动深交所公开发行

证券市场的行为主体包括监管主体、交易所平台和市场参与主体，前者指监管机构（证监会），交易所平台主要包括上交所与深交所。在较长一段时间里，上交所与深交所作为证监会的派出机构，其身份被视同监管机构，与欧美国家交易所的市场属性有较大差异。市场参与主体则包括发行人及证券公司、审计机构、律师事务所、机构投资者和中小投资者等相关市场参与人。

由于中国股票市场设立的初衷是帮助国有企业融资，监管部门实际上既是"裁判员"又是"运动员"，双重角色功能有助于强化并引导金融资源配置，但同时也存在内在矛盾。政府直接介入发行市场的资源配置，长期直接分配证券发行市场的资源。

在审批制下，金融资源按行政原则配置，上市企业选择行政化，往往是利益平衡的产物，担负着为地方或部门内其他企业脱贫解困的任务，难以区别对待拟上市的优质国有企业和劣质国有企业，自然也无法实现真实、准确、完整的信息披露，投资者利益保护在保障国有企业融资的大前提下无法实现。即便是核准制下的通道制，政府仍以行政手段来切分市场和控制发行速度，由于程序不透明，存在较大的寻租空间。此外，我国的股票发行市场一直以政府信用为基础，政府为企业的发行及上市提供隐性担保，当上市公司出现严重问题时，在缺乏退市机制的情况下，政府还要主导各种重组加以扶持。由此也导致投资者，尤其是散户风险意识淡薄，缺乏认真甄别上市公司质量的积极性，甚至一些面临退市风险的低质量上市公司股票还会因"壳资源"或并购重组概念传闻成为被炒作的对象。

制度变迁经常是在原有制度遇到危机时被迫产生。危机意味着原有制度由均衡状态陷入非均衡状态，稳定性遭到破坏，而不稳定往往是由于不公平所导致的。中国股票市场多年的运行充分表明，无论是审批制还是核准制，都存在诸多不足，证监会的发行审核与交易所的上市审核始终未能实现合理区分，无法甄选高质量公司成为上市公司，无法实现上市发行的合理定价，没有建立退市机制等配套制度体系，也无法充分保障投资者的利益。整个证券市场的基本制度安排存在诸多根本缺陷，市场供需的平衡机制长期被人为破坏，股票市场的功能长期仅局限于融资，资源配置功能、反映功能等均难以实现。

有观点认为，我国金融制度演进的每一步基本上都源于自上而下的政府强制性供给行为。对此也有不同看法。长期关注金融制度变迁的学者张杰（2011、2015）就认为，从制度变迁的角度来讲，中国金融发展根本不存在所谓的最优解或最理想的制度结构，所能达到的只是博弈均衡解。参与金融制度变迁的各个利益相关方经过相互冲突，最后达成妥协。金融制度变迁的过程充满各种"变数"，是在各种利益的较量过程中，一步一步通过反复"试错"，摸索着某种各方都可接受的均衡状态，绝不可能仅由政府单方面通过设计规划来实现。制度变迁应该是效率更高的制度对原有低效率制度的替代过程，是帕累托改进的过程。证券发行注册制改革也可以视为股票发行监管制度的重要变迁。新股发行的注册制变革，有望使原有制度中行为主体的经济收益或交易成本在新制度的激励和约束下发生本质性的改善，其实现的过程也应该是各利益相关主体充分博弈的结果。

第二节 他山之石：美国及中国香港的股票发行制度

中国的股票 IPO 制度改革离不开对其他国家和地区相关制度的学习借鉴。横向比较，世界各大经济体的股票发行制度主要包括核准制、混合制和注册制，这三种发行制度的市场化水平逐级上升，政府导向的程度逐渐减轻。

从法学角度看，核准制（substantive regulation）与注册制（registration）两种证券发行审核方式分别对应着实质主义（substance philosophy）和公开主义（disclosure philosophy）的监管理念。核准制是指证券监管机关在审查证券发行人的发行申请时，不仅要依信息披露原则做形式审查，还要对发行人是否符合发行条件进行价值判断并据此做出是否核准其申请的决定，为欧洲大陆多数国家所采取。注册制则以自由主义和披露哲学为法理基础，发行人必须将依法公开的各种资料完整、真实、准确地向证券主管机关呈报并申请注册，证券监管机关只进行形式审查而不涉及实质审查，发行人营业性质、财力、素质及发展前景，发行数量与价格等实质条件均不作为发行审核要件。只要文件符合形式要件，公开方式适当，管理机构不对拟发行的证券本身做价值判断，申报文件提交后，经过法定期间，主管机关若无异议，申请即自动生效。注册制以美国和日本模式最为典型（李燕、杨淦，2014），混合制则以中国香港"双重存档制"较为典型。事实上，无论是核准制还是注册制，都远非其抽象概念所反映的那样界限清楚，不同的历史文化、政治体制、法制传统的差异决定了两种审核方式在不同国家和地区形态各异或相互融合。

一、美国的双重注册制

（一）联邦与州分工配合的双重发行监管

长期以来，学界和业界的很多人将注册制的根本问题简单归纳为"审不审"，似乎注册制就是"审得少，审得松，审得快"，还往往将美国作为典型代表。实际上，美国所谓的"注册制"渊源于《1933年证券法》对公开发行证券的注册或豁免要求。基于美国联邦和各州的特殊分权关系,各州证券法下的监管实际上是独立自行其是,有的实行核准制,有的实行注册制。尽管全国性公开证券发行适用于联邦证券法的注册制,但发行后的上市申请,须由美国各大证券交易所进行实质审核。因此,美国证券市场的"注册"必须与"豁免"相提并论,是指除非得到豁免,证券公开发行须经美国证监会的审核。完整意义上的注册制,是美国证监会以信息披露为中心的形式审核与各交易所设置具体上市条件并进行实质审核相互分工配合的有机整体。所以,"审不审"并非注册制的关键,关键在于如何界定政府监管机构、交易所平台和其他市场中介的职责和义务。

美国的IPO注册制有三个核心要素:多元化的审核主体和分离的审核程序;嵌入实质审核的信息披露监管;与注册制相配套的其他制度系统。

美国有关证券发行的法律规定涉及两个核心词汇:registration和offering。《布莱克法律词典》中对registration的释义有两项:一是指注册或登记;二是指在公开发售新的证券之前需完成的准备程序。与之相关的另一个词registered offering是指公开发售证券时在联邦证券交易委员会(United States Securities and Exchange Commission,SEC)和相关州的证券监管机构所进行的注册登记。也就是说,发行人在公开发售证券前需分别按照联邦和州的法律规定向SEC和各州证券监管机构提交发行申请。其中联邦层面的法律主要指《1933年证券法》和《1934年证券交易法》,州层面的法律是指各州制定的证券法或称"蓝天法"(Blue Sky Law),而且"蓝天法"要早于联邦层面的法律。

"蓝天法"最早于1911年诞生在堪萨斯州。随后,各州纷纷仿照制定了各自的证券法,虽然统称"蓝天法",但内容差异较大。联邦与州对证券市场的双重监管及各州之间的法律差异造成了证券发行的高成本和低效率,并存在诸多极易被规避的漏洞。联邦层面制定《1933年证券法》的初衷正是为了规范不同"蓝天法"下混杂无序的信息披露标准,防止投行利用各州证券监管的空白。美国为降低双重注册带来的管辖权重叠和解决这些问题所做的努力从未中断。其中既有对各州之间法律规范的统一,也有对州审核权的限制和豁免,例如《1940年投资者公司法》《1996年全国资本市场改善法》《2002年统一证券法》中均规定某些证券发行由联邦专属管辖,州不得插手,这些证券被称为"联邦管辖的证券"(Federal Covered Securities)。从某种意义上说,联邦层面的注册制是对州层面IPO实质监管的补充。

完整意义上的美国IPO注册制度是在其宪政分权的政治体制下形成的联邦披露监管与州实质审核并存的"双重注册制"(Dual System of Securties Registration)。美国本土公司在美国境内IPO,在联邦制的宪政结构中,一般必须在联邦与州(发行或销售涉及的州)两个层面同时注册(联邦或州豁免注册的情形除外)。联邦注册制以信息披露为主,联邦证券监管权限受到严格限定。美国各州自己的证券监管机构100多年来普遍实行实质审核，主要负责依"蓝天法"之规定对本州范围内的证券发行和交易活动进行监管，严格控制证券的投资风险。

美国联邦与州对于证券市场的双重监管模式近百年来总体运行良好。一批发育健全、归位尽责的利益主体在分权监管的竞争状态中得以生成，他们对证券市场上的各种信息进行识别和过滤，对证券发行、交易和退市的各个环节进行干预和督导，对政府监管政策的供给进行反馈和纠错，证券市场实现了从放任自由向多元治理的蜕变。

（二）发行审核与上市审核的清晰分离

美国证券的发行和上市是分开的过程，通常发行人会同时向SEC和交易所提交申请，但发行审核与上市审核的过程彼此独立，具体体现在两个方面。

一是发行审核与上市审核的主体有别。证券发行审核的主体是作为政府部门的联邦机构SEC及各州的证券主管部门，关注的是信息披露内容和质量，是形式审核，是法定强制行为；SEC在批准注册时会有如下表述："不批准证券上市，也不禁止证券上市"。证券上市审核的主体是各交易所，由交易所对证券的流通价值进行审查后做出决定，是双向自由选择的过程，是实质审核，属于民事商业行为。交易所对已通过发行审核的证券申请上市依旧拥有否决权。

二是发行审核与上市审核的侧重点不同。证券发行是投资者与发行人在资金换证券过程中的博弈，投资者需在购买证券之前获得充分而公允的披露信息，因此发行审核的侧重点在于审查信息披露的格式、内容及程度，从而体现"形式重于实质"的审核特点；而证券上市是投资者与投资者对"证券交易价格"的博弈，可供上市交易的证券必须具有一定的增值空间，故证券交易所要通过审查发行人的资质、财务数据、发行规模和盈利前景等要素来判断证券的交易价值，从而体现"实质重于形式"的审核特点。

正是因为还有后期证券交易所的实质性上市审核，SEC才有条件从实质审核的任务中适度解脱，确立了相对宽松的审核标准，审核预期性强，耗时短，具有明显的效率优势。政府行为与市场行为保持了合理的距离，既确保了发行人的运营和资金使用自由，又有助于培育投资者"自主决策、自担风险"的投资文化，达成了政府监管与市场自律之间的平衡。

二、中国香港的双重存档制

（一）作为监管权力博弈产物的双重存档制

股票发行的混合制以中国香港"双重存档制"为代表。双重存档介于核准制与注册制之间，审核内容方面，强调信息披露原则和市场化定价，但保留实质审核权。审核程序方面，发行与上市一体化，交易所扮演前线主导角色，香港证券及期货事务监察委员会（以下简称香港证监会）位居后端，进行形式审核。总体来说上市门槛较低，不要求必须盈利，程序高效，审核周期较短。

中国香港的资本市场历史悠久，早在1891年，英国人就在香港成立了第一个证券交易所——香港会。20世纪60年代末，随着香港经济的繁荣与发展，远东会、金银会、九龙会相继成立，与香港会形成"四足鼎立"之势。四家交易所为争抢业务，争相放宽上市条件、大打佣金价格战、提供融资便利，政府则持放任态度，香港股市呈现非理性繁荣状态。1973年爆发的"股灾"让政府意识到加强市场监管的必要性，于是《1974年证券条例》《1974年保障投资者条例》等法规相继出台，非全职监察委员会设立，香港资本市场进入了规范发展时代。

1986年，四大交易所合并为联交所。本地经纪商势力垄断交易所，政府监管力量薄弱，1987年受全球"股灾"波及，香港再度爆发"股灾"。在《戴维森报告书》的提议下，香港形成三层架构：政府负责制定金融政策；1989年成立的香港证监会是法定独立监管机构；香港交易所作为前线监管者掌握上市监管权，长期占据主导权。

双重存档制实际上是监管权力博弈的产物，折射了香港证监会和交易所的博弈。港交所作为一家上市公司，既是"裁判员"也是"运动员"，始终存在角色冲突问题。2002年，香港证监会曾因为"725细价股风波"质疑港交所利益冲突身份，建议将交易所的上市审批权移交香港证监会，但港交所全力反对，最终保住其上市审批权，香港证监会仅有否决权。根据《证券及期货规则》，香港证监会可以对上市申请进行审核，2003年香港证监会与联交所签订《上市事宜谅解备忘录》，将上市审核权转回给联交所。上市申请人均须向香港联交所提交上市申请及信息披露材料，联交所会将副本送交香港证监会，以作存档。2016年香港拟增设上市政策委员会及上市监管委员会，香港证监会直接介入上市审批，再度遭到较大阻力，最终仅成立了具有建议性质的上市政策委员会，监管机构与交易所自律力量始终博弈激烈。

（二）证券发行与上市一体化的审核要求

与美国发行与上市审核分离不同，中国香港股票市场发行与上市是一体化的，发行即上市，交易所掌握审核权及上市主导权。为降低审查人员主观裁量的影响，联交所内设上市科、上市委员会和上市上诉委员会。上市科负责预审硬性条件，关注申请人盈利、市值等指标是否符合上市资格，并以意见函反馈。预审合格后推荐到上市委员会。上市委员会判断上市适当性要求，关注申请人是否符合主观性较强的适当性条件，经过聆讯做出决定。上市上诉委员会负责复合异议。如果发行人存在异议，可提请复核上市委员会决定。从实践来看，中国香港的审核效率较高，透明度较低，IPO问询和聆讯过程不会直接公开，只能对比前后招股说明书推断问询情况。

港交所的监管依据是其制定的《上市规则》，对拟上市公司的业务、盈利、管理、市值和股票数量等做出了许多具体的规定。如果企业无法达到这些实质审核的要求，则无法在港交所上市，也就无法在香港发行证券。所有对《上市规则》所做的修订及需要强制执行的政策决定，均须获得证监会批准。联交所进行上市资格及适合性审查两轮实质审核。

一是上市资格审核。《上市规则》第八章、《创业板上市规则》第十一章详细规定，指标包括财务、市值、公司治理、公众持股数量等。港交所主板股票上市条件主要包括财务类要求和非财务类要求，梯度设置上市门槛。创业板上市门槛更低，采用市值/现金流测试；港交所允许亏损上市。

二是适合性审查。联交所通过发布指引信和上市决策传递监管信号。例如《关于退回若干上市申请指引》列举了披露不充分、业绩持续下滑、关联交易比重较大、单一客户收入占比过高、公司规模和前景与上市目的不匹配等理由。

此外，港交所还会关注发行人的设立、业务等方面的情况，对是否同意其上市保留最终的自由裁量权。

2018年，中国香港进行IPO制度改革，为拓宽上市制度而修订的《上市规则》于2018年4月30日正式生效。通过修订《上市规则》，港交所在做出额外披露及制定保障措施的前提下，允许未能通过财务资格测试的生物科技公司及拥有不同投票权架构的创新产业及高增长发行人上市。2018年7月9日，小米集团正式在香港主板上市，成为香港市场首个同股不同权的公司。

香港证监会的监管依据是《证券及期货条例》，主要监管原则类似于"披露原则"，侧重于发行人是否披露了所有投资者可能感兴趣的信息。申请人已发行或将会发行的上市申请，须载有在顾及该申请人及该等证券的特质下属需要的详情及资料，以使投资者能够就该申请人在申请时的业务、资产、负债及财务状况，以及就该申请人的利润与损失和依附于该等证券的权利，做出有根据的评估。如香港证监会批准公司的发行和上市申请，则出具无异议函。若不同意，则行使否决权，拒绝公司的首发上市申请。

（三）中国香港股市的市场化定价与信息披露要求

中国香港采取累计投标询价法，融资规模和发行定价由市场决定。承销商根据向机构投资者询价的结果，自行制定发行价格，承销商具有发行定价权，并自主决定股票的分配，因此能否发行成功与市场投资者紧密相关，破发情况屡见不鲜。香港股市没有涨跌停板，实行 T+0 制度，做空机制较多，进一步加剧了股价的波动性。与内地股市不同的是，香港股市以机构投资者为主，投资者结构更加成熟，投资方式相对理性。港交所从 2016 年 8 月 22 日起实施价格波动调节机制，以防止发生可带来连锁影响的极端价格波动及错误交易引致"闪崩"等重大交易事故。

港交所的信息披露制度分为一般性披露制度和特殊性披露制度。香港主板上市公司信息披露的要求同样由《上市规则》规定。港交所采取部分事项事前审核、部分事项事后审核的方式。上市公司可直接披露一般性规定范围内的事项。而对于包括"须予公布的交易、关联交易、与首次公开招股交易有关的补充资料，根据《收购守则》发表的公告、停牌及复牌公告，以及与发行人证券有关的若干事宜的一些披露规定"等事项，上市公司需向港交所提交公告初稿，通过上市科审批后，方可刊发有关公告。

此外，《上市规则》还特别增加了针对生物科技企业和具有不同表决权架构的企业的特殊信息披露要求。在遵守原有信息披露要求的基础上，港交所要求生物科技公司及具有不同表决权架构的创新企业，针对性地披露与其他发行人存在的特殊之处，并在证券简称方面做出专门标识，以提醒投资者关注发行人的潜在风险，及必须审慎考虑后再决定投资。港交所针对特殊企业的特殊信息披露要求尤其值得开展注册制试点的科创板及创业板借鉴参考。

香港对信息披露违规行为的法律追责十分严格。上市公司披露股价敏感资料被列为法定责任，香港证监会发布《内幕消息披露指引》协助上市公司遵守披露义务。虽然没有集体诉讼制度，但香港对证券欺诈惩处力度较大。根据香港《证券及期货条例》，披露虚假或具有误导性的数据以诱使投资者进行交易，将可能被追究 10 年监禁的刑事处罚及高额的民事处罚，具有较强的威慑力。

严格的退市标准也是健全市场功能、促进优胜劣汰的保障。港交所的《上市规则》规定，如交易所认为有必要保障投资者或维护一个有秩序的市场，则无论是否应发行人的要求，交易所均可在其认为适当的情况及条件下，随时暂停任何证券的买卖或将任何证券除牌。

综上所述，香港的监管分工明确，双重存档制既强调信息披露与市场化定价，同时交易所保留实质审核权，发行上市一体化，形成了独特的发行制度混合体，符合其国际金融中心地位的需要。

三、对注册制与核准制的理性认识

"注册制"概念经常被作为"核准制"的对照，目的是为中国证券市场改革提供参照系。基于本节关于美国双重注册制和中国香港双重存档制的分析可见，对股票发行制度的认知一定要避免简单化、直线性的思维方式，注册制与核准制并没有绝对清晰的界限，两者常常共存，相互搭配。中国香港的 IPO 制度是实质审核与信息披露的混合体，美国的注册制也存在州一级及交易所的严格实质审核。由于中国公司赴美国上市时属国际板上市，可以豁免各州的注册与审查，加深了很多国人对注册制"披露即合规"的错误认知。

王啸（2013）指出国内对注册制的认识存在非此即彼的"二元对立"认知误区，也存在"抄袭美国"的新经验主义、教条主义，只见树木不见森林的"碎片化"研究，崇拜"先进性"、忘记"适应性"等思维误区。

注册制与核准制在审核主体、披露要求、中介责任等的监管总量方面并无重大实质性差别，区别只在于监管分权不同。任泽平（2019）归纳提出，决定一个经济体的资本市场导向是偏市场化的"注册制"，还是偏政策导向的"核准制"的因素有三个：审核程序，审核内容及定价和配售方式，退市制度、交易制度、再融资制度等配套制度。如果资本市场由自律监管为主导则更偏市场化，由政府主导则更偏政策导向；证券交易所的组织方式是公司制则更偏市场化，是会员制则相对偏政策导向；监管机构是否进行实质性审核不能作为判断是否为市场导向的基础，但实质性审核主体仅为政府机构则表明更偏政策导向，审核主体多元化则表明更偏市场导向，注册制下实际承担实质性审核任务的主体不仅包括政府监管机构，还包括交易所、会所、律所、券商等。核准制的重心在监管，证券监管机构掌握发行权，甚至涉及定价、融资额、发行时点等，自律组织和市场机构力量较弱；注册制的重心在市场，股票发行由市场机制决定，采取累计投标询价配合自主配售的发行定价机制则更偏市场化，但实践中多以混合模式为主，对各种定价方式扬长避短。首次公开募股能否成功，取决于发行公司、承销商、投资者之间的博弈。

王啸（2013）认为，美国的注册制是经过上百年的博弈和反复试错形成的，包括由内而外的三个层面：第一层面是美国证监会的发行审核，核心是严格审核，但不因质量问题而否决申请；第二层面是交易所的实质审核，核心是"双否"，即对首次上市和维持上市地位（反面即退市）运用实质判断和行使否决权；第三层面是作为证券准入市场整体的注册制，不仅包括证券发行和上市审核制度，还包括占市场主导地位的理性投资者队伍、无处不在的集团诉讼、无孔不入的做空机构、通畅的退市渠道、有效到位的权利救济等，这些都是注册制存在的制度性根基。

中国市场的交易结构、股权结构、公司治理结构与美国市场完全不同：证券市场交易以个人投资者，尤其是散户交易为主，股权结构以国有集团控股或民营实际控制人控股为特征，机构投资者更倾向于与上市公司控股股东或实际控制人维持良好的"关系"。注册制需要依靠事后的救济、惩戒来弥补和取代事前审核与事中检查的缺位，而中国证券市场诚信文化的形成和市场约束机制的建立健全还有一段较长的路要走,因此绝不能简单移植模仿,发展、引导、规范注册制生态系统的一系列配套机制与改革发行上市审核制度本身同等重要。我国必须要走出一条立足国情,能解决本土问题的股票发行市场化道路。

第三节 曲折历程:"前注册制"时期的中国股票IPO制度变迁

一、审批制

1990—2000年,中国股票发行实施的是行政审批制度。1993年4月22日,国务院发布了《股票发行与交易管理暂行条例》(以下简称《条例》),同年6月10日,证监会根据《条例》和《股份公司规范意见》关于上市公司信息披露的规定制定的《公开发行股票公司信息披露实施细则》公布并施行。《条例》内容包括:总则,股票的发行,股票的交易,上市公司的收购、保管、清算和过户,上市公司的信息披露、调查和处罚,争议的仲裁和附则等。《条例》的发布也标志着股票发行审批制的正式实行。

《条例》和1994年7月施行的《公司法》是规范新股发行最重要的法规,明确规定负责审批企业股票公开发行的机构为地方政府、中央企业主管部门和国务院证券管理部门。1993—1994年,新股发行范围包括社会公众、内部职工和特定法人机构;1994年6月,国家经济体制改革委员会颁布体改〔1994〕33号文,宣布停止定向募集股份公司和内部职工股的审批和发行。1994—1999年,新股发行范围仅为社会公众。

(一)额度控制

与中国经济体制改革进程相匹配,审批制是完全计划发行的模式,早期实行额度控制,由证监会会同国家计划委员会制定年度或跨年度全国股票发行总额度,然后把总额度按条块分配给各地方政府和中央部委。值得注意的是,额度是以票面值计算的,在溢价发行条件下实际筹资额将远大于额度。发行申请人须要依照隶属关系向当地人民政府或中央企业主管部门提出公开发行股票的申请,地方政府或中央企业主管部门对发行申请进行初审,初审通过后的发行申请须报送证监会复审,形成第二级审批。发行公司的申报材料也须要统一由地方政府或中央企业主管部门审核后才可以报证监会核准。只有新发行的社会公众股才能进入二级市场流通。

在股票发行过程中，两级审核是最为关键的环节。这样的两级审核制度，客观上造成了在中国证券市场上发行股票的企业以国有企业为主，上市成为地方政府扶持国有企业发展或者走出困境的有效手段，严重影响了上市企业的质量。

（二）指标管理

1996年，推举上市企业的办法由额度控制变为指标管理，政府限定发行额度和家数，由地方和部委在规定的额度和指标范围内向证监会推举IPO公司，核心原则是"总量控制，限报家数"。对IPO定价方式进行调整，将以往根据盈利预测定价的方式改为将前三年的历史利润作为定价依据，虽然本质上依旧是行政定价，但降低了定价的主观性和人为操纵价格的可能性。发行配售方式逐步趋向网上网下结合。其他事项较之额度控制并无太大差别。

实施额度控制或指标管理的初衷原本是为了使企业有秩序地进入证券市场，避免由于市场扩容太快影响市场繁荣。由于上市额度的控制，市场容量过小，导致市场中可供交易的股票稀缺，价格扭曲，严重影响了股票市场资源配置功能的发挥。

二、核准制

随着市场经济的发展，市场化程度更高的新股发行核准制必将替代计划经济色彩浓厚的审批制。1999年7月1日正式实施的《证券法》第一次提出新股发行核准制，明确规定："公开发行证券，必须符合法律、行政法规规定的条件，并依法经国务院证券监督管理机构或国务院授权的部门核准或审批"；"国务院证券监督管理机构设发行审核委员会，依法审核新股发行申请。"从2000年开始，监管层陆续推出一系列有关新股发行的政策法规，大大推动了我国新股发行的市场化改革进程。

2001年3月颁布的《中国证监会股票发行核准程序》和《股票发行上市辅导工作暂行办法》规定从2001年3月起将用核准制代替行政审批，取消了股票发行的指标分配办法，不再需要发行指标和地方或有关部委推荐，只要符合法律法规要求，股东大会做出公开发行股票的决定，即可着手进行发行上市申请工作。根据核准制要求，公司公开发行股票并上市，必须改制辅导满一年，由证券公司推荐，发行人不仅要充分公开企业的真实状况，还必须符合有关法律和证券管理机关规定的必备条件；发行人和主承销商确定发行规模、发行方式、发行价格，发行审核委员会对发行人是否符合发行条件进行实质审核，由证监会核准后方可上市。

核准制确立了以强制性信息披露为核心的事前问责、依法披露和事后追究的责任机制，并初步建立起证券发行监管的法规体系，强化了发行审核工作的程序化和标准化。

核准制大致经历了两个阶段,即通道制和保荐制。

(一)通道制(2001年4月至2004年2月)

采用通道制的目的是改变当时券商推荐股票上市重数量、轻质量的局面。根据2001年3月颁布实施的《中国证监会股票发行核准程序》,在通道制下,证监会对各综合类券商每年授予一定的发行股票数目(所谓的"通道")。通道的分配根据证券公司规模而定,只要具有主承销商资格,就能获得2~9个通道。虽然通道制下的股票发行名额依旧受到严格限制,但改变了审批制下依靠行政手段遴选和推荐发行人的做法。券商自身的收益和风险与其推荐的发行人挂钩,他们只有推荐质量好的公司才可以利用有限的通道创造最大的收益,并为下一年获得更多通道打下基础。

核准制实际操作中仍保留了浓厚的行政干预色彩,即由证券公司将拟推荐企业逐一排队,按序推荐,所推荐企业每核准一家才能再报一家,即"过会一家,递增一家"。所谓的"过会"或"上会",指的是新股发行上市之前,都要经过证监会下属的证券发行审核委员会讨论研究新股发行申请及相关的申报材料,以确定其是否符合上市条件。显然,核准制的"过会"依然是实质审核,股票发行并未实现真正的市场化。

《关于进一步完善股票发行方式的通知》首先提出"战略投资者"概念,允许国有企业、国有资产控股企业和上市公司进入股市,放宽了机构投资者资金进入股市的限制。之后《关于向二级市场投资者配售新股有关问题的通知》又提出在新股发行中将一定比例的新股由上网发行向二级市场投资者配售,实质上已将新股发行范围扩大到最大限度。

通道制在实行初期取得了一些效果:为监管部门调控市场供求关系提供了一种相对公平的排队机制;通过不良记分制、通道暂停与扣减等措施,客观上促使券商提高了执业水准,有助于提升上市公司质量。但是,通道制作为一种临时性的安排,实施以后功能越来越弱化,显现出通道周转率低等妨碍高层次竞争和牺牲市场效率的弊端。保荐制正是在这种背景下应运而生。

(二)保荐制(2004年2月至2013年11月)

保荐制是证券发行上市保荐制度的简称。保荐人是指依照法律为公司申请发行、上市承担推荐责任,并为上市公司上市后一段时间的信息披露行为向投资者承担责任的证券公司。保荐制度就是由保荐人负责发行人的上市推荐和辅导,核实公司发行与上市文件中所载资料的真实性、准确性和完整性,协助发行人建立严格的信息披露制度,并承担风险责任的一种股票发行审核制度。在公司上市后的规定时间内,保荐人需要协助公司建立规范的法人治理结构,督促公司遵守上市规定,完成招股计划中提出的要求，并对上市公司的信息披露承担连带责任。保荐人制度的建立源于二板市场存在的高度信息不对称和高风险问题，起源于英国，发展于中国香港。中国证监会于2003年12月28日颁布《证券发行上市保荐制度暂行办法》，2004年2月1日起正式施行。保荐制正式引入中国证券主板市场被认为是证券发行制度的一次重大变革。

根据《证券发行上市保荐制度暂行办法》，保荐机构和保荐代表人被赋予了更多推荐企业发行股票的权力和责任，具体表现为对企业的持续督导责任、对其他中介机构的管理责任等。因此在保荐制下，新股发行审核的权力分配开始趋于科学化，谁有权力谁就要承担相应的责任。保荐代表人既是新的利益相关者，也是新的审核主体。

保荐制的出台体现了大多数市场主体的需求，是多个利益相关者相互博弈，相互促进，共同推进我国新股发行市场发展的自然产物。保荐制加大了保荐机构和保荐代表人的权力和责任，形成了相互制约的"双保荐制"，对保证上市公司质量，保护投资者利益和提高股票发行市场效率都具有积极的作用。

周彩霞和翟金娟（2013）基于对保荐人、股票发行人及监管者个人的"成本—收益"分析和对各方的博弈分析发现，在巨大的经济利益驱动和当时的监管惩罚力度下，保荐人有动机与发行公司合谋造假上市，保荐人玩忽职守，甚至与发行人联手造假的丑闻不断发生，"保代"在获得高额收入的同时却"只荐不保"的状况饱受市场诟病。只有改变长期的执法不严及处罚畸轻导致法律法规缺乏威慑力的状况，建立起针对监管者的有效"激励—约束"机制，强化对新股发行过程中违法违规行为的惩戒，才能让保荐人真正负起保荐职责。

（三）核准制下的股票定价及发行节奏困局

就实际实施效果而言，有观点认为核准制与审批制并没有本质性差别，是"伪市场化"的，监管部门在"窗口指导"还是"市场定价"的问题上摇摆不定，加剧了市场的不确定性和投机性。通过行政手段控制发行速度导致新股定价过高，"圈钱"问题严重；而利用行政手段限制新股发行定价，又导致IPO抑价水平进一步高涨，扭曲的定价水平阻碍了金融的资源优化配置。

2001年3月以后，中国证监会陆续推出《首次公开发行股票申请文件》等一系列核准制新标准和规章，旨在通过新的制度建设和规则制定，保障发行市场的健康运行。2001年上半年之前，股市逐渐采取"区间范围内累计投标竞价"和"总额一定、不确定发行量、价格只设底价不定上限"等方式。2001年4月，核准制下首只新股用友软件按36.68元/股的价格在上交所发行，市盈率为64.35倍。5月18日用友软件上市首日开盘价75元，成为中国股市第一只上市当日股价达百元的股票，二级市场市盈率达到150倍以上。第一波市场化改革导致的高发行价、高市盈率和高募集资金问题引发了各界的严厉批评。不久后，证监会将发行价回归行政管制。2001年下半年到2004年8月底，采取区间定价累计投标询价方式，首发新股市盈率限制在20倍以内；此后直到2009年，实行累计投标询价方式，新股定价依旧在监管部门的窗口指导之下，发行市盈率在30倍左右。以行政手段限制新股发行定价导致一级、二级市场之间出现巨大差价，投资者热衷于"打新炒新"，而根本无须考虑上市公司的质量和风险。"新股不败"破坏了证券市场风险与收益的平衡。

针对这一问题，监管部门曾倾向于再度进行新股发行市场化定价的改革，并在2009年下半年随着主板、中小板重启和创业板诞生迈出具体步骤。证监会在推出创业板的同时取消了发行定价的窗口指导。在供求关系及资金面等因素的推动下，"三高"现象再度在创业板上演，2009年、2010年和2011年的发行市盈率分别高达62倍、70倍、48倍，超募比例分别达到163.8%、236.49%、142.4%。

2012年，证监会在各种压力下要求发行定价必须参考行业平均市盈率，甚至以"有形之手"对某些敏感股票的发行规模和价格进行直接或间接干预。2012年下半年上市的洛阳钼业、浙江世宝在发行价、发行规模、募集资金量上一反"三高"，连创"三低"：洛阳钼业的发行价由5.9元降至3元，募集资金从36.46亿元降至6亿元，发行市盈率为13.64倍；而浙江世宝的发行价从原本预计的7.8元压降至2.58元，市盈率只有7.17倍，募集资金更是从原本预计的5.1亿元降至3870万元，甚至无法弥补发行成本。"三低"个股在上市首日即遭遇以散户为主的疯狂炒作，远超公司首发募集资金的巨额收益被一级市场"打新"的投资者获取，二级市场则形成巨大的资产泡沫，一级市场和二级市场失衡加剧，高位买入的散户投资者利益受到损害。

核准制下的新股发行核准时间往往过长，证监会还会根据市场走势调节IPO数量，在股市上涨时大量发行，下跌时减少发行，甚至停止发行，一旦IPO节奏放缓，便易于形成"IPO堰塞湖"现象。典型的如2012年10月至2013年年底长达15个月的IPO暂停导致2015年有800多家公司排队等待A股上市，最后只被"核准"了数十家，IPO制度改革的推进也出现了停顿乃至倒退。这事实上维护了A股的高估值状态，从逻辑上是矛盾的，原本力图维护中小投资者的做法反而损害了股民的利益。

三、中国股票发行监管制度的演变特点及趋势

回顾中国股票发行监管制度的演变历程可见，其改革方向一直与中国经济体制改革的不断深化相适应，政府不断放权，充分发挥市场的调节功能，促进上市公司的质量提升。

（一）中国股票发行监管制度的演变特点

1. 中国股票发行监管制度的演变是渐进的

从由审核制到核准制，再到注册制的演化过程，以及不同发行制度下发行价、参与方角色定位等变化进程来看，中国股票发行监管制度的演变是自上而下、渐进式的改革，是一种探索式的、由点到面的演化，其演变特点与中国经济体制改革的特点基本一致。

2. 中国股票发行监管制度的演变以政府为主导，其他市场主体起辅助作用

在中国证券市场建立之初，其市场定位是中国市场经济改革的试验田。中国股票发行监管制度的改革一直是在政府主导下推进的，没有为个人或自愿组织的诱致性制度变迁留下空间。随着社会主义市场经济体制的确立，市场化在中国股票发行监管制度的演变中起着越来越重要的作用。

3. 中国股票发行监管制度的演变是多种因素共同作用的结果

中国股票发行制度的演变虽然是政府主导的强迫性制度变迁，然而政府采取何种发行制度受当时的政治、社会、经济及认知水平等因素影响。社会积累的知识存量一定程度上决定了进步制度演变的可行性；社会成员的理解力和适应力，影响创新的吸收和扩散速度；社会文化教育体系影响社会成员的思维和习惯的变迁，且能培养他们对技术或制度创新的理解力和适应力。

（二）中国股票发行监管制度的演变趋势

1. 市场化程度逐渐增强

市场化的趋势在我国新股发行制度演进和改革中有两大明显的体现，一是体现在审核理念上，二是体现在新股发行定价上。从审批制到保荐制，证监会的实质审核程度有所降低，逐渐偏向于合规层面的审核；定价方式由审批制阶段的固定价格到不再通过行政手段管控新股发行价格，更多地发挥了市场的定价功能。

2. 投资者的作用逐步凸显

在新股发行审核过程中，通过加强新股发行公司的信息披露，使投资者能够在新股发行审核过程中发挥监督作用；新股发行公司信息披露的赔偿责任也逐渐加大，审批制时期，投资者因中介机构的失职造成的损失的索赔机制并不健全，而在保荐制时期有明确的规定；同样，在定价和配售阶段，投资者的意愿也能通过一定的途径得到表达。

3. 信息披露力度逐渐增强

审批制阶段新股发行公司的招股说明书并不向社会公布，而核准制时期完善了

新股发行公司的申请文件向社会公布的规定；核准制前期对新股发行公司信息披露的要求是除了中期报告和年度报告，另需披露重大事件，该表述在保荐制时期已经变成"凡是对投资者有影响的信息均应当披露"，信息披露的要求呈逐渐增强的趋势非常显著。

4. 责任追究力度加强

从审批制到保荐制，需要承担法律责任的主体范围不断扩大，责任追究机制越来越健全，责任划分也越来越明朗，处罚力度有所加大。新股发行公司对其所披露信息的责任逐渐加大，中介机构的连带责任渐趋明确。

四、小结

回顾中国股票发行从审批制到核准制的演进历程可见，中国股票IPO制度的变迁是内外多种因素共同作用的结果，基本上是政府主导下自上而下推进的、渐进式半强迫性变迁，其他市场主体推动的诱致性变迁起了一定的辅助作用；呈现出政府机构逐渐放权，市场化程度逐渐增强，投资者作用逐步凸显，信息披露逐渐强化，责任追究机制越来越健全的趋势；体现了从计划体制向市场体制转变的过程，与中国经济体制改革的总体特征是一致的。

中国证券市场的监管体制经历了从地方到中央，从分散到集中的过程。集中监管有助于提高监管权威性，但也导致了用行政化的管理体制和方式来监管高度市场化的证券市场的强烈反差。特别值得关注的是，无论是审批制还是核准制，都具有很强的行政干预特征。政府以不同方式介入发行市场的资源配置，监管部门往往依照政府意愿而非市场选择分配上市资源，以行政手段切分市场并控制发行速度，政府为企业的发行与上市提供隐性担保。

相较于审批制，核准制下股票的发行与上市管理权从原本分散于多部门转变为集合于证监会一家，沪深交易所长期事实上被视作接受证监会领导的派出机构，在制度安排上使得证监会的发行审核从一级市场延伸到二级市场，新股发行节奏及市场供求关系高度依赖于证监会的调控，各利益主体市场自律和市场自我调整的空间非常有限，证券交易所的市场性、专业性和自律性优势无从发挥。上市发行审核权力的高度集中滋生了寻租和腐败。

针对审批制和核准制暴露出来诸多问题，学界及业界都将改善的希望寄托于新股发行的注册制改革。希望把选择股票的权力和新股定价权力交还市场，最大限度地发挥市场的作用，提高资源配置效率，平衡供求关系，防止股价剧烈波动，同时减少权力寻租空间和腐败的发生。

第四节　发展之路：注册制在中国 A 股市场的试点及展望

一、中国新股发行注册制改革的提出

2013 年 11 月，党的十八届三中全会通过《中共中央关于全面深化改革若干重大问题的决定》，提出推进我国股票发行注册制改革的意见。2014 年上半年，国务院先后发布了"国六条"和新"国九条"，提出要积极稳妥地推进我国股票发行注册制改革。2015 年 12 月 27 日，全国人大常委会审议通过了股票发行注册制改革授权决定，该决定的实施期限为两年，自 2016 年 3 月 1 日起施行。这标志着推进股票发行注册制改革有了明确的法律依据。由于《中华人民共和国证券法》明确规定我国股票发行实行核准制，《中华人民共和国证券法》修订最终完成审核的时间点被认为将会决定注册制最终推出的时点。

《中华人民共和国证券法》修订早在 2014 年就已被列入立法工作，2015 年 4 月中下旬，十二届全国人大常委会第十四次会议"一读"审议了全国人大财政经济委员会提请审议的《中华人民共和国证券法》修订草案。该草案明确指出，取消股票发行审核委员会制度，规定公开发行股票并拟在证券交易所上市交易的，由证券交易所负责对注册文件的齐备性、一致性、可理解性进行审核。

但随后股市出现始料未及的暴涨暴跌，加上 2016 年 1 月熔断机制被迅速叫停等因素，证券发行注册制改革陷入争议。很多人质疑注册制改革的必要性以及注册制改革是否会导致新的市场风险。《中华人民共和国证券法》修订草案二审未能如期进行，直至 2017 年 4 月才推出了二审稿。全国人大常委会法工委于 2017 年重新启动对《中华人民共和国证券法》修订草案的修改。此前市场曾经希望这轮修订能为注册制扫清法律障碍，但当时的修订草案中没有相关内容。2017 年国务院《政府工作报告》论及资本市场发展问题，即"深化多层次资本市场改革，完善主板市场基础性制度，积极发展创业板、新三板，规范发展区域性股权市场"，也并未提及"注册制"。

2018 年 2 月 23 日，第十二届全国人民代表大会常务委员会第三十三次会议决定，国务院在实施股票发行注册制改革中调整适用《中华人民共和国证券法》有关规定的决定施行期限届满后，期限再延长二年至 2020 年 2 月 29 日。证监会提出，注册制改革是方向，但不能在条件不成熟的情况下单兵突进，需要配套制度和法制环境先行完

善，而相关配套改革需要过程，延长授权决定其意即在于此。注册制试点的推出期限再度被延后，直至科创板横空出世。

距离二审稿推出两年之后，《中华人民共和国证券法》修订草案三审稿才于2019年4月公布。三审稿在保留股票发行核准制的同时，将"科创板注册制度的特别规定"作为专节，纳入第二章"证券发行"规定之中，市场期待已久又被屡屡推后的注册制试点终于在全新的科创板开启。

二、科创板：全新增量市场的注册制尝试

（一）设立科创板并试点注册制构想的提出

科创板是我国实施创新驱动发展国家战略，推动科技创新和经济社会发展深度融合，加快经济向高质量发展转型在资本市场的体现。2018年11月，习近平主席在首届中国国际进口博览会开幕式上正式提出科创板构想，提出要支持上海国际金融中心和科技创新中心建设，不断完善资本市场基础制度。2018年年底召开的中央经济工作会议进一步强调，要通过深化改革，打造一个规范、透明、开放、有活力、有韧性的资本市场，提高上市公司质量，完善交易制度，引导更多中长期资金进入，推动在上交所设立科创板并试点注册制尽快落地。证监会旋即明确表示，要确保在上交所设立科创板并试点注册制尽快落地，统筹推进发行、上市、信息披露、交易、退市、投资者适当性管理等基础制度改革，更好地服务科技创新和经济高质量发展。

2019年1月23日，中央全面深化改革委员会第六次会议审议通过了《在上海证券交易所设立科创板并试点注册制总体实施方案》《关于在上海证券交易所设立科创板并试点注册制的实施意见》等。会议指出，在上海证券交易所设立科创板并试点注册制是实施创新驱动发展战略、深化资本市场改革的重要举措。要增强资本市场对科技创新企业的包容性，着力支持关键核心技术创新，提高服务实体经济的能力。要稳步试点注册制，统筹推进发行、上市、信息披露、交易、退市等基础制度改革，建立健全以信息披露为中心的股票发行上市制度。科创板在中央全面深化改革委员会会议上获得审议通过，充分显示了科创板的决策层次之高、优先级别之高，在中国资本市场，甚至金融领域都史无前例，科创板的创建进程因此大幅提速，此前一度因条件不成熟而陷于停滞的注册制改革也随之被重新启动并得到快速推进。

（二）设立科创板并试点注册制配套规则的陆续完善

经中共中央、国务院同意，中国证监会于2019年1月30日发布了《关于在上海

证券交易所设立科创板并试点注册制的实施意见》（以下简称《实施意见》）。《实施意见》强调，新设科创板，要坚持面向世界科技前沿、面向经济主战场、面向国家重大需求，主要服务于符合国家战略、突破关键核心技术、市场认可度高的科技创新企业。重点支持新一代信息技术、高端装备、新材料、新能源、节能环保及生物医药等高新技术产业和战略性新兴产业，推动互联网、大数据、云计算、人工智能和制造业深度融合，引领中高端消费，推动质量变革、效率变革、动力变革。科创板重点支持的六大行业代表着我国未来的"新经济"方向，是我国长期以来所引导的产业升级方向。

《实施意见》明确指出，在科创板试点注册制，合理制定科创板股票发行条件和更加全面、深入、精准的信息披露规则体系。上交所负责科创板发行上市审核，中国证监会负责科创板股票发行注册。中国证监会将加强对上交所审核工作的监督，并强化新股发行上市事前、事中、事后全过程监管。为做好科创板试点注册制工作，将在五个方面完善资本市场基础制度：一是构建科创板股票市场化发行承销机制；二是进一步强化信息披露监管；三是基于科创板上市公司特点和投资者适当性要求，建立更加市场化的交易机制；四是建立更加高效的并购重组机制，五是严格实施退市制度。

《实施意见》还强调，设立科创板试点注册制，要加强对科创板上市公司的持续监管，进一步压实中介机构的责任，严厉打击欺诈发行、虚假陈述等违法行为，保护投资者合法权益。证监会将加强行政执法与司法的衔接；推动完善相关法律制度和司法解释，建立健全证券支持诉讼示范判决机制；根据试点情况，探索完善与注册制相适应的证券民事诉讼法律制度。

2019年3月1—2日，证监会主席易会满先后签署第153号令和第154号令，科创板上市"2+6规则"正式落地，包括证监会制定发布的《科创板首次公开发行股票注册管理办法（试行）》和《科创板上市公司持续监管办法（试行）》2项部门规章，以及上交所制定发布的《上海证券交易所科创板股票发行上市审核规则》《上海证券交易所科创板股票发行与承销实施办法》《上海证券交易所科创板股票上市规则》《上海证券交易所科创板股票交易特别规定》《上海证券交易所科创板股票上市委员会管理办法》《上海证券交易所科技创新咨询委员会工作规则》6项配套业务规则。

《科创板首次公开发行股票注册管理办法》对发行条件、注册程序、信息披露等做了详细规定，为试点注册制搭建了整体制度框架。申请首发上市应当满足以下四方面的基本条件：一是组织机构健全，持续经营满3年；二是会计基础工作规范，内控制度健全有效；三是业务完整并具有直接面向市场独立持续经营的能力；四是生产经营合法合规，相关主体不存在《科创板首次公开发行股票注册管理办法》规定的违法违规记录。与主板拒绝亏损企业上市不同，科创板的发行条件取消了关于盈利业绩、不存在未弥补亏损、无形资产占比限制等方面的要求，净利润不再是决定性指标，推出五套以市值为指标的上市标准规定。对于红筹企业回归也做出明确规定，明确将以CDR（中国存托凭证）的方式登陆科创板。

根据《科创板首次公开发行股票注册管理办法》，交易所设立独立的审核部门、科技创新咨询委员会、上市委员会通过向发行人提出审核问询、发行人回答问题的方式展开审核工作，基于科创板定位，判断发行人是否符合发行条件、上市条件和信息披露要求。审核意见将在3个月内形成。审核工作高度透明，接受社会的监督。在收到交易所报送的审核意见及发行人注册文件后，证监会在上市审核工作的基础上履行发行注册程序，该程序将在20个工作日内完成。

2019年4月底，十三届全国人大常委会第十次会议审议了《中华人民共和国证券法（修订草案）》三次审议稿，公开征求社会各界意见。在修订草案"证券发行"一章中增加一节"科创板注册制的特别规定"，对科创板发行股票的条件、注册程序、监督检查等基础制度做出规定；并明确国务院证券监督管理机构依照本法制定证券注册的具体办法。同时，将现行《证券法》中关于证券发行的专章规定作为"一般规定"，单列一节。

2019年6月21日，《最高人民法院关于为设立科创板并试点注册制改革提供司法保障的若干意见》（以下简称《意见》）发布实施。本《意见》是最高人民法院历史上首次为资本市场基础性制度改革安排而专门制定的系统性、综合性司法文件。《意见》立足于司法审判职能作用，落实资本市场法治化改革方向，妥善应对涉科创板纠纷中的新情况、新问题，把保护投资者合法权益、防范化解金融风险作为证券审判的根本任务，为加快形成融资功能完备、基础制度扎实、市场监管有效、投资者合法权益得到有效保护的多层次资本市场体系营造良好司法环境。《意见》第5条从落实以信息披露为核心的股票发行制度改革的角度对发行人、保荐人、证券中介机构的信息披露民事责任认定进行了体系化的规定。针对可能发生的违法违规行为提出了依法提高资本市场违法违规成本的司法落实措施。《意见》从3个方面强化对投资者合法权益的司法保护：一是明确证券公司诱使不适合投资者入市交易的民事责任；二是完善证券民事诉讼体制机制，降低投资者诉讼成本；三是完善配套司法程序，提高投资者的举证能力。显然，《意见》的出台将有利于促进市场各方主体的归位尽责：对注册制改革中发行人、中介机构、投资者等相关各方的职责定位做了有针对性的规定和要求，进一步明确了相关市场主体的权利、义务和责任，对保障发行上市信息披露文件的真实性、准确性、完整性，提高上市公司质量，规范发行上市交易和相关中介服务活动，提供了更加有力的法律支持。

（三）科创板正式开板后的运行概况

2019年3月18日，科创板正式开闸，审发系统上线，正式受理审核科创板股票发行上市申请文件。4月22日，科创板首次受理红筹企业。同日，首批7只科创板基金获批。4月26日，首只科创板方向基金开售。4月27日，首批科创板战略配售基金问世。5月6日，科创板受理公司总数达100家。5月31日，中国证券业协会发布《科创板首次公开发行股票承销业务规范》。6月5日，科创板上市委员会举行2019年第1次审议会议，首批三家企业全部过会。6月11日，首批过会企业正式启动注册程序。

2019年6月13日，科创板（SSE STAR MARKET）在上交所正式开板。首批上市的25家公司于7月中旬全部完成网上网下申购，于7月22日挂牌上市，平均市盈率为53.40倍，明显超过A股整体水平。截至2020年6月12日，科创板实现110家公司发行上市，累计筹资额1274亿元，总市值1.71万亿元，日均交易额156亿元，上市股票涨跌幅中位数为111.25%，两融日均余额86亿元，市场运行总体平稳。根据科创板上市公司披露的2019年年度财务报告，财务指标呈现出明显的"新经济"特征，具体表现为轻资产；毛利率和净利率高，2019年度毛利率平均为54%，净利率平均为22%，显著区别于其他板块；净资产收益率高，2019年平均接近20%。科创板上市公司2019年研发投入持续加大，科技创新成果喜人。

在一年的时间里，试点注册制在科创板实现了平稳落地。据上交所数据，科创板企业从受理到报会注册平均用时121天，整体用时远短于规则规定的6个月，审核效率明显高于其他板块。审核注册的标准、程序、内容、过程、结果公开透明。以信息披露为核心，全公开、问询式、电子化、分行业的审核工作特点，压严压实中介机构把关责任的监管要求等做法得到了市场认可。

长期以来，A股市场对我国"新经济"发展的参与度不高，对"新经济"公司的支持力度不够，影响了我国产业升级和经济转型潜力的充分发挥，也阻塞了资本市场投资者获取"新经济"发展红利的最主要途径，降低了投资者的福利。科创板是我国运用资本市场力量来推进经济转型的重要尝试，包括未盈利、红筹、不同投票权架构等在内的企业在创业板上市的大门借助注册制改革得以打开。科创板将能更好满足"新经济"企业多样化的融资需求，也能给我国资本市场投资者参与中国"新经济"企业发展、分享其成长红利提供一条新的途径。

科创板在发行上市审核权的配置和配套制度设计方面展示了诸多创新亮点。交易所通过行使注册审核权走到了市场准入监管的一线和前端，改变了此前核准制下发行和审核权限过度集中于证监会的弊端，对于发挥交易所的能力和资源优势以促进中国证券市场的结构优化和效率提升，具有积极促进作用。科创板发行上市审核制度的具体设计充分借鉴了发达国家和地区注册制的先进经验，体现了以严格的信息披露监管为中心、合格投资者自担风险的准入监管模式，基本代表了我国资本市场未来改革的方向。我国金融体系的面貌将因科创板的制度创新而改变，并带来金融机构竞争格局的改变。

三、创业板：存量增量兼顾的注册制试点改革

（一）创业板改革并试点注册制的提出

科创板试点的成功实践加速了注册制在其他板块的推广进程。2020年2月29日，国务院办公厅印发《关于贯彻实施修订后的证券法有关工作的通知》（国办发〔2020〕5号），提出分步实施股票公开发行注册制改革。证监会要会同有关方面依据修订后的《中华人民共和国证券法》和《关于在上海证券交易所设立科创板并试点注册制的实施意见》的规定，进一步完善科创板相关制度规则，提高注册审核透明度，优化工作程序。研究制定在深交所创业板试点股票公开发行注册制的总体方案，并及时总结科创板、创业板注册制改革经验，积极创造条件，适时提出在证券交易所其他板块和国务院批准的其他全国性证券交易场所实行股票公开发行注册制的方案。相关方案经国务院批准后实施。

2020年4月27日，中央全面深化改革委员会第十三次会议审议通过了《创业板改革并试点注册制总体实施方案》。2019年8月，中共中央、国务院发布了《关于支持深圳建设中国特色社会主义先行示范区的意见》，深圳根据中央精神，开始深入打造与先行示范区相匹配的资本市场生态体系。创业板注册制的实施，将使深圳在资本市场进一步发挥先行先试的作用。在经历一个多月的征求意见后，创业板注册制改革系列制度规则在2020年6月12日正式落地。证监会发布了《创业板首次公开发行股票注册管理办法（试行）》《创业板上市公司证券发行注册管理办法（试行）》《创业板上市公司持续监管办法（试行）》《证券发行上市保荐业务管理办法》。与此同时，深交所、中国证券登记结算有限公司、中国证券业协会等发布了相关配套规则。

深交所发布《深圳证券交易所创业板股票发行上市审核规则》，明确了创业板发行上市的审核程序，基本与科创板类似，由交易所进行发行上市审核，并报证监会注册。交易所审核程序主要包括申请与受理、审核机构审核、上市委员会审议、报送证监会几个环节。按照审核流程，交易所按照规定的条件和程序，形成发行人是否符合发行条件和信息披露要求的审核意见。认为发行人符合发行条件和信息披露要求的，将审核意见、发行人注册申请文件及相关审核资料报证监会注册；认为发行人不符合发行条件或者信息披露要求的，做出终止发行上市审核决定。在整体时限上，自受理发行上市申请文件之日起，交易所审核和证监会注册的时间总计不超过3个月。2020年6月15日至6月29日（共10个工作日），深交所将接收创业板首次公开发行股票、再融资、并购重组

在审企业提交的相关申请。6月30日起，深交所开始接收新申报企业提交的相关申请。而这些企业的所有申请文件，以及对深交所审核问询函的回复内容，都会在创业板的审核信息网站上进行公示，做到审核全过程的公开、透明。

2020年6月注册制试点在创业板的开启意味着中国资本市场的上海、深圳均正式进入核准制和注册制并存的"双轨制时代"，科创板和创业板分别代表着两个市场的"注册轨"。这被认为是自2005年股权分置改革以来，中国资本市场在推进"市场化"上的巨大进步。

（二）创业板注册制改革的思路

根据证监会副主席李超的解读，创业板注册制改革在改革思路上要把握好"一条主线""三个统筹"。

"一条主线"，即实施以信息披露为核心的股票发行注册制，提高透明度和真实性，由投资者自主进行价值判断，真正把选择权交给市场。

"三个统筹"包括如下内容：

（1）统筹推进创业板改革与多层次资本市场体系建设，坚持创业板与其他板块错位发展，推动形成各有侧重、相互补充的适度竞争格局。虽然创业板的注册制试点基本对标科创板，有很多相似之处，但在板块定位上实现了较为精准的区分。科创板的定位为面向世界科技前沿、面向经济主战场、面向国家重大需求，主要服务于符合国家战略、突破关键核心技术、市场认可度高的科技创新企业；创业板则是深入贯彻创新驱动发展战略，适应发展更多依靠创新、创造、创意的大趋势，主要服务成长型创新创业企业，明确设置行业负面清单，同时又支持传统产业与新技术、新产业、新业态、新模式深度融合。借鉴科创板试点注册制的经验，创业板取消了创业板现行发行条件中关于盈利业绩、不存在未弥补亏损等方面的要求，综合考虑预计市值、收入、净利润等指标，为不同的企业量身打造了5套多元包容的上市标准，关注点从"持续盈利能力"向"持续经营能力"转变，可以适应不同成长阶段和不同类型的创新创业企业的需求。与科创板类似，创业板同样支持特殊股权结构和红筹结构企业上市，未盈利企业在改革实施一年以后可以申请上市。

（2）统筹推进试点注册制与其他基础制度建设，实施一揽子改革措施，健全配套制度。本次改革对创业板市场的基础制度做了完善，主要又包括以下四方面：①构建市场化的发行承销制度，对新股发行定价不设任何行政性限制，建立以机构投资者为参与主体的询价、定价、配售等机制。②完善创业板交易机制，放宽涨跌幅限制，优化转融通机制和盘中临时停牌制度。③构建符合创业板上市公司特点的持续监管规则体系，建立严格的信息披露规则体系并严格执行，提高信息披露的针对性和有效性。

④完善退市制度，简化退市程序，优化退市标准。完善创业板公司退市风险警示制度，对创业板存量公司退市设置一定过渡期。

（3）统筹推进增量改革与存量改革，包容存量，稳定存量上市公司和投资者预期。创业板较之科创板最大的不同在于创业板注册制改革是兼顾存量的改革，从2009年10月首批登陆28家企业，到2020年年初拥有超800家上市企业、近7万亿元市值，创业板在支持创新创业企业跨越式发展中发挥着重要作用。除了增量公司，创业板还需要考虑改革对800余家存量公司的影响并做好针对性安排，平衡好存量发展与增量改革之间的关系。例如"新老划分"主要就体现为在审企业可以不适用行业负面清单的规定，以进一步做好新旧制度衔接。创业板的注册制改革还充分考虑了创业板存量投资者的权益和交易习惯，存量投资者适当性要求基本保持不变，对新开户投资者设置与风险相匹配的适当性要求。创业板试点注册制首次将"增量＋存量"改革同步推进，不仅对在把握好新旧规则衔接的基础上平稳推进创业板市场改革至关重要，也有利于为下一步全市场推进注册制改革积累经验。

四、中国Ａ股市场以渐进模式全面推行注册制亟待解决的问题

由前文论述可见，以政府为主导的强制性或半强制性变迁始终贯穿于中国股票IPO制度的演进历程。受制度变迁路径依赖规律的制约，中国股票发行审核制度的变革不可能一蹴而就，路径选择必然会遵循渐进式的制度变迁路径。也就是从科创板的增量市场试点，到创业板增量、存量并存的市场的试点，再到全面推广，遵循的是从增量到存量，从局部到整体，先易后难、不断迭代试错，稳步调整推进的路径。具体而言，中国Ａ股市场以渐进模式全面推行注册制还要处理好以下三方面的问题。

（一）推动各类市场主体依据注册制要求各归其位、各尽其责

现阶段，我国证券市场各类主体距离注册制所要求的角色定位还存在较大距离。会计师事务所、律师事务所、信用评级机构等尚处于初级阶段，业务水平和信用度都不尽如人意，有赖于行政机构补位。中介机构原本应该是资本市场的"看门人"，但某些中介机构为了抢夺市场、留住客户，不顾审慎性原则，放弃操守和底线，沦为不良发行人的"放风者"和造假"帮凶"。2019年6月以后，证监会对86家申请IPO的企业进行现场检查，结果显示"带病申报"现象较为严重。

注册制改革的要义之一，就是各类市场主体要各归其位，各尽其责，共同构建良好的信息披露生态。归根结底，资本市场的主角应该是发行人和投资者。发行人要对信息披露的真实性、准确性、完整性负责；投资者在发行人充分披露与投资决策相

关的信息和风险后，自行做出买卖决策且自担风险。中介机构通过保荐、审计、法律、评估、财务顾问等专业服务，对发行人信息披露的真实性、准确性、完整性进行核查验证，对维护资本市场"三公"原则具有重要意义。审核机构要从投资者需求出发，从信息披露充分、一致、可理解的角度，进行公开化的审核问询，督促发行人和中介机构保证信息披露的合规性，提高信息披露的有效性；监管机构和司法机关则应对欺诈发行、信息披露违法违规行为查清事实、严格执法、依法追究法律责任。发行人发行的股票是否能得到认可，应交予投资者通过价格来体现，证券监管机构不宜干预。

（二）丰富证券发行监管细则，完善相应的法律配套制度

近年来，中国股票市场欺诈和造假类大案频出，引发广泛关注，在原有法律体系下对违法违规个体的处罚太轻已经是饱受市场诟病的问题。例如2019年证监会查处康美药业重大财务造假案，处罚决议是责令更正、给予警告并处罚款60万元；对21名相关责任人员处以10万~90万元不等的罚款，对主要责任人采取证券市场禁入决定，禁入时间依情节处置。较之康美药业超百亿元的财务造假金额，这样的处罚力度根本不足以构成威慑。2020年6月，证监会依法对连续多年"闹剧"频出的獐子岛公司信息披露违法违规案做出处罚决定：对獐子岛公司给予警告，并处以60万元罚款，对15名责任人员处以3万~30万元不等的罚款，对4名主要责任人采取5年至终身市场禁入的处罚。大连市中级人民法院审理判决獐子岛控股股东长海县獐子岛投资发展中心犯内幕交易罪，判处罚金1200万元。受到处罚的獐子岛公司声称市场红利、需求红利仍在，暂时不会退市。截至2019年年底，獐子岛的净资产仅为166.82万元，投资者即便按照《最高人民法院关于审理证券市场因虚假陈述引发的民事赔偿案件的若干规定》（自2003年2月1日起施行）对獐子岛提起索赔，利益也无法得到保障。

世界各国的资本市场运行实践均表明，注册制需要以完备的法律环境做基础。2020年实施的新《中华人民共和国证券法》对欺诈发行股票、操纵股市和内幕交易行为的行政处罚的倍数、金额等都有了较大的提升。但现行《刑法》规定"违规披露、不披露重要信息罪"对个人仅处罚金2万~20万元，最高刑期仅为3年，欺诈发行相关罪名的刑期设置最高只有5年，不能完全反映出证券犯罪的社会危害性，严重制约股票发行制度市场化改革。在以强调信息披露为主的上市环境下，尽快丰富发行监管细则，完善法律配套制度，强化对财务造假、以不正当手段欺诈上市等行为的惩戒力度，大幅提高违法成本，抓紧落实建立集体诉讼制度，强化法规的威慑力，增强对市场的保障力度至关重要。

（三）完善退市制度，充分利用市场力量监督约束上市公司

退市制度是资本市场健康发展的基础性制度之一，上市公司退市是成熟资本市场的常态化现象。根据沃顿研究数据中心（WRDS）的数据，1980—2018年，美股共有17901家企业退市，年均退市率为19%；中国股票市场自建立以来很少有公司退市，1999—2018年，A股仅有115家公司退市，累计退市率为2.8%（退市总数／上市总数）。A股的退市标准更偏向考察财务类指标，存在规避退市的操作空间。但由于财务类指标更容易被上市公司操控，通过财务粉饰"保壳"的现象屡禁不止。由于审批制或核准制下上市难度大，加上退市风险警示和暂停上市的过渡性措施，"壳"资源在漫长的退市过程中也常常因为重组概念成为市场炒作的对象，扭曲了市场的正常估值。

由于注册制下监管机构不对 IPO 信息披露做实质审核，因此必须引入强制淘汰机制，实现优胜劣汰，以彰显股票市场监管的威严，促使股票市场实现自我纠错，促进资本市场健康发展。在注册制下，上市公司退市制度必须适应高度市场化的要求，才能为注册制高效运行提供有力支撑。退市的压力有助于倒逼公司提升竞争力，促进信息披露与公司规范运行。上市公司无论是出于企业发展需要自主选择退市，还是因为触及退市标准而被监管机构或交易所强制退市，都是股市资源市场化配置的具体表现。

科创板的退市制度在标准、程序和执行三方面进行了严格规范。《上海证券交易所科创板股票上市规则（2019年4月修订）》明确规定了科创板上市公司可能退市的情形主要包括：一是重大违法强制退市，包括信息披露重大违法和公共安全重大违法行为；二是交易类强制退市，包括累计股票成交量低于一定指标，股票收盘价、市值、股东数量持续低于一定指标等；三是财务类强制退市，即明显丧失持续经营能力的，包括主营业务大部分停滞或者规模极低，经营资产大幅减少导致无法维持日常经营等；四是规范类强制退市，包括公司在信息披露、定期报告发布、公司股本总额或股权分布发生变化等方面触及相关合规性指标等。较之主板市场，科创板设置了更为严格的退市制度，退市情形更多，执行标准更严。新增"明显丧失持续经营能力"类与市值类退市标准，同时简化退市流程，取消暂停上市与恢复上市。创业板注册制改革同样健全了退市机制，加快"僵尸企业"和空壳公司等劣质企业的出清。对比科创板，主要增加了对红筹企业的安排。创业板注册制改革丰富和完善了退市指标，简化了退市流程，提升了退市效率，优化了重大违法强制退市停牌安排，保障了投资者交易权利。强化了风险警示，对财务类、规范类、重大违法类退市设置退市风险警示制度。科创板和创业板只有建立起常态有序的退市机制，才能保障注册制的顺利实施，促进资本

市场的稳健运行，实现优化股票市场资源配置的目的。

本章结论

通过对中国金融体制改革和新股发行审核制度演进历程的回顾可见，中国新股发行审核制度的变迁保持了与中国渐进式金融体制改革几乎同步的推进，经历了基于"额度控制"和"指标管理"的审批制和基于"通道制"和"保荐制"的核准制，并逐步向基于"自律监管"和"事后管理"的注册制演变。政府与市场、监管与机构参与者、机构与散户之间等多方利益及矛盾的交织影响或决定了中国新股发行监管制度演进的路径，在各个不同时期分别显示了时代特征。美国的双重注册制和中国香港的双重存档制充分表明，注册制和核准制并不是非此即彼的关系，主要区别只在于监管分权不同。具体实践中多以注册制与审核制并行的混合模式为主。

中国股票市场推进的IPO制度改革关键在于合理区分新股发行审核与上市审核，减少政府对市场的直接干预，充分发挥市场自律组织的作用，恢复市场自我调节的弹性。各证券市场参与者应重新审视并建构自身的监管职责：证券监管机构回归"市场保护者"的角色；证券交易所依照市场发展规律实现行业自律与自我监管；股票发行人必须强化市场义务；证券中介机构的监管实现职业化改革；投资者个人也要强化风险意识，进行理性决策，由此形成一种运行高效且分工明确的证券市场参与者体系。

截至2020年6月，科创板的注册制试点仅一年时间。在后续的市场运行中，必然会暴露出诸多问题，须要不断及时进行调整。在法律法规不够健全，社会信用体系尚未完全建立，以散户为主的投资者结构有待完善的前提下，注册制在中国A股市场的全面实施还有很长一段路要走。预计在相当长的一段时间里，我国新股发行都将采用注册制和核准制并行的"双轨制"，待科创板和创业板积累了足够的经验，注册制才能逐步推广到其他板块。简单照搬其他国家或地区的做法或是贸然推进都是不可取的。但根本方向在于减少行政干预的影响，强化市场力量，最终目的是完善我国资本市场体系，加速双向扩容，促进股权融资，提升直接融资比重，优化资源配置，最终加速实现经济高质量发展。

参考文献

[1] 阎庆民. 阎庆民副主席在中国上市公司协会2020年年会上的讲话[EB/OL]. 中国证监会官网，

2020-06-11.

[2] 龚明华. 发展中经济金融制度与银行体系研究 [M]. 北京：中国人民大学出版社，2004.

[3] 曹啸. 金融体系的内生演进与制度分析理论及中国的实践 [M]. 北京：中国金融出版社，2006.

[4] 李清池. 法律、金融与经济发展：比较法的量化进路及其检讨 [J]. 比较法研究，2007（6）：60-72.

[5] Beck T, Demirguc-Kunt A, Levine R.Law and Finance: Why Does Legal Origin Matter? [J]. Journal of Comparative Economics，2003（4）：653-675.

[6] 江春，许立成. 金融发展的政治经济学 [J]. 财经问题研究，2007（8）：43-47.

[7] 郑振龙，陈国进，等. 金融制度设计与经济增长 [M]. 北京：经济科学出版社，2009.

[8] 张旭昆. 制度的定义与分类 [J]. 浙江社会科学，2002（6）：3-9.

[9] 道格拉斯·C·诺思. 制度、制度变迁和经济绩效 [M]. 杭行，译. 上海：上海人民出版社，2008.

[10] 张旭昆. 制度系统的关联性特征 [J]. 浙江社会科学，2004（3）：79-84.

[11] 林毅夫，孙希芳，姜烨. 经济发展中的最优金融结构理论初探 [J]. 经济研究，2009（8）：4-17.

[12] 龚强，张一林，林毅夫. 产业结构、风险特性与最优金融结构 [J]. 经济研究，2014（4）：4-16.

[13] 张成思，刘贯春. 最优金融结构的存在性、动态特征及经济增长效应 [J]. 管理世界，2016（1）：66-77.

[14] 富兰克林·艾伦，道格拉斯·盖尔. 比较金融系统 [M]. 王晋斌，朱春燕，丁新娅，等译. 北京：中国人民大学出版社，2002.

[15] 陈国进，林辉. 金融制度结构与经济增长 [J]. 南开经济研究，2002（3）：17-21.

[16] 林毅夫. 关于制度变迁的经济学理论：诱致性变迁与强制性变迁 [M] // 科斯，阿尔钦，诺斯，等. 财产权利与制度变迁. 上海：生活·读书·新知三联书店，1994.

[17] 刘和旺. 诺思制度变迁的路径依赖理论新发展 [J]. 经济评论，2006（2）：64-68.

[18] 杨静，范国英. 我国金融制度变迁的特征分析：基于民营金融发展的新视角 [J]. 经济研究参考，2004（53）：34-36.

[19] 周彩霞. 金融市场学 [M]. 北京：中国发展出版社，2015.

[20] 皮天雷. 中国改革开放三十年来金融制度变迁探析——基于制度变迁的路径依赖视角 [J]. 中国经济问题，2011（3）：45-51.

[21] 张杰. 中国金融制度的结构与变迁 [M]. 中国人民大学出版社，2011.

[22] 张杰. 中国金融改革的制度逻辑 [M]. 中国人民大学出版社，2015.

[23] 李燕，杨淦. 美国法上的IPO"注册制"：起源、构造与论争——兼论我国注册制改革的移植与创生 [J]. 比较法研究，2014（6）：31-42.

[24] 沈朝晖. 流行的误解："注册制"与"核准制"辨析 [J]. 证券市场导报，2011（9）：14-23.

[25] 徐洋. 美国"注册制"管窥 [R]. 上交所资本市场研究所报告 No.14，2014.

[26] 任泽平. 美国和中国香港资本市场成败启示录：注册制审什么？如何审？ [EB/OL]. 恒大研究

院，2019-07-03.

[27] 封文丽，卢素艳. IPO 注册制下证券市场投资者保护研究［M］. 北京：中国社会科学文献出版社，2017.

[28] 王玉玲. 香港"双重存档制度"是上市企业造假克星？五大维度审视香港证券市场［EB/OL］. 券商中国，2018-12-20.

[29] 王啸. 证券发行制度改革的几个思维误区［N］. 上海证券报，2013-11-08.

[30] 王啸. 我们需要什么样的注册制［N］. 上海证券报，2013-11-20.

[31] 高尚全. 改革开放 40 年的重要成就和基本经验［N］. 学习时报，2018-08-08.

[32] 高敬忠，王媛媛. 中国 IPO 制度的变迁及改革启示［J］. 财会月刊（上），2018（23）：161-166.

[33] 韩冠楠. 我国不同股票发行制度下 IPO 效能的比较研究［D］. 南京：南京理工大学，2008.

[34] 周彩霞，翟金娟. 保荐人制度在中国股市蜕变为寻租制的经济学分析［J］. 南京理工大学学报（社会科学版），2013（1）：86-92.

[35] 赵晓辉，华晔迪，刘开雄. 半年改革进程异常曲折 新股发行体制回到原点［EB/OL］. 新华网，2014-06-26.

[36] 陆一. 谈股论经：中国证券市场基本概念辨误［M］. 上海：上海远东出版社，2013.

[37] 刘玉灿，李心丹，王冀宁. 中国发行监管制度的演化解释［J］. 生产力研究，2006（4）：71-72.

[38] 曹凤岐. 推进我国股票发行注册制改革［J］. 南开学报（哲学社会科学版），2014（2）：118-126.

[39] 李东方. 证券发行注册制改革的法律问题研究——兼评《证券法》修订草案"中的股票注册制［J］. 国家行政学院学报，2015（3）：44-49.

[40] 李东方. 论股市危机后中国股票发行注册制改革的对策［J］. 中国政法大学学报，2017（5）：52-65.

[41] 朱宝琛. 股票发行注册制改革授权期限获准延长两年［N］. 证券日报，2018-02-25.

[42] 证监会. 尽快在上交所设立科创板并试点注册制，推动更多中长期资金入市［N］. 每日经济新闻，2018-12-24.

[43] 新华社. 中央深改委通过设立科创板并试点注册制总体实施方案［EB/OL］. 上海证券交易所，2019-01-23.

[44] 刘慧. 科创板改革方案来了！［EB/OL］. 新华社，2019-01-30.

[45] 徐昭. 科创板亮相 五方面完善基础制度［N］. 中国证券报，2019-01-31.

[46] 刘慧，罗沙. 重磅！最高法发文为科创板改革"撑腰"［EB/OL］. 新华网，2019-06-21.

[47] 温济聪，张雪. 最高法发布《意见》：为设立科创板并试点注册制改革提供司法保障［N］. 经济日报，2019-06-23.

[48] 黄红元. 改善长期投资者制度供给，推动科创板行稳致远——在陆家嘴论坛"浦江夜话"上的演讲［EB/OL］. 上海证券交易所，2020-06-18.

[49] 徐高：变局者科创板［N］. 证券市场周刊，2019-06-06.

［50］冷静．科创板注册制下交易所发行上市审核权能的变革［J］．财经法学，2019（4）：95-112．

［51］侯捷宁．证监会副主席李超详解创业板注册制改革：要把握好一条主线三个统筹［N］．证券日报，2020-04-27．

［52］马婧妤．资本市场改革发展热点问题 易会满一次说透［N］．上海证券报，2020-05-17．

［53］吴正懿．注册制激活资本生态市场主体"各归其位"［N］．上海证券报，2020-06-10．

［54］任泽平，曹志楠，马图南，等．注册制是一场触及灵魂深处的改革（上）［J］．商业文化，2019（14）：66-75．

［55］任泽平，曹志楠，马图南，等．注册制是一场触及灵魂深处的改革（中）［J］．商业文化，2019（17）：66-73．

［56］陈见丽．基于注册制视角的上市公司退市制度改革研究［J］．学术交流，2019（3）：108-119．

［57］刘伟杰．科创板退市制度 凸显对科创企业"真爱"［N］．证券日报，2019-06-19．

第二篇
注册制下新股低效定价行为研究

中国特色的股票发行注册制以信息披露为中心,有交易所审核和证监会注册两个环节。完善股票发行监管制度等基础性制度,包括构建市场化的发行承销制度,构建以机构投资者为参与主体的询价、定价、配售制度及新股上市交易制度,构建符合注册制的持续监管规则体系,全面建立严格的信息披露规则体系,其他更为基础的配套制度改革,涉及公司法、证券法等,欺诈上市甚至可推动刑法的修改。

中国股票发行注册制改革,旨在提高我国证券发行市场效率及市场化程度,以达到直接融资资本的优化配置。新股发行定价是股票发行市场的核心,发行价格是否合理,不仅关系到发行能否成功,也关系到发行人、投资者及承销商等各方的利益。股票发行价格的形成过程受到市场参与者、监管机构和理论界及实业界的高度关注,新股发行定价反映了股票发行市场制度成熟和规范的程度。IPO定价效率可以用新股超额收益或新股抑价水平来衡量。

本篇主要包括两章:第二章为注册制过渡期IPO抑价水平研究;第三章为注册制实施后IPO抑价水平研究。

第二章主要考察注册制过渡阶段IPO抑价水平。2013年11月30日,中国证监会发布《关于进一步推进新股发行体制改革的意见》(以下简称《意见》),提出推进我国股票发行注册制改革的意见。为成功推出股票发行注册制,建立、健全和完善基础性制度的工作积极稳步推进,如信息披露制度、退市制度等股票基础性制度在不断变革。这一变革过程对新股IPO抑价水平的影响受到极大关注,同时为研究提供了各板块纵向数据素材。本章主要考察《意见》发布后新股上市交易制度首日44%涨跌幅、存量发行、风险投资及综合财务信息等在IPO中的作用。

　　第三章主要考察注册制正式实施后新股IPO抑价水平。2019年7月22日科创板开板上市后，注册制正式实施，科创板和非科创板因发行制度、发行承销制度、机构投资者参与配售、询价定价及新股交易制度均存在差异，这给研究注册制下IPO低效定价及其与核准制下IPO低效定价进行比较提供了横向比较的物质基础。本章主要研究注册制下影响IPO抑价水平的市场因素、发行承销中承销商跟投、风险投资和开放式基金等相关问题，同时也考察了新股上市交易制度差异的影响。

第二章
注册制过渡期 IPO 抑价水平研究

本章主要以 2013 年 12 月后在上海主板、深圳中小板和创业板上市的新股为研究样本，研究注册制过渡期 IPO 新股定价效率问题。

2013 年 11 月 30 日，证监会发布《关于进一步推进新股发行体制改革的意见》，提出推进我国股票发行注册制改革的意见。监管部门对新股发行进行合规审核，企业价值和风险由投资者和市场自主判断决策，逐步推进股票发行从核准制向注册制过渡。随后，新股发行制度改革的一系列重要配套措施相继出台，有关部门对首次公开发行股票进行了一系列制度改革，如调整新股配售机制，引入老股转让制度，以期缓解上市公司资金超募问题，增加可流通股份数量，理顺发行定价和配售等良性运行机制；引入承销商自主配售机制，提高网下配售比例，调整询价阶段对有效报价投资者家数的限制，调整回拨机制，强化发行承销全过程的信息披露要求。保护中小投资者的"小国九条"落地，增强市场投资者信心，激发市场活力。信息披露和退市安排制度的健全和完善，为新股注册制的实施奠定了理论和实践基础。

本章主要研究这一时期新股发行中影响 IPO 定价效率的因素，主要包括新股交易制度、新股存量发行、风险投资、公司基本财务信息等。

第一节 新股交易发行制度对 IPO 抑价影响的实证分析

尽管我国新股市场不断扩大，但首日收盘价高于发行价的现象仍然很普遍，新股短期内抑价的情况非常显著。A 股市场在中国市场增量资金不充裕、国际经济形势变幻莫测的情况下，承受着较大的压力。我国资本市场并没有完全发挥资源配置的作用、市场运行机制还不是很合理、市场约束能力不强，这些都是 A 股市场首日涨跌幅过大的影响因素。IPO 抑价意味着在我国证券一级市场上进行不以长期投资为主要目的的新股申购等短期操作可以获得超额回报，这容易增加资本市场的系统性风险。

Bottazzi 等（2005）利用市场主体模型，通过查验金融资本市场的促进作用，研究投资者对不同交易制度的反应，发现对于不同的交易制度，投资者行为存在很大差异。刘煜辉和熊鹏（2005）研究股票分置和政府管制对 IPO 抑价水平的影响。尽管中外学者对 IPO 低效定价的原因及影响因素已经有了一系列的研究，但从新股交易制度角度去研究的文献有限。因此在新股上市首日交易规则实施之后，IPO 抑价情况是否有改善，这是一个研究 IPO 定价效率的新思路。可以通过交易规则改变前后 IPO 抑价情况的对比研究，检验新股交易制度对 IPO 低效定价的影响。

2013 年 12 月 13 日，上交所和深交所公布了新股上市首日交易规则——《关于首次公开发行股票上市首日盘中临时停牌制度等事项的通知》，其目的在于进一步完善我国资本市场的法律制度，加强新股上市初期的监管工作，降低新股上市首日交易风险，防范炒作首次公开发行股票，维持市场运行秩序，切实维护投资者的合法权益。

新股交易制度主要做了三个方面的调整：一是撤销新股开盘后成交价首次超出开盘价上下 20% 的临时停牌规则，并将开盘后 10% 停牌阈值的临时停牌时间，由新股交易制度实施前的 1 小时缩短成 30 分钟；二是全日限制有效申报价格必须为发行价的 64%~144%，投资者的申报价格若在这个价格限制以外，则会被判为无效申报；三是扩大集合竞价的范围，即结束临时停牌之后新股复牌及收盘阶段采用集合竞价。

上交所和深交所依照中国证监会的要求，加强对首次公开发行股票买卖行为的监控，使投资者理性对待新股交易，减少因跟风炒作而带来的非必要损失。下面以 2013 年 12 月 13 日新股交易规则发布前后在上交所和深交所发行的新股为样本，考察新股交易制度对 IPO 低效定价的影响。

一、研究设计

（一）假设

中国股票市场新股高初始回报现象很普遍，且高于欧美发达资本市场。新股交易制度，尤其是首日交易制度的变革，其目的在于抑制新股炒作，解决新股高初始回报等问题。因此提出假设：新股交易制度的实施能抑制新股高初始回报。上市首日交易制度设 44% 涨幅限制的目的是让投资者更理性地投资，因为买卖双方理性博弈形成的新股交易价格更为合理。

（二）变量构建

1. 初始回报——被解释变量的选择

初始回报用股票上市或开板首日的收盘价相对于发行价的变化来度量。即：

$$IR_k = p_k^{Fstclose} / p_k^{Offer} - 1 \qquad (2-1)$$

其中，p_k^{Offer} 是股票 k 的发行价；如果是 2014 年前的新股，$p_k^{Fstclose}$ 为股票 k 上市首日的收盘价；如果是 2014 年后的新股，$p_k^{Fstclose}$ 是股票 k 上市后首个开板日的收盘价。

2. 解释变量——交易制度

新股交易制度变更用"TRDSYS"表示，该变量为虚拟变量。若新股发行时间在新股交易制度实施后（2013 年 12 月 13 日以后），该变量取值为 1，否则取值为 0。

3. 控制变量选择

（1）发行到上市的时间间隔。如果公司股票首次发行与上市日期的时间间隔大，则投资者购买该新股的滞后风险大。新股发行到股票上市期间，市场走势可能会大幅波动。此时投资者可能在信息不对称的情况下承担更高的风险，新股上市高收益可对这部分风险进行补偿。新股发行到最终上市之间的时间间隔与新股抑价率正相关。该指标用"DGAP"表示，度量股票首次发行与上市日期的时间间隔。

（2）主承销商声誉。产生信息不对称现象的原因是发行人了解本公司的内部真实情况，但是大部分投资者对公司的真实情况不知情。而在新股的定价与发行过程中，承销商在发行人与投资者之间起着中介桥梁的作用。Booth 和 Smith（1986）最早提出承销商声誉是重要的信号传递机制，承销商的认证中介作用在一定程度上可以缓解上市企业与外部投资者的信息不对称问题。假设主承销商的声誉与新股抑价程度负相关。主承销商声誉是衡量承销商业务实力的指标，用"UNDWRTREPU"表示。关于承销商等级的评定，国内许多关于 IPO 的研究都以咨询公司推出的券商排行榜为准。这里用前一年承销商首发股票承销总额除以该年所有承销商的首发股票承销总额度量。

（3）新股发行的规模。一般认为发行规模越大，新股抑价程度越低。这是因为新股发行规模越大，证券监管机构对企业信息披露的准确性也会更加重视，企业在信息披露方面会更为规范透明。同时，受规模经济的影响，发行规模越大，发行费率越小，需求不变，说明新股供给越充足，新股的抑价程度也越低。假设发行规模与新股抑价水平负相关。该指标用募集金额的自然对数"ln（SIZE）"度量。

（4）换手率。换手率是衡量股票交易频繁程度的指标，也能反映市场氛围。换手率越高，说明交易的时间间隔越小。换手率可衡量流动性，也可衡量市场上投机行为的程度。市场中对新股持积极态度的投资者会以高换手率谋求新股价格的大幅上涨。

新股换手率与新股抑价正相关。换手率用"TURN"表示。

（5）上市日流通股占总股本比例。投资者会认为，留存比例越高，发行人对公司将来的发展前景越乐观，是公司未来价值的一种信号。程佳苏（2013）认为发行人留存比例越高，上市日流通股占总股本比例越低，在保持新股需求水平至少不减的情况下，供应量减少，新股价格将升高，抑价程度增大。上市日流通股占总股本比例与新股抑价水平负相关。该指标用"OUTSTNDRATIO"表示，即首日流通股数量/总股本。

（6）整体价格水平收益——市场指数收益。新股发行当时的市场供求状况是确定股票发行价格的关键因素。国民经济的发展必然会影响证券市场，证券市场的总体走向也会影响新股首次公开发行的价格。一般来说，大盘下跌时，投资者为避免损失，会持观望态度，新股上市时购买欲望不高，市场状况不会太好，新股的抑价程度就低；相反，大盘上升，投资成分就会加大，新股供求关系就会相对紧张，新股抑价程度就高。新股发行抑价率与市场指数收益正相关。选取沪深 300 指数作为反映市场情况的大盘指数，用"HSI"来表示。

（三）样本数据说明

为剔除不同的交易所规则及其他因素对新股发行抑价率的影响，本章选取 2012 年 1 月至 2015 年 3 月在上交所和深交所上市的股票为研究对象。其中交易制度规则改变后上市的共有 195 只，改变之前上市的有 154 只，共计 349 只股票。

研究中的各项指标数据主要来自东方财富网、锐思数据库、巨潮资讯网。数据项包括每只新股的发行总数、承销商等中介机构及承销金额、换手率、总股数、发行价格、首次上市流通股数量、首周收盘价、首日收盘价，以及发行起始日期、上市日期、首个开板日的沪深 300 收盘价等。

（四）模型构建

为研究新股交易制度（JYZD）对新股发行定价效率的影响，构建以下多元线性回归模型：

$$IR=\beta_0+\beta_1\ln(DGAP)+\beta_2 UNDWRTREPU+\beta_3\ln(SIZE)+\beta_4 TURN+\beta_5 OUTSTNDRATIO+\beta_6\ln(HSI)+\beta_7 TRSYSD+\varepsilon \quad (2-2)$$

其中，新股初始回报 IR 作为被解释变量，发行到上市间隔天数（DGAP）、主承销商声誉（UNDWRTREPU）、新股发行规模［ln（SIZE）］、上市换手率（TURN）、市场指数（HSI）以及上市日流通股占总股本比例（OUTSTNDRATIO）为解释变量，ε 是误差项。

二、实证分析

(一) 描述统计分析

对交易制度改变前后的子样本分别进行描述性统计,结果见表 2-1。上栏为交易制度改变前的结果,下栏为交易制度改变后的结果。

表 2-1 描述性统计

变量	均值	标准差	中位数	最小值	最大值	偏度	峰度
发行价(元)	18.84	9.50	17.75	2.58	66.00	1.36	3.65
中签率(%)	1.84	2.25	1.18	0.13	15.53	3.70	16.73
发行市盈率	30.20	10.09	29.38	7.17	82.46	1.12	3.81
发行间隔(天)	10.59	2.71	10.00	7.00	24.00	1.46	3.24
承销商声誉(%)	6.26	6.03	3.99	0	17.05	0.94	−0.72
换手率(%)	62.72	21.88	63.56	18.12	95.15	−0.26	−1.17
发行比例(%)	0.24	0.04	0.25	0.04	0.30	−2.95	7.81
发行市值(万元)	68649.66	70953.83	49217.40	3870	728857.13	5.82	47.36
市值自然对数	10.90	0.63	10.80	8.26	13.50	0.49	2.92
初始回报	0.27	0.59	0.17	−0.26	6.27	7.18	68.08
发行价(元)	16.31	9.45	14.53	1.68	55.11	1.33	2.33
中签率(%)	0.94	0.64	0.69	0.18	4.87	2.02	6.48
发行市盈率	23.04	6.12	22.75	6.23	51.37	1.63	4.43
发行间隔(天)	10.78	3.22	10.00	7.00	21.00	0.99	0.56
承销商声誉(%)	4.65	5.09	2.42	0	18.90	1.64	2.00
换手率(%)	11.75	10.93	8.07	2.21	67.66	2.47	6.73
发行比例(%)	0.23	0.04	0.25	0.10	0.28	−2.26	3.72
发行市值(万元)	65122.01	99450.90	41197.60	134300.00	1003000.00	6.34	48.58
市值自然对数	10.73	0.70	10.63	9.51	13.82	1.27	2.76
初始回报	1.89	1.89	1.55	0.50	20.99	5.96	52.99

对比表 2-1 上栏和下栏的各变量可发现：交易制度改变前的初始回报均值为 27%，最大值为 627%，最小值为 –26%；交易制度改变后均值为 189%，最大值为 2099%，最小值为 50%。这可能是因为交易制度改变的同时，证监会建议上市公司发行市盈率为 23 倍左右，而交易制度改变之前，市盈率是放开的。从市盈率的描述统计变量也可发现这一点，之前发行市盈率均值为 30.2，最小值为 7.17，最大值为 82.46。交易制度改革之前首日换手率均值为 62.72%，最大值高达 95.15%；而改革之后，开板日前平均换手率均值为 11.75%，最大值为 67.66%，尤其随着新交易制度（首日最高 44% 的涨幅）的实施，投资者在上市首日都惜售，导致换手率非常低。实行新股上市首日涨跌幅限制，只是将新股上市后的炒作期拉长，新股连续多个交易日无量涨停。这样的人为限制导致价格与交易量偏离。

（二）回归分析

对模型用全样本、交易制度改变前后的子样本分别进行回归，回归结果见表 2-2。

表 2-2　全样本、交易制度改变前后的子样本回归结果

变量	Dependent variable: IR			
	（1）	（2）	（3）	（4）
IPO_PE	−0.013	−0.016*	−0.005	−0.005
	(0.009)	(0.009)	(0.004)	(0.022)
ln（SIZE）	−8.517***	−9.032***	−4.342***	−8.122***
	(1.332)	(1.342)	(0.704)	(2.404)
ln（HSI）	2.151***	2.111***	0.542	1.424**
	(0.416)	(0.422)	(0.628)	(0.609)
ln（DGAP）	0.332	0.305	0.100	0.317
	(0.284)	(0.288)	(0.161)	(0.444)
TURN	−0.004	−0.016***	0.007***	−0.042***
	(0.005)	(0.003)	(0.002)	(0.014)
UNDWRTREPU	0.006	0.0003	0.001	−0.002
	(0.014)	(0.014)	(0.006)	(0.026)
OUTSDRATIO	−5.381***	−6.192***	−5.910***	−4.767
	(1.838)	(1.847)	(0.869)	(3.296)

续表

变量	Dependent variable: IR			
	（1）	（2）	（3）	（4）
TRDSYS	0.884***			
	（0.270）			
常数	4.870	7.678	7.232	10.801
	（4.711）	（4.697）	（5.108）	（7.181）
观测数	349	349	154	195
R^2	0.384	0.364	0.493	0.228
F 统计量	26.464***	27.917***	20.271***	7.881***

注：括号内为标准差；***、**、**分别表示在1%、5%、10%水平上显著。

从表2-2可看出：

（1）模型（1）中新股交易制度变量TRDSYS的系数为正且在1%置信水平下显著，回归系数为0.884，表明新股交易制度改变后新股的抑价水平反而比实施前更高。这表明新股交易制度并不能抑制新股的低效定价。

（2）市场指数对首次公开发行股票抑价水平具有显著的正向影响。回归系数均为正，三个模型的系数在1%置信水平下显著，这证明大盘上升，投资成分就会加大，新股供求关系就会相对紧张，新股抑价程度就高。只有模型（3）不显著，即新交易制度改变前，市场价格水平的涨跌对新股抑价水平影响不敏感。这可能与股票整体行情不好有关，2013年开始中国证券市场就暂停了新股发行，直到2014年正式启动。

（3）新股发行市盈率对新股IPO抑价水平具有负的影响，即市盈率越高，新股抑价水平越低，只有不考虑制度差异的全样本模型的回归系数显著，其他三个模型中市盈率的影响不敏感。可见新股交易规则的改变并不能很快解决新股定价低效问题。

（4）发行规模在新股交易制度改变前后没有变化，回归系数均为负，且均在1%置信水平下显著。说明新股发行小公司效应仍然存在。

（5）换手率对IPO抑价水平的影响在交易制度改变前后是混杂的。交易制度改变前的样本，即模型（3）是正的且显著，回归系数为0.007，回归为正说明市场中对新股持积极态度的投资者以高换手率带来新股价格的大幅上涨；而交易制度改变之后，即模型（4）回归系数为−0.042，说明换手率非常低，新股股价涨得很高，即实行新股上市首日涨跌幅限制，只是将新股上市后的炒作期拉长，新股连续多个交易日无量涨停,人为限制导致价格与交易量偏离,交易制度改革实施后的新股价格很大程度上是扭曲的。

(6)模型(3)和模型(4)的回归系数均在1%置信水平下显著。不论是否考虑交易制度,全样本回归系数均为负;只是不考虑交易制度的情况下,回归系数-0.016在1%置信水平下是显著的。

(7)发行到上市间隔时间对新股抑价水平的影响是正的,但不显著。说明发行到上市时间间隔越长,不确定性越大,新股给予较高的回报以补偿风险。只是影响不敏感,可能一般发行后两周左右上市就抵消了发行上市间隔的影响。

(8)发行比例对新股抑价水平的影响总体上是显著为负的。只有模型(4)交易制度改革后的样本回归系数-4.767的t值为-1.446(-4.767/3.296),也可看成是中等显著的。模型(2)发行比例对新股抑价水平影响的回归系数显著为负(-6.192),即提高首次公开发行比例,可缓释IPO抑价水平;加了交易制度哑变量的模型(1)的回归系数为-0.5381,这表明新交易制度实施后,发行比例缓释IPO抑价水平的能力反倒下降了,下降幅度为-5.381-(-6.192)=0.811。

(9)这说明新股发行总量在发行后总股本中的比例越高,新股初始回报水平就越低。这似乎达到了老股转让的目的。2013年12月2日,证监会发布《首次公开发行股票时公司股东公开发售股份暂行规定》,正式确定将老股转让引入国内市场,旨在缓解上市公司资金超募问题,增加可流通股份数量,以促进买卖双方充分博弈,进一步理顺发行、定价、配售等环节的运行机制。

(10)承销商声誉对IPO抑价水平的影响整体为正但不显著。说明承销商在IPO中的作用并不是很强。这可能是因为中国证券市场承销商声誉机制缺失,导致承销商声誉与IPO抑价关系并不显著。可见,承销商还不能承担IPO过程中"信息生产者"和"中介认证者"的作用。

(11)可决系数R^2在22.8%~49.3%的范围。交易制度改革之前,IPO抑价水平的49.3%可由7个影响因素来解释;改革之后,这7个因素可解释IPO抑价水平的22.8%。在1%的显著水平下,F统计量分别为20.271和7.881,表明对于交易制度改革前后两个子样本,模型的线性关系在99%的置信水平下显著成立。

(三)稳健性检验

为了考察交易制度对不同市场或板块的影响,考虑交易制度改革前后上海主板、深圳中小板和创业板市场上IPO抑价水平的变化。用上海主板、深圳中小板和创业板三个子样本,对模型(2-2)进行回归,回归结果见表2-3。

表 2-3　三个子样本回归结果

变量	Dependent variable: IR		
	（1）	（2）	（3）
IPO_PE	−0.016	−0.015	0.016
	（0.016）	（0.012）	（0.020）
ln（SIZE）	−3.154	−7.778***	−10.155***
	（3.597）	（1.665）	（1.786）
ln（HSI）	4.078***	2.205***	0.504
	（0.920）	（0.526）	（0.616）
ln（DGAP）	0.847	−0.341	0.739*
	（0.626）	（0.422）	（0.435）
TURN	−0.002	0.001	−0.011
	（0.010）	（0.005）	（0.007）
UNDWRTREPU	−0.006	0.024	−0.017
	（0.027）	（0.015）	（0.022）
OUTSDRATIO	1.671	−7.131***	−3.709
	（7.985）	（1.956）	（2.340）
TRDSYS	1.259**	0.925***	0.273
	（0.552）	（0.294）	（0.480）
常数	−25.902*	4.269	20.653***
	（13.847）	（5.864）	（6.235）
观测数	148	98	103
R^2	0.369	0.587	0.442
F 统计量	10.174***	15.833***	9.306***

注：括号内为标准差；***、**、**分别表示在1%、5%、10%水平上显著。

从表 2-3 中可发现：

（1）发行市盈率的影响变得不显著。对深圳市场来说，发行市盈率对 IPO 抑价水平的影响仍为负，而上海市场为正。发行规模对 IPO 抑价水平的影响显著为负，IPO 抑价水平存在规模效应。整体市场的价格水平对 IPO 抑价水平的影响显著为正。

（2）发行时间间隔对上海市场 IPO 抑价水平的影响为正且显著，对深圳市场的影响不显著，表明发行间隔不是深圳创业板和中小板市场新股初始回报的主要影响因素。换手率的影响不显著。

（3）发行比例对新股初始回报的影响在深圳中小板和上海主板市场仍为负，且深圳中小板市场的回归系数在1%置信水平下显著，上海市场的回归系数可看成在10%水平下显著（t值=-3.709/2.34=-1.58504），深圳创业板的回归系数为正且不显著（系数为1.671）。这表明在上海市场和深圳中小板市场，如果新股首次公开发行的股份占发行后总股份的比例加大，新股的初始回报水平就会下降，而深圳创业板反而会增加，但影响不敏感。

（4）交易制度改革后，IPO抑价水平的变化在三个市场均显著增加了。交易制度改革并没有缓解IPO抑价水平，抑价水平反而增加了，这和前面的分析一致。尤其是深圳创业板的回归系数为1.259，深圳中小板为0.925，上海主板为0.273。无论在经济意义上还是统计意义上，深圳创业板在交易制度改革后，新股IPO抑价水平增加程度最大，深圳中小板次之，上海主板增加较小且不敏感。

第二节　IPO存量发行对IPO抑价影响的实证分析

2013年12月2日，证监会发布了《首次公开发行股票时公司股东公开发售股份暂行规定》（以下简称《规定》），标志着我国正式向资本市场引入了IPO存量发行机制。这一发行机制受到人们的广泛关注，国内学者期盼引入IPO存量发行机制，大多数人认为它对于我国有效资本市场的建立有一定的促进作用。那么IPO存量发行与IPO抑价之间是否确实存在某种相关性，IPO存量发行的引入是否能有效抑制IPO高抑价，值得进一步研究与分析。

IPO抑价水平长期居高不下会给我国资本市场带来极为不利的影响。首先，由于新股发行不存在失败的风险，一级市场的资源配置功能将无法得到充分发挥，企业只要能够获得上市资格，总可以筹集到所需要的资金。其次，投资者只要成功申购新股，就可以获得极高的收益，这致使大量资金从生产流通领域暂时流出而进入一级市场，来追逐无风险收益，助长了投机泡沫，拉低了整个社会范围内的资金配置效率。因此，IPO抑价问题一直是我国政府和学者所关心的问题，IPO存量发行的引入为解决IPO抑价问题带来了一丝希望。

IPO存量发行是指公司首次公开发行股票时，老股东通过公开发行程序对外出售一部分股份的股票发行方式。在国外成熟发达的资本市场中，IPO存量发行是一种常见的股票发行方式。理论和实践皆表明，IPO存量发行制度的实施对市场有着很大的积极意义，可以有效防止巨额超募；有助于风险投资企业的发展，从而进一步促进创新创业的发展；亦能使资本市场充分发挥多重功能，IPO存量发行在促进IPO合理定价、减少市场套利机会等方面也有积极的作用。但由于资本市场方面一直存在诸多不足，在很长的一段时间里，我国并未采用IPO存量发行方式，而是单纯采用增量发行方式。增量发行侧重于发挥证券市场的融资功能，却忽视了证券市场的投资功能，不利于投资者适时退出；片面侧重于融资功能，会导致很多企业盲目地进行不必要的融资，募集的大量资金常常没有被合理利用，对企业及投资者都造成了巨大的损失。针对这些问题，并出于完善我国资本市场的需要，很多专家学者开始将目光投向存量发行，大量针对国外存量发行制度的研究出现，引发了广泛的关注，也论证了我国实行存量发行制度的可行性。虽然我国早就有过国有股减持存量发行行为，但IPO存量发行正式实行时间是2013年12月2日证监会发布《规定》后。《规定》指出，并非所有原始股东都有资格提出老股转让，拟转让者持有公司股权时间需满足至少36个月。

虽然我国实行IPO存量发行已有几年，但是这一发行方式在我国资本市场上的实际作用及影响效果如何，目前还没有相关实证研究文献。本节通过对国内上市公司IPO存量发行与IPO抑价之间的关系进行研究，实证检验在中国资本市场上，IPO存量发行对IPO抑价的影响效果，存量发行制度是否能够解决我国的"三高"问题，进而为中国资本市场IPO存量发行机制的完善及有效资本市场的建立提供一定的改革建议，对促进我国证券市场的发展也有一定的现实意义。

一、研究方法与研究方案设计

（一）研究假设

Ang和Brau（2003）研究表明有存量发行（负信号效应）和高存量发行比例（掩盖效应），IPO回报越低，存量发行可能是原有股东隐藏负面信息的手段。Huyghebaert和Hulle（2006）以1984—2000年比利市场上市的95家公司为样本，研究发现更成熟的公司才会倾向于选择发行存量，其股票在上市后换手率也会更高。Dan和Li（2009）指出有利的市场条件能促使股东在IPO中出售自己的股份，这容易导致一段时期内IPO存量发行集中出现，在互联网泡沫时期，选择IPO存量发行的公司数量、IPO存量发行股份所占比例都有显著下降。Brau等（2007）发现拟上市公司在IPO过程中是否使用存量发行方式对公司IPO股份的长期收益并不存在明显的影响。

我国 IPO 存量发行的理论与实践经验与国外相比都有些缺乏，现有文献大都从法律、案例等视角论述存量发行可降低 IPO 抑价水平。叶昆（2012）认为存量发行制度的推出将会有效控制 IPO 抑价，让一部分原股东持有的股票在交易市场中流通，减少集中持股，提高该股票的分散度，增加该股票在二级市场的供给。郭航和白家美（2014）指出在中国由于减持制度的缺陷，原股东可能利用存量发行大规模套现，从而使公司面临经营风险，影响 IPO 正常的定价机制，不利于新股正常发行及其二级市场的交易。陈健和贾隽（2013）认为，由于存量发行可能会导致一级市场发行价定得过高，未来二级市场投资者缺乏信心，股票上市后很可能会很快跌破发行价。

从关于存量发行的理论与实践研究的结果来看，存量发行存在优缺点，采用不同的样本进行研究可能会产生不同的结果。考虑到我国股票市场的实际情况，IPO 存量发行对 IPO 抑价的影响需要理论和实证分析的进一步验证。企业如果要进行 IPO 存量发行，出售股票的原有股东就会加强对承销商的监督，这些内部人在参与 IPO 定价谈判时，可能会尽量披露公司的基本面信息，给出更合理的 IPO 定价，降低 IPO 抑价程度。IPO 存量发行越多，越容易向人们传递出一个信息——原股东并不看好自己公司的股票，故选择抛掉。于是人们会更加谨慎地对待这只股票，预期回报率会低一些，相应地 IPO 抑价程度也就更小。同时，IPO 存量发行能够释放部分大股东的股票到流通市场中，企业的股票集中度降低，持股分散度提高，二级市场流通股数量和比例增加，从而也能在一定程度上缓解 IPO 高抑价的问题。因此提出研究假设 1：IPO 存量发行比重越大的公司，IPO 抑价程度越小。

IPO 存量发行与 IPO 抑价之间的关系可能会受到市场行情波动的影响，当市场行情好时，投资者的投资热情会更高，投资行为也可能变得更加不理性。此时即使公司采用 IPO 存量发行的方式来发行股票，人们也可能会忽略这一点或者并不在意，仍然积极地进行股票交易，从而使 IPO 存量发行对 IPO 抑价的作用效果减弱，没有预期那么好。因此提出研究假设 2：在市场行情好的情况下，IPO 存量发行对 IPO 抑价的抑制作用会减弱。

（二）变量选取

1. IPO 抑价水平

自 2014 年我国 IPO 重启之后，由于证券交易所规则的限制，上市公司首日收益率基本在 44% 左右，不宜用首日回报度量 IPO 抑价程度，故采用公司上市首开板日收盘价相对于发行价的涨跌幅度来表示 IPO 抑价的程度，用公式（2-1）定义。相应地可定义 IR_5 和 IR_10，分别表示上市 5 日和 10 日的初始回报。

2. IPO 存量发行——自变量

IPO 存量发行变量有两个：用虚拟变量 D 来表示公司有无 IPO 存量发行，有 IPO 存量发行即为 1，否则即为 0。IPO 存量发行比例（SE_RATIO）表示 IPO 存量发行股数/总发行股数，用以度量 IPO 存量发行的水平。

3. 控制变量

为了更好地衡量 IPO 存量发行对 IPO 抑价的影响，需控制其他的一些影响因素，这里主要考虑以下几个因素：①发行市盈率（PE），是指股票的发行价格与股票的每股收益的比例，发行市盈率越低，投资回收期越短，投资风险越小，股票的投资价值也就越大，同时也反映了市场对公司的支持程度；②换手率，用开板日前换手率的均值度量，可以反映股票流通性和投资者对股票的投资情绪；③主承销商声誉（UNDWRREPU），用股票发行日前一年的承销商首发承销金额比例度量，声誉好的主承销商进行的 IPO 更容易让人信任，定价也应该更为合理；④整体市场价格水平，用开板日沪深 300 收盘指数（HSI）的自然对数度量，指数越高，市场行情越好，IPO 抑价水平越高；⑤发行规模（SIZE），用发行价×总发行股数的自然对数度量，发行规模越大，股份越分散，股价越不易被某个投资者所操纵，可降低投资者由于信息不对称带来的风险，股价低估程度也较小；⑥发行中签率（WinR），中签率越低，表明投资者对该公司的预期越好，IPO 抑价水平越高。

（三）样本选择和数据来源

以我国实行 IPO 存量发行制度为时间节点，选择 2013 年 12 月至 2016 年 4 月在沪深 A 股市场上市的所有公司为研究样本，剔除数据残缺项后，有效样本量为 378 家，其中上海 147 家，深圳创业板 148 家，深圳中小板 83 家。收集公司股票 IPO 存量发行股数、总发行股数、发行价格、上市首日至开板日的平均换手率、发行市盈率、申购中签率，以及样本期间内 IPO 承销排名数据、开板日期等数据项。数据来源于光大证券交易、Wind 数据库及锐思数据库，经计算整理得到。考虑到上海市场在样本期间内有 5 只股票采用老股转让及存量发行，存量有效样本太少，这里最后以深圳市场为样本，总计 231 家上市公司。

（四）模型构建

为考察 IPO 存量发行对 IPO 抑价的影响，构建以下回归模型：

$$IR = \beta_0 + \beta_1 \{D, SE\_RATIO\} + \beta_2 TURN + \beta_3 PE + \beta_4 WinR + \beta_5 UNDWRTREPU + \beta_6 \ln(HSI) + \beta_7 \ln(SIZE) + \varepsilon \tag{2-3}$$

其中，因变量是 IPO 抑价率 IR，考察解释变量 IPO 存量发行哑变量 D 与发行比例 SE_RATIO 对 IR 的影响。其他均为控制变量，定义同第一节，ε 为扰动项。

二、实证分析

（一）描述性统计分析

根据公式（2-1）对样本数据进行处理，对变量进行描述性统计，结果见表 2-4。

表 2-4　各变量描述性统计结果

变量	均值	标准差	中值	最小值	最大值	偏度	峰度
IR	3.33	3.40	2.40	0.10	21.83	2.54	7.86
D	0.23	0.42	0	0	1.00	1.25	−0.44
SE_RATIO	0.08	0.17	0	0	0.78	2.15	3.56
OUTSTNDRATIO	0.24	0.03	0.25	0.10	0.28	−4.74	21.55
PE	22.87	5.31	22.95	7.11	51.37	1.78	6.51
WINR（%）	0.65	0.58	0.46	0.02	2.59	1.64	2.04
UNDWRTREPU	3.74	4.21	2.01	0	18.9	1.98	4.14
SIZE（万元）	44233.49	50593.49	34440	11450	699600	9.64	119.37

由表 2-4 可以看出，样本公司的平均 IPO 抑价率为 333%，抑价程度最高达到了 2183%，而最低的仅为 10%。IPO 存量发行比例平均只有 8%，最大的达到了 78.47%，最小的则是 0，即没有进行 IPO 存量发行。开板前换手率平均为 8.75%，中值为 9.119%，最小值仅为 0.46%。平均发行市盈率为 22.87，发行市盈率最小仅为 7.11。平均申购中签为 0.65%，申购中签率最高达 2.59%；平均发行规模为 44233.49 万元。

进一步对各变量间的相关性进行分析，结果如表 2-5 所示。

表 2-5　各变量相关系数表

变量	D	SE_RATIO	IR	IR10
SE_RATIO	0.85***			
IR	−0.29***	−0.29***		
IR10	−0.46***	−0.51***	0.5***	
IR5	−0.59***	−0.67***	0.35***	0.77***

由表 2-5 可以看出，IPO 存量发行比例 SE_RATIO 与哑变量 D 高度相关，与 IPO 抑价负相关；IPO 存量发行比重越大，公司 IPO 抑价越小，无论是 5 日、10 日和开板抑价水平；且随着连涨板日期的延长，存量发行比例的负向作用在减弱，从 0.67 到 0.51，最后为 0.29。这与假设 1 一致。

（二）回归分析

1. IPO 存量发行与 IPO 抑价

利用全部 231 家公司的样本数据，分别检验存量发行哑变量和存量发行比例对 IPO 抑价水平的影响。解释变量分别为 5 日、10 日和开板日回报，对解释变量中的换手率和沪深 300 指数做相应调整；同时考虑有无发行比例的影响，采用回归模型（2-3）进行检验，发现存量发行哑变量的影响不显著，所以只给出了存量发行比例的回归结果，如表 2-6 中第（2）至（5）列所示。

表 2-6　存量发行比例影响 IPO 抑价水平的回归结果

变量	IR5		IR10	IR	
	（1）	（2）	（3）	（4）	（5）
PE	0.001	−0.0002	−0.008*	−0.056	−0.069
	（0.002）	（0.002）	（0.005）	（0.044）	（0.045）
ln（SIZE）	0.001	0.002	−0.183***	−1.515***	−1.512***
	（0.013）	（0.013）	（0.040）	（0.356）	（0.354）
ln（HSI5）	0.005	−0.003			
	（0.028）	（0.029）			
ln（HSI10）			−0.090		
			（0.099）		
ln（HSI）				4.991***	4.906***
				（0.777）	（0.765）
WINR	−0.082***	−0.082***	−0.234***	−0.345	−0.304
	（0.021）	（0.021）	（0.059）	（0.494）	（0.486）
TURN5	−0.014***	−0.014***			
	（0.001）	（0.001）			

续表

变量	IR5		IR10	IR	
	(1)	(2)	(3)	(4)	(5)
TURN10			−0.035***		
			(0.003)		
TURN				−0.085***	−0.092***
				(0.032)	(0.032)
UNDWRTREPU	−0.0001	0.0001	0.011**	0.010	0.012
	(0.002)	(0.002)	(0.005)	(0.046)	(0.046)
SE_RATIO^2	−0.513***				7.057**
	(0.101)				(2.906)
SE_RATIO		−0.271***	0.004	3.296**	
		(0.056)	(0.177)	(1.576)	
常数	1.288***	1.371***	5.221***	−19.421***	−18.446**
	(0.260)	(0.263)	(0.904)	(7.167)	(7.116)
观测数	231	231	231	231	231
R^2	0.859	0.858	0.740	0.364	0.369
F 统计量	193.983***	191.843***	90.745***	18.265***	18.602***

注：括号内为标准差；***、**、** 分别表示在1%、5%、10%水平上显著。

（1）市盈率和中签率对 IPO 抑价水平具有抑制作用，但不显著；IPO 抑价存在显著的小公司效应；整体市场好的时候，IPO 抑价水平会显著增加；换手率越小，IPO 抑价水平显著越高；承销商声誉没有起到中介认证的作用。因为发行比例涉及新股上市流通股份，因而考虑发行比例与否，得出的 IPO 存量发行影响 IPO 抑价水平的程度可能不同。有无发行比例，IPO 存量发行对 IPO 抑价水平的影响没有根本改变。

（2）存量发行比例 SE_RATIO 对5日回报的影响在1%置信水平下显著，回归系数为 −0.271。这说明 IPO 存量发行比重越大，公司 IPO 抑价程度就越低，IPO 存量发行比重每增加1个百分点，公司 IPO 抑价率下降0.271，假设1成立。而对10日回报的影响系数为正但不显著；存量比例对开板日抑价水平的影响在1%置信水平下显著，回归系数为 3.293。这说明 IPO 存量发行比重越大，公司 IPO 抑价程度就越高，IPO 存量发行比重每增加1个百分点，公司 IPO 抑价率则增加3.293个百分点，假设1并不成立，这与表 2-5 的相关关系分析不一致。

（3）经济意义上，从 5 日、10 日和开板日抑价水平结果来看，各控制变量影响因素对开板日抑价水平的回归结果较合理，尤其是整体市场价格水平（沪深 300 指数）对 5 日、10 日和开板日抑价水平的影响结果，市场越好，抑价程度越高。只有在开板日，市场投资者买卖双方才对新股的价格博弈达到了某种均衡，也不能排除二级市场情绪推动了新股的持续走高，新股开板日收盘价是投资者乐观或赌徒心态共同作用形成的，开板日价格呈现扭曲状态。统计意义上，5 日抑价水平拟合结果 $R^2=0.859$、F 统计量为 193.983，相比开板日的 $R^2=0.369$、F 统计量为 18.602 来看，5 日抑价水平拟合结果更好，解释能力强。

总之，从存量发行比例对 5 日、10 日和开板日抑价水平的回归结果看，存量发行比例对抑价水平的影响呈"U"型。从买卖双方博弈最终结果看，开板日的结果相对合理，对开板日考虑二次项回归，结果见表 2-6 的第（5）列。5 日抑价水平相对合理，可能投资者的乐观或赌徒心态还没有那么强，对 5 日回报进行二次项回归，结果见表 2-6 的第（1）列。二次项系数仍然显著，初期来看存量比例对抑价程度的影响呈倒"U"型。总之，存量发行比例对抑价程度的影响可能存在"N"型关系。

从开板日的实证结果看，IPO 存量发行的实施对 IPO 抑价并没有缓释作用，反而强化了 IPO 抑价水平。这直接验证了存量发行刚开始引起争议的原因，市场担心存量发行不能降低 IPO 抑价水平，反而会给原始股东提早减持股份的渠道，存量发行的股东具有套现的嫌疑。

2. 进一步研究 IPO 存量发行与 IPO 抑价水平的关系

为考察存量发行对 IPO5 日和开板日抑价水平的影响差异，相关关系分析结果表明：存量发行对抑价水平的负向作用程度，开板日最小，为 0.29。这可能与新股交易制度下连涨天数长短有关，体现在开板前的平均换手率，一般连板天数越长，开板前平均换手率越小，开板日的抑价水平越高。而连涨天数又可能受整体市场行情的影响，中签率也可能影响连板天数，中签率低的股票，一般投资者惜售，人为拖长新股开板时间，不过中签率为一级市场的影响因素。

在考虑市盈率、发行规模及承销商声誉三个影响因素的情况下，逐个加入中签率、换手率和整体市场行情三个指标，考察使存量发行影响 IPO 抑价的方向发生改变的原因。回归结果见表 2-7。

（1）从第（1）至（4）列的回归结果看，在存量发行比例及依次加入发行规模、市盈率和承销商声誉的情况下，存量发行对 IPO 抑价水平的影响分别在 1%、1%、10% 和 10% 的置信水平下显著为负，显著性水平也降低了，随着公司规模、市盈率对 IPO 抑价水平的缓释，存量发行对 IPO 抑价水平的抑制作用下降了，回归系数的绝对

表 2-7 逐步回归结果

变量名称	(1)	(2)	(3)	(4)	(5)	(6)	(7)	(8)
SE_RATIO	−5.880***	−4.301***	−2.540*	−2.551*	−0.112	0.688	1.116	−2.992
	(1.275)	(1.281)	(1.498)	(1.510)	(1.660)	(1.619)	(1.451)	(2.873)
ln(SIZE)		−1.671***	−1.686***	−1.693***	−1.398***	−1.467***	−1.727***	−1.757***
		(0.384)	(0.380)	(0.392)	(0.394)	(0.379)	(0.353)	(0.391)
PE			−0.102**	−0.102**	−0.065	−0.028	−0.112**	−0.114**
			(0.046)	(0.046)	(0.047)	(0.047)	(0.042)	(0.048)
UNDWRTREPU				0.004	0.015	−0.019	0.025	−0.002
				(0.051)	(0.050)	(0.049)	(0.046)	(0.051)
WINR					−1.547***			
					(0.478)			
TURN						−0.135***		
						(0.030)		
ln(HSI)							5.608***	
							(0.770)	
常数	3.789***	21.193***	23.553***	23.604***	20.433***	20.552***	−21.785***	24.472***
	(0.236)	(4.004)	(4.110)	(4.184)	(4.214)	(4.075)	(7.286)	(4.202)
观测数	231	231	231	231	231	231	231	231
R²	0.085	0.155	0.173	0.173	0.210	0.241	0.331	0.167
F 统计量	21.257***	20.942***	15.842***	11.831***	11.956***	14.289***	22.247***	11.302***

注：括号内为标准差；***、**、* 分别表示在 1%、5%、10% 水平上显著。

值分别为 5.880、4.301、2.540 和 2.551。承销商声誉的影响系数为正且不显著。总之，至此，验证了假设 1，即存量发行抑制了 IPO 抑价水平。

（2）在继续分别单独加入中签率、换手率和整体市场水平的情况下，存量发行对 IPO 抑价水平的抑制作用或为负，不显著；或为正，也不显著。可见中签率抑制 IPO 低效定价的能力比存量发行要强，存量发行虽然能抑制 IPO 初始回报，但影响已不敏感了，中签率对二级市场炒作新股的作用存在，但持续影响二级市场新股定价的因素中，整体市场行情影响最大，存量发行的系数变为正的 1.116。在把这三个因素同时加入后，三个因素叠加作用的实证结果见表 2-7 中的第（4）列，IPO 存量发行对其抑价水平的影响显著为正，即具有增强而非抑制的作用。这与假设 1 相反。

由此可见，存量发行对 IPO 抑价水平的影响可能不是线性的，而是二次的。在仅考虑发行规模、市盈率和承销商声誉的情况下，考虑存量发行比例的二次项的系数，结果见表 2-7 的第（8）列。存量发行比例二次项的系数为 -2.992，但不显著，表明存量发行对 IPO 抑价水平的影响呈倒"U"型；在同时加入中签率、换手率和整体市场水平三个因素后，在三者的叠加影响下，存量发行对 IPO 抑价水平的影响变为"U"型，结果见表 2-7 第（5）列。

可见存量发行对 IPO 抑价水平的影响受其他因素的影响。对短期 5 日抑价水平的影响显著为负，基本不受其他因素的影响，是稳健的；而对较长期的开板日抑价水平，存量发行比例的影响从显著为负变为显著为正，尤其是和整体市场行情和换手率有关，而换手率和新股上市交易制度有密切关联，因新股交易制度改革前，几乎没有存量发行，这一推断无法得到现实的验证。下面进一步考虑市场行情如何影响 IPO 存量发行与 IPO 抑价的关系。

3. 整体市场行情如何影响 IPO 存量发行与 IPO 抑价的关系

在表 2-7 第（2）列和第（6）列中加入存量发行比例和整体市场水平的交叉项，为了便于比较分析，在表 2-7 第（7）列也加入该交叉项，同时考虑被解释变量 5 日回报对应的回归情形，回归结果如表 2-8 所示。

（1）5 日 IPO 抑价水平结果表明，表 2-8 第（1）列与表 2-6 第（2）列比较，交叉项对 IPO5 日初始回报具有正向的显著作用，表明在市场行情好的情况下，IPO 存量发行对 IPO5 日抑价的抑制作用确实会减弱。

（2）开板日初始回报结果表明，表 2-8 第（4）列与表 2-7 第（7）列比较，交叉项对开板日初始回报具有正向的显著作用，表明在市场行情不好的情况下，IPO 存量发行对 IPO 抑价的强化作用会得到抑制。而表 2-8 第（1）列与表 2-6 第（6）列比较，交叉项对开板日初始回报的影响为正但不显著，说明市场行情对存量发行对开板日回报的强化作用的抑制不太明显。

表 2-8 市场行情影响 IPO 存量发行与 IPO 抑价的回归结果

变量名称	IR5 (1)	IR5 (2)	IR (3)	IR (4)
PE	0.001	−0.011***	−0.061	−0.112***
	(0.002)	(0.003)	(0.044)	(0.041)
ln(SIZE)	−0.004	−0.041*	−1.454***	−1.593***
	(0.013)	(0.022)	(0.360)	(0.344)
WINR	−0.075***		−0.410	
	(0.021)		(0.497)	
TURN5	−0.014***			
	(0.001)			
TURN			−0.073**	
			(0.034)	
UNDWRTREPU	0.001		0.004	
	(0.002)		(0.046)	
ln(HSI5)	−0.015	0.216***		
	(0.029)	(0.047)		
ln(HSI)			5.418***	6.236***
			(0.859)	(0.825)
SE_RATIO	−4.543**	−6.464*	59.210	95.789**
	(2.297)	(3.913)	(48.236)	(45.852)
SE_RATIO * ln(HSI5)	0.549*	0.761		
	(0.295)	(0.503)		
SE_RATIO * ln(HSI)			−7.084	−11.957**
			(6.108)	(5.792)
Constant	1.506***	0.174	−23.464***	−28.235***
	(0.272)	(0.466)	(7.965)	(7.837)

变量名称	IR5		IR	
	（1）	（2）	（3）	（4）
观测数	231	231	231	231
R^2	0.860	0.560	0.368	0.342
F 统计量	170.149***	57.184***	16.175***	23.434***

注：括号内为标准差；***、**、**分别表示在1%、5%、10%水平上显著。

三、稳健性分析

为研究上述实证检验结果是否具有稳健性，同时考察深圳创业板和中小板两个板块中 IPO 存量发行对 IPO 抑价的作用效果以及市场行情是否会对它们都有影响，所以对上述实证结果进行稳健性检验。

（一）IPO 存量发行与 IPO 抑价

以创业板 148 家公司及中小板 83 家公司为样本，运用模型（2-3）对 5 日抑价水平和首日（或开板）抑价水平分别进行回归，回归结果见表 2-9。

表 2-9 子样本回归结果

变量名称	IR5		IR	
	（1）	（2）	（3）	（4）
PE	0.002	−0.007**	−0.074	0.013
	（0.002）	（0.003）	（0.059）	（0.059）
ln（SIZE）	0.010	−0.012	−1.404**	−1.311***
	（0.016）	（0.023）	（0.542）	（0.384）
ln（HSI5）	−0.029	0.076		
	（0.031）	（0.059）		
ln（HSI）			6.198***	2.021**
			（1.050）	（0.986）

续表

变量名称	IR5 (1)	IR5 (2)	IR (3)	IR (4)
WINR	−0.071***	−0.115***	−0.435	−0.404
	(0.025)	(0.036)	(0.804)	(0.474)
TURN5	−0.015***	−0.011***		
	(0.001)	(0.002)		
TURN			−0.108**	−0.072*
			(0.046)	(0.037)
UNDWRTREPU	−0.002	0.006*	−0.031	0.050
	(0.002)	(0.003)	(0.067)	(0.050)
SE_RATIO	−0.302***	−0.233**	5.129**	0.504
	(0.069)	(0.109)	(2.402)	(1.799)
Constant	1.449***	0.999*	−29.581***	0.487
	(0.293)	(0.520)	(10.107)	(8.303)
观测数	148	83	148	83
R^2	0.880	0.845	0.380	0.380
F 统计量	146.785***	58.260***	12.250***	6.564***

注：括号内为标准差；***、**、** 分别表示在1%、5%、10%水平上显著。

（1）在创业板市场上，IPO存量发行变量的系数为 −0.302，在1%的水平下显著。说明在创业板市场中，IPO存量发行比重越大，公司IPO抑价程度越低。就经济意义而言，创业板市场中IPO存量发行对IPO抑价的作用也很明显，IPO存量发行比重每增加1个百分点，IPO抑价率就降低0.302个百分点。在创业板上市的公司很多都有风险投资背景，IPO存量发行的实施为风险投资企业提供了良好的退出时机，风险投资企业的投资往往伴随着高风险，所期盼的退出回报也相应较高，且注重循环投资，存量发行使得风险投资企业资金在IPO阶段就能够退出，与未实施IPO存量发行时相比，退出时间提前了，投资回收期也相应缩短了，撤出的资金能够尽快地投入到下一个项目当中，风险投资企业因而能得到更好的发展。所以在创业板市场中进行IPO存量发行的公司个数相对来说也较多，由此导致的IPO抑价降低程度也较大。其他变量的回归显示：公司上市后5日的换手率越高，IPO抑价程度越低；申购中签率越高，公司 IPO 抑价程度越低。

（2）在中小板市场上，IPO 存量发行在 5% 的显著性水平下显著性，系数为 −0.233，表明随着 IPO 存量发行比重的增大，公司 IPO 抑价程度降低，IPO 存量发行比重每增加 1 个百分点，IPO 抑价程度减少 0.233 个百分点，比创业板低近 30%。公司上市后 5 日换手率越高，IPO 抑价程度越低；公司发行市盈率越高，IPO 抑价程度越低；申购中签率越高，IPO 抑价程度越低；IPO 中主承销商声誉越好，IPO 抑价程度越高。

（3）而对于开板日抑价水平，IPO 存量发行在 5% 的显著性水平下显著性，系数为 5.129，表明随着 IPO 存量发行比重的增大，公司 IPO 抑价程度增加。而中小板市场上，IPO 存量发行对开板日抑价程度的影响仅为 0.504 且不显著，表明中小板公司的存量发行对 IPO 抑价的强化作用不明显，可能更大程度上表现为抑制作用。公司规模、整体市场水平、换手率对 IPO 抑价程度的影响，同全样本结果一致。

（二）市场行情

在模型（2-3）的回归中纳入发行存量和市场行情的交叉项，分别利用深圳两个板块的样本数据进行回归，且考虑全部控制因素或仅考虑市盈率、公司规模、承销商声誉下的存量发行对抑价水平的影响，得到的回归结果汇总如表 2-10 所示。

表 2-10 子样本市场行情影响回归结果

变量名称	IR5 (1)	IR5 (2)	IR5 (3)	IR5 (4)	IR (5)	IR (6)	IR (7)	IR (8)
PE	0.003	−0.005	−0.008***	−0.018***	−0.079	0.012	−0.130**	−0.064
	(0.002)	(0.004)	(0.003)	(0.006)	(0.059)	(0.060)	(0.056)	(0.055)
ln（SIZE）	0.005	−0.023	−0.010	−0.049	−1.286**	−1.304***	−1.419***	−1.390***
	(0.016)	(0.024)	(0.025)	(0.037)	(0.547)	(0.394)	(0.535)	(0.370)
WINR	−0.064**	−0.101***			−0.718	−0.397		
	(0.025)	(0.037)			(0.828)	(0.482)		
TURN5	−0.015***	−0.011***						
	(0.001)	(0.002)						
TURN					−0.077	−0.072*		
					(0.051)	(0.037)		

续表

变量名称	IR5 (1)	IR5 (2)	IR5 (3)	IR5 (4)	IR (5)	IR (6)	IR (7)	IR (8)
UNDWRTREPU	−0.002	0.007**			−0.040	0.050		
	(0.002)	(0.003)			(0.067)	(0.051)		
ln（HSI5）	−0.040	0.068	0.063	0.426***				
	(0.032)	(0.059)	(0.051)	(0.088)				
ln（HSI）					6.932***	2.051*	7.544***	3.169***
					(1.177)	(1.042)	(1.147)	(0.984)
SE_RATIO	−3.637	−8.186	−7.731**	−6.209	96.158	6.530	125.705**	48.792
	(2.360)	(5.740)	(3.774)	(9.474)	(66.724)	(64.271)	(59.909)	(64.851)
SE_RATIO*ln（HSI5）	0.428	1.024	0.891*	0.764				
	(0.303)	(0.739)	(0.485)	(1.222)				
SE_RATIO*ln（HSI）					−11.532	−0.767	−15.672**	−6.241
					(8.447)	(8.178)	(7.551)	(8.246)
常数	1.582***	1.125**	1.067**	−1.329	−36.700***	0.186	−40.080***	−6.959
	(0.307)	(0.525)	(0.501)	(0.863)	(11.345)	(8.953)	(11.081)	(8.990)
观测数	148	83	148	83	148	83	148	83
R^2	0.882	0.849	0.673	0.500	0.388	0.380	0.363	0.300
F统计量	129.602***	51.844***	58.498***	15.403***	11.018***	5.669***	16.152***	6.591***

注：括号内为标准差；***、**、**分别表示在1%、5%、10%水平上显著。

由表2-10可以看出，市场行情对IPO存量发行与IPO抑价间关系的影响效果也会受到样本选择的影响。5日抑价水平下，在创业板市场上，存量发行比例的系数为−3.637和−7.731，分别在近似10%（t=−3.637/2.36=−1.54）和5%的水平下显著为负，说明存量发行对5日IPO回报具有负向的影响；交叉项的回归系数为0.428和0.891，分别在近似10%（t=0.428/0.303=1.41）和5%的水平下显著为正，表明在市场行情好的情况下，IPO存量发行对IPO抑价的抑制作用降低了。而在中小板市场上，交叉项的回归系数并不显著，表明不存在此效用。这可能与中小板上的企业性质及人们对待该板块的态度有关。在中小板上市的企业规模介于主板和创业板之间，大多为普通企业，而创业板上则含有较多的高新技术企业，这些企业的前景通常更被国家和投资者所看好。因此即使在市场行情好的情况下，人们依然会更谨慎地对待那些实施 IPO 存量发行的中小板上市公司的股票，于是导致中小板上 IPO 存量发行对 IPO 抑价的抑制作用并不会受到市场行情的影响。开板日抑价水平下，不论是创业板市场还是中小板市场，交叉项的回归系数均为负的，说明在市场行情不好的时候，存量发行对 IPO 抑价的强化作用有缓解作用。只有科创板市场仅考虑市盈率、上市规模和承销商声誉时的模型才具有显著抑制 IPO 存量强化开板日抑价水平的作用。

四、结论及研究建议

（一）结论

笔者利用 2013 年 12 月至 2016 年 4 月在深圳 A 股市场上市的 231 家公司的一系列相关数据进行了实证分析，发现 IPO 存量发行对 IPO 抑价确实有显著影响，且随着 IPO 存量发行比重的增加，IPO5 日抑价程度趋于下降，而开板日抑价程度在仅考虑发行因素时具有抑制作用，若考虑市场因素（包括整体市场水平和换手率）的情况下，存量发行反而会提升 IPO 抑价水平。进一步的分析与检验显示：在市场行情好的情况下，IPO 存量发行对 5 日 IPO 抑价的抑制作用会减弱，对开板日 IPO 抑价的强化作用会减缓，但在中小板上效果并不好；创业板和中小板上 IPO 存量发行对 IPO 抑价均有显著影响，且两者负相关。

（二）完善 IPO 存量发行制度的建议

为促进我国有效资本市场的建设，完善我国 IPO 存量发行制度，本书提出一些政策性建议。

（1）在实施了 IPO 存量发行制度的基础上，可以再适当鼓励企业在 IPO 中采取此种方式，尤其是在主板市场上进行 IPO 的企业，甚至可以允许它们在 IPO 中采用纯存量发行的方式发行股票，即不与增量发行方式混用。有些企业上市的目的可能不是融资，而是为了提高知名度，为将来的长远发展打下基础。纯存量发行可以满足这类企业的需要，以免其募集许多不必要的资金，导致资金闲置及浪费。

（2）有意愿在主板和创业板市场上市的公司若想采取 IPO 存量发行的方式来发行股票，可以考虑在市场行情不是特别好的情况下进行 IPO，以免 IPO 存量发行的作用效果受到市场行情的抵充。而有意愿在中小板上市的公司则无须顾忌市场行情的作用，是否采用 IPO 存量发行可依实际情况而定。

（3）由于我国资本市场尚不完善，为了维护中小投资者在 IPO 存量发行中的利益，可以在存量发行股份部分采用超额配售权的方式。在这种方式下，若 IPO 后的一定时间内，二级市场的股价低于发行价，承销商要在二级市场买入一定比例的股份；若二级市场的股价高于发行价，那么发行人就以 IPO 发行价向机构投资者出售股份，也可以依照一定比例向中小投资者出售股份。这种方法能有效地抑制股东利用存量发行方式套现。在市场需求旺盛时，供给量可以得到增加；在市场需求不足时，承销商的责任能得到强化，同时也可以支撑二级市场的股价。

第三节 新股基本面财务信息 F-Score 对 IPO 抑价的影响分析

新股首次公开发行中的高抑价现象一直是金融学界、财务学界的一个热门话题和重要研究领域。自 2014 年起，我国已规定新股上市首日最高涨幅为其发行价的 144%，但首日之后的接连涨停使得 IPO 平均抑价率依然很高。抑价程度过高不仅会影响发行人、投资者及承销商的利益，而且会影响证券市场资源配置功能的发挥。学者针对 IPO 抑价现象给出了不同的解释，如"赢家诅咒假说""诉讼规避假说""投资者情绪假说"等，但至今仍没有一种理论可以完全解释 IPO 抑价现象。基于信息不对称理论提出的公司基本财务信息对 IPO 抑价的影响在国内外被广泛研究。财务信息反映的是公司的经营状况，公司经营状况的好坏对于上市公司的股价无疑会产生较大的影响。关于单个财务指标对新股抑价情况影响的研究较多，而有关综合财务指标对新股抑价影响的研究比较稀缺。综合财务信息对新股抑价的影响分析有助于市场参与者投资新股时进行决策并获得正回报。

一、研究方案设计

（一）理论基础

财务信息会通过两方面来影响 IPO 抑价。一方面，财务信息会通过影响 IPO 定价机制影响 IPO 抑价。Penman（1980）发现，由于信息不对称极有可能导致柠檬市场，因而高质量公司的股票价值就会被严重低估，高质量上市公司也无法通过发行股票进行良好的融资。所以高质量公司倾向于公布更多的财务信息，从而在路演中取得更多的投资者出价。Zheng（2007）研究发现公司的现金流通过反映公司内在的价值对 IPO 定价产生影响。另一方面，财务信息还会通过影响投资者的购买意愿进而影响 IPO 抑价。这与目前热门的行为金融学的说法非常吻合。Abarbanell 和 Bushee（1997）研究发现投资者更倾向于购买在市场公布了大量信息的公司的股票。Piotroski（2000）认为上市公司或即将上市的公司有义务告知投资者一些重要的财务信息。然而近些年来，程新生（2012）等研究指出财务信息在投资者投资决策过程中的作用正在弱化。即便如此，大量的实证研究还是表明财务会计指标在投资决策过程中依然扮演着至关重要的角色。Huang 等（2014）认为，非财务信息难以量化和验证，所以对于投资者来说，在进行投资决策时，应该主要参考财务会计指标。

总体来说，财务信息在投资者进行投资决策时是一个非常重要的指标。根据供求关系理论，消费者的购买意愿对商品的市场价格有直接影响。同样地，投资者的投资情绪对 IPO 的一级市场价格有着直接影响，并且通过这个机制间接影响 IPO 抑价率。

（二）研究假设

目前主要基于信息不对称理论来解释新股基本面财务信息与 IPO 抑价的关系。以 Allen 为代表的研究者认为，高质量的公司会通过以低价发行少量股票来传递公司状况良好的信息，而低价少量的股票往往会导致高抑价率。IPO 抑价有利于公司在增发或二轮融资时募得更多的资金，通过高抑价率来吸引新投资者的进入。

从发行人的视角来讲，发行人希望以低价发行取得的高抑价向外部传递出公司目前财务状况良好的信息。流通市场的股票价格并不能完全反映公司质量，在后续增发或分红时才可能会显现，从而使低发行定价导致高抑价现象。这时，对投资者而言，公司披露的财务质量越好，越会增加投资者的预期回报，从而导致高抑价现象。

因此给出假设：财务质量水平对 IPO 抑价有正向的影响。

（三）变量选取

1. 被解释变量

自 2014 年我国 IPO 重启之后，由于证券交易所规则的限制，上市公司首日收益率基本都在 44% 左右，不宜用首日回报度量 IPO 抑价程度，故采用公司上市首开板日收盘价相对于发行价的涨跌幅度来表示 IPO 抑价的程度（IR），用公式（2-1）度量。相应地可定义 IR_5 和 IR_10，分别表示上市 5 日和 10 日的初始回报。

2. 解释变量

根据 Piotroski（2000）提出的有关基本面财务信息整体水平指标 F-score 的定义，结合中国股市的发展情况，将 F-score 按照表 2-11 的指标进行修改。对各个上市公司的财务指标按表 2-11 中标准进行评定。将表 2-11 中 8 个二进制变量进行加总，即得到各个公司 F-score 的值。

表 2-11　基本面财务信息整体水平指标构成

名称	符号	判别
1. 资产回报率	ROA	大于 0，取 1；否则，取 0
2. 资产回报率的变化	Δ ROA	大于 0，取 1；否则，取 0
3. 经营性现金净流量	CFO	大于 0，取 1；否则，取 0
4. 营业利润—经营性现金净流量	Accruals	小于 0，取 1；否则，取 0
5. 总资产周转率的变化	Δ Turn	大于 0，取 1；否则，取 0
6. 销售毛利率的变化	Δ Margin	大于 0，取 1；否则，取 0
7. 资产负债率的变化	Δ Lever	小于 0，取 1；否则，取 0
8. 流动比率的变化	Δ Liquid	大于 0，取 1；否则，取 0

3. 控制变量

（1）中签率（WINR）：中签率反映了股票发行股数和有效申购股数的比例关系，一定程度上反映投资者对该股票的"热情程度"及预期，从而影响其抑价。

（2）股权集中度（OC）：股权集中度反映股东因持股比例不同所表现出的股权集中或分散的数量化指标，在这里用上市时发布的前五大股东所占股权比例来衡量。

（3）承销商声誉（UNDWRTREPU）：该承销商在企业 IPO 那年承销的首发募股金额除以所有承销商承销的首发募股金额（反映该承销商所占的市场份额）。根据承销商声誉理论，投资者更倾向于投资有良好声誉的承销商发行的股票，从而影响其抑价。

（4）公司规模（lnSize）：投资者往往把公司的规模作为其声誉、业务能力的衡量指标之一，且由于公司规模具有直观性和易得性，往往在投资者的判断依据中占重要作用。对公司首发募集资金（发行规模）取自然对数，选取 lnSize 为控制变量。

（5）换手率（TURN）：取新股上市日至开板日这段时间该股票的平均日换手率，换手率一定程度上反映投资者对继续持有该股票或者抛售该股票的态度。

（6）整体市场价格水平（lnIndex）：取上市首日和上市首开板日沪深 300 指数收盘价的自然对数。一般市场行情越好，新股抑价水平越高。

（四）样本选取与数据来源

选取 2006—2017 年所有首发上市的新股为样本，考虑制度因素。2014 年之前，我国新股上市首日不设涨跌幅限制，而自 2014 年起规定，新股上市首日涨幅不得超过 44%，因此样本分为两个部分：2006—2013 年首发上市的新股；2014—2017 年首发上市的新股。相关被解释变量、解释变量和控制变量数据来源于 RESSET 数据库和东方财富网。在剔除了金融业相关企业和部分数据缺失的企业后，2013年共得到1120家上市公司，2013年后得到960家上市公司。

（五）模型构建

Piotroski（2000）首次提出了综合9个财务指标的F-score，能综合反映一个公司的盈利能力、偿债能力和营运能力，并对事后回报有很强的预测能力。Piotroski和So（2012）通过进一步研究发现，当以F-score衡量的公司基本面价值和以账面市值比衡量的市场价值存在显著的差距时，F-score对事后回报的预测能力会更强。Turtle和Wang（2017）研究公司基本面财务信息在构造投资组合中的作用，把F-score和事后回报间的关系归结于风险补偿。在控制其他因素后，考察综合财务指标对IPO抑价水平的影响，建立如下模型：

$$IR=\beta_0 + \beta_1 F\text{-}score + \beta_2 \ln Size + \beta_3 \ln Index + \beta_4 TURN + \beta_5 WinR + \beta_6 UNDWRTREPU + \beta_7 OC + \varepsilon \quad (2\text{-}4)$$

其中，IR为抑价水平，F-score为综合财务指标，lnSize、lnIndex、TURN、WinR、OC分别为公司发行规模、整体市场行情、换手率、中签率、股权集中度，UNDWRTREPU为承销商声誉，ε为扰动项。

二、实证分析

（一）描述性分析

用公式（2-1）对样本数据进行处理后，描述性统计分析结果见表2-12。

表2-12 各变量的描述性统计结果

变量名称	均值	标准差	中位数	最小值	最大值	偏度	峰度
全样本							
IR	1.77	2.1	1.11	−0.26	21.86	2.52	10.42
WinR	0.01	0.02	0	0	0.66	17.58	478.56
F-score	4.99	1.58	5	1	8	−0.14	−0.64
UNDWRTREPU	4.01	4.27	2.74	0	37.38	2.44	9.88
OC	0.66	0.11	0.69	0.12	1	−0.9	1.53

续表

变量名称	均值	标准差	中位数	最小值	最大值	偏度	峰度
TURN	3.31	4.9	0.9	0.12	67.66	5.36	45.69
lnSize	20.06	0.8	19.97	17.47	24.92	1.2	3.46
样本一：2006—2013年							
IR	0.61	0.79	0.36	−0.26	6.27	2.55	8.83
WinR	0.01	0.03	0.01	0	0.66	13.92	288.03
F-score	5.17	1.57	5	1	8	−0.27	−0.58
UNDWRTREPU	4.05	4.87	2.47	0	37.38	2.6	9.67
OC	0.66	0.11	0.68	0.17	1	−0.86	1.13
TURN	0.71	0.19	0.75	0.12	0.96	−1.21	0.73
lnSize	20.29	0.85	20.2	17.47	24.92	1.2	3.57
样本二：2014—2017年							
IR	3.12	2.34	2.49	0.05	21.86	2.28	8.43
WinR	0.0026	0.0046	0.0004	0.0001	0.05	3.41	17.29
F-score	4.78	1.57	5	1	8	0	−0.6
UNDWRTREPU	3.95	3.44	2.9	0	18.9	1.45	3.39
OC	0.67	0.11	0.69	0.12	0.9	−0.95	2.03
TURN	6.36	5.9	5.2	0.57	67.66	5.07	35.02
lnSize	19.8	0.64	19.68	18.18	23.3	0.87	1.23

由表2-12可以看出，2013年前子样本中公司的平均抑价程度为61%，中位数为36%，抑价程度最高为627%，最低为−26%。在2014年后子样本中，公司的平均抑价程度为312%，中位数为249%，最高抑价为2186%，最低抑价为5%。相比之下，首日涨跌幅限制改革之后的IPO抑价水平明显上升。

（二）相关性分析

对样本数据进行相关性分析，分析结果见表2-13。

从表2-13中可发现，综合财务指标与IPO抑价水平间存在负相关关系。控制变量公司发行规模、中签率和承销商声誉与抑价水平负相关；整体市场价格水平、换手率和股权集中度与抑价水平之间存在正相关关系。只有股权集中度的影响不显著。

表 2-13 相关关系分析

变量	IR	F-score	lnSize	lnIndex	TURN	WinR	UNDWRTREPU
F-score	−0.0577	1.0000					
lnSize	−0.4336	0.0850	1.0000				
lnIndex	0.3761	0.0911	−0.0495	1.0000			
TURN	0.0920	−0.1096	−0.1219	−0.0155	1.0000		
WinR	−0.2173	0.0355	0.2708	−0.1507	−0.0539	1.0000	
UNDWRTREPU	−0.0895	−0.0628	0.3273	−0.0569	0.0088	0.0643	1.0000
OC	0.0316	−0.0082	0.0937	0.0661	0.0357	0.0243	0.0165

（三）分组分析

不同规模的公司在定价准确性及信息披露方面具有较大差异，因此进行分组分析，将样本按照 F-score 及公司规模分为 6 类：低 F-score、大公司；低 F-score、小公司；中 F-score、大公司；中 F-score、小公司；高 F-score、大公司；高 F-score、小公司。其中高 F-score=6、7、8，中 F-score=3、4、5，低 F-score=0、1、2。对 6 组样本所对应的 IPO 抑价率进行分组分析，结果如表 2-14 所示。

表 2-14 分组数据

公司规模	低 F-score	中 F-score	高 F-score	总 F-score
子样本：2006—2013 年				
大公司	0.218	0.379	0.339	0.354
小公司	0.772	0.797	0.964	0.863
子样本：2014—2017 年				
大公司	1.748	1.768	1.677	1.734
小公司	2.098	2.173	2.288	2.204

由表 2-14 可得，在大公司中，随着财务信息的变好、F-score 的增大，IPO 抑价率的均值呈现出先增大后稍有回落的趋势；小公司的 IPO 抑价率均值随着 F-score 的增大不断增大。由此可以看出，财务状况越好，投资者购买新股的热情越高，造成

IPO 抑价的提高。大规模公司稍有不同,其 IPO 抑价在中 F-score 下达到最大,而在高 F-score 下出现回落。

(四) OLS 回归分析

用模型(2-5)对全样本依次加入 F-score、规模、整体市场价格水平、换手率、中签率、承销商声誉和股权集中度,进行逐步回归,回归结果见表 2-15。

表 2-15 抑价水平 IR 逐步回归结果

变量名称	(1)	(2)	(3)	(4)	(5)	(6)	(7)
F-score	−0.077***	−0.028	−0.074***	−0.068***	−0.067***	−0.059**	−0.058**
	(0.029)	(0.026)	(0.024)	(0.024)	(0.024)	(0.024)	(0.024)
lnSize		−1.136***	−1.081***	−1.068***	−1.032***	−1.093***	−1.106***
		(0.052)	(0.048)	(0.048)	(0.050)	(0.053)	(0.053)
lnIndex			3.242***	3.246***	3.178***	3.200***	3.169***
			(0.164)	(0.164)	(0.165)	(0.165)	(0.165)
TURN				0.018**	0.018**	0.017**	0.016**
				(0.008)	(0.008)	(0.008)	(0.008)
WinR					−5.454***	−5.254***	−5.305***
					(1.927)	(1.923)	(1.920)
UNDWRTREPU						0.033***	0.033***
						(0.009)	(0.009)
OC							0.873**
							(0.344)
Constant	2.152***	24.694***	−2.335	−2.717	−2.871*	−1.992	−2.063
	(0.153)	(1.045)	(1.669)	(1.675)	(1.673)	(1.688)	(1.686)
Observations	2080	2080	2080	2080	2080	2080	2080
R^2	0.003	0.188	0.317	0.319	0.322	0.325	0.328
F Statistic	6.938***	241.137***	321.415***	242.911***	196.587***	166.726***	144.208***

注:***、**、** 分别表示在 1%、5%、10% 水平上显著。

（1）财务综合指标 F-score 的回归系数均为负的，除模型（2）外，均在 5% 或 1% 置信水平下显著，表明综合财务指标对 IPO 抑价水平具有负向作用，质量好的上市公司获得合理的发行定价水平，质量差的公司发行价较低，二级市场投资者习惯性"炒新"，没能很好地识别新上市公司的质量，随着时间的推移，质量好的公司才能显现出来。这说明新股发行过程中，综合财务指标能分离出上市公司质量的好坏，使得发行市场达到"分离"的状态。

（2）公司发行规模对 IPO 抑价水平的影响显著为负，抑价水平存在小发行规模效应；整体市场价格水平对抑价水平在 1% 置信水平下具有显著的正向作用，这说明市场越好，IPO 抑价水平越高；中签率均在 1% 置信水平下显著为负；换手率在 5% 置信水平下显著为正，投资者过于乐观，交易频繁导致换手率增大，从而推高股价，造成高抑价现象；承销商声誉对 IPO 抑价的影响显著为正，说明承销商在 IPO 中没有起到"中介/认证"的作用；股权集中度在 5% 置信水平下对 IPO 抑价水平有正向影响，根据股权集中度假说，股权集中度高的上市公司为了避免公司股东股权被某些大股东控制，常常倾向于低价发行而增加投资者的需求，从而导致高抑价现象发生。

（五）分位数回归分析

从描述性统计分析发现，IPO 抑价水平具有正的偏度，说明抑价水平重在右侧，且峰度高达 8 以上，因此进行分位数回归，检验在不同综合财务水平下，财务指标对 IPO 抑价水平的影响程度是否存在差异。

用模型（2-5）进行 10、20、50、80 和 90 分位数回归，结果见表 2-16。

（1）综合财务指标 F-score 对 IPO 抑价水平的影响从 10 分位数到 90 分位数回归系数均显著为负，且变化范围在 $-0.156\sim-0.013$，在不同的综合财务指标 F-score 水平下，综合财务指标对 IPO 抑价水平的影响程度存在明显的差异。在低综合财务指标 F-score 水平下，新上市公司质量差，其对 IPO 抑价水平的负向影响相对要弱些，即在质量较差的 IPO 公司中，分离出质量好的公司的程度降低了。

控制变量发行规模的分位数回归系数也随着分位数的增大而增强，在 90 分数数水平下，发行规模对 IPO 抑价水平的抑制作用最大；换手率在最高分位数水平下影响作用发生改变，从正向变为负向。承销商声誉具有正向作用，高声誉承销商传递的信息是其承销公司是高质量的。股权集中度的影响也是正向的，且系数逐渐增大。

表 2-16 分位数回归结果

变量名称	10	20	50	80	90
F-score	−0.013**	−0.026***	−0.033*	−0.156***	−0.156**
	(0.006)	(0.009)	(0.017)	(0.043)	(0.075)
lnSize	−0.293***	−0.366***	−0.711***	−1.177***	−1.328***
	(0.024)	(0.022)	(0.034)	(0.090)	(0.124)
lnIndex	1.572***	1.877***	2.495***	3.348***	3.914***
	(0.048)	(0.067)	(0.126)	(0.237)	(0.476)
TURN	0.021***	0.026***	0.044***	0.013	−0.026***
	(0.002)	(0.005)	(0.009)	(0.011)	(0.010)
WinR	−15.230***	−10.370***	−7.531***	−5.797	−2.640
	(1.293)	(2.784)	(2.291)	(4.440)	(5.208)
UNDWRTREPU	0.006**	0.006***	0.021***	0.054***	0.069**
	(0.003)	(0.002)	(0.007)	(0.014)	(0.035)
OC	0.172***	0.299***	0.725***	0.739	1.537*
	(0.064)	(0.112)	(0.187)	(0.593)	(0.817)
Constant	−6.475***	−7.334***	−5.112***	−0.670	−1.657
	(0.248)	(0.529)	(1.264)	(2.493)	(4.606)
Observations	2080	2080	2080	2080	2080
Pseudo R^2	0.1520	0.1749	0.2187	0.2120	0.2063

注：***、**、** 分别表示在1%、5%、10%水平上显著。

为了更直观形象地考察不同综合财务指标对IPO抑价水平影响程度的差异，进行100分位数点的分位数回归检验，回归结果如图2-1所示。

从图2-1可看出，回归系数在5%置信区间内的变化趋势表明，回归系数在不同分位数上并不相同，综合财务指标的系数散点图呈现向下倾斜的趋势；公司规模也向下，趋势要陡一些；整体市场价格水平呈现向上的趋势；换手率先向上后向下；中签率缓慢向上；承销商声誉缓慢向上；股权集中度缓慢向上，接近80分位后陡然向上。

为严谨起见，对分位数回归系数进行10和90、20和80、30和70、40和60分位数对及10个分位数的相等性和对称性检验，结果见表2-17。

图 2-1　分位数回归系数趋势图

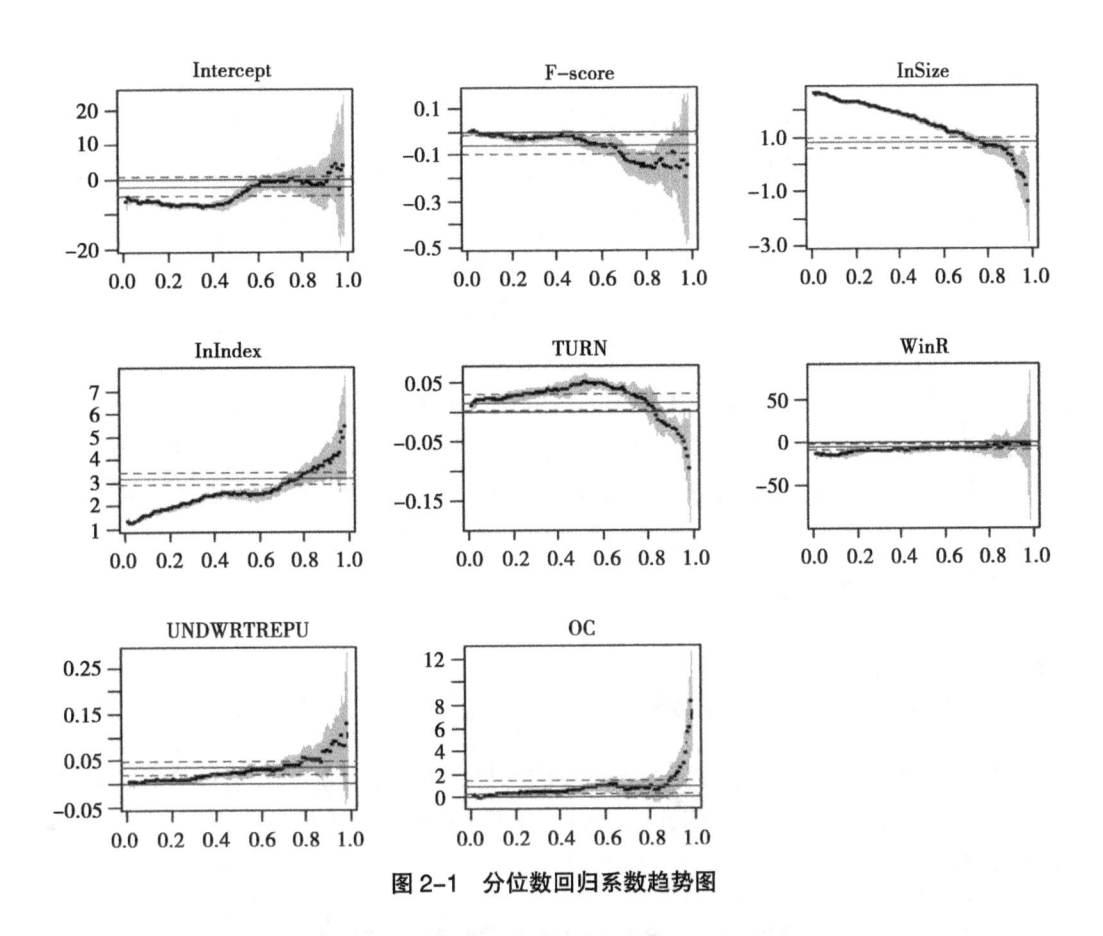

表 2-17　分位数回归系数相等性和对称性检验结果

分位数对	0.1, 0.9	0.2, 0.8	0.3, 0.7	0.4, 0.6	10 个分位数
检验：$b(\tau_h) - b(\tau_k) = 0$					
Wald Test	335.2624 (0.0000)	193.6162 (0.0000)	95.9057 (0.0000)	69.1065 (0.0000)	537.5454 (0.0000)
F-score	0.1434 0.0101	0.1306 0.0002	0.0080 0.0081	0.0418 0.0173	8 个分位数对的结果略去
检验：$b(\tau) + b(1-\tau) - 2*b(.5) = 0$					
Wald Test	281.3865 (0.0000)	126.1063 (0.0000)	45.1637 (0.0483)	6.71785 (0.5673)	329.1233 (0.0000)
F-score	−0.1023 0.0677	−0.1153 0.0014	−0.0768 0.0063	−0.0137 0.4377	8 个分位数对的结果略去

从表 2-17 可发现，单分位数对和 10 个分位数的 Wald 检验卡方统计量表明，在 1% 置信水平下，各变量分位数回归系数显著不相等；单从综合财务指标 F-score 的检验结果看，4 个分位数对的分位数回归系数在 5% 置信水平下存在显著差异，说明在低综合财务指标 F-score 水平下，综合财务指标 F-score 对 IPO 抑价水平的负向影响较弱。

此外，除 40 和 60 分位数对外的 3 对单分位数对和 10 个分位数的 Wald 检验卡方统计量表明，在 1% 置信水平下，各变量分位数回归系数关于 50 分位数显著不对称；单从综合财务指标 F-score 的检验结果看，40 和 60 分位数对的回归系数关于 50 分位数是对称的，其他 3 对单分位数对的分位数回归系数在 10% 置信水平下关于 50 分位数非对称。这说明，综合财务指标 F-score 对 IPO 抑价水平的正向影响程度并不相同。

三、稳健性检验

（一）分市场、分时间段检验

考虑 2014 年后新股上市首日交易制度的变化，所以要分时间段进行分析。同时，上海和深圳市场间存在差异，因此分市场、分板块进行子样本稳健性检验。实证结果见表 2-18。

表 2-18 分市场、分板块稳健性检验回归结果

变量名称	上海	深圳	创业板	中小板	核准制	注册制颁布后
F-score	−0.028	−0.054*	−0.044	−0.022	−0.010	0.034
	（0.044）	（0.028）	（0.047）	（0.029）	（0.012）	（0.041）
lnSize	−1.056***	−1.402***	−1.614***	−1.117***	−0.330***	−1.428***
	（0.083）	（0.069）	（0.128）	（0.068）	（0.026）	（0.105）
lnIndex	1.733***	3.249***	6.475***	1.909***	1.213***	1.615***
	（0.341）	（0.183）	（0.418）	（0.162）	（0.078）	（0.410）
TURN	−0.071***	0.023**	0.015	0.043***	0.830***	−0.138***
	（0.014）	（0.010）	（0.014）	（0.011）	（0.110）	（0.015）
WinR	−8.581**	−4.022*	−17.492***	−1.198	−1.574**	41.471**
	（3.600）	（2.162）	（6.410）	（1.785）	（0.753）	（18.898）

续表

变量名称	上海	深圳	创业板	中小板	核准制	注册制颁布后
UNDWRTREPU	0.033**	0.011	0.012	−0.001	0.004	−0.006
	(0.015)	(0.011)	(0.019)	(0.012)	(0.004)	(0.019)
OC	1.323**	0.258	0.132	0.366	0.307*	0.643
	(0.594)	(0.401)	(0.726)	(0.392)	(0.173)	(0.585)
Constant	9.177***	3.439*	−18.045***	8.085***	−3.128***	18.419***
	(3.309)	(2.035)	(4.316)	(1.857)	(0.783)	(3.637)
Observations	545	1535	694	841	1120	960
R^2	0.362	0.372	0.460	0.375	0.346	0.315
F Statistic	43.493***	129.249***	83.341***	71.321***	83.937***	62.615***

注：***、**、** 分别表示在1%、5%、10%水平上显著。

（1）当分市场和板块使用4个子样本分别进行回归时，综合财务指标F-score的回归系数均为负的，仅深圳市场在10%置信水平下显著，通过稳健性检验。创业板的F-score影响程度最大，为−0.044，这可能是因为在创业板上市的多为创新创业公司和高科技公司，投资者会更关注这些类型公司的财务状况，从而使财务状况对这些公司的抑价起到负的作用。深圳子样本观测值最多，为1535家公司，而上海子样本、创业板子样本和中小板子样本容量较小，因而不显著。

（2）分年子样本的回归情况为：2013年前综合财务指标F-score的回归系数为负且不显著；2014年后为正，也不显著。这似乎说明2013年前综合财务指标能起到分离IPO公司质量好坏的作用，但分离市场的作用不敏感；而2013年后子样本的回归结果可能说明，从投资者的视角来看，公司披露的财务质量越好，F-score水平越高，二级市场投资者看到公司传递出业务能力更好的信息，会增加预期回报，从而增加投资，造成高抑价现象。从发行人的视角来看，发行人希望以低价发行向外部传递出公司目前财务状况良好的信息，也造成高抑价现象。

总之，分市场、分板块和分年进行稳健性检验后，综合财务指标对IPO抑价水平的影响均为负，且总体上不显著，均不如市场因素对IPO抑价水平的影响显著。这表明新股初始回报主要受市场因素的影响，财务信息居于次要地位。

（二）10日抑价水平检验

由于2014年注册制改革实施后新股上市首日交易制度发生了变化，为防止检验结果受IPO抑价水平度量方式的影响，这里用IPO上市10日抑价水平代替首日或开板日抑价水平，整体市场价格水平和换手率也做了相应调整。运用模型（3-5）分别就全样本、上海、深圳、创业板、中小板、2013年前和2013年后6个子样本分别进行回归，回归结果见表2-19。

表2-19 IPO10日抑价水平的结果

变量名称	全样本	上海	深圳	创业板	中小板	2013年前	2013年后
F-score	−0.037***	−0.009	−0.040***	−0.059***	−0.019	0.004	−0.005
	（0.011）	（0.015）	（0.012）	（0.017）	（0.016）	（0.013）	（0.006）
lnSize	−0.542***	−0.475***	−0.742***	−0.711***	−0.726***	−0.296***	−0.205***
	（0.023）	（0.028）	（0.029）	（0.046）	（0.038）	（0.027）	（0.017）
lnIndex10	1.405***	0.629***	1.613***	1.950***	1.388***	0.756***	−0.168***
	（0.064）	（0.081）	（0.076）	（0.140）	（0.089）	（0.067）	（0.062）
TURN10	−0.008***	−0.038***	−0.002	−0.007	0.008	0.042*	−0.053***
	（0.003）	（0.003）	（0.003）	（0.005）	（0.005）	（0.022）	（0.001）
WinR	−6.533***	−11.391***	−4.178***	−17.194***	−1.851*	−3.028***	−6.151**
	（0.847）	（1.195）	（0.931）	（2.366）	（1.003）	（0.756）	（2.612）
UNDWRTREPU	0.023***	0.021***	0.003	−0.002	0.005	0.008*	0.004
	（0.004）	（0.005）	（0.005）	（0.007）	（0.007）	（0.004）	（0.003）
OC	0.549***	0.428**	0.150	−0.048	0.239	0.244	0.261***
	（0.152）	（0.198）	（0.173）	（0.272）	（0.220）	（0.178）	（0.091）
Constant	0.558	6.142***	3.025***	0.066	4.281***	0.208	7.626***
	（0.697）	（0.875）	（0.857）	（1.488）	（1.043）	（0.755）	（0.551）
Observations	2080	545	1535	694	841	1120	960
R^2	0.410	0.623	0.480	0.541	0.461	0.234	0.740
F Statistic	205.987***	126.565***	201.551***	115.379***	101.868***	48.502***	386.446***

注：***、**、*分别表示在1%、5%、10%水平上显著。

(1) 综合财务指标 F-score 的影响总体上显著为负，说明综合财务指标确实起到了识别并分离高质量上市公司的作用，上海和中小板市场系数为负，但不显著。与表 2-18 的结果比较，10 日抑价水平的结果更显著。

(2) 分年子样本的回归情况为：2013 年前子样本的回归系数是正的，不显著；2013 年后的样本是负的，不显著，与表 2-18 中分时间段实证结果正好相反。这表明实证结果与 IPO 抑价水平的度量方式可能有关。

(3) 控制变量的作用与首日或开板日抑价水平的实证结果基本一致。发行规模具有显著负效应，整体价格水平具有正向影响，中签率的影响显著为负。表 2-19 中承销商声誉的影响显著为正，没有起到"中介/认证"的作用。股权集中度的影响总体为正且显著。

（三）不同市场行情

一般市场行情好的时候，无论公司质量好坏，均能获得较好的收益。此处考虑财务综合指标和市场行情的交叉项，进而探究不同市场行情下综合财务指标的作用。在模型（3-5）中加入交叉项，就全样本、上海、深圳、创业板、中小板、2013 年前和 2013 年后 6 个子样本分别进行回归，回归结果见表 2-20。

表 2-20 考虑市场行情下首日回报回归结果

变量名称	全样本	上海	深圳	创业板	中小板	2013 年前	2013 后
F-score	−0.967	−1.127	−0.114	−5.501**	−0.432	−3.002***	1.711
	(0.863)	(1.796)	(0.955)	(2.241)	(0.834)	(0.402)	(1.879)
lnSize	−1.103***	−1.054***	−1.402***	−1.613***	−1.113***	−0.313***	−1.429***
	(0.053)	(0.084)	(0.069)	(0.128)	(0.068)	(0.025)	(0.105)
lnIndex	2.642***	1.096	3.214***	3.435***	1.667***	−0.585**	2.538**
	(0.527)	(1.096)	(0.582)	(1.316)	(0.518)	(0.253)	(1.112)
TURN	0.015*	−0.071***	0.023**	0.011	0.043***	0.825***	−0.138***
	(0.008)	(0.014)	(0.010)	(0.015)	(0.011)	(0.108)	(0.015)
WinR	−5.225***	−8.408**	−4.019*	−17.119***	−1.184	−1.428*	43.630**
	(1.922)	(3.613)	(2.163)	(6.389)	(1.786)	(0.735)	(19.054)
UNDWRTREPU	0.033***	0.032**	0.011	0.012	−0.001	0.004	−0.005
	(0.009)	(0.015)	(0.011)	(0.019)	(0.012)	(0.004)	(0.019)

续表

变量名称	全样本	上海	深圳	创业板	中小板	2013年前	2013后
OC	0.869**	1.313**	0.258	0.123	0.367	0.359**	0.668
	(0.344)	(0.594)	(0.401)	(0.723)	(0.392)	(0.169)	(0.586)
F-score * lnIndex	0.113	0.135	0.007	0.677**	0.051	0.374***	−0.206
	(0.107)	(0.221)	(0.119)	(0.278)	(0.104)	(0.050)	(0.230)
Constant	2.138	14.316	3.711	6.425	9.954**	10.861***	10.901
	(4.331)	(9.031)	(4.804)	(10.928)	(4.226)	(2.029)	(9.172)
Observations	2080	545	1535	694	841	1120	960
R^2	0.328	0.362	0.372	0.464	0.375	0.377	0.316
F Statistic	126.328***	38.059***	113.020***	74.189***	62.379***	83.959***	54.876***

注：***、**、** 分别表示在1%、5%、10%水平上显著。

加入市场行情与综合财务指标的交叉项后，财务信息质量对IPO抑价水平的影响仍然都是负的，且在经济意义上得到很大提升，如全样本中F-score的回归系数为0.967，与表2-15相比不显著了；深圳市场的系数也不显著了。创业板和2013年前的回归系数分别在1%和5%置信水平上显著，系数分别为−5.501和−3.002。整体市场价格水平仍显著为正，即市场行情越好，新股超额收益越高。两者的交叉项除2013年后外均为正，仅在创业板和2013年前的子样本中显著。这可能与2013年后上市首日交易制度有关，且度量抑价水平用的是首开板日的抑价水平，这一指标包含了二级市场的信息，并非纯粹的发行市场的信息。因此在2013年以前，市场行情好的时候，质量好的公司一般可获得较高的新股收益，而2013年后反而获得的新股收益较低，但不显著。

四、结论与建议

（一）主要结论

本节主要研究新股基本面财务信息F-score对IPO抑价的影响，以2006—2013年及2014—2017年沪深上市公司为研究对象，运用多元回归模型，进行OLS和分位数回归检验，并对不同市场、板块和时间段进行了稳健性检验。实证研究结果发现：

F-score回归系数显著为负，表明综合财务指标对IPO抑价水平具有负向作用，质量好的上市公司获得合理的发行定价，质量差的公司发行价较低，二级市场投资者习惯"炒新",没能很好地识别新上市公司的质量,随着时间的推移,质量好的公司才能显现出来。这说明新股发行过程中,综合财务指标能分离出上市公司质量的好坏,使得发行市场达到"分离"的状态。且综合财务指标对 IPO 公司质量的分离作用不同且非对称,即在低综合财务指标水平下,综合财务指标 F-score 的市场分离作用比在高综合财务指标水平下要弱。

公司发行规模对 IPO 抑价水平的影响存在小发行规模效应;整体市场价格水平对 IPO 抑价水平的影响显著为正,说明市场越好,IPO 抑价水平越高;中签率的影响系数显著为负;换手率的影响系数显著为正,乐观的投资者交易频繁,导致换手率加大,从而推高股价,造成高抑价现象;承销商声誉单独作用时能起到"中介/认证"的作用,在加入其他变量后,对 IPO 抑价的影响显著为正,说明承销商在 IPO 整体过程中可能没有起到"中介/认证"的作用;股权集中度对 IPO 抑价水平具有正向影响,说明股权集中度高的上市公司为了避免公司股东股权被某些大股东控制,常常倾向于低价发行而拉动投资者的需求,从而导致高抑价现象发生。

(二)建议

综合财务指标对 IPO 抑价水平具有负向作用,这表明拟上市公司的财务信息在 IPO 过程中传递了积极的作用,上市公司借助高质量的财务信息可获得较高的新股发行价,从而募集到较高的资金。然而,拟上市公司为了获得上市资格或较大规模的募集资金,可能会粉饰公司财务信息,甚至进行财务造假。对投资者来说可能存在逆向选择问题,对拟上市公司来说存在"道德风险"问题。如何促进拟上市公司提供真实可信的财务信息,如何从财务信息中识别出好的公司?这对监管层、拟上市公司和金融中介(如承销商和审计财务公司)来说是一个永恒的课题,要通过立法加大对通过财务造假上市的企业的惩处力度,同时加大对金融中介督导不力或联合造假的处罚力度。

度量公司综合财务信息的指标需进一步探讨和深化,如 F-score 指标度量可考虑规范化度量方法,对 F-score 的构成成分进行修正,或针对不同行业,对财务指标成分进行更换,对各个财务指标赋予不同权重,使 F-score 对公司的财务衡量能力更为准确。抑价水平度量可用 20 日、3 个月、6 个月等代替开板日抑价水平进行稳健性检验,以减少非市场因素的影响。

本章结论

本章考察新股交易制度,即首日 44% 涨跌幅限制及之后 10% 涨跌幅限制实施后的 IPO 抑价水平，发现无论是全样本还是子样本，新股交易制度回归系数都显著为正，说明交易制度实施之后，IPO 抑价率较实施之前有明显提高；创业板 IPO 抑价水平提高幅度最大且显著，深圳中小板次之且显著，上海主板最小且不显著。新股交易制度对新股抑价水平影响较大，且新股交易制度实施之后的 IPO 抑价率比实施前更大。实证分析发现这一交易制度对 IPO 抑价水平具有促进作用，且人为地拉长了新股的连涨天数，对上海指数的"失真"起到助推作用。这给证监会、交易所提供了对该制度进行修正的决策依据。

通过对存量发行的研究发现，IPO 存量发行对 IPO 抑价确实有显著影响，且随着 IPO 存量发行比重的增加，IPO 抑价水平趋于下降，考虑市场因素，包括整体市场水平和换手率后，存量发行反而会提升 IPO 抑价水平；在市场行情好的情况下，IPO 存量发行对 5 日 IPO 抑价的抑制作用会减弱，对开板日 IPO 抑价的强化作用会减弱。IPO 存量发行在我国的实施时间还不长，其对 IPO 抑价程度的作用值得商榷，该制度的存废值得探讨。

综合财务指标对 IPO 抑价水平具有负向作用，这表明拟上市公司的财务信息在 IPO 过程中传递了积极的作用，上市公司凭借高质量的财务信息可获得较高的新股发行价，从而募集到较高的资金。然而，拟上市公司为了获得上市资格或更多地募集资金，可能会粉饰公司财务信息甚至财务造假，对投资者来说可能存在逆向选择问题，对拟上市公司来说存在"道德风险"问题。这就需要监管层通过立法加大对通过财务造假上市的企业的惩处力度，同时加大对金融中介督导不力或联合造假的处罚力度。

参考文献

[1] Bottazzi G, Doci G, Rebesco I.Institutinal Architectures and Behavioral Ecologies in the Dynamics of Financial Markets [J]. Journal of Mathematical Economics [J]. 2005 (1-2)：97-228.

[2] 刘煜辉，熊鹏. 股权分置、政府管制和中国 IPO 抑价 [J].经济研究，2005（5）：85-95.

[3] Booth J R, Smith R L. Capital Rraising, Underwriting and the Certification Hypothesis [J]. Journal of Financial Economics, 1986, 15（1）：261-281.

[4] 程佳荪. 中国新股首日抑价现象的实证研究 [J]. 西南民族大学学报，2013（6）：983-989.

[5] Ang J S, Brau J C. Concealing and Confounding Adverse Signals: Insider Wealth-maximizing Behavior in the IPO Process [J]. Journal of Financial Economics, 2003（1）：149-172.

[6] Huyghebaert N, Hulle C V. Structuring the IPO: Empirical Evidence on the Portions of Primary and Secondary Shares [J]. Journal of Corporate Finance, 2006（2）：296-320.

[7] Dan K, Li M. Factors Affecting Secondary Share Offerings in the IPO Process [J]. Quarterly Review of

Economics & Finance, 2009（3）: 1194-1212.

[8] Brau J C, Li M, Shi J. Do Secondary Shares in the IPO Process Have Negative Effect on the Aftermarket Performance?［J］.Journal of Banking & Finance, 2007（9）: 2612-2631.

[9] 叶昆. 公司首次公开发行股票中的存量发行制度研究［D］. 长沙：中南大学，2013.

[10] 郭航, 白家美. 论 IPO 中存量发行制度的完善与投资者保护［J］. 财经界（学术版），2014（8）：36-37.

[11] 陈健, 贾隽. IPO 中存量发行的动机及效应分析［J］. 管理学家（学术版），2013（4）：30-42.

[12] Megginson W, Weiss K. The Certification Role of Venture Capitalist in Bringing New Issues to the Market［J］.Journal of Finance, 1991（7）: 879-903.

[13] Hochberg Y V, Ljungqvist A, Yang L U. Whom You Know Matters: Venture Capital Networks and Investment Performance［J］. The Journal of Finance, 2007（1）: 251-301.

[14] 蔡宁, 何星. 社会网络能够促进风险投资的"增值"作用吗？——基于风险投资网络与上市公司投资效率的研究［J］. 金融研究，2015（12）：178-193.

[15] 许昊, 万迪昉, 徐晋. 风险投资辛迪加成员背景、组织结构与 IPO 抑价——基于中国创业板上市公司的经验研究［J］. 系统工程理论与实践，2015（9）：103-111.

[16] Penman S. An Empirical Investigation of the Voluntary Disclose of Corporate Earnings Forecasts［J］. Journal of Accounting Research, 1980（1）: 132-160.

[17] Zheng S X. Are IPOs Really Overpriced［J］.Journal of Empirical Finance, 2007（3）: 287-309.

[18] Abarbanell J S, Bushee J B. Fundamental Analysis, Future Earnings, and Stock Prices［J］. Journal of Accounting Research, 1997（1）: 1-24.

[19] 程新生, 谭有超, 刘建梅. 非财务信息、外部融资与投资效率——基于外部制度约束的研究［J］. 管理世界，2012（7）：137-150.

[20] Huang X, Teoh S, Zhang Y. Tone Management［J］. Accounting Review, 2014（3）: 1083-1113.

[21] Piotroski J D. Value Investing: The Use of Historical Fnancial Statement Information to Separate Winners from Losers［J］. Journal of Accounting Research, 2000（38）: 1-41.

[22] Piotroski J, So E. Identifying Expectation Errors in Value/Glamour Strategies: A Fundamental Analysis Approach［J］. Review of Financial Studies, 2012（9）: 2841-2875.

[23] Turtle H J, Wang K N. The Value in Fundamental Accounting Information［J］. The Journal of Financial Research, 2017（1）: 113-140.

第三章
注册制实施后 IPO 抑价水平研究

股票发行注册制在欧美发达资本市场比较成熟，通过市场化的手段给新股定价，能够体现拟 IPO 公司的投资价值，也有利于引导投资者进行价值投资。上海科创板实施以信息披露为核心的证券发行注册制，是提升服务科技创新企业能力、增强市场包容性、强化市场功能的一项资本市场重大改革举措。与此同时，上海主板、深圳中小板和创业板实行核准制，这为研究不同发行制度下新股定价效率提供了物质基础。本章首先研究一般市场因素对新股定价效率的影响；接着深入研究机构投资者在 IPO 中的作用，主要分析了承销商、股权分配、风险投资等对 IPO 抑价水平的影响。以 2019 年 7 月 22 日科创板正式上市后的新股为样本，探讨影响注册制下科创板 IPO 抑价水平的因素，并与同期核准制下 IPO 公司的抑价水平进行比较分析。由于注册制实施不久，样本容量小，实证结果与结论有待进一步验证与丰富。

第一节 IPO 抑价影响因素的实证分析

一、研究方案设计

考察注册制下影响 IPO 低效定价的市场因素时，由于注册制下科创板对拟上市公司上市前的盈利没有要求，故也考察了控制盈利能力因素后的影响。这里参照刘玉灿、涂奉生（2005）的研究主要考虑影响 IPO 低效定价的发行特征及市场因素，建立了一个包含多因素的线性回归模型，变量包括整体价格水平、上市公司规模、发行价格水平、中签率、发行到上市的时间间隔及发行市盈率。

（一）影响因素及变量定义

1. 整体市场价格水平

一般整体市场价格上涨时，新股的首日收盘价定位也会较高；而整体市场价格下跌时，投资者的未来预期会降低，新股的首日收盘价格就会随之降低。此处用沪深300指数度量市场总体价格水平。

2. 发行规模

规模较小的公司通常是投机性较大、风险较高的公司，市场给予较高的回报以补偿公司的不确定性。公司公开募集金额大意味着股票总供给量增加，导致抑价水平降低，即首次发行募集规模对IPO抑价水平具有负的影响（杜莘等，2000）。此处用新股首次发行募集金额的自然对数作为公司规模的度量指标。

3. 发行价

发行价可能包含着IPO风险信息，质量差的公司具有投机性，会选择低定价，价格低的股票比价格高的波动性更大。Tinic（1988）发现发行价与初始回报之间存在显著的负相关关系。Allen等（1989）认为新股定价低，使得质量好的公司可选择在股票增发时再获得较高的募集资金，同时可防止质量差的公司模仿高质量公司进行低定价，从而使高质量公司和低质量公司达到状态分离。Maksimovic等（1993）发现发行价对抑价水平具有显著正的影响。此处用新股发行价倒数的自然对数度量发行价水平。

4. 中签率

一般质量较好或题材丰富的IPO公司的股票会吸引更多投资者来申购，这样势必会降低新股中签率，增大申购风险。同时也可能是由于中签率降低，大的中签者会操纵上市后的价格来弥补中签率降低造成的损失。所以中签率低的股票应该会有较高的初始回报。此处用中签率的自然对数作为中签率水平的度量。

5. 市盈率

注册制改革取消了拟IPO公司连续3年盈利的限制，允许不盈利的公司在科创板发行上市。2019年6月，科创板上市公司发行市盈率限制取消，发行定价完全市场化。而市盈率（PE）是衡量公司成长性的主要指标，是IPO抑价水平的影响因素之一。此处用PE_indctor度量市盈率为正的哑变量，市盈率为正取值为1，否则取值为0。

6. 发行到上市的时间间隔

采用信用申购后，理论上间隔时间长短不会引起资金短缺，同时相对于新股的超额收益，投资者对发行到上市的时间成本并不是很敏感。此处用发行到上市的时间间隔天数（DGap）的自然对数作为时间间隔的度量指标。

7. 首日换手率

首日换手率可度量上市首日投资者对个股的态度。用开板前平均换手率度量非科创板股票的市场情绪，科创板用上市首日换手率度量，同时取上市后5日的平均换手率。市场情绪越高，IPO抑价率越高。

各变量定义总结见表3-1。

表 3-1 变量定义及说明

变量类型	变量名称	变量符号	变量定义
被解释变量	IPO 抑价指标	IR	首日回报率
		IR5	上市前 5 日回报率
解释变量	市盈率	PE	IPO 时市盈率,"负值"设为样本最大值 +1
	市盈率示性变量	PE indctor	市盈率为正,取 1;否则,取 0
	中签率	WinR	发行网下中签率
	承销商声誉	REPU	前两年承销商市场份额的均值
	发行规模	OfferSize	发行市值的对数
	发行价	Price	发行价格的倒数的自然对数
	市场情绪	TURN	首日换手率
	资产规模	Size	发行前 1 年半的期末总资产的自然对数
	盈利能力	ROE	发行前 1 年半的净资产收益率
	注册制	REG	创业板上市,GEM=1,否则取 0

(二)回归模型

初始回报用股票上市或开板首日的收盘价相对于发行价的变化来度量。即:

$$IR_k = p_k^{Fstclose}/p_k^{Offer} - 1 \quad (3-1)$$

其中,p_k^{Offer} 是股票 k 的发行价;科创板股票,$p_k^{Fstclose}$ 为股票 k 上市首日的收盘价;上海主板、深圳中小板或创业板股票,$p_k^{Fstclose}$ 是股票 k 上市后首个开板日的收盘价。用同样的方法定义沪深 300 指数的相应回报 INDEX_R_k。科创板上市 5 日内不设涨跌幅限制,之后采用涨跌幅限制在 20% 的交易制度;而非科创板采取上市首日 44% 的涨幅限制,而后采用涨跌幅限制在 10% 的交易制度。依此定义上市后 5 日抑价水平 IR^5,$p_k^{Fstclose}$ 用 5 日收盘价替代。

通过以上因素分析,就各因素对 IPO 抑价水平的影响,建立如下多元线性回归模型:

$$IR_k = \beta_0 + \beta_1 INDEX\_R_k + \beta_2 \ln(SIZE_k) + \beta_3 Price_k + \beta_4 \ln(DGap_k) + \beta_5 PE_k + \beta_6 WinR_k + \beta_7 TURN_k + \varepsilon \quad (3-2)$$

其中,INDEX_R_k 是股票 k 初始回报对应的沪深 300 指数的回报。$\ln(SIZE_k)$ 是股票 k 首发募集金额的自然对数。$Price_k$ 是股票 k 的发行价格水平,$Price_k = \ln(1/p_k^{offer})$。$\ln(DGap_k)$ 是发行日到上市日间隔天数的自然对数。PE_k 是股票 k 发行市盈率的自然对数。$WinR_k$ 是股票 k 中签率。$TURN_k$ 是股票 k 的换手率。η_k 是扰动。β_i 是回归系数。

（三）样本选择和数据说明

数据集为在 2019 年 6 月 13 日至 2020 年 4 月 27 日期间上市的新股（A 股）。在样本期间内，在上海科创板发行的股票共有 99 只；在深圳市场和上海主板市场（不做特别说明，下面称非科创板）发行的股票共有 103 只，共计 202 只股票。采集数据项包括企业 IPO 特征指标，行业分布情况。数据分别来自光大证券、新浪网财经频道、上海和深圳交易所公开数据库。

二、实证分析

（一）样本行业分析

按证监会分类标准，202 家上市公司共分布在 14 个一级行业：C、I、M、J、N、F、L、B、E、D、K、G、R、S。99 家科创板公司分布在 4 个行业：C、I、M、N。深圳创业板公司来自 7 个行业：C、I、M、N、L、F 和 R；中小板和上海 603* 板的具体情况见图 3-1 和表 3-2。

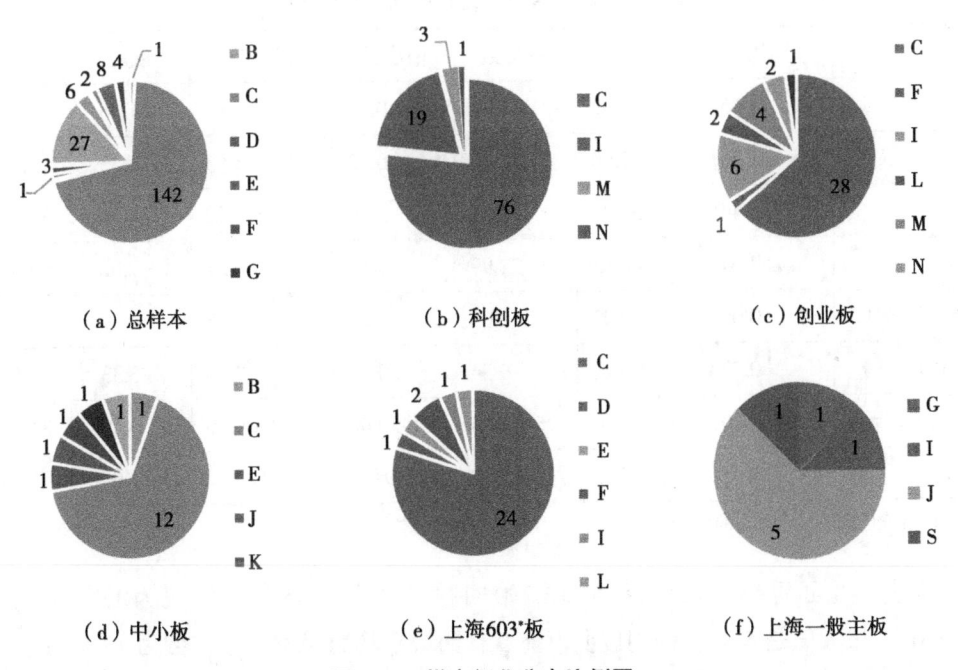

图 3-1 样本行业分布比例图

从表 3-1 和图 3-1 可看出，除上海一般主板（指 601 和 600 开头的股票）样本比较少，且主要属于金融行业外，其他 5 个板块的企业所属行业平均分散。在后面的分析中剔除上海一般主板 9 只股票，总样本共计 193 家公司，划分行业为制造业（C）以及信息传输、软件和信息技术服务业（I），剩下都归为其他行业（O）。

表 3-2 样本行业分布表

板块	家数	第一行业	占比	第二行业	占比	行业数目
总样本	202	C- 制造业	142/202	I	27/202	14
科创板	99	C- 制造业	76/99	I	19/99	4
创业板	44	C- 制造业	28/44	I	6/44	6
中小板	19	C- 制造业	13/19	6 个行业都有一只新股	1/19	7
上海 603* 板	31	C- 制造业	25/31	F	2/31	6
上海一般主板	9	J- 金融	5/9	4 个行业都有一只新股	1/9	5

（二）样本描述性统计分析

表 3-3 报告了 99 家科创板上市公司的描述性统计分析结果。

表 3-3 科创板上市公司的描述统计分析

	均值	标准差	中位数	最小值	最大值	偏度	峰度
IR	1.35	0.98	1.10	−0.02	5.87	1.56	3.61
IR5	1.23	1.00	1.04	−0.12	5.63	1.55	3.51
p_k^{offer}	34.44	31.02	26.62	3.89	271.12	4.80	32.09
PE*	57.04	40.63	22.99	9.55	467.51	7.02	66.58
WinR（%）	0.05	0.02	0.05	0.04	0.23	7.57	63.80
TURN（%）	0.73	0.11	0.74	0.08	0.86	−3.33	15.68
SIZE（万元）	119568.20	124011.80	95075.75	34950.00	1053000.00	4.89	31.06
Dgap	11.95	3.15	11	9	25	1.93	3.74

注：PE 是剔除了负值后的统计。

从表 3-3 可看出：科创板首日初始回报平均为 1.35，中位数为 1.1，最小值为 −0.02，最大值是 5.87。科创板上市前 5 日回报平均为 1.23，中位数为 1.04，最小值为 −0.12，最大值为 5.63。可见上市 5 日回报的均值、最小值和最大值都比首日回报有所减少，说明科创板新股 5 日回报比首日回报减少了。99 家科创板公司的首日换手率平均为 73%，一半科创板公司的首日换手率达到 74%，这可能与中签投资者有"赢者诅咒"之担心有关。发行到上市时间间隔平均为11.95天，最短为9天，最长为25天，这与2019年7月22日注册制下发行首批25只股票集中上市有关。赛诺医疗募集金额最小，为3.495亿元；中国通号募集金额最高，达到105亿元，一半的科创板公司募集金额约9.5亿元。注册制下科创板发行采用市场化定价方式，市盈率变化比较大，百奥泰和泽璟制药没有盈利，发行市盈率为负值。不考虑非盈利公司的情况下，沪硅产业市盈率最小，为9.55；市盈率最大值为467.51，是微芯生物。

（三）回归分析

用模型（3-2）对科创板样本进行回归，用不同的度量指标分别检验市场水平和发行价水平，回归结果见表3-4。第（1）至（4）列整体市场水平用沪深300指数度量，第（5）至（8）列整体市场水平用创业板指数度量，第（9）列仅考虑PE为正的科创板子样本的结果。

表3-4 科创板回归结果

变量名称	IR							
	（1）	（2）	（3）	（4）	（5）	（6）	（7）	（8）
Price	0.375*	0.349*			0.323	0.373*		
	（0.203）	（0.195）			（0.197）	（0.201）		
$1/p^{offer}$			7.750**	8.199**			5.507	7.312**
			（3.683）	（3.495）			（3.720）	（3.660）
PE1	0.005**	0.004**	0.005**	0.004**	0.005**	0.005**	0.005***	0.005**
	（0.002）	（0.002）	（0.002）	（0.002）	（0.002）	（0.002）	（0.002）	（0.002）
PE_indctor	1.889*	1.714*	1.852*	1.691*	2.351**	2.045*	2.302**	2.005*
	（1.059）	（1.009）	（1.053）	（0.997）	（1.032）	（1.051）	（1.037）	（1.048）
WinR	−2.337	−2.436	−4.543	−5.910	0.760	−1.905	0.450	−3.522
	（7.777）	（7.467）	（8.045）	（7.639）	（7.629）	（7.711）	（8.133）	（8.001）
TURN	−0.085	0.514	−0.131	0.536	0.332	−0.242	0.235	−0.248
	（0.936）	（0.933）	（0.929）	（0.922）	（0.927）	（0.947）	（0.928）	（0.944）
ln（SIZE）	−0.085	−0.074	−0.141	−0.094	−0.115	−0.086	−0.192	−0.148
	（0.238）	（0.229）	（0.214）	（0.205）	（0.231）	（0.236）	（0.211）	（0.213）

续表

变量名称	IR							
	(1)	(2)	(3)	(4)	(5)	(6)	(7)	(8)
ln(HSI)	−0.129		−0.683					
	(2.973)		(2.984)					
HSI_R		−8.893**		−9.666***				
		(3.461)		(3.421)				
ln(GEM)					1.991**		1.768*	
					(0.858)		(0.892)	
GEM_R						2.688		1.981
						(2.912)		(2.927)
ln(Dgap)	0.755*	0.592	0.871**	0.699	0.752*	0.749*	0.846**	0.867**
	(0.436)	(0.425)	(0.434)	(0.421)	(0.423)	(0.434)	(0.425)	(0.433)
Constant	0.799	−0.303	4.313	−1.700	−15.859**	−0.353	−14.743**	−1.369
	(25.212)	(2.827)	(25.196)	(2.928)	(7.289)	(2.916)	(7.359)	(3.046)
Observations	99	99	99	99	99	99	99	99
R^2	0.167	0.224	0.176	0.243	0.214	0.175	0.210	0.180
F Statistic	2.258**	3.248***	2.404**	3.606***	3.066***	2.385**	2.991***	2.465**

注：***、**、**分别表示在1%、5%、10%水平上显著。

（1）表3-4第（2）和（4）列的结果表明，沪深整体市场行情对新股抑价水平具有显著的负向影响，整体市场一般回报水平下降1%，新股初始回报水平增加近9%；第（5）和（7）列的实证结果表明，创业板市场对数回报增加1%，科创板公司初始回报分别增加1.991%和1.768%。这说明，科创板公司资金的流入可能是主板市场资金流出造成的，同时科创板公司首日回报水平与创业板市场同向作用。科创板与创业板联动性很强，这为创业板公司实施注册制提供了决策依据，为深圳创业板实施注册制改革的双轨制路径提供了物质基础。

（2）发行价格水平对抑价水平的影响为正且显著。新股发行价越低，或发行价格水平越高，其抑价水平越高，验证了Tinic的结论。这表明低价股票可能是投机性公司发行的。系数为正说明高质量公司找到合理的降价幅度，实现了与低质量公司的分离，市场达到了"分离均衡"的状态。注册制改革是中国股票发行制度以正确的信息披露为中心的法制化和市场化改革，这一实证结果验证了注册制改革的目标。

（3）中签率对 IPO 抑价水平的影响为负，但不显著。中签率越低的公司，IPO 抑价水平越高，说明抑价水平与申购风险相关性不强，即一级市场和二级市场对新股的需求不太相关。这可能是因为现在是信用申购有关，不存在新股申购成本的问题。

（4）换手率对初始回报的影响有正有负，整体市场在对数回报下为负，在一般回报下为正，说明换手率影响 IPO 抑价水平，但并不敏感。

（5）发行到上市的时间间隔对 IPO 抑价水平的影响显著为正，说明投资者对发行上市的不确定性得到风险补偿。这一结果与宋逢明和杜莘等（2001）的观点不一致。

（6）发行市盈率水平对初始回报的影响显著为正，这说明市盈率越高，初始回报越高。市盈率高的公司成长性高，投资者对公司的前景有美好的预期。

对科创板来说，发行市盈率高的股票传递出的信号可能是该 IPO 公司的创新性更强，因而机构投资者及资金雄厚的投资者会对这些公司给予较高的未来预期，这一信号传递给二级市场投资者，吸引二级市场投资者的投资。如市盈率为 467% 的微芯生物初始回报为 366.52%，而市盈率为 9.55 的沪硅产业初始回报为 190.49%。

PE_indctor 对公司 IPO 初始回报的影响也显著为正。市盈率为负的 IPO 公司首日回报比较低。注册制不再要求拟 IPO 公司必须盈利，非盈利的公司初始回报较低。这说明投资者是理性的，虽然高市盈率代表公司具有较高的成长性，二级市场投资者会给予一定的溢价来进行投资，而当 IPO 公司的盈利为负时，投资者会变得谨慎，IPO 抑价水平会低些，股票的发行总市值与初始回报是总体为负的，但不显著，这表明总市值（发行规模）越小的股票，会获得越高的初始回报，即规模效应得到部分验证。

总之，科创板初始回报受市场化因素的影响比较大，公司规模效应不显著。首日回报主要受一级市场和二级市场投资者情绪的影响，在目前股票整体市场环境低迷的情况下，科创板的开板吸引了二级市场投资者的热情，可能仅是存量资金的流动。科创板大涨导致非科创板资金的流出，即二级市场投资者卖出股票的资金流入了科创板，推动科创板新股首日获得较高的回报。

（三）稳健性分析

科创板上市企业主要分布在 C 类（制造业）、I 类（信息传输、软件和信息技术服务业）和其他行业，分行业考察影响 IPO 抑价的市场因素；用 5 日回报替代 IPO 首日回报；进一步只考虑盈利的 97 家科创板公司。

采用模型（3-2），对不同行业分别进行检验，结果见表 3-5。

（1）表 3-5 中前 3 列显示制造业和信息传输、软件及技术行业的公司具有较高的

IPO 抑价水平，表明二级市场投资者对公司给予了良好预期，但差异不明显，制造业公司的抑价水平更高。这从第（3）列的回归结果中得到了验证，两者的回归系数分别为 0.760 和 0.734，t 值分别为 0.760/0.472=1.610 和 0.734/0.512=1.434，制造业回归系数和显著性稍强些，其影响可看作是中等显著的。代表公司成长性的市盈率仍具有显著正向影响。

（2）第（6）列为盈利的科创板公司子样本的回归结果，与表 3-4 中的第（5）列结果基本一致。后面的分析中主要考虑正盈利的科创板公司，非盈利的只有两家。

（3）第（3）列的结果与表 3-4 第（5）至（8）列的结果比较，可发现首日回报和 5 日回报度量 IPO 抑价水平的实证结果基本一致，只是换手率对 5 日初始回报的影响显著为正，这可能与二级市场持续"炒新"的情绪高涨有关。

总之，从第（3）列发现制造业和信息传输、软件及技术行业的 IPO 抑价水平基本一样，统计上，制造业的 IPO 抑价水平要稍强于信息业，也就是说，信息行业的科创板公司 IPO 发行定价更为合理。

表 3-5 科创板稳健性回归结果

变量名称	IR (1)	IR (2)	IR (3)	IR1 (4)	IR1 (5)	IR (6)
Price	0.294	0.325	0.318	0.418**	0.416**	0.323
	(0.202)	(0.203)	(0.201)	(0.198)	(0.199)	(0.198)
PE1	0.005**	0.005**	0.005**	0.006***		
	(0.002)	(0.002)	(0.002)	(0.002)		
PE_indctor	2.416**	2.347**	2.390**	3.087***		
	(1.039)	(1.041)	(1.033)	(1.033)		
PE					0.006***	0.005**
					(0.002)	(0.002)
WinR	0.732	0.762	0.750	−0.203	−0.181	0.732
	(7.649)	(7.672)	(7.604)	(7.482)	(7.516)	(7.657)
TURN	0.391	0.330	0.485	1.307*	1.262*	0.344
	(0.933)	(0.933)	(0.930)	(0.714)	(0.725)	(0.930)

续表

变量名称	IR			IR1		IR
	（1）	（2）	（3）	（4）	（5）	（6）
ln（SIZE）	−0.112	−0.115	−0.129	0.006	0.001	−0.114
	（0.231）	（0.232）	（0.230）	（0.247）	（0.248）	（0.232）
ln（GEM）	2.011**	1.992**	2.161**	1.972**	2.001**	2.037**
	（0.860）	（0.863）	（0.862）	（0.874）	（0.881）	（0.864）
ln（Dgap）	0.737*	0.754*	0.776*	0.438	0.439	0.761*
	（0.425）	（0.427）	（0.423）	（0.423）	（0.425）	（0.425）
In_C	0.166		0.760			
	（0.228）		（0.472）			
In_I		0.012	0.734			
		（0.248）	（0.512）			
Constant	−16.337**	−15.857**	−17.917**	−17.248**	−14.310**	−13.898*
	（7.338）	（7.330）	（7.377）	（7.187）	（6.878）	（7.096）
Observations	99	99	99	99	97	97
R^2	0.219	0.214	0.237	0.250	0.248	0.215
F Statistic	2.770***	2.695***	2.728***	3.747***	4.198***	3.478***

注：***、**、** 分别表示在1%、5%、10%水平上显著。

三、与核准制的比较分析

（一）全样本分析

科创板是以注册制发行的，加入注册制或科创板哑变量REG，注册制下发行的科创板取值1，否则为0。用模型（3-2）对全样本考虑加和不加哑变量REG分别进行回归。回归结果见表3-6第（1）至（3）列，其中第（1）列为科创板样本仅考虑盈利的IPO公司的回归结果。

注册发行科创板股票时，科创板交易规则改变为：前5日不设涨跌幅限制，以后涨跌幅限制为20%。用上市5日抑价水平度量科创板抑价水平，用开板日回报度量非科创板抑价水平 IR1；同时全样本均用上市 5 日回报度量抑价水平 IR5。换手率和市场指数分别做同样的处理。采用模型（3-2）回归，结果见表 3-6 的第（4）至（5）列。

表 3-6　全样本结果

变量名称	IR （1）	IR （2）	IR （3）	IR1 （4）	IR5 （5）
Price	0.520***	0.500***	0.520***	0.499***	0.253***
	(0.153)	(0.152)	(0.153)	(0.157)	(0.096)
PE*	0.005**				
	(0.002)				
PE		0.005**	0.005**	0.004*	0.005***
		(0.002)	(0.002)	(0.002)	(0.001)
PE_indctor		1.766	1.873	1.682	2.239***
		(1.229)	(1.229)	(1.248)	(0.760)
WinR	−3.864	−3.575	−3.867	−3.759	−0.739
	(3.774)	(3.764)	(3.763)	(3.834)	(2.343)
TURN	−1.664*	−0.434	−1.665*	−0.232	0.307
	(0.987)	(0.316)	(0.984)	(0.752)	(0.380)
ln（SIZE）	−0.323**	−0.326**	−0.323**	−0.371**	−0.144*
	(0.139)	(0.139)	(0.139)	(0.145)	(0.087)
HSI_R	−6.603**	−7.137***	−6.579**	−6.196***	−2.664**
	(2.575)	(2.506)	(2.536)	(2.369)	(1.345)
ln（Dgap）	1.071***	1.092***	1.072***	0.964**	0.197
	(0.369)	(0.368)	(0.367)	(0.373)	(0.226)
REG	0.852		0.853	−0.187	0.204
	(0.648)		(0.646)	(0.342)	(0.193)
Constant	4.416***	2.476	2.540	3.342	0.423
	(1.668)	(2.109)	(2.106)	(2.220)	(1.315)
Observations	191	193	193	193	193

续表

变量名称	IR			IR1	IR5
	（1）	（2）	（3）	（4）	（5）
R^2	0.279	0.274	0.280	0.273	0.198
F Statistic	8.798***	8.664***	7.927***	7.632***	5.027***

注：***、**、** 分别表示在1%、5%、10%水平上显著。

（1）首日或开板回报的回归结果、注册制哑变量REG的回归系数分别为0.852和0.853，t值约为1.3（=0.82/0.648），且不显著。这表明以注册制发行的科创板企业具有较高的初始回报，但注册制的影响并不敏感。

（2）用5日回报度量IPO抑价水平的第（5）列结果，与第（1）和（3）列的结果一致。第（5）列中注册制哑变量系数为0.204，不显著。而第（4）列中注册制哑变量系数为–0.187，这与被解释变量度量有关，非科创板用开板日抑价水平度量，这表明科创板首日回报要比非科创板开板日回报低，但不显著。这表明就上市前5日抑价水平来说，注册制下比核准制下股票的抑价水平要高。这也从侧面佐证了核准制IPO公司平均意义上上市5日也可能没有打开连续涨停板。这可能是由于非科创板上市首日涨跌幅44%而随后日涨跌幅10%的限制放大了新股价格的扭曲程度，导致二级市场情绪刺激新股连续上涨，核准制下发行股票的连板天数可能超过5天，从而导致新股初始回报更高；抑或是科创板5日回报比首日回报低导致的。

（3）发行规模效应得到了验证，即小公司具有较高的回报。总市值（发行规模）越小的股票，其初始回报就越高。这可能是因为发行规模小的公司通常被认为是投机性大且具有股本扩张、易并购等题材。对市值小且后续题材丰富的公司的高预期往往会诱使更多投资者来购买，从而导致较高的初始回报。但就科创板子样本来说，并没有验证小公司效应，可能与科创板公司规模都比较小有关。

（4）发行市盈率水平（PE）对初始回报的影响显著为正。与科创板样本比较，在经济上和统计差异并不明显。投资者对市盈率高的公司的未来成长性给予很高的预期，从而导致盈率越高（成长性）的公司，其初始回报越高。

核准制下上市的公司市盈率，无论是上海主板还是深圳中小板、创业板，一般定在23倍左右，这间接导致新股定价采取"固定"价发行，询价机制失去了应有的发现价格的作用。而科创板以注册制发行，IPO公司发行市盈率市场化，也并没有显著降低IPO抑价水平。

（5）整体市场回报水平（HSI_R）的影响仍显著为负，但回归系数变为–6.603和–7.137，而科创板的系数为–6.579，这说明考虑了非科创板的上市公司后，市场情绪对IPO抑价的负向作用减弱了，新股抑价水平与整体市场回报形成了"跷跷板"的联动趋势。

（6）换手率的影响显著为负。这可能与非科创板公司上市交易规则有关，上海主板、深圳中小板和创业板公司上市首日涨跌幅限制在44%，随后日涨跌幅限制在10%，一般情况下首日换手率越低，投资者越"惜售"，传递出的信息是中签投资者并没有"中签者诅咒"的担心，公司质量可能较好，信念的强化导致新上市公司换手率越低、连涨天数越多，初始回报越高。这可能与度量非科创板IPO抑价水平的方法有关。

（7）发行到上市的时间间隔对IPO抑价水平具有负向作用，但不显著。投资者对这期间的时间成本并不敏感，这可能是因为：一是现在是信用申购，二是投资者对非科创板公司发行到上市的时间间隔基本有预期，一般在12天左右。

（二）分板块

用模型（3-2）对科创板、非科创板、创业板、中小板和上海战略创新板分别就首日（开板）回报和上市5日回报进行回归，回归结果分别见表3-7。

（1）无论是IR和IR5，注册制下的科创板和核准制下的非科创板及各个板块，对发行价的影响是一致的。PE的影响对注册制下的科创板来说更为显著，可能是因为科创板上市公司均是"硬"创新性公司，市场给予其更好的未来预期。

（2）中签率的影响方向相反，在注册制下为正，在核准制下为负，但不显著。换手率的影响在注册制下是正的，不显著；在核准制下是负的，显著，这可能与核准制下的上市交易规则限制导致开板日均换手率较低有关。发行规模效应仍为负的，多数不显著。

（三）分行业

从前面的分析中发现，中小企业的各个市场板块中制造业公司占绝对优势，其次是信息类公司，余下的公司所属行业比较分散。不同行业的公司存在很大差异，例如公用事业与信息技术服务或生物制药行业相差很大。下面通过加入行业哑变量和分行业子样本分别进行分析。对总样本加行业哑变量进行回归检验，结果见表3-8。

从表3-8的回归结果可看出：制造业与信息类行业的公司无论是在注册制还是核准制下发行，均能取得更高的IPO抑价水平。与科创板样本的结果比较可发现，信息类公司比制造业新上市公司的IPO抑价水平更为显著，信息类行业哑变量的系数（0.877）比制造业变量系数（0.306）高，且在1%置信水平下显著，这可能与核准制下信息类公司占比较高有关。

表 3-7 各板块回归结果

变量名称	IR (1)	IR (2)	IR (3)	IR (4)	IR (5)	IR (6)	IR5 (7)	IR5 (8)	IR5 (9)	IR5 (10)
$1/p^{offer}$	5.487 (3.734)	8.729*** (2.844)	12.117*** (3.588)	6.802* (3.447)	0.500 (9.924)	5.920 (3.705)	0.027 (0.437)	0.310 (0.518)	−0.817 (0.807)	−0.800 (1.526)
PE	0.005*** (0.002)	0.008 (0.054)	−0.003 (0.074)	0.004 (0.044)	−0.017 (0.130)	0.007*** (0.002)	0.010 (0.008)	0.001 (0.011)	−0.005 (0.011)	0.010 (0.020)
WinR	0.460 (8.164)	−5.785 (4.575)	−5.921 (3.915)	−10.363 (9.713)	5.611 (30.322)	1.125 (8.029)	0.013 (0.700)	−0.064 (0.561)	−0.550 (2.297)	6.105 (4.712)
TURN	0.247 (0.932)	−9.770*** (2.458)	−10.351*** (3.800)	−9.568** (3.664)	−8.977* (4.700)					
TURN5						1.150 (0.727)	−1.850*** (0.179)	−1.394*** (0.242)	−3.839*** (0.549)	−1.656*** (0.370)
ln(SIZE)	−0.192 (0.212)	−0.305 (0.194)	−0.164 (0.178)	0.175 (0.553)	−1.711* (0.888)	−0.139 (0.227)	−0.047 (0.031)	−0.038 (0.027)	−0.262* (0.128)	−0.122 (0.141)
ln(GEM)	1.815** (0.899)	1.118 (1.145)	−2.027 (1.400)	1.225 (1.473)	3.843 (3.089)					
ln(GEM5)						1.809* (0.913)	0.021 (0.180)	0.341 (0.205)	−0.876** (0.289)	−0.210 (0.481)
ln(Dgap)	0.854** (0.427)	1.787*** (0.592)	1.374* (0.753)	0.468 (0.561)	3.630* (2.026)	0.547 (0.432)	−0.037 (0.089)	−0.015 (0.107)	0.103 (0.098)	−0.006 (0.300)

续表

变量名称	IR (1)	(2)	(3)	(4)	(5)	IR5 (6)	(7)	(8)	(9)	(10)
Constant	-12.823*	-7.213	15.977	-10.147	-15.787	-13.210*	1.299	-1.036	10.508***	3.584
	(7.161)	(8.587)	(10.536)	(14.179)	(22.920)	(6.945)	(1.358)	(1.540)	(2.923)	(3.687)
Observations	97	94	44	19	31	97	94	44	19	31
R²	0.211	0.402	0.496	0.802	0.562	0.233	0.641	0.629	0.931	0.680
F Statistic	3.390***	8.261***	5.069***	6.364***	4.215***	3.869***	21.941***	8.724***	21.316***	6.993***

注：***、**、*分别表示在1%、5%和10%水平上显著。

表3-8 加行业哑变量后的回归结果

变量名称	IR (1)	(2)	(3)	(4)	IR5 (5)	(6)	(7)	(8)
Price	0.541***	0.615***	0.566***	0.638**	0.264***	0.274***	0.292***	0.294***
	(0.155)	(0.156)	(0.156)	(0.157)	(0.096)	(0.098)	(0.096)	(0.099)
PE	0.005**	0.005**	0.005**	0.005**	0.006***	0.006***	0.006***	0.006***
	(0.002)	(0.002)	(0.002)	(0.002)	(0.001)	(0.001)	(0.001)	(0.001)
WinR	-3.257	-3.300	-3.519	-3.459	-0.565	-0.495	-0.617	-0.615
	(3.829)	(3.774)	(3.816)	(3.771)	(2.343)	(2.348)	(2.333)	(2.339)
TURN	-1.981*	-1.904*	-1.874*	-1.832*	0.164	0.182	0.186	0.188
	(0.986)	(0.972)	(0.984)	(0.972)	(0.384)	(0.385)	(0.382)	(0.384)
ln(SIZE)	-0.311**	-0.296**	-0.309**	-0.293**	-0.135	-0.132	-0.130	-0.129
	(0.141)	(0.139)	(0.140)	(0.139)	(0.086)	(0.087)	(0.086)	(0.086)

续表

变量名称	IR (1)	IR (2)	IR (3)	IR (4)	IR5 (5)	IR5 (6)	IR5 (7)	IR5 (8)
ln(GEM)	1.299*	1.464**	1.339*	1.510**	1.063**	1.092**	1.128**	1.133**
	(0.738)	(0.731)	(0.736)	(0.731)	(0.469)	(0.473)	(0.468)	(0.472)
ln(Dgap)	1.147***	1.160***	1.129***	1.151***	0.149	0.158	0.150	0.150
	(0.372)	(0.366)	(0.370)	(0.366)	(0.227)	(0.228)	(0.226)	(0.227)
REG	1.061	0.973	0.938	0.889	0.216	0.217	0.184	0.182
	(0.648)	(0.639)	(0.649)	(0.642)	(0.193)	(0.195)	(0.194)	(0.195)
ln_C	−0.141			0.306	0.117			0.251
	(0.185)			(0.251)	(0.114)			(0.156)
ln_I		0.594**		0.877**		0.031		0.264
		(0.246)		(0.339)		(0.154)		(0.211)
ln_O			−0.350				−0.252	
			(0.253)				(0.155)	
Constant	−5.450	−6.817	−5.679	−7.336	−5.315	−5.482	−5.642	−5.927
	(5.664)	(5.615)	(5.647)	(5.624)	(3.589)	(3.621)	(3.575)	(3.616)
Observations	191	191	191	191	191	191	191	191
R^2	0.267	0.288	0.273	0.294	0.209	0.204	0.215	0.215
F Statistic	7.339***	8.129***	7.538***	7.484***	5.301***	5.158***	5.522***	4.943***

注：***、**、* 分别表示在1%、5%和10%水平上显著。

进一步对制造业、信息业和其他行业进行分析。采用模型（3-2）分行业子样本进行实证检验，回归结果见表3-9。因为信息传输、软件及技术服务业与其他行业公司样本较少，分别为26家和25家，所以主要分析140家制造业公司的情况。结果与前面分析基本一致：市盈率对IPO公司抑价水平具有显著的正向影响；中签率和换手率对抑价水平具有负向影响，但不显著；发行规模存在小公司效应；整体市场水平具有正向影响，发行上市间隔时间具有正向作用，市场给予上市不确定性以风险补偿。

表3-9 分子行业回归结果

变量名称	IR 制造业	IR 信息类	IR 其他	IR5 制造业	IR5 信息类	IR5 其他
Price	0.569***	0.743	0.478	0.308***	0.780**	-0.206
	（0.177）	（0.784）	（0.454）	（0.117）	（0.297）	（0.142）
PE	0.006**	-0.004	0.009	0.007***	-0.009**	0.002
	（0.002）	（0.010）	（0.014）	（0.002）	（0.004）	（0.005）
WinR	-3.528	5.852	10.716	-0.474	-35.386*	7.495
	（3.968）	（50.941）	（14.168）	（2.599）	（20.306）	（4.407）
TURN	-0.736	-2.318	-4.447			
	（1.080）	（3.469）	（3.551）			
TURN5				0.523	0.167	-0.882
				（0.454）	（1.378）	（0.677）
ln（SIZE）	-0.259*	0.197	-1.069	-0.150	0.745**	-0.532**
	（0.150）	（0.672）	（0.632）	（0.098）	（0.331）	（0.188）
ln（GEM）	2.373***	0.001	0.506			
	（0.813）	（3.433）	（2.233）			
ln（GEM5）				1.712***	-2.783*	0.360
				（0.550）	（1.362）	（0.726）
ln（Dgap）	1.488***	-0.669	-0.433	0.190	-0.552	-0.115
	（0.418）	（1.344）	（0.867）	（0.273）	（0.557）	（0.272）

续表

变量名称	IR 制造业	IR 信息类	IR 其他	IR5 制造业	IR5 信息类	IR5 其他
REG	0.342	−0.203	2.258	0.124	1.025	−0.097
	（0.704）	（2.564）	（2.615）	（0.224）	（1.095）	（0.399）
Constant	−15.116**	5.160	11.798	−9.944**	18.437	3.546
	（6.237）	（27.563）	（17.029）	（4.196）	（10.926）	（5.657）
Observations	140	26	25	140	26	25
R^2	0.305	0.550	0.637	0.286	0.556	0.581
F Statistic	7.195***	2.602**	3.505**	6.573***	2.663**	2.778**

注：***、**、*分别表示在1%、5%和10%水平上显著。

（四）财务特征子样本

注册制对科创板上市公司的上市条件进行了大胆改革，如不要求公司上市前3年盈利等。这里考察具有不同财务特征的公司的IPO抑价水平的差异性。对全样本、分发行制度和板块分别加入总资产和每股收益ROE后，考察各变量对IPO抑价水平的影响，结果见表3-10。

每股盈余在总样本和注册制样本（科创板）中为负，而在核准制下为正。这表明科创板新股盈利能力越高，新股定价越合理，IPO抑价水平越低；核准制下新股盈利能力越强，IPO抑价水平越高，质量好的公司通过低价发行吸引投资者，以获得较高初始回报，便于以后增发获取更高募集资金。其他变量的影响方向与前面基本一致，显著性有所变化。

表3-10　财务特征的回归结果

	IR 全样本	IR 注册制	IR 核准制	IR 创业板	IR 中小板	IR 上海603*板块
Price	0.565***	0.334	0.878***	1.237***	0.920*	−0.381
	（0.175）	（0.240）	（0.267）	（0.329）	（0.491）	（0.964）
PE	0.002	0.001	0.001	0.005	0.019	−0.028
	（0.002）	（0.002）	（0.056）	（0.074）	（0.046）	（0.132）

续表

	IR					
	全样本	注册制	核准制	创业板	中小板	上海603*板块
WinR	−2.309	0.005	−5.198	−7.029*	−33.203	22.316
	(3.942)	(7.864)	(4.760)	(3.989)	(21.202)	(33.917)
TURN	−0.424	0.521	−9.496***	−7.686*	−11.120**	−8.041
	(0.323)	(0.949)	(2.516)	(3.877)	(4.075)	(5.080)
ln(SIZE)	−0.224	−0.043	−0.158	−0.114	0.185	−2.044
	(0.173)	(0.306)	(0.222)	(0.192)	(0.648)	(1.200)
ln(GEM)	0.911	1.252	0.590	−1.471	2.103	3.963
	(0.779)	(0.958)	(1.202)	(1.576)	(1.694)	(3.276)
ln(Dgap)	1.294***	0.911**	2.076***	0.553	0.662	3.913*
	(0.378)	(0.441)	(0.623)	(0.808)	(0.590)	(2.144)
ln(Asset)	−0.140	−0.090	−0.208	−0.632**	0.496	−0.447
	(0.128)	(0.174)	(0.194)	(0.293)	(0.310)	(0.600)
ln(ROE)	−0.089	−0.137	0.155	0.579	0.616	−0.138
	(0.135)	(0.150)	(0.231)	(0.368)	(0.381)	(0.422)
Constant	−3.364	−8.503	−2.321	16.854	−16.810	−13.593
	(5.938)	(7.878)	(8.876)	(11.817)	(16.029)	(22.965)
Observations	193	99	94	44	19	31
R^2	0.249	0.177	0.413	0.546	0.824	0.581
F Statistic	6.725***	2.133**	6.555***	4.541***	4.674***	3.230**

注：ROE为负时取1；***、**、*分别表示在1%、5%和10%水平上显著。

四、研究结果的比较分析

科创板初始回报影响因素的回归结果与以前的结论不一致，可能是因为科创板设立时间太短，样本太少；科创板在注册制下发行，投资者给予了过高的预期，以为注册制是灵丹妙药，能解决中国股票发行市场的"三高"问题。我们通过分析发现，注册制下市场化发行的科创板仍存在高发行价格、高市盈率、高超募资金的"三高"现象及高抑价水平。

注册制样本选取了99只新股，样本数据较少，实证结果有待进一步验证。创业板整体价格水平对新股初始回报具有正的显著影响，而主板整体市场价格水平具有负的影响，这表明科创板对主板市场具有资金虹吸作用，可能与整体市场行情不好、股票市场处于存量资金博弈有关，新资金缺乏入市的动力。

第二节　股份配售影响 IPO 抑价的实证分析

目前科创板新股配售采取网上市值申购、战略配售、高管参与配售、网下询价配售、保荐机构跟投参与配售等方式，承销商还可以采取超额配售方式。而网下询价配售投资者包括三类：专业机构投资者、一般机构投资者和其他符合条件的投资者（多为个人投资者）。科创板明确个人投资者不得参与网下配售，而上海主板、深圳中小板和创业板允许资金雄厚的个人投资者参与网下询价和配售，且没有保荐机构跟投制度等。科创板对锁定股份减持制度进行了着重合理的设计，上市公司可以适当延长上市时未盈利企业有关股东的股份锁定期，适当延长核心技术团队的股份锁定期；授权上交所对股东减持的方式、程序、价格、比例及后续转让等事项予以细化。

中国新股上市往往可获得高的超额收益，而新股配售过程中存在不公的现象，因此新股股份配售规则越来越受到学界和业界的重视。新股配售股份在机构投资者和个体投资者间的平衡也是一个重要的课题。新股网下配售股份和定价的过程比较复杂。科创板定位为科技创新，没有盈利限制，在注册制下发行，新股定价市场化程度更高，新股抑价水平应该会低些；科创板网下配售股份占发行股份的70%，机构网下配售股份锁定，承销商跟投参与配售股份，作为信息的认证者和产生者，他们对公司的价值具有合理的评估，给出合理的发行定价，因此他们持股比例高的新股的发行价应该更合理，IPO抑价程度更低。也不能完全排除逆向选择和道德风险问题，有配售锁定股份的机构和参与配售的承销商想在未来减持股份后获得高收益，存在故意压低发行价的动机。机构投资者若过度压低发行价，可能会因配售不到新股而遭受损失。与机构投资者相比，承销商持续督导拟IPO企业，所以承销商参与配售传递出的信号可能更强。本节考虑配售制度，包括首次发行比例、承销商跟投、机构配售锁定对IPO抑价水平的影响，以考察注册制和核准制对IPO抑价的影响差异。

一、中国股票市场上的新股配售

科创板的开设和股权结构安排的多样性,为询价理论和利益冲突理论部分解释中国股票市场的高初始回报提供了物质基础。承销商在科创板超额配售配股份的行事权变得更大了,同时中国上市公司治理结构也日趋合理,高级管理层持股环境得到了改善,管理层持股比例也有所增加,利益冲突理论难以解释中国证券市场高初始回报的基础也得到了加强。

从科创板的配售类型和方式来看,注册制和核准制下新股股份的配售对象和配售比例有差异,科创板放宽了利润战略配售的实施条件,首发股票数量在1亿股以上的拟IPO企业可进行战略配售;要求个体投资者持有总资产不低于50万元并参与证券交易满24个月;试行保荐机构及子公司参与配售制度,高管等核心人员也可在公司IPO时参与配售,等等。这是与上海主板、深圳中小板和创业板存在差异。下面对科创板与上海主板、深圳中小板和创业板在配售规则上的差异进行比较,结果见表3-11。

表3-11 配售规则比较

项目	科创板	上海主板、深圳中小板和创业板
网上投资者条件	投资者账户前20个交易日日均资产不低于50万元,且参与证券交易24个月以上,持有市值达1万元以上	持有非限售A股股票和非限售存托凭证总市值达1万元以上
网下投资者条件	证券公司、基金公司、信托公司、财务公司、保险公司、QFII、私募基金等专业机构投资者	机构投资者依法设立、持续经营达2年(含)以上,从事证券交易时间达2年(含)以上;个人投资者初始证券交易时间达5年(含)以上。经行政许可从事证券、基金、期货、保险、信托等金融业务的机构投资者不受上述限制
网下发行比例	总股本不超过4亿股的,网下初始发行比例不低于70%;总股本超过4亿股或发行人尚未盈利的,网下初始发行比例不低于80%;50%优先向公募基金、社保基金、养老基金、年金、保险资金配售	总股本不超过4亿股的,网下初始比例不低于60%;总股本超过4亿股的,网下初始比例不低于70%;40%优先向公募基金、社保基金、养老基金、年金、保险资金配售

续表

项目	科创板	上海主板、深圳中小板和创业板
回拨机制	网上有效申购倍数超过50%且不超过100倍的，回拨比例为5%；网上有效申购倍数超过100倍的，回拨比例为10%；回拨后无限售的网下发行数量原则上不超过80%	网上有效申购倍数超过50%且不超过100倍的，回拨比例为20%；网上有效申购倍数超过超过100倍的，回拨比例为40%；网上有效申购倍数超过150倍的，回拨后无锁定期，网下发行比例不超过10%
网上申购单位	每5000元市值可申购一个申购单位（500股）	上海：每10000元市值可申购一个申购单位（1000股） 深圳：每5000元市值可申购一个申购单位（500股）
战略配售	初始发行股数在1亿股以上的，战略配售原则上不超过30%；初始发行股数不足1亿股的，不得超过20%。战略投资者应当承诺获得本次配售的股票锁定期不少于12个月	初始发行股数在4亿股以上的，可向战略投资者配售；战略投资者不参与网下询价且应当承诺获得本次配售的股票锁定期不少于12个月
保荐机构参与配售	试行保荐机构及相关子公司跟投制度	无
高管参与配售	高管与核心员工可设立专项资产管理计划参与本次配售的战略配售。配售比例不得超过初始发行股数的10%，且应当承诺获得本次配售的股票锁定期不少于12个月	无
超额配售	采用超额配售选择权发行股票数量不得超过初始发行股数的15%	初始发行股数在4亿股以上的，发行人和承销商可以在发行方案中采用超额配售选择权

二、研究方案设计

发行制度和配售方式或规则的变革，改变了新股配售投资者获配股份的比例。这里利用科创板和上海主板、深圳中小板与创业板在发行制度方面的不同，以及配售规则的改变，探究新股配售对IPO抑价水平的影响作用，研究设计如下。

（一）研究假设

Benveniste 和 Spindt（1989）首先提出簿记询价理论，认为承销商在询价簿记及超额配售过程中可获取投资者信息，降低新股平均低定价水平，为发行公司增加募集资金，从而获取较高的承销费用。Sherman 和 Titman（2002）发现承销商给新股低定价以便对机构投资者提供的有价值信息给予补偿。Loughran 和 Ritter（2002）研究证明如果承销商在股份配售过程中采用超额配售选择权，其目的并不是使发行公司获得更高的募集资金，而是要把超额股份配售给对自己有利的买方；承销商和发行人间存在利益冲突。Logue 等发现承销商与发行人利益一致时，承销商与发行人具有强烈的抑价动机。熊维勤等（2006）研究了新股询价发行中的配售规则对 IPO 抑价的影响。

机构投资者不同于散户，因为资金规模使他们更有可能成为信息知情者和承销商的重要客户，当采用询价时，机构投资者可能会得到有利的配售。因此提出如下假设。

假设 1：机构投资者配售锁定比例越高，IPO 抑价水平越低。

假设 2：承销商参与配售比例越高，IPO 抑价水平越低。

（二）变量构建

1. 抑价水平

IPO 抑价水平仍采用模型（3-1）的定义。

2. 解释变量

（1）股票发行制度。新股发行制度仍然不完善，由于我国证券市场成立时间还比较短，发展也不成熟，市场化程度不高，并没有形成真正的有效市场。2019 年 6 月 13 日我国正式设立科创板，其新股发行采用注册制，而上海主板和深圳中小板、创业板仍采用核准制。2019 年 7 月 22 日第一批采用注册制发行的 25 只股票在科创板正式上市。发行制度不同，新股配售规则有着很大的差异，新股投资主体及新股市场供求关系也不同，可能导致 IPO 抑价水平不同。因为注册制发行新股市场化程度更高，因此，理论上注册制下发行的新股抑价水平应该有所降低。

（2）发行比例。首次公开发行流通股比例低主要会从两个方面影响新股上市的抑价水平：一方面，流通股比例低，投资者获配首发股份的比例也低，信息不对称会更严重，二级市场承担的风险会更大，因此拟 IPO 企业需要对股票进行抑价发行来补偿投资者的投资风险；另一方面，由于流通股比例低，股票持有比较集中，很容易产生市场操纵行为，中小投资者的利益很可能因此受损，这也在某种程度上使得中小投资者大多数以投机为目的参与市场交易，进而增加了股票的抑价程度。因此，相对于发行后总股本，首次公开发行新股的股份越多，新股股份供给越大，新股 IPO 抑价水平应该越低。

（3）网下配售锁定比例。与上海主板和深圳市场相比，注册制下的科创板网下配售仅限于机构，且网下发行比例从 40% 提高到 50%。网下配售部分包括配售限售股份，一般锁定期为 6 个月。这样就优化了新股的投资者结构，新股定价可能更为合理。与个人投资者相比，机构投资者通常更能稳定市场，机构投资者的参与可以使市场的定价效率更高、定价也更为合理，同时使市场价格波动更小。机构投资者和个体投资者在投资专业知识、投资理念、资金等方面都存在着很大差异，相对而言，个人投资者的投资心理更加不成熟，更容易偏向投机，明显不利于资本市场价格发现功能的发挥。当然，中国机构投资者具有散户化的特征，这一制度的实际作用需要得到验证。

（4）保荐机构跟投比例。注册制下的科创板试行保荐机构及相关子公司跟投制度，锁定期为24个月。注册制是以信息披露为中心的股票发行制度，在包括招股发行、定价和审核等环节的IPO全过程中须要提高招股说明书等重要信息披露文件的质量、中介机构的把关质量、审核机构的审核质量。在IPO过程中，承销商具有"信息生产者"和"中介认证者"的作用，注册制下科创板实行保荐机构及相关子公司跟投制度的原因是承销商是给市场投资者提供发行公司信息的真实可信的一种保障。

簿记询价理论与利益冲突理论都表明发行价存在锚定偏差，承销商不会利用通过簿记询价获取的有价值信息从询价区间的中点完全地调高发行价，发行价只能部分反映簿记询价信息。

（三）研究样本

数据集为在2019年6月13日至2020年4月27日发行的新股（A股）。样本期间内，在上海科创板发行的股票共有99只，在深圳市场和上海主板市场发行（603开头）的股票共有94只，共计193只股票。采集数据项包括企业IPO特征指标、行业分布情况、是否有风险投资背景及风险资本的特征指标。数据分别来自光大证券、新浪网财经频道、深圳交易所公开数据库。

（四）模型构建

在IPO抑价水平的影响因素中，考虑整体市场价格水平、募集资金规模和市盈率对抑价水平的影响，建立多变量线性回归模型：

$$IR_k = \beta_0 + \beta_1 \ln INDEX_k + \beta_2 \ln(SIZE_k) + \beta_3 PE_k + \beta_4 OUTSTNDRATIO_k + \beta_5 REG_k + \varepsilon \quad (3-3)$$

其中，IR的定义同公式（3-1）；lnINDEX用创业板指数的自然对数度量；ln（SIZE）和PE定义同前，OUTSTNDRAIO为新股发行比例；REG为虚拟变量，取1表示股票k以注册制发行，否则取0；ε是误差项，β_i（i = 0, 1, 2, 3, 4, 5）为回归系数。

为了考察科创板配售规则下股票配售对初始回报的影响，建立如下回归模型：

$$IR_k = \beta_0 + \beta_1 \ln INDEX_k + \beta_2 \ln(SIZE_k) + \beta_3 PE_k + \beta_4 OUTSTNDRATIO_k + \beta_5 ALLO_k + \beta_6 UNDWRTRATIO_k + \varepsilon \quad (3-4)$$

其中，ALLO 度量网下配售锁定比例；UNDWRTRATIO 度量保荐机构及子公司跟投比例。这两个比例均相对于首次公开发行总股本。其他变量定义同第一节。

三、实证分析

（一）描述性统计分析

对全样本中科创板和非科创板数据进行描述性统计分析，结果见表 3-12。

从表 3-12 可以发现：注册制下的科创板平均初始回报为 135%，而核准制下的非科创板平均初始回报为 184%，在 1% 置信水平下科创板低于非科创板 49%；中位数分别为 110% 和 155%，科创板一半公司的初始回报高于 110%，而核准制下一般新股的开板回报高于 155%；科创板初始回报最小值和最大值分别为 -2% 和 587%；而非科创板则为 30% 和 1073%。这表明，注册制科创板的初始回报低于非科创板的开板回报，这可能与非科创板首日涨跌幅限制在 44% 的首日交易制度有关。发行股本占发行后总股本的比例，科创板和非科创板均值和中位数相同，均为 25%，仅偏度和峰度有细微不同。

（二）实证检验

1. 仅考虑新股发行比例水平

从描述性统计分析可以发现，注册制下科创板和核准制下非科创板的发行比例水平没有显著差异，因此用模型（3-3）对总样本进行实证检验来考察新股发行比例水平对 IPO 抑价水平的影响，回归结果见表 3-13。

（1）首次发行比例（UNDSTDRATIO）对 IPO 初始回报具有显著负向影响，首次公开发行的股份占发行后总股本的比例越大，新股获得的初始回报越低，回归系数 -2.971 在 5% 置信水平下显著。不考虑注册制和核准制差异的情况下，UNDSTDRATIO 增加一个标准差，IPO 初始回报可降低 13.20%（=2.971/1.35*0.06）。可见，增加新股首次发行比例可以显著降低新股抑价水平，也可以缓解将来原始股东减持股份对二级市场的冲击。

对投资者来说，这意味着原始股东持有股票占发行后总股本的比例越高，原始股东越看好公司前景，而原始股东大都是内部人，因此高股权保留比例传递的信息为新股是高质量上市公司。劣质上市公司可能会维持高的股权比例来冒充优质公司。监管层为了解决新股发行中的高回报问题，可适当增加新股发行股本的比例。

表 3-12 描述统计分析

板块	变量	均值	标准差	中位数	最小值	最大值	偏度	峰度
全样本	发行后总股本（股）	30638.40	81539.34	13840.00	4000.00	1058982.00	10.72	129.16
	初始回报	1.59	1.28	1.3	-0.02	10.73	2.86	14.09
	募集金额（万元）	134937.50	578162.80	66300.00	23104.34	8008900.00	13.11	175.28
	发行比例	0.22	0.06	0.25	0.03	0.33	-1.09	-0.35
	网下配售锁定比例	0.02	0.02	0	0	0.11	0.43	-0.84
	保荐跟投比例	0.03	0.04	0	0	0.15	1.47	2.13
科创板	发行后总股本（股）	34393.76	107342.50	12000.00	4000.00	1058982.00	8.81	80.89
	初始回报	1.35	0.98	1.10	-0.02	5.87	1.56	3.61
	募集金额（万元）	119568.20	124011.80	95075.75	34950.00	1053000.00	4.89	31.06
	发行比例	0.22	0.06	0.25	0.10	0.33	-0.9	-0.72
	网下配售锁定比例	0.04	0.01	0.04	0	0.11	0.03	7.40
	保荐跟投比例	0.05	0.03	0.05	0	0.15	1.39	1.96
非科创板	发行后总股本（股）	26683.28	39415.04	14374.25	4598.28	333333.00	5.36	36.76
	开板回报	1.84	1.49	1.55	0.30	10.73	2.94	12.66
	募集金额（万元）	151124.30	820602.50	53104.37	23104.34	8008900.00	9.34	86.44
	发行比例	0.22	0.07	0.25	0.03	0.33	-1.24	-0.06
	子样本抑价水平	-0.49***						

注：*** 表示在 1% 置信水平下显著。

表3-13 全样本分步回归结果

变量	IR (1)	(2)	(3)	(4)	(5)	(6)	(7)
UNDSTDRATIO	−2.971**	−2.973**	−3.158**	−3.978***	−2.826**	−2.278	−2.329
	(1.420)	(1.397)	(1.342)	(1.350)	(1.394)	(1.420)	(1.423)
REG		−0.486***	−0.251	−0.183	−0.037	−0.185	−0.130
		(0.181)	(0.183)	(0.181)	(0.186)	(0.203)	(0.215)
ln(SIZE)			−0.541***	−0.531***	−0.411***	−0.406***	−0.360**
			(0.131)	(0.128)	(0.134)	(0.133)	(0.145)
lnGEM				2.164***	2.097***	2.103***	2.062***
				(0.773)	(0.760)	(0.756)	(0.759)
Price					0.400***	0.413***	0.470***
					(0.148)	(0.147)	(0.164)
PE						0.004*	0.004*
						(0.002)	(0.002)
WinR							−3.086
							(3.918)
Constant	2.231***	2.478***	8.472***	−7.662	−7.606	−7.880	−7.786
	(0.319)	(0.328)	(1.481)	(5.942)	(5.843)	(5.812)	(5.819)
Observations	191	191	191	191	191	191	191
R^2	0.023	0.059	0.138	0.173	0.204	0.218	0.220
F Statistic	4.378**	5.856***	9.959***	9.703***	9.500***	8.530***	7.385***

注：***、**、*分别表示在1%、5%和10%水平上显著。

（2）哑变量REG对IPO抑价水平的影响系数为−0.486，在1%置信水平下显著。注册制对初始回报的影响为负，说明与核准制相比，注册制下科创板新股具有较低的初始回报，"炒新"得到了一定的抑制，新股发行注册制对抑制新股高回报起到了积极的作用。加入公司规模等控制变量后，注册制的回归系数绝对值变小了，也不显著了，这说明注册制的抑制作用被弱化了。注册制对新股抑价水平的影响是立体的、深层次的，可能通过其他配套基础性制度对新股抑价水平产生影响。

（3）小公司规模效应仍是显著的；整体市场水平仍具有显著的正向影响，市场情绪越高，抑价水平越高；发行价越低或越高，IPO抑价水平越高；市盈率对初始回报具有显著正向影响，说明成长性公司初始回报较高；中签率越低，抑价水平越高，但不显著。

进一步分析注册制和核准制子样本下，发行比例对IPO抑价水平的影响。因中签率不显著，模型中不再考虑中签率的影响。实证结果见表3-14。

表 3-14 科创板与非科创板的比较分析

变量	科创板						非科创板			
	(1)	(2)	(3)	(4)	(5)	(6)	(7)	(8)	(9)	(10)
UNDSTDRATIO	−2.343	−2.740*	−3.810**	−3.022*	−1.940	−3.578	−3.089	−3.697*	−1.971	−1.471
	(1.574)	(1.575)	(1.584)	(1.603)	(1.648)	(2.314)	(2.178)	(2.189)	(2.330)	(2.379)
ln(SIZE)		−0.284*	−0.267*	−0.169	−0.152		−0.728***	−0.727***	−0.576***	−0.527**
		(0.164)	(0.160)	(0.164)	(0.161)		(0.200)	(0.198)	(0.210)	(0.215)
ln(GEM)			2.306**	2.219**	2.217**			2.088	2.069	1.843
			(0.889)	(0.875)	(0.858)			(1.266)	(1.247)	(1.266)
Price				0.321**	0.335**				0.522*	0.570**
				(0.156)	(0.153)				(0.267)	(0.271)
PE					0.004**					0.063
					(0.002)					(0.061)
Constant	1.857***	5.193***	−11.962*	−11.543*	−12.142*	2.609***	10.517***	−5.005	−5.418	−5.594
	(0.354)	(1.959)	(6.880)	(6.767)	(6.638)	(0.521)	(2.227)	(9.666)	(9.521)	(9.519)
Observations	97	97	97	97	97	94	94	94	94	94
R^2	0.023	0.053	0.117	0.156	0.198	0.025	0.149	0.174	0.208	0.218
F Statistic	2.215	2.629*	4.103***	4.244***	4.488***	2.391	7.977***	6.325***	5.846***	4.893***

注：***、**、*分别表示在1%、5%、和10%水平上显著。

（1）新股发行比例在以注册制发行的子样本中作用更强，更显著。

（2）发行规模小公司效应在注册制下更弱，这可能与注册制下发行规模都较小，而核准制子样本由深圳创业板、中小板和上海603开头的股票构成有关。

（3）创业板指数水平对科创板具有显著的正向作用，而对非科创板的作用为正，但不显著。

（4）发行价水平的影响在各样本中都显著为正，经济意义下对非科创板的影响更强，统计意义下对科创板的影响要强于非科创板。

（5）市盈率对科创板的影响强于非科创板。

进一步通过加哑变量和子样本两种方式考察不同行业的发行比例对IPO抑价水平的影响是否存在差异，结果见表3-15。

表3-15 不同行业的发行比例回归结果

变量	全样本	制造业	信息类	科创板	非科创板
	Dependent variable: IR				
UNDSTDRATIO	−2.909**	−3.738**	−5.213	−2.076	−2.324
	(1.422)	(1.662)	(6.736)	(1.616)	(2.305)
REG	−0.271	−0.092	−1.523**		
	(0.203)	(0.221)	(0.682)		
ln（SIZE）	−0.394***	−0.353**	0.125	−0.186	−0.408*
	(0.131)	(0.144)	(0.563)	(0.158)	(0.206)
ln（GEM）	2.422***	3.447***	0.715	2.253***	2.716**
	(0.750)	(0.839)	(3.089)	(0.825)	(1.222)
Price	0.506***	0.394**	0.551	0.329**	0.724***
	(0.148)	(0.167)	(0.573)	(0.157)	(0.261)
PE	0.004	0.005*	−0.008	0.004**	0.063
	(0.002)	(0.002)	(0.010)	(0.002)	(0.058)
In_C	0.447*			0.796*	0.291
	(0.261)			(0.471)	(0.337)

续表

变量	Dependent variable: IR				
	全样本	制造业	信息类	科创板	非科创板
In_I	1.027***			0.771	2.033***
	(0.350)			(0.514)	(0.595)
Constant	−10.381*	−18.352***	−0.362	−12.789**	−13.200
	(5.770)	(6.413)	(24.342)	(6.382)	(9.257)
Observations	191	140	26	99	94
R^2	0.254	0.260	0.547	0.219	0.316
F Statistic	7.734***	7.782***	3.830**	3.644***	5.680***

注：***、**、*分别表示在1%、5%和10%置信水平上显著。

（1）首次发行比例水平对IPO抑价水平的影响显著为负。信息类公司虽然不显著，但系数仍为负（−5.213），且回归系数比制造业的系数（−3.738）绝对值要大得多，这可能与信息类公司样本容量仅为26有关。科创板统计上更显著，非科创板经济上更强些。

（2）哑变量In_I回归系数（1.027）比制造业回归系数（0.447）要大得多，且信息哑变量在1%置信水平下显著，而制造业在10%置信水平下显著，可见信息类公司的IPO抑价水平比制造业高得多。

（3）分科创板和非科创板的行业影响看，科创板中两个行业影响系数强度差不多，统计上制造业显著而信息类不显著；非科创板中信息类的影响系数（2.033）比制造业（0.291）要大得多，且信息类在1%置信水平下显著，而制造业不显著。

（4）注册制下哑变量的影响仍为负的，且在信息类公司中对IPO抑价水平的影响在10%置信水平下显著。

2. 承销商跟投的影响

注册制下拟IPO公司发行股份，允许保荐机构持有其保荐公司的股份，保荐承销商跟投股份一般具有1年的锁定期。这一新股股份配售细则究竟会促使还是会抑制承销商在IPO中对拟IPO企业的"认证/监督"作用，特别是在跟投股份解禁时，承销商的中介作用究竟如何表现是值得研究的问题。

首先考虑承销商跟投与首次发行比例对IPO抑价水平的影响，用全样本对回归方程（3-4）进行回归，回归结果见表3-16。

表 3-16 科创板配售细则下的回归结果

变量	(1)	(2)	(3)	(4)	(5)
	\multicolumn{5}{c}{Dependent variable: IR}
UNDSTDRATIO	−3.748***	−3.680***	−3.689***	−3.789***	−4.500***
	(1.364)	(1.363)	(1.365)	(1.411)	(1.441)
ALLO	−6.916*		−3.740	−5.819	−4.168
	(4.151)		(5.126)	(8.792)	(8.821)
UNWRTRATIO		−4.809*	−3.421	−4.018	−4.754
		(2.621)	(3.241)	(3.841)	(3.829)
ln(GEM)	2.170***	2.295***	2.221***	2.240***	2.519***
	(0.769)	(0.763)	(0.770)	(0.775)	(0.778)
ln(SIZE)	−0.524***	−0.571***	−0.541***	−0.546***	−0.566***
	(0.129)	(0.123)	(0.130)	(0.131)	(0.130)
PE	0.004	0.004	0.004*	0.004*	0.004
	(0.002)	(0.002)	(0.002)	(0.002)	(0.002)
REG				0.145	0.020
				(0.497)	(0.496)
In_C					0.396
					(0.268)
In_I					0.815**
					(0.356)
Constant	−7.934	−8.372	−8.124	−8.197	−10.242*
	(5.916)	(5.899)	(5.916)	(5.937)	(5.952)
Observations	191	191	191	191	191
R^2	0.185	0.187	0.190	0.190	0.213
F Statistic	8.384***	8.527***	7.177***	6.133***	5.439***

注：***、**、* 分别表示在 1%、5% 和 10% 水平上显著。

（1）在考虑了科创板股份配售细则的情况下，首次发行比例水平对抑价水平仍然具有负的影响，且在1%的置信水平下显著。首次发行比例水平在加入机构网下锁定配售比例和承销商跟投比例后，对IPO抑价水平的抑制作用稍微有所减弱，回归系数从–3.748分别变为–3.68、–3.689。在考虑了注册制哑变量后发行比例水平的绝对影响更强了，回归系数为–0.3789。

（2）机构网下配售锁定和承销商跟投均在10%的置信水平下对IPO抑价有显著的抑制作用。ALLO的回归系数为–6.916，t值为–1.666（=–6.916/4.151），UNWRTRATIO的回归系数为–4.809，t值为–1.835（=–4.809/2.621），这表明统计意义上承销商跟投比机构投资者网下锁定配售对IPO抑价的抑制作用更强，而经济意义上，机构投资者网下锁定配售对IPO抑价的抑制作用要强于承销商跟投。

（3）承销商跟投比例对初始回报具有负的显著影响，系数为–4.809，这表明承销商跟投比例减少了新股的初始回报。对市场投资者而言，承销商跟投传递新股上市公司高质量的信号。承销商跟投，对IPO抑价水平具有较强的抑制作用，这可能是承销保荐机构及子公司参与配售时，承销商在IPO过程中具有双重作用导致的。承销商在承销过程中得到承销费用，IPO发行价越高，募集金额越大，承销费用越高，同时承销商跟投比例越大，承销商与发行人利益越一致时，承销商的抑价动机越强烈。

（4）在同时加入网下锁定配售比例（ALLO）和承销商跟投比例（UNWRTRATIO）的情况下，网下锁定配售比例的回归系数变为–3.740，且不显著；承销商跟投比例的回归系数变为–3.421，也不显著。这表明，同时考虑网下锁定配售比例和承销商跟投比例的情况下，两者仍对IPO抑价具有抑制作用，但敏感性降低了。从经济意义上看，承销商跟投的作用比机构网下锁定配售的抑制作用更强，因为回归系数绝对值下降幅度较小。

对UNDSTDRATIO、ALLO和UNWRTRATIO分别增加一个标准差的情况下，IPO抑价水平分别降低22.13%（=0.06×3.689）、7.48%（=0.02×3.74）和增加13.68%（=0.04×3.42）。可见首次发行比例对IPO抑价水平的抑制作用最强，其次是承销商跟投比例，而机构网下锁定配售作用最弱。

即便在考虑了机构网下锁定配售和承销商跟投的情况下，首次发行比例对IPO抑价水平具有显著的负向作用，这表明首次发行比例在IPO过程中起着重要的抑制作用。可见在未来新股发行过程中应该适当提高新股首发比例，一方面抑制新股超高的首日回报，另一方面减轻新股锁定期满后原始股东减持对二级市场的负面冲击。

（5）在加入承销商跟投和机构网下锁定配售后，注册制哑变量REG对IPO抑价水平的影响仍不显著，但系数变为正的。仅科创板具有承销保荐机构跟投，在考虑机构配售限售和承销商跟投的情况下,注册制反而提高了IPO抑价水平。这说明,注册制下科创板上市公司发行定价水平并没有更为合理。新股抑价水平与注册制本身无关,与注册制实施的相关配套市场基础制度有关。

(三) 稳健性分析

因为承销商跟投是注册制发行新股的特殊制度安排,因此只考察承销商跟投比例在注册制发行新股中的作用。因科创板前5日不设涨跌幅限制,所以用上市前5日回报度量科创板抑价水平,非科创板用开板日回报度量抑价水平,采用回归模型(3-4)对科创板样本重复上一节的检验,回归结果见表3-17。

(1)首次发行比例水平(UNDSTDRATIO)对抑价水平仍然具有负的影响,且在5%置信水平下显著。可见发行比例水平对初始回报的解释能力下降了,显著性降低且回归系数绝对值变小。机构网下锁定配售比例(ALLO)对5日抑价水平具有负的影响,且在5%置信水平下显著,系数为-10.498。与表3-16第(1)列中对首日回报的影响系数(-6.916*)相比,这一结果在经济意义上和统计意义上更强。UNWRTRATIO回归系数为-6.381且在5%置信水平下显著,这说明承销商跟投比例对IPO5日抑价水平的影响在经济上和统计均比对IPO首日回报要强。注册制哑变量(REG)的系数仍不显著,但为负,说明注册制下IPO抑价水平降低了。

(2)仅考虑注册制下科创板新股样本,首次发行比例对IPO抑价水平仍然具有显著的负向影响,在统计意义上减弱了,而机构锁定配售和承销商跟投对抑价水平具有抑制作用,但均不显著。这表明,与没有承销商跟投发行的核准制股票子样本相比,机构锁定配售和承销商跟投作为注册制下的配套制度确实对科创板股票的抑价具有显著抑制作用;而就注册制下的科创板而言,两者的作用并不敏感。

进一步控制行业后分析承销商跟投比例对IPO抑价水平的影响,加行业哑变量或对行业子样本进行实证检验,回归结果见表3-18。

(1)考虑行业固定效应后,科创板子样本中承销商跟投比例对IPO抑价水平的影响不显著,但仍为负的,承销商跟投比例的回归系数绝对值变小了,说明对IPO抑价水平的抑制作用减弱了。全样本中承销商跟投比例的影响也是负的且不显著,但承销商跟投比例的回归系数绝对值变大了,说明对IPO抑价水平的抑制作用增强了。

(2)控制了行业后,注册制哑变量回归系数为0.020,而各子行业中注册制哑变量的影响均为负的,但不显著,表明注册制下考虑承销商跟投比例的影响时,IPO抑价水平降低了,但不敏感。

表 3-17 承销商跟投稳健性回归结果

变量	IR1 (1)	IR1 (2)	IR1 (3)	IR1 (4)	IR (5)	IR (6)	IR (7)
UNDSTDRATIO	-2.903** (1.385)	-2.809** (1.388)	-2.843** (1.385)	-2.802* (1.429)	-2.954* (1.657)	-2.684* (1.607)	-3.179* (1.684)
ALLO	-10.498** (4.182)		-7.036 (5.163)	-6.142 (8.905)	-6.183 (7.028)		-7.011 (7.118)
UNWRTRATIO		-6.381** (2.665)	-3.751 (3.285)	-3.497 (3.887)		-2.050 (3.099)	-2.500 (3.133)
ln(GEM)	1.683** (0.813)	1.841** (0.814)	1.752** (0.814)	1.748** (0.817)	2.154** (0.838)	2.222** (0.846)	2.241*** (0.847)
ln(SIZE)	-0.547*** (0.130)	-0.623*** (0.125)	-0.566*** (0.131)	-0.564*** (0.132)	-0.240 (0.156)	-0.295* (0.162)	-0.277 (0.163)
PE	0.004* (0.002)	0.004** (0.002)	0.005*** (0.002)	0.005** (0.002)	0.004** (0.002)	0.004** (0.002)	0.004** (0.002)
REG				-0.062 (0.502)			
Constant	-4.234 (6.228)	-4.627 (6.242)	-4.536 (6.228)	-4.531 (6.245)	-11.300* (6.469)	-11.401* (6.480)	-11.314* (6.482)
Observations	191	191	191	191	99	99	99
R²	0.185	0.182	0.190	0.190	0.158	0.155	0.164
F Statistic	8.377*** (df = 5; 185)	8.242*** (df = 5; 185)	7.210*** (df = 6; 184)	6.149*** (df = 7; 183)	3.490*** (df = 5; 93)	3.411*** (df = 5; 93)	3.003*** (df = 6; 92)

注：***、**、*分别表示在 1%、5% 和 10% 水平上显著。

表 3-18　承销商跟投行业稳健性回归结果

变量	Dependent variable: IR				
	（1）	（2）	制造业	信息类	其他行业
UNDSTDRATIO	−3.459**	−4.500***	−4.797***	−8.635	−0.737
	(1.697)	(1.441)	(1.731)	(5.784)	(2.822)
Allo	−8.222	−4.168	−0.546	−8.011	32.816
	(7.188)	(8.821)	(11.420)	(15.480)	(110.990)
UNWRTRATIO	−2.163	−4.754	−2.865	−5.257	38.172
	(3.153)	(3.829)	(4.534)	(7.845)	(68.363)
REG		0.020	−0.005	−1.145	−3.644
		(0.496)	(0.631)	(0.945)	(5.093)
$\ln(GEM)$	2.371***	2.519***	3.620***	−0.351	−2.165
	(0.851)	(0.778)	(0.864)	(3.061)	(2.161)
$\ln(SIZE)$	−0.280*	−0.566***	−0.484***	−0.248	−1.458***
	(0.166)	(0.130)	(0.145)	(0.483)	(0.413)
PE	0.004**	0.004	0.004*	−0.003	−0.017
	(0.002)	(0.002)	(0.003)	(0.011)	(0.048)
In_C	0.857*	0.396			
	(0.481)	(0.268)			
In_I	0.669	0.815**			
	(0.526)	(0.356)			
Constant	−12.935*	−10.242*	−19.085***	10.550	34.479*
	(6.513)	(5.952)	(6.573)	(23.346)	(17.520)
Observations	99	191	140	26	25
R^2	0.196	0.213	0.231	0.542	0.487
F Statistic	2.739***	5.439***	5.668***	3.038**	2.309*

注：***、**、* 分别表示在1%、5%和10%水平上显著。

四、结论和未来研究建议

本节以 2019 年 6 月 13 日至 2020 年 4 月发行的新股（A 股）为样本，用多元线性回归模型，考察承销商跟投对新股抑价水平的影响，并用不同抑价水平度量指标进行了稳健性检验。实证结果表明：首次公开发行股份占发行后总股本的比例对初始回报具有负的显著影响。相对于发行后总股本，首次发行股本占比越大，初始回报越小。

未来研究的几个方向或问题：注册制市场化发行并不能解决新股的"三高"问题及高抑价问题，注册制本身还是其配套制度如新股配售、新股上市交易制度等更能影响 IPO 抑价水平；大机构是否会因提供有价值的信息而得到特别优待，如果是，那会是什么样的优待；等等。

第三节 承销商声誉影响 IPO 抑价水平的实证分析

科创板正式开板标志着以信息披露为中心的注册制发行的全面实施。注册制精简优化发行条件，突出重大原则并强调风险防控，严格退市制度；强化信息披露要求，强调发行方、承销商、审计机构及律师事务所等市场主体责任要落实，尤其要严格落实发行人、会计师事务所等相关主体在信息披露方面的责任，并针对科创板企业的特点，采取差异化的信息披露规则。因此，金融中介在注册制下发行新股的过程中起着更为重要的作用，考察金融中介，尤其是承销商在 IPO 中的作用显得至关重要。

一、研究方案设计

（一）假设提出

许多文献主要从承销商声誉角度研究承销商与 IPO 定价的关系，实证结果大不相同。一类认为承销商作为"信息生产者"和"中介认证者"，其声誉与 IPO 抑价负相关（Dunbar，1997）。邵新建等（2013）、陈鹏程等（2016）指出市场情绪高涨可以助推承销商声誉机制的作用，减轻市场情绪对 IPO 抑价的影响。何平等（2014）认为对于不确定性高的公司，高声誉承销商降低 IPO 抑价程度的作用更显著。另一类研究者则提出与此相反的观点，田嘉和占卫华（2000）通过实证检验发现中国证券市场承销商声誉机制缺失,承销商声誉与IPO抑价关系并不显著。蒋顺才等(2006)通过比较发行体制的不同时段(试点阶段、核准制阶段、通道制阶段及保荐制阶段),发现承销商声誉对IPO抑价的影响并不显著。李研(2010)研究了我国核准制背景下承销商声誉机制的建立,发现较低的市场化程度及扭曲的证券监管阻碍了承销商声誉作用的发挥,并且承销商声誉越高,企业IPO抑价水平越高。

这里采用"中介认证者"假说,提出假设:承销商声誉可降低公司IPO抑价水平。由于承销商具有中介认证的作用,笔者认为高声誉的承销商可降低发行人和投资者之间的信息不对称水平,因为声誉好的承销商一般会承销发展前景比较好的公司,承销商声誉是"分离"上市公司质量好坏的重要参考指标。

(二)变量构建

1. IPO抑价水平

IPO抑价水平仍用模型(3-1)度量。

2. 承销商声誉

用上一年承销商首发的承销金额的百分比来度量承销商声誉,如果承销商上一年没有承销金额,就用其前年的承销金额,若前年也没有承销金额,取0。

3. 控制变量

这里控制变量主要选取了第一节中有显著影响的市场因素,包括整体市场价格水平、换手率、市盈率、发行到上市的时间间隔。

(三)样本说明

数据集为在2019年6月13日至2020年4月27日发行的新股(A股)。在样本期间内,在上海科创板发行的股票共有99只,在深圳市场和上海主板市场(如不做特别说明,下面称非科创板)发行的股票共有94只,共计193只股票。采集的初始数据包括企业IPO特征指标、行业分布情况、是否有风险投资背景及风险资本的特征指标。初始数据分别来自光大证券、新浪网财经频道、深圳交易所公开数据库。

(四)模型建立

采用多元线性回归方法对影响企业IPO初始回报率的几个风险投资的特征值进行分析检验,回归模型如下:

$$IR_k = \beta_0 + \beta_1 UNDWRTREPU_k + \beta_2 \ln(SIZE_k) + \beta_3 PE_k + \beta_4 \ln(GEM_k) + \beta_5 OUTSNDRATIO_k + \beta_6 TURN_k + \varepsilon \quad (3-5)$$

其中,IR为因变量,即初始回报率。UNDWRTREPU为主承销商的声誉。其他控制变量同第一节。

二、实证分析

（一）描述性统计分析

对全样本中科创板和非科创板数据进行描述性统计分析，结果见表3-19。

表3-19 承销商描述性统计

变量	均值	标准差	中位数	最小值	最大值	偏度	峰度
A栏：IR（科创板）	1.35	0.98	1.10	−0.02	5.87	1.56	3.61
承销商声誉	5.74	4.88	4.94	0	15.54	0.78	−0.47
发行比例	0.22	0.06	0.25	0.10	0.33	−0.90	−0.72
审计	0.60	0.49	1.00	0	1.00	−0.39	−1.87
B栏：IR（非科创板）	1.84	1.49	1.55	0.3	10.73	2.94	12.66
承销商声誉	3.82	3.59	3.04	0	15.54	1.24	1.46
发行比例	0.22	0.07	0.25	0.03	0.33	−1.24	−0.06
审计	0.45	0.50	0	0	1.00	0.21	−1.98

从表3-19中可看出，科创板IPO抑价水平均值和中位数分别为135%和110%，非科创板的分别为184%和155%。非科创板的IPO抑价水平比科创板要高得多，这说明科创板市场化发行降低了IPO抑价水平。科创板承销商声誉的均值和中位数分别为574%和494%，非科创板承销商声誉则分别为382%和304%。可见，科创板承销商声誉的影响比非科创板要高得多。这体现了注册制下科创板拟上市公司发行过程中，承销商的信息中心地位更为重要，当然也不排除监管层在科创板开板初期，为平稳推出科创板而做了某种机制上的安排。科创板审计机构的均值和中位数分别为60%和100%，而非科创板的均值和分位数分别为45%和0，这表明一半科创板新股的审计机构排名前10，而非科创板有一半公司的审计机构排名在10名以后。

（二）OLS回归分析

用全样本数据，采用模型（3-5）就承销商声誉对IPO抑价水平进行逐步回归检验，回归结果见表3-20。

表 3-20 承销商声誉对抑价水平的回归结果

变量	IR					
	（1）	（2）	（3）	（4）	（5）	（6）
UNDWRTREPU	0.004	0.039*	0.039*	0.030	0.033	0.029
	（0.021）	（0.021）	（0.021）	（0.020）	（0.021）	（0.021）
ln（SIZE）		−0.668***	−0.652***	−0.457***	−0.440***	−0.445***
		（0.131）	（0.129）	（0.138）	（0.139）	（0.139）
ln（GEM）			1.701**	1.703**	1.598**	1.524**
			（0.745）	（0.724）	（0.734）	（0.737）
Price				0.471***	0.435**	0.437**
				（0.135）	（0.142）	（0.142）
TURN					−0.248	−0.345
					（0.285）	（0.298）
PE						0.002
						（0.002）
Constant	1.567***	8.902***	−3.992	−4.703	−4.128	−3.530
	（0.137）	（1.439）	（5.820）	（5.660）	（5.702）	（5.726）
Observations	193	193	193	193	193	193
R^2	0.0002	0.121	0.145	0.197	0.200	0.205
F Statistic	0.034	13.115***	10.678***	11.512***	9.350***	7.992***

注：***、**、*分别表示在1%、5%、10%置信水平下显著。

（1）承销商声誉对IPO抑价水平的影响总体为正且显著。这说明承销商声誉越高，IPO抑价水平越高，承销商声誉没有起到"认证/监督"的作用，可能是承销商与发行人的利益发生冲突，承销商没有抑价的动机。

（2）在加入公司发行规模和整体市场价格水平后，承销商声誉对IPO抑价水平的作用几乎没有什么改变；而在加入新股发行价水平后，承销商声誉对IPO抑价水平的影响变得不显著，t值为1.5（0.03/0.02），可看成近似中等显著。

（3）加入换手率和市盈率后，换手率和市盈率的影响并不显著。在本节后面的分析中，不再考虑这两个影响因素。

对科创板样本和非科创板子样本进行实证检验，并控制行业固定效应后，实证结果见表3-21。

表3-21 控制行业后的回归结果

变量	IR					
	（1）	（2）	（3）	（4）	（5）	（6）
UNDWRTREPU	0.030	0.005	0.057	0.031	0.011	0.064*
	（0.020）	（0.022）	（0.040）	（0.020）	（0.022）	（0.038）
ln（SIZE）	−0.457***	−0.151	−0.614***	−0.450***	−0.191	−0.497**
	（0.138）	（0.179）	（0.211）	（0.136）	（0.181）	（0.202）
ln（GEM）	1.703**	1.589*	1.940	1.975***	1.692**	2.730**
	（0.724）	（0.830）	（1.222）	（0.721）	（0.834）	（1.180）
Price	0.471***	0.383**	0.562**	0.590***	0.374**	0.749***
	（0.135）	（0.156）	（0.247）	（0.141）	（0.163）	（0.243）
ln_C				0.358	0.726	0.327
				（0.255）	（0.495）	（0.332）
ln_I				0.904***	0.711	2.017***
				（0.342）	（0.534）	（0.587）
Constant	−4.703	−7.539	−4.570	−6.835	−8.607	−11.646
	（5.660）	（6.589）	（9.391）	（5.639）	（6.628）	（9.122）
Observations	193	99	94	193	99	94
R^2	0.197	0.120	0.220	0.227	0.140	0.316
F Statistic	11.512*** (df = 4; 188)	3.194** (df = 4; 94)	6.267*** (df = 4; 89)	9.092*** (df = 6; 186)	2.493** (df = 6; 92)	6.704*** (df = 6; 87)

注：***、**、*分别表示在1%、5%、10%置信水平下显著。

（1）承销商声誉对IPO抑价水平的影响在全样本和非科创板样本中的回归系数为正且不显著，说明承销商在IPO过程中没有起到"中介认证者"的作用；而对科创板来说，承销商声誉的回归系数为−0.058，且在1%置信水平下显著，可见承销商声誉在IPO过程中起到了"中介认证者"的作用。

（2）控制行业固定效应后，承销商声誉回归系数没什么变化，分别为0.030和0.031；而科创板的回归系数从0.005增加到0.011，可见在不同行业中，承销商声誉对IPO抑价水平的影响存在差异。第（6）列的回归系数为正且显著，说明承销商声誉在核准制下的正向作用强于注册制，这反证了科创板中承销商的"认证/监督"作用要强于非科创板，这使得注册制以"信息披露为中心"，各金融中介发挥持续监督的责任得到了验证。可能与承销商声誉与发行规模共同作用影响IPO抑价水平有关，一般来说，高声誉的承销商承销企业的发行规模也较大。

（3）全样本中，发行规模对初始回报的影响系数为负且显著，新股抑价水平存在小公司效应；整体市场情绪越高涨，IPO抑价水平越高；发行价越低，或发行价水平越高，抑价水平越高。

进一步探究高声誉公司与市场行情交叉的作用，考察市场行情好的时候，承销商的作用是否会减弱。为此在模型中加入两者的交叉项进行回归，同时考察承销商声誉与承销发行规模大的公司的关系。发行规模比较大的公司，需要承销商具有雄厚的资金实力和信息优势，因为承销均采用余额包销的模式发行，所以在模型中加入承销商与发行规模的交叉项对IPO抑价水平的影响，实证结果见表3-22。

表3-22 带交叉项的回归结果

变量	IR					
	（1）	（2）	（3）	（4）	（5）	（6）
UNDWRTREPU	−1.523	0.026	−5.892**	−0.162	−0.382	1.100
	(1.155)	(1.277)	(2.655)	(0.295)	(0.347)	(1.087)
ln（SIZE）	−0.462***	−0.151	−0.628***	−0.556***	−0.435	−0.245
	(0.137)	(0.181)	(0.206)	(0.206)	(0.311)	(0.438)
ln（GEM）	0.581	1.610	−0.807	1.657**	1.372	1.844
	(1.103)	(1.493)	(1.712)	(0.728)	(0.851)	(1.227)
Price	0.479***	0.382**	0.473*	0.459***	0.345**	0.617**
	(0.135)	(0.159)	(0.245)	(0.137)	(0.159)	(0.254)
UNDWRTREPU * ln（GEM）	0.208	−0.003	0.797**			
	(0.154)	(0.170)	(0.355)			

续表

变量	IR					
	（1）	（2）	（3）	（4）	（5）	（6）
UNDWRTREPU * ln（SIZE）				0.017	0.033	−0.095
				（0.026）	（0.030）	（0.099）
Constant	3.775	−7.694	15.857	−3.284	−2.810	−7.718
	（8.464）	（11.590）	（12.941）	（6.072）	（7.825）	（9.951）
Observations	193	99	94	193	99	94
R^2	0.204	0.120	0.262	0.199	0.131	0.228
F Statistic	9.611***	2.528**	6.244***	9.267***	2.811**	5.193***

注：***、**、* 分别表示在1%、5%、10%置信水平下显著。

将表3-22的结果与表3-21进行比较可以发现：

（1）考虑承销商声誉和整体市场行情的交叉项后，承销商声誉的系数有负有正，全样本和注册制子样本不显著，而非科创板子样本中承销商声誉对IPO抑价水平的影响显著为负，承销商在IPO过程中发挥了"中介认证者"的作用。在市场行情好的时候，低声誉的承销商也比较容易保荐公司成功上市；而行情不好时，高声誉的承销商在拟上市公司成功上市过程中起到信息生产者的作用，对公司上市具有助力作用。

（2）考虑承销商声誉和发行规模的交叉项后，承销商声誉的系数总体为负，但不显著，部分验证了承销商在IPO过程中的"中介认证者"作用。在加入交叉项后，科创板子样本中承销商声誉回归系数为−0.382，部分验证了承销商的"中介认证者"作用。对科创板来说，声誉好的承销商承销发行规模大的新上市公司的IPO抑价水平要高；考虑了承销商声誉和发行规模的交叉项后，发现承销商在IPO过程中确实起着"中介认证者"的作用。非科创板的回归系数仍为正，但加入交叉项后，正向作用减弱了，说明公司规模在承销商声誉对IPO抑价水平的影响中具有重要的作用，承销商声誉可能具有内生性，即发行规模大的公司会选择高声誉的承销商来保荐上市。

三、稳健性分析

（一）IPO抑价水平度量指标及行业固定效应

改变科创板抑价水平指标的度量方式，间接假定收盘价与承销商无关。考虑科创板前 5 日不设涨跌幅限制，用上市前 5 日回报度量科创板抑价水平，非科创板仍用开板日回报度量抑价水平，整体市场价格水平同样处理后，用全样本、科创板子样本数据重复检验，结果见表 3-23。

表 3-23　IPO 抑价水平稳健性检验

变量	IR1			IR5	
	（1）	（2）	（3）	（4）	（5）
UNDWRTREPU	0.027	0.010	0.066*	0.019	0.013*
	（0.020）	（0.022）	（0.039）	（0.013）	（0.008）
ln（SIZE）	-0.486***	-0.225	-0.515**	-0.131	-0.147***
	（0.138）	（0.182）	（0.206）	（0.087）	（0.042）
ln（GEM1）	1.635**	1.848**	1.960		
	（0.766）	（0.870）	（1.261）		
ln（GEM5）				0.933*	0.112
				（0.485）	（0.255）
Price	0.618***	0.391**	0.730***	0.191**	0.102**
	（0.143）	（0.164）	（0.246）	（0.090）	（0.050）
ln_C	0.322	0.753	0.337	0.391**	0.096
	（0.258）	（0.496）	（0.338）	（0.163）	（0.068）
ln_I	0.848**	0.757	1.963***	0.441**	0.227*
	（0.347）	（0.536）	（0.599）	（0.220）	（0.121）
Constant	-3.814	-9.486	-5.740	-4.255	1.901
	（5.942）	（6.945）	（9.655）	（3.760）	（1.954）
Observations	193	99	94	193	94
R^2	0.228	0.153	0.294	0.086	0.258
F Statistic	9.130***	2.766**	6.030***	2.899**	5.050***

注：***、**、* 分别表示在 1%、5%、10% 置信水平下显著。

（1）对全样本来说，承销商声誉对 IPO 抑价水平的影响几乎没有变化，系数仍为 0.027，且不显著；对非科创板说，承销商声誉对 IPO 开板抑价水平的影响方向没有变化，在 10% 置信水平下显著，这表明对核准制下发行的上市公司来说，承销商声誉对公司 IPO 抑价水平具有正向显著影响，这可能与核准制上市首日 44% 的涨跌幅限制及以后每日 10% 的涨跌幅限制有关，核准制下新股的连涨天数中位数一般为 10 日，抑价水平度量不能排除市场的作用。

（2）5 日抑价水平的实证结果与前 3 列的结果基本一致，只是回归系数变弱了。对核准制下发行的新股来说，承销商声誉的影响仍是显著为正的，上市第 5 日，大多数新股还处于连涨状态，此时市场力量可能在推动新股价格上涨。

（3）加入行业哑变量后，核准制下上市的公司的抑价水平受承销商声誉的影响变强了。信息行业指标对新股 IPO 抑价水平的影响总体上中等显著。

（二）带交叉项的检验

进一步考察整体市场行情和发行规模对 IPO 抑价水平的影响，对 IPO 抑价水平的替代指标在分别加入交叉项后进行实证检验。

1. 与整体价格水平的交叉检验

与整体市场行情的交叉检验回归结果见表 3-24。从回归结果可以发现：

表 3-24 市场行情交叉项的回归结果

变量	IR			IR1			IR5	
	（1）	（2）	（3）	（4）	（5）	（6）	（7）	（8）
UNDWRTREPU	−1.365	0.553	−6.274**	−1.729	1.155	−7.638***	0.561	0.091
	（1.190）	（1.294）	（2.592）	（1.143）	（1.195）	（2.485）	（0.701）	（0.517）
ln（SIZE）	−0.681***	−0.304*	−0.728***	−0.724***	−0.327*	−0.716***	−0.202**	−0.181***
	（0.131）	（0.179）	（0.190）	（0.132）	（0.181）	（0.189）	（0.081）	（0.039）
ln（GEM）	0.828	2.122	−0.525	0.098	2.761*	−1.950	1.240*	0.106
	（1.139）	（1.515）	（1.694）	（1.146）	（1.450）	（1.709）	（0.703）	（0.355）
UNDWRTREPU * ln（GEM）	0.188	−0.071	0.850**	0.236	−0.152	1.032***	−0.072	−0.010
	（0.159）	（0.173）	（0.347）	（0.153）	（0.160）	（0.332）	（0.094）	（0.069）

续表

变量	IR			IR1			IR5	
	(1)	(2)	(3)	(4)	(5)	(6)	(7)	(8)
ln_C	0.183	0.773	0.095	0.142	0.769	0.074	0.336**	0.069
	(0.262)	(0.508)	(0.332)	(0.266)	(0.510)	(0.330)	(0.163)	(0.069)
ln_I	0.466	0.575	1.479**	0.392	0.570	1.377**	0.293	0.169
	(0.340)	(0.550)	(0.581)	(0.344)	(0.552)	(0.581)	(0.211)	(0.121)
Constant	2.679	−11.828	13.276	8.607	−16.487	23.823*	−6.297	2.042
	(8.744)	(11.790)	(12.833)	(8.733)	(11.371)	(12.851)	(5.355)	(2.674)
Observations	193	99	94	193	99	94	193	94
R^2	0.160	0.092	0.290	0.160	0.110	0.300	0.067	0.223
F Statistic	5.900***	1.561	5.930***	5.921***	1.886*	6.213***	2.212**	4.164***

注：GEM 对应 IR；***、**、* 分别表示在 1%、5%、10% 置信水平下显著。

（1）与表 3-23 进行比较发现，对全样本来说，承销商声誉对 IPO 抑价水平的回归系数为 −1.365，影响程度变弱了；对科创板来说，承销商声誉对 IPO 抑价水平的回归系数为 0.553，不显著，这表明承销商声誉对科创板公司 IPO 抑价水平具有一定的"声誉—逐名"作用，没有起到"中介认证者"的作用。风险投资的影响是混杂的。

（2）核准制下，承销商声誉对 IPO 抑价水平具有显著的抑制作用，回归系数 −6.274 在 5% 置信水平下显著，很好地发挥了认证中介的作用，而交叉项 UNDWRTREPU * ln（GEM）的回归系数为 0.850，且在 5% 置信水平下显著，说明承销商声誉与发行规模的交叉作用对 IPO 抑价水平具有显著的正向促进作用，这可能是因为对于科创板来说，创业板市场越好，承销商声誉越好，会向市场传递"上市公司质量高"的信号，承销商与发行人利益不一致，发行人更容易忍受低价发行公司股票，以达到"分离"的状态。这也可能与上市首日 44% 涨跌幅限制和之后 10% 日涨跌幅限制有关。

2. 与公司发行规模的交叉检验

与整体市场行情的交叉检验回归结果见表 3-25。

表 3-25　带规模交叉项的回归结果

变量	IR (1)	IR (2)	IR (3)	IR1 (4)	IR1 (5)	IR1 (6)	IR5 (7)	IR5 (8)
UNDWRTREPU	−0.248	−0.489	0.352	−0.305	−0.597*	0.431	−0.270	−0.428**
	(0.304)	(0.348)	(1.066)	(0.308)	(0.350)	(1.078)	(0.188)	(0.208)
log(SIZE)	−0.812***	−0.666**	−0.649	−0.884***	−0.783**	−0.632	−0.343***	−0.328***
	(0.196)	(0.296)	(0.406)	(0.198)	(0.298)	(0.411)	(0.121)	(0.079)
ln(GEM)	1.761**	1.317	2.377*	1.275	1.299	1.617	0.770	0.126
	(0.756)	(0.869)	(1.245)	(0.803)	(0.903)	(1.325)	(0.489)	(0.255)
UNDWRTREPU * ln(SIZE)	0.025	0.044	−0.025	0.030	0.053*	−0.032	0.025	0.040**
	(0.026)	(0.030)	(0.097)	(0.027)	(0.030)	(0.098)	(0.016)	(0.019)
ln_C	0.162	0.712	0.138	0.112	0.729	0.153	0.309*	0.054
	(0.264)	(0.505)	(0.345)	(0.268)	(0.504)	(0.349)	(0.163)	(0.067)
ln_I	0.420	0.512	1.575**	0.330	0.536	1.529**	0.254	0.174
	(0.343)	(0.544)	(0.600)	(0.348)	(0.544)	(0.610)	(0.212)	(0.117)
Constant	−2.811	−1.630	−9.308	1.632	−0.306	−3.797	−1.162	3.515*
	(6.299)	(7.960)	(9.985)	(6.601)	(8.261)	(10.492)	(4.015)	(2.021)
Observations	193	99	94	193	99	94	193	94
R^2	0.158	0.111	0.242	0.155	0.130	0.223	0.076	0.262
F Statistic	5.803***	1.924*	4.627***	5.696***	2.300**	4.172***	2.541**	5.135***

注：GEM 对应 IR；***、**、* 分别表示在 1%、5%、10% 置信水平下显著。

（1）对全样本来说，承销商声誉对 IPO 抑价水平的回归系数为 −0.248，影响程度变弱了；对科创板来说，承销商声誉对 IPO 抑价水平的回归系数为 −0.489，不显著，这表明承销商声誉对科创板公司 IPO 抑价水平具有一定的"认证/监督"作用；对于非科创板来说，承销商声誉对 IPO 开板抑价水平和 5 日抑价水平具有显著的负向影响。

（2）承销商声誉与公司发行规模的交叉项对 IPO 抑价水平具有正向作用，公司发行规模越大，承销商声誉越高，公司的 IPO 抑价水平可能会更高。这说明上市公司更能忍受新股低发行价，以换取上市后公司的良好市场表现，便于以后增发且获得更多的募集资金。对非科创板来说，承销商声誉对 IPO 抑价水平的影响会受到其承销新股的发行规模的影响。当 ln（SIZE）值大于 20.7（0.428/0.04）时，承销商声誉增加，IPO 抑价水平随之提高，且公司规模越大，承销商声誉对 IPO 抑价水平的影响越强。反之，当 ln（SIZE）值小于 20.7 时，随着承销商声誉的增加，IPO 抑价水平反而会下降，且公司发行规模越小，承销商声誉对 IPO 抑价水平的抑制作用越强。

四、结论及建议

本节结合我国注册制下科创板及核准制下非科创板新上市公司的实际情况，探究承销商声誉在注册制和核准制下对新股 IPO 定价的作用。研究发现承销商声誉对科创板上市企业 IPO 抑价率有显著的负向影响，承销商声誉对 IPO 抑价具有"中介认证"的作用，即拟 IPO 企业得到高声誉保荐机构的承销，其上市过程中受到的监督和监管越多，不确定性越少，因而抑价水平会降低。对于全样本和非科创板子样本而言，承销商声誉的影响为正但不显著，这证明认证作用并不是对所有公司都适用，部分验证了逆向选择假说。

承销商声誉对 IPO 抑价水平的影响是混杂的，其对 IPO 抑价水平的作用受到整体市场行情和辅导公司的发行规模的影响。当市场行情好时，声誉低的承销商可能更容易获得承销业务，因为拟上市公司可以支付较低的承销费用。当整体市场行情不好时，拟上市公司为了成功上市，可能会选择声誉好的承销商辅导其上市。当拟发行公司发行规模较大时，它们可能更会选取声誉较好的承销商辅导上市，在中国发行人一般采取余额包销方式，声誉好的承销商一般资金雄厚，抗风险能力强，可包销投资者放弃认购的股份。在市场行情好时，监管层更应该加大监管力度，防止上市公司质量下降的情况发生。

第四节 风险投资影响 IPO 抑价水平的实证分析

关于风险投资支持对公司 IPO 的影响已有大量的实证和理论研究。学界关于风险投资在企业 IPO 过程中的作用形成了两种观点：一是风险投资对拟 IPO 公司存在正面的促进作用。风险投资公司可能想谋取董事席位并参与公司决策，因此风险资本具有认证公司的潜力，可抑制公司 IPO 时的抑价现象，并监督公司的成长过程；二是风险投资在 IPO 过程中存在"声誉—逐名"的负面作用，风险投资机构会过早地促使公司 IPO，错误传递公司声誉和绩效信息，同时通过公司发行上市获利而成功退出。

从科创板的持续督导办法看，科创板的推出为风险资本提供了较便利的退出渠道，风险投资通过 IPO 退出可能迎来高潮。风险投资在企业 IPO 过程中，既是发行方，又是投资者，同时起着第三方中介的作用，因此引起了学术界的持续关注。本节主要考察重要的第三方金融中介——风险投资股权对新股 IPO 抑价水平的影响，并揭示风险投资在 IPO 过程中如何传递有关公司质量的信号，是否减少了外部投资者对于发行人不确定信息的不确定性，并对结果给出合理解释。

一、研究方案设计

（一）假设提出

有无风险投资背景情况下企业在 IPO 过程中的特征差异及 IPO 前后的经营绩效差异，主要可概括为：①"认证/监督"假设认为有风险投资背景的企业具有较高的发行价、较低的抑价率和发行成本，募集资金比无风险投资企业要少。②"认证/监督"假设认为企业的经营业绩在 IPO 之前大幅增长，之后明显下降，前后呈现倒"V"型走势。有风险投资背景的企业比无风险投资背景的企业绩效好，但是差异会随着公司的成长和风险投资的撤资逐渐缩小。

Barry（1990）考察风险投资在上市公司首次公开发行中的作用，实证研究表明：风险投资在 IPO 中起着筛选监督的作用，具有风险投资背景的企业 IPO 抑价水平较低，且具有高质量风险资本的企业，其新股抑价程度更低，风险投资发挥了认证者的作用。有风险投资背景企业与无风险投资背景企业相比发行费用更低，且在风险投资加入企业管理后，风险投资的监督作用使得企业的质量得以提升。此处采用"认证/监督"假说提出假设：风险投资参与程度越高，IPO 抑价水平越低。

（二）变量构建

1. IPO 抑价水平

IPO 抑价水平仍采用模型（3-1）度量。

2. 风险投资水平

用风险投资的宽度和深度分别度量拟 IPO 企业获得风险投资支持的程度。宽度是风险资本支持的家数，以 IPO 前企业中风险投资机构的家数加 1 的自然对数来度量；深度是风险资本在拟 IPO 企业中持有股份的比例。

3. 控制变量

这里控制变量主要选取了有显著影响的市场因素，包括整体市场价格水平、换手率、市盈率、发行到上市的时间间隔。

（三）样本说明

样本数据为在 2019 年 6 月 13 日至 2020 年 4 月 27 日发行的新股（A 股）。在样本期间内，在上海科创板发行的股票共有 99 只，在深圳市场和上海主板市场（非科创板）发行的股票共有 94 只，共计 193 只股票。数据来自光大证券、新浪网财经频道、深圳交易所公开数据库，数据项包括企业 IPO 特征指标、行业分布情况、是否有风险投资背景及风险资本的特征指标。

（四）模型建立

采用多元线性回归方法对影响企业 IPO 初始回报率的几个风险投资特征值进行分析检验，回归模型如下：

$$IR_k = \beta_0 + \beta_1 VCWDth_k + \beta_2 VCDPth_k + \beta_3 Controls_k + \varepsilon \tag{3-6}$$

其中，IR 为抑价水平，VCWDth 为风险投资宽度，VCDPth 为风险投资深度，其他控制变量同前。

二、实证分析

（一）描述性统计分析

对全样本中科创板和非科创板数据进行描述性统计分析，结果见表 3-26。

表 3-26 风险投资描述性统计

变量	均值	标准差	中位数	最小值	最大值	偏度	峰度
科创板：总股本	34393.76	107342.50	12000.00	4000.00	1058982.00	8.81	80.89
初始回报	1.35	0.98	1.10	−0.02	5.87	1.56	3.61
风险投资比例	0.21	0.15	0.21	0	0.54	0.32	−0.84

续表

变量	均值	标准差	中位数	最小值	最大值	偏度	峰度
风险投资家数	4.85	2.73	5	0	9	−0.23	−1.07
非科创板：总股本	26683.28	39415.04	14374.25	4598.28	333333	5.36	36.76
初始回报	1.84	1.49	1.55	0.30	10.73	2.94	12.66
风险投资比例	0.13	0.12	0.10	0	0.74	1.74	5.08
风险投资家数	3.38	2.62	3	0	10	0.42	−0.92

从表 3-26 的回归结果可以发现：科创板风险投资比例和家数中位数分别为 0.21 和 5，非科创板风险投资比例和家数则为 0.10 和 3。一半的科创板公司比非科创板的风险投资持股比例高 1 倍，家数也高 67%。这体现了科创板上市公司的定位，即科创板是服务于科技创新性的"硬"技术公司，科创板市场为我国科技创新水平的提升提供直接融资的快速通道。

（二）回归分析

用全样本数据，就风险投资比例和投资家数，采用模型（3-6）进行回归检验，回归结果见表 3-27。

表 3-27 科创板分步回归结果

变量	\multicolumn{8}{c}{IR}
	（1）	（2）	（3）	（4）	（5）	（6）	（7）	（8）
VCDPth	1.198*	1.198*	1.170*	1.258*	1.195*	0.930		1.818*
	（0.667）	（0.667）	（0.663）	（0.654）	（0.637）	（0.629）		（1.055）
VCWDPth							0.079	−0.248
							（0.142）	（0.237）
ln（SIZE）			−0.240	−0.228	−0.125	−0.117	−0.107	−0.153
			（0.158）	（0.156）	（0.157）	（0.153）	（0.156）	（0.157）
ln（GEM）				1.686**	1.709**	1.945**	1.956**	1.794**
				（0.836）	（0.814）	（0.798）	（0.813）	（0.810）
Price					0.379**	0.370**	0.382**	0.352**
					（0.150）	（0.147）	（0.148）	（0.148）

续表

变量	IR							
	（1）	（2）	（3）	（4）	（5）	（6）	（7）	（8）
PE						0.004**	0.005***	0.004**
						（0.002）	（0.002）	（0.002）
Constant	1.088***	1.088***	3.847**	-8.883	-8.962	-11.042*	-11.147*	-9.337
	（0.174）	（0.174）	（1.826）	（6.562）	（6.385）	（6.273）	（6.459）	（6.478）
Observations	99	99	99	99	99	99	99	99
R^2	0.032	0.032	0.055	0.094	0.151	0.204	0.188	0.213
F Statistic	3.228*	3.228*	2.787*	3.274**	4.176***	4.754***	4.295***	4.149***

注：***、**、*分别表示在1%、5%、10%置信水平下显著。

（1）风险投资持股比例对IPO抑价水平的影响均为正且在10%置信水平下显著，这与"认证/监督"假设相反，验证了"声誉—逐名"假说。说明风险投资在科创板中的"声誉—逐名"的作用更强或市场力量在起作用，风险投资资本为了获取超额回报，促使拟上市公司粉饰财务报告进而成功上市，而后卖出股份成功退出，把获得的收益再投资到其他有潜质的初创公司，达到"搅拌效应"的效果。

（2）风险投资家数对IPO抑价水平具有负的影响，但不显著。这似乎表明风险投资参与的家数越多，各家在企业中持股比例都不高，总深度（总持股比例）较小时，企业首次公开发行的抑价水平会降低。理论上，企业中风险资本数量的多少能够反映企业潜在的发展前景，风险资本的数量越多，说明该企业越能够吸引大量的投资者，且拥有乐观良好的发展前景，企业也更愿意接受公众的审查和指导。风险投资机构出于对自身信誉和声望的考虑会对这些企业进行更为严格谨慎的监督。因此，企业得到的风险投资的支持越多，上市过程中受到的监管越多，不确定性越少，因而抑价率也越低。这部分验证了"认证/监督"假设。但也不能完全排除"逆向选择"假说，且持股比例对IPO抑价水平具有显著的正影响。

（3）公司发行规模对初始回报的影响为负，但不显著，存在小公司效应，但不敏感。发行市盈率对初始回报具有正的显著作用，这与以往的研究结果不一致。可能是科创板上一般市盈率高的公司创新能力更强，技术更先进，更容易受到二级市场投资者的追捧，表现出与整体市场价格水平同向运动的趋势，发行价越高，抑价水平越低。

三、稳健性分析

（一）分板块

用全样本、非科创板、深圳创业板和中小板、上海（代码以 603 开头）板块数据分别进行回归检验，回归结果见表 3-28。第（1）至（5）列为风险投资比例的结果，第（6）至（10）列为风险投资家数的结果。

将表 3-28 的回归结果与表 3-27 的结果进行比较可发现：

（1）全样本和各板块的风险投资比例及风险投资家数的回归系数总体均为正，但不显著，部分验证了"逆向选择"假说，但也不能完全排除风险投资的"认证/监督"作用。只有深圳创业板的系数为负，但不显著。注册制下，风险投资在科创板 IPO 中起着显著的促进作用，它们会促进拟 IPO 公司上市，获取超额回报后退出公司。

（2）从非科创板第（2）列和第（7）列的结果来看，风险投资参与程度对 IPO 抑价水平的影响为正。总体来看，风险投资在非科创板公司中的"声誉—逐名"作用要弱于科创板。

（3）哑变量 REG 的回归系数为负，但不显著，说明注册制下科创板公司的 IPO 抑价水平得到了抑制，注册制及其配套发行基础制度发挥了积极的作用。

因此，风险投资在 IPO 中的作用因公司特质不同而不同。这可能跟公司治理结构、公司运营等有关。对科创板来说，风险资本持股比例越高，其监督和参与管理企业的意愿就越强烈，即风险投资持股比例与其对企业的参与程度是成正比的。因此，风险投资持股比例越高，其在 IPO 中发挥的作用越大；风险投资为了成功退出而促使公司粉饰上市，企业 IPO 抑价水平可能越高。而对非科创板来说，风险投资承担的风险可能会更小，监督作用更大。

（二）不同抑价水平度量指标

从前面的分析看，风险投资在非科创板公司中的"认证/监督"作用要强于非科创板，可能是因为风险投资在科创板中"声誉—逐名"的作用更强或是市场力量在起作用。为此，改变科创板 IPO 公司抑价水平的度量指标。因科创板前 5 日不设涨跌幅限制，用上市前 5 日回报度量科创板抑价水平，非科创板用开板日回报度量抑价水平；同时都考察上市后 5 个交易日的 IPO 抑价水平。

运用模型（3-5）对全样本分别就两种回报进行回归、两个子样本仅对 5 个交易日抑价水平回归，风险投资比例的实证结果见表 3-29。

表 3-28 分板块回归结果

变量	总样本 (IR)	非科创板 (IR)	创业板 (IR)	中小板 (IR)	上海(630) (IR)	总样本	非科创板	创业板	中小板	上海(630)
VCDPth	0.866 (0.626)	0.607 (1.152)	-0.388 (1.186)	0.144 (1.558)	3.165 (3.949)					
VCDWPth						0.115 (0.124)	0.105 (0.208)	-0.253 (0.231)	0.505 (0.310)	0.556 (0.497)
ln(SIZE)	-0.367*** (0.132)	-0.503** (0.214)	-0.369* (0.194)	-0.813 (0.479)	-1.959 (1.163)	-0.363*** (0.134)	-0.508** (0.213)	-0.380* (0.191)	-0.722 (0.440)	-2.238* (1.129)
ln(GEM)	1.933*** (0.743)	1.760 (1.250)	-1.856 (1.592)	-0.075 (1.739)	6.776** (2.641)	1.920** (0.747)	1.748 (1.248)	-2.052 (1.568)	1.020 (1.679)	6.680** (2.612)
Price	0.489*** (0.140)	0.647*** (0.249)	0.759** (0.317)	0.146 (0.277)	-0.226 (0.926)	0.492*** (0.141)	0.639** (0.249)	0.713** (0.309)	0.065 (0.248)	-0.414 (0.917)
PE	0.004* (0.002)	0.066 (0.060)	0.047 (0.084)	0.003 (0.074)	0.086 (0.141)	0.005** (0.002)	0.061 (0.063)	0.050 (0.082)	-0.077 (0.080)	0.054 (0.145)
REG	-0.254 (0.207)					-0.233 (0.207)				
Constant	-7.427 (5.798)	-5.497 (9.523)	21.108* (12.122)	11.398 (15.656)	-29.757 (20.376)	-7.409 (5.851)	-5.316 (9.497)	22.734* (11.959)	3.050 (14.876)	-26.154 (20.142)
样本容量	191	94	44	19	31	191	94	44	19	31
R^2	0.215	0.217	0.287	0.441	0.380	0.210	0.216	0.307	0.536	0.395
F Statistic	8.391***	4.866***	3.060**	2.050	3.069**	8.170***	4.860***	3.364**	2.998*	3.260**

注：***、**、*分别表示在1%、5%、10%置信水平下显著。

表 3-29 不同抑价水平度量指标的回归结果

变量	IR1 (1)	IR1 (2)	IR1 (3)	IR5 (4)	IR5 (6)
VCDPth	0.513	0.926	0.827	0.277	0.728**
	(1.162)	(0.625)	(0.629)	(0.227)	(0.368)
ln(SIZE)	−0.506**	−0.149	−0.393***	−0.142***	−0.135*
	(0.216)	(0.152)	(0.133)	(0.042)	(0.078)
ln(GEM)	0.786	2.261***	1.597**	0.028	1.226***
	(1.320)	(0.827)	(0.778)	(0.258)	(0.456)
Price	0.635**	0.383**	0.489***	0.090*	0.258***
	(0.251)	(0.146)	(0.141)	(0.049)	(0.082)
PE	0.073	0.005***	0.005**	0.0003	0.005***
	(0.061)	(0.002)	(0.002)	(0.012)	(0.001)
REG			−0.421**		0.235*
			(0.207)		(0.121)
Constant	1.656	−13.175**	−4.627	2.534	−6.195*
	(9.951)	(6.534)	(6.050)	(1.942)	(3.543)
Observations	94	99	191	94	191
R^2	0.202	0.234	0.228	0.221	0.217
F Statistic	4.460***	5.677***	9.061***	4.991***	8.523***

注：科创板子样本剔除了市盈率为负的两家公司；***、**、* 分别表示在1%、5%和10%水平上显著。

（1）改变注册制科创板抑价水平的度量指标，风险投资比例和风险投资家数对抑价水平的影响仍不显著。总体来看，风险投资比例对 IPO 抑价水平的影响均为正。用 IR1 代替 IR 时，对科创板来说，风险投资比例的回归系数为 0.926。这说明风险投资的"认证监督"假说和"逆向选择"假说均不能拒绝，可见风险投资对 IPO 抑价水平的影响是混杂的。用 5 日抑价水平代替 IR 时，对非科创板来说，缺陷就是大部分新股可能处于连涨板状态。全样本风险投资比例对 5 日 IPO 抑价水平具有正的显著影响，回归系数为 0.728，在 5% 置信水平下显著。这说明风险投资在 IPO 过程中具有显著的

"声誉—逐名"作用，也有"市场力量"在起作用。

（2）注册制哑变量在 IR1 代替 IR 时，回归系数为 –0.421，且在 5% 置信水平下显著，表明在 IR1 抑价水平下，注册制下 IPO 抑价水平显著比核准制下的低；而 5 日抑价水平下，注册制哑变量的回归系数显著为正的 0.235，且在 10% 置信水平下显著，说明注册制下新股 5 日抑价水平比核准制的要高得多，这与核准制下新股上市交易制度与科创板不同有关，新股 5 日回报，注册制下科创板可能已得到充分换手交易，而核准制下非科创板公司大多仍处于连涨状态。

第五节　开放式基金配售比例影响 IPO 抑价水平的实证分析

开放式权益类基金作为专业机构投资者具有资金优势、信息优势和人才优势，其利用专业知识优势获得拟上市公司的私有信息，同时作为证券市场的买方与作为卖方的证券分析师具有某种联系。开放式基金更加关注公司的主营业务业绩、盈利能力、成长能力等因素，利用资金优势选择业绩良好、盈利稳定、成长性好的公司集中申购，以获取 IPO 短期超额回报。

一、研究方案设计

（一）假设提出

申购的开放式基金家数越多、申购资金越多的拟上市公司能给基金带来丰厚的回报。在摇号过程机会均等的假设下，申购家数越多，获配的开放式基金家数越多，获配新股股份越多，因而 IPO 抑价水平越高。考虑中国市场上有很多基金为专门申购新股，即"打新"，机构投资者散户化，申购新股可能并不是看好公司的未来，而是为了中签后快速卖出获利。如果基金获配比例过高的话，多头即为空头，而二级市场投资者可能不愿做"接盘侠"，导致 IPO 抑价水平反而会低。同时，获配新股的基金家数越多，基金获配新股的股份越多，表示申购的基金持股聚集化程度越高，该新股的私有信息量就越少，股票不确定信息越少，该新股回报补偿就少了，IPO 抑价水平也越低。因此给出下面两个假设：

假设 1：开放式基金获配比例越高，公司 IPO 抑价水平越低。

假设 2：获配的开放式基金家数越多，公司 IPO 抑价水平越低。

（二）变量构建

1. IPO 抑价水平

IPO 抑价水平仍用模型（3-1）度量。

2. 解释变量

（1）获配宽度

获配的开放式基金家数定义为获配宽度（Fund_Num），用获配新股 k 的开放式基金家数加 1 的自然对数度量。

（2）获配深度

开放式基金获配比例定义为获配深度（Fund_R），用基金获配新股的总股数除以首次发行的总股本度量。

3. 控制变量

这里控制变量主要选取了有显著影响的市场因素，包括整体市场价格水平、换手率、市盈率、发行到上市时间间隔。

（三）样本说明

样本数据为在 2019 年 6 月 13 日至 2019 年 10 月发行的新股（A 股）。样本期间内，在上海科创板发行的股票共有 28 只，在深圳市场和上海主板市场（如不做特别说明，以下称非科创板）发行的股票共有 24 只，共计 52 只股票。采集的初始数据包括企业 IPO 特征指标、行业分布情况、是否有风险投资背景及风险资本的特征指标。初始数据分别来自光大证券、新浪网财经频道、深圳交易所公开数据库。

（四）模型建立

采用多元线性回归方法对影响企业 IPO 初始回报率的几个风险投资的特征值进行分析检验，回归模型如下：

$$IR_k = \beta_0 + \beta_1 U\{Fund\_Num, Fund\_R\}_k + \beta_2 \ln(SIZE_k) + \beta_3 \ln(GEM_k) + \beta_4 \ln\left(\frac{1}{Offer_k}\right) + \varepsilon \quad (3-7)$$

其中，IR 为因变量，即初始回报水平。Fund_Num 和 Fund_R 分别为获配新股的基金配售股份宽度和深度。其他控制变量同前。

二、实证分析

（一）描述性统计分析

对全样本、科创板和非科创板数据进行描述性统计分析，结果见表3-30。

表3-30 承销商描述性统计

变量	均值	标准差	中位数	最小值	最大值	偏度	峰度
全样本：IR	1.59	1.28	1.30	−0.02	10.73	2.86	14.09
Fund_Num	6.70	2.31	7.53	0	7.89	−2.50	4.44
Fund_R	0.19	0.15	0.25	0	0.51	0.10	−1.68
科创板：IR	1.35	0.98	1.10	−0.02	5.87	1.56	3.61
Fund_Num	7.32	0.30	7.46	6.60	7.67	−0.83	−0.71
Fund_R	0.33	0.05	0.31	0.22	0.51	0.68	0.07
非科创板：IR	1.84	1.49	1.55	0.30	10.73	2.94	12.66
Fund_Num	6.06	3.17	7.71	0	7.89	−1.37	−0.10
Fund_R	0.04	0.02	0.05	0	0.07	−1.14	−0.30

从表3-30中可看出，全样本、科创板、非科创板的IPO抑价水平均值和中位数分别为1.59和1.30、1.35和1.10、1.84和1.55。可见非科创板IPO抑价水平比科创板要高得多，这表明科创板市场化发行降低了IPO抑价水平。全样本、科创板和非科创板基金宽度的均值和中位数分别为6.70和7.53、7.32和7.46、6.06和7.71，全样本、科创板和非科创板基金深度的均值和中位数分别为0.19和0.25、0.33和0.31、0.04和0.05。可见，注册制科创板获配基金的家数和股数比核准制非科创板要高得多，这与非科创板中上海市场的新股发行规模比较大有关。

（二）回归分析

运用模型（3-7）对全样本、科创板和非科创板分别就新股获配基金宽度和深度采用分步回归，回归结果见表3-31（市盈率不显著，未在表中报告）。

（1）基金获配家数（Fund_Num）对IPO抑价水平总体上具有抑制的作用。回

表 3-31 基金宽度和深度分步回归结果

变量	(1)	(2)	(3)	(4)	(5)	(6)	(7)	(8)	(9)	(10)
Fund_Num	-0.079**	-0.045	-0.036	-0.075*	-0.074*					
	(0.040)	(0.039)	(0.039)	(0.038)	(0.040)					
ln(SIZE)		-0.557***	-0.549***	-0.312**	-0.312**		-0.538***	-0.546***	-0.392***	-0.417***
		(0.126)	(0.125)	(0.134)	(0.135)		(0.132)	(0.131)	(0.134)	(0.132)
ln(GEM)			1.641**	1.551**	1.546**			1.614**	1.758**	2.077***
			(0.755)	(0.726)	(0.734)			(0.772)	(0.750)	(0.753)
Price				0.563***	0.561***				0.503***	0.438***
				(0.138)	(0.148)				(0.139)	(0.140)
TURN					-0.013					-1.797**
					(0.295)					(0.768)
Fund_R						-1.536**	-0.677	-0.368	0.143	3.854**
						(0.605)	(0.618)	(0.630)	(0.627)	(1.703)
Constant	2.118***	8.150***	-4.267	-4.262	-4.243	1.878***	7.757***	-4.272	-5.623	-7.878
	(0.281)	(1.395)	(5.876)	(5.648)	(5.678)	(0.147)	(1.448)	(5.932)	(5.762)	(5.775)
Observations	193	193	193	193	193	193	193	193	193	193
R²	0.021	0.111	0.133	0.203	0.203	0.033	0.111	0.131	0.188	0.211
F Statistic	4.001**	11.905***	9.668***	11.998***	9.548***	6.455**	11.814***	9.472***	10.847***	9.979***

注：***、**、*分别表示在1%、5%、10%置信水平下显著。

归系数为 –0.079，也就是说新股获配基金增加一个标准差，IPO 抑价水平降低 2.7%（0.079* 2.31/6.7）。逐步增加变量发行规模、整体市场、发行价水平和换手率后，获配基金宽度的影响系数显著且维持在 –0.075 左右。这说明获配基金家数越多，IPO 抑价水平越低，增加一个标准差，IPO 抑价水平降低近 300 个基点。

（2）基金获配比例越高，新股抑价水平越低。基金获配比例增加一个标准差，IPO 抑价水平降低 121.3%（1.536*0.15/0.19）。加入公司规模后，基金获配新股比例及基金深度对 IPO 抑价水平的影响就变得不显著，且回归系数绝对值减少了一半；再加入整体市场行情指标后，系数绝对值又减少了近一半；加入发行价水平后系数就变为正的了；再加入换手率后，基金获配比例变为正的且显著，即在控制了发行规模、整体市场价格水平、发行价水平和换手率这些因素后，基金获配新股比例每增加一个标准差，IPO 抑价水平反而会增加 304.3%（3.854*0.15/0.19）。

总之，获配新股的基金家数越多，IPO 抑价水平越低，这说明获配新股的很多基金属于"快速卖出"或"闪卖"的新股投资者，这与我国有很多专门"打新"的基金有关，这些基金有可能纯粹是为了获取新股的超额回报，他们会快速卖出中签的新股，从而导致新股 IPO 抑价水平较低。而随着其他因素的加入，基金获配新股的比例对 IPO 抑价水平的作用是混杂的，这可能与公司规模和市场行情有关，下面将深入考察基金获配新股比例的影响。

（三）稳健性分析

1. 不同板块和行业

加入发行规模后，基金获配宽度变得不显著且回归系数降至单变量的一半，再加入整体价格水平后，回归系数又降至一半。首先考察发行规模的影响，因不同板块对拟上市公司的规模要求不同，可能发行规模有差异；同时考察行业固定效应，用不同板块子样本和行业子样本分别考察基金获配家数和基金获配比例对 IPO 抑价水平的影响，回归结果见表 3–32。

（1）获配新股的基金家数对 IPO 抑价水平的影响总体一致，即获配家数越多，IPO 抑价水平越低。科创板在 5% 置信水平下显著，且影响程度最强为 –0.934，即基金家数增加一个标准差，抑价水平降低 3.8%（=–0.934*0.3/7.32）。总样本基金家数增加一个标准差，抑价水平降低 2.3%（=–0.068*2.31/6.7）。获配信息类新股的基金家数越多，信息类新股的 IPO 抑价水平也越低。

（2）加行业哑变量后，基金获配比例的影响为负，与表 3–31 第（10）列的结果不一致，与第（6）列一致，但不显著，即获配比例越高，新股 IPO 抑价水平越低。科创板和制造业子样本的结果表明，基金获配新股比例越高，新股 IPO 抑价水平显著

表 3-32 分板块行业的回归结果

变量	(1)	(2)	(3)	(4)	(5)	(6)	(7)	(8)	(9)	(10)	(11)	(12)
							IR					
Fund_Num	-0.068*	-0.934**	-0.045	-0.028	-0.216**	0.008						
	(0.038)	(0.381)	(0.055)	(0.050)	(0.080)	(0.078)						
Fund_R							-0.016	5.621**	-3.213	0.794	-5.098**	-0.430
							(0.630)	(2.218)	(7.761)	(0.724)	(2.002)	(1.735)
ln(SIZE)	-0.311**	-0.306*	-0.373*	-0.297**	0.155	-1.116***	-0.375***	-0.225	-0.411*	-0.349**	0.268	-1.097***
	(0.132)	(0.168)	(0.219)	(0.150)	(0.422)	(0.388)	(0.132)	(0.158)	(0.215)	(0.148)	(0.454)	(0.370)
ln(GEM)	1.826**	2.778***	2.428*	2.627***	0.132	-0.933	1.986***	3.133***	2.511*	2.990***	-1.046	-0.965
	(0.725)	(0.915)	(1.233)	(0.834)	(2.830)	(1.850)	(0.745)	(0.978)	(1.264)	(0.861)	(2.863)	(1.820)
Price	0.669***	0.341**	0.903***	0.498***	1.195***	0.717**	0.613***	0.382**	0.847***	0.505***	0.894**	0.711**
	(0.143)	(0.156)	(0.285)	(0.169)	(0.430)	(0.334)	(0.143)	(0.155)	(0.288)	(0.166)	(0.436)	(0.320)
ln_C	0.323	0.535	0.248				0.318	0.705	0.243			
	(0.253)	(0.476)	(0.332)				(0.259)	(0.472)	(0.333)			
ln_I	0.853**	0.675	1.791***				0.889**	0.843	1.859***			
	(0.342)	(0.514)	(0.617)				(0.347)	(0.517)	(0.619)			
Constant	-6.400	-8.441	-9.737	-13.008**	4.503	22.757	-7.501	-20.743**	-10.229	-15.470**	10.805	22.860
	(5.643)	(6.349)	(9.477)	(6.522)	(21.581)	(15.027)	(5.730)	(7.808)	(9.730)	(6.628)	(21.638)	(14.886)
Observations	193	99	94	140	26	25	193	99	94	140	26	25
R²	0.230	0.190	0.299	0.198	0.502	0.548	0.217	0.194	0.295	0.203	0.487	0.549
F Statistic	9.276***	3.603***	6.187***	8.345***	5.283***	6.050***	8.602***	3.687***	6.072***	8.617***	4.985***	6.078***

注：***、**、*分别表示在1%、5%、10%置信水平下显著。

越高。基金获配信息类新股的比例越高，信息类新股的IPO抑价水平也显著越低。

获配新股基金家数的影响总体上仍为负的且显著，即基金获配家数越多，IPO抑价水平越低；而基金获配新股的比例对IPO抑价水平的影响是混杂的，总体为负，但不显著；科创板基金获配比例越高，IPO抑价水平越高，基金拥有先进的投资理念和专业的投资策略及优秀的团队，具有一定的择股能力，可获取更高的IPO超额回报。

2. IPO抑价水平度量指标

用不同IPO抑价水平度量指标替代IR，对不同的样本进行回归，并考虑行业固定效应，IR1的回归结果见表3-33，前6列为获配新股的基金家数的回归结果，后6列为基金获配新股比例的回归结果。

（1）控制行业和行业子样本来看，在全样本和科创板子样本中获配新股的基金家数对IPO抑价水平（IR1）具有显著的负向影响，在信息类新股中也为显著的负向影响。这说明获配新股的基金家数越多，IPO抑价水平（IR1）越低，获批新股的基金都是"闪卖"的投资者。

（2）在全样本、非科创板、信息类和其他行业子样本中，基金获配新股比例对IPO抑价水平（IR1）都有负的影响；而在科创板和制造业子样本中，基金获配新股比例对IPO抑价水平（IR1）有正向作用，且只有科创板和信息类公司是显著的。与前面的结果基本一致。

3. 带交叉项的回归分析

为了深入分析基金获配新股比例对IPO抑价水平的影响机理，考虑加入基金获配比例与发行规模、整体市场行情的交叉项进行分析，为了系统完整地比较分析，对基金获配新股家数也进行同样的交叉项检验。

对全样本、科创板和非科创板分别进行检验，实证结果见表3-34。

（1）在控制了新股发行规模后，基金获配新股家数对IPO抑价水平的影响仍为负的，系数变为-0.673，不显著，且交叉项的系数为0.056，不显著，表明发行规模对基金获配家数对IPO抑价水平的反向影响具有抑制作用，但比较弱。

（2）在控制了整体市场行情后，基金获配新股家数对IPO抑价水平的影响仍为负的（-5.353），且在5%置信水平下显著，且交叉项的系数为正（0.702），表明发行规模对基金获配新股的家数对IPO抑价水平的反向影响具有显著的抑制作用。

（3）基金获配新股比例对IPO抑价水平的影响为负（-12.697），可看成中等显著（t值为1.166=12.697/10.894），即基金获配新股比例越高，IPO抑价水平越低；公司发行规模的影响系数从-0.417变为-0.638，仍在1%水平下显著；两者交叉项的影响系数为1.404，可近似看成中等显著（t值为1.54=1.404/0.913）。基金获配新股比例变动1

表 3-33 抑价水平 IR1 的回归结果

变量	(1)	(2)	(3)	(4)	(5)	(6)	(7)	(8)	(9)	(10)	(11)	(12)
Fund_Num	−0.083**	−1.070***	−0.059	−0.048	−0.218**	0.009						
	(0.038)	(0.365)	(0.055)	(0.050)	(0.080)	(0.079)						
Fund_R							−0.608	4.280*	−5.640	0.079	−5.330**	−0.985
							(0.626)	(2.220)	(7.750)	(0.722)	(1.920)	(1.750)
ln(SIZE)	−0.340**	−0.361**	−0.365	−0.325**	0.086	−1.100**	−0.389***	−0.239	−0.403*	−0.363**	0.217	−1.070***
	(0.133)	(0.166)	(0.222)	(0.152)	(0.419)	(0.392)	(0.133)	(0.161)	(0.218)	(0.151)	(0.439)	(0.369)
ln(GEM1)	1.550**	2.970***	1.580	2.310**	−0.580	−0.236	1.530**	2.950***	1.570	2.420**	−2.000	−0.243
	(0.761)	(0.909)	(1.290)	(0.884)	(3.060)	(1.840)	(0.777)	(1.010)	(1.320)	(0.905)	(2.960)	(1.820)
Price	0.708***	0.355**	0.925***	0.540***	1.230**	0.771**	0.614***	0.407**	0.877***	0.506***	0.901**	0.745**
	(0.144)	(0.155)	(0.288)	(0.171)	(0.438)	(0.340)	(0.145)	(0.158)	(0.292)	(0.169)	(0.427)	(0.321)
ln_C	0.294	0.521	0.259				0.333	0.715	0.257			
	(0.255)	(0.472)	(0.336)				(0.262)	(0.479)	(0.338)			
ln_I	0.798**	0.705	1.690***				0.883**	0.841	1.740***			
	(0.345)	(0.509)	(0.625)				(0.351)	(0.525)	(0.629)			

续表

IR1

变量	(1)	(2)	(3)	(4)	(5)	(6)	(7)	(8)	(9)	(10)	(11)	(12)
Constant	−3.860	−8.320	−3.310	−10.100	10.600	17.500	−3.920	−18.900**	−3.110	−10.900	18.500	17.300
	(5.880)	(6.570)	(9.870)	(6.850)	(23.500)	(14.800)	(5.960)	(8.120)	(10.100)	(6.950)	(22.600)	(14.700)
Observations	193	99	94	140	26	25	193	99	94	140	26	25
R^2	0.239	0.223	0.280	0.193	0.548	0.550	0.224	0.184	0.275	0.188	0.554	0.557
F Statistic	9.760***	4.410***	5.640***	8.080***	6.370***	6.120***	8.950***	3.460***	5.500***	7.790***	6.520***	6.290***

注：***、**、* 分别表示在 1%、5% 和 10% 水平上显著。

表 3-34 带交叉项的回归结果

IR

变量	(1)	(2)	(3)	(4)	(5)	(6)	(7)	(8)	(9)	(10)	(11)	(12)
Fund_R	−12.697	51.460	−29.897	15.659	282.002**	−897.973**						
	(10.894)	(44.328)	(157.554)	(35.155)	(112.260)	(384.975)						
Fund_Num							−0.673	−8.179	−0.083	−5.353**	−37.616	−6.271**
							(0.991)	(5.681)	(1.133)	(2.421)	(28.932)	(2.709)

续表

变量	(1)	(2)	(3)	(4)	(5)	(6)	(7)	(8)	(9)	(10)	(11)	(12)
ln(SIZE)	-0.638***	1.040	-0.398	-0.417***	-0.228	-0.317	-0.713	-4.837	-0.265	-0.325**	-0.251	-0.266
	(0.195)	(1.187)	(0.705)	(0.133)	(0.156)	(0.208)	(0.678)	(3.560)	(0.818)	(0.134)	(0.171)	(0.211)
ln(GEM)	2.071***	3.007***	1.711	2.373**	15.251***	-3.113	1.484*	2.704***	1.704	-3.073	-33.341	-3.229
	(0.751)	(0.985)	(1.192)	(1.162)	(5.074)	(2.385)	(0.742)	(0.915)	(1.176)	(2.239)	(28.407)	(2.434)
Price	0.456***	0.318**	0.643**	0.439***	0.327**	0.646**	0.562***	0.407**	0.699**	0.571***	0.334**	0.726***
	(0.140)	(0.154)	(0.281)	(0.140)	(0.147)	(0.272)	(0.148)	(0.168)	(0.278)	(0.147)	(0.152)	(0.269)
TURN	-1.461*	0.180	-9.532***	-1.766**	0.350	-9.995***	0.003	0.188	-9.393***	-0.010	0.052	-9.824***
	(0.796)	(0.936)	(2.632)	(0.775)	(0.892)	(2.561)	(0.297)	(0.920)	(2.641)	(0.292)	(0.921)	(2.543)
Fund_R*ln(SIZE)	1.404	-3.959	2.195	-1.593	-37.225**	118.812**						
	(0.913)	(3.789)	(14.567)	(4.737)	(15.094)	(51.281)						
Fund_R*ln(GEM)							0.056	0.629	0.002			
							(0.092)	(0.491)	(0.105)			
Fund_Num*ln(SIZE)												

续表

变量	\multicolumn{12}{c}{IR}
	(1)	(2)	(3)	(4)	(5)	(6)	(7)	(8)	(9)	(10)	(11)	(12)
Fund_Num*ln(GEM)										0.702**	4.959	0.825**
										(0.322)	(3.909)	(0.360)
Constant	−5.342	−34.066**	−3.670	−10.100	−110.520***	31.810*	0.545	44.997	−4.775	30.717*	258.516	32.505*
	(5.986)	(16.169)	(12.003)	(8.786)	(37.766)	(18.136)	(9.751)	(41.654)	(13.038)	(16.988)	(209.936)	(18.502)
Observations	193	99	94	193	99	94	193	99	94	193	99	94
R^2	0.221	0.182	0.322	0.211	0.223	0.362	0.205	0.190	0.329	0.223	0.189	0.367
F Statistic	8.771***	3.403***	6.898***	8.295***	4.407***	8.212***	7.990***	3.589***	7.108***	8.909***	3.583***	8.411***

注：***、**、*分别表示在1%、5%、10%水平上显著。

个单位，IPO抑价水平会变动 –12.697+1.404 ln（SIZE）个单位，这说明基金获配新股比例对IPO抑价水平的影响受到新股发行规模 ln（SIZE）的影响。在 ln（SIZE）大于9.0385（=12.697/1.404）时，基金获配新股的比例增加，IPO抑价水平会增大，当 ln（SIZE）小于9.0385（=12.697/1.404）时，基金获配新股的比例增加，IPO抑价水平会降低。

（4）基金获配新股比例对IPO抑价水平的影响为正（15.659），不显著；整体市场行情的影响系数仍 –0.417 且在1%水平下显著。两者的交叉项的系数为 –1.593，且不显著，可见基金获批新股比例对IPO抑价水平的影响受市场行情的影响很小。

基金获批新股比例对IPO抑价水平的影响主要受新股发行规模的影响。当新股发行规模达到一定市值，即 exp（9.0385）=8420.8万元时，基金获配新股比例对IPO抑价水平有正向作用，当新股发行规模低于该市值时，基金获配新股比例对IPO抑价水平有负向作用。

本章结论

本章首先考察了注册制下发行承销商制度在IPO过程中的作用。研究发现：①首次发行股本比例越大，初始回报越小，这给监管层抑制新股高初始回报提供了决策基础，应该加大首次公开发行股份所占比例，以抑制新股高初始回报。②承销商作为金融中介，在IPO定价中具有十分重要的作用。承销商是IPO市场的信息中心，在为发行人提供专业服务的同时，也是新股发行定价的信息生产者。随着询价制的改革，承销商逐步获得IPO定价自主权，从某种程度而言，承销商主导了整个IPO定价过程。对投资者来说，承销商跟投比其他投资者传递的信号更为有价值，跟投比例越大，表明该新股质量更高，定价更合理，"打新"较难获得较高初始回报，承销商具有抑价的动机和作用。③机构投资者网下配售锁定比例越大，新股初始回报越低，这似乎表明机构投资者锁定股份对新股炒作具有抑制作用，和注册制下加大战略投资者配售比例的目标要求一致。这也可能向二级投资者传递一个信号：未来解禁的股份比较多。

其次考察了注册制下承销商在IPO过程中的作用。研究发现：承销商声誉在IPO中起着"声誉—逐名"的作用，没有对新上市企业起到"认证/监督"的作用；注册制下，上交所提出实施网下机构配售锁定和保荐机构跟投的配售制度，二者对新股高抑价水平起到了一定的抑制作用，网下配售锁定比保荐机构跟投更能对IPO低效定价起到抑制作用。

最后考察了风险投资在IPO过程中的作用。科创板为风险投资减持股份安排了灵活方便的退出机制，风险投资对IPO抑价水平也能起到抑制作用，即起着部分"认证/监督"作用，但不能排除风险投资的逆向选择作用。表明风险资本的数量和持股比例对上市企业IPO抑价率总体上具有正的中等显著的影响。正系数验证了风险投资对IPO抑价具有"声誉—逐名"的作用，也可能有市场力量的作用。企业得到的风险投资的支持越多，风险投资越容易促使拟上市公司通过粉饰财务信息上市，进而成功减持股份，获取超额收益，再将资金投资到其他有潜质的初创企业，达到"搅拌效应"的效果。企业上市过程中受到的监管越多，不确定性越少，因而抑价水平会降低。由于并不显著，这一结果也不能完全支持"逆向选择"假说。开放式基金参与新股配售可适当降低IPO抑价水平，当获配新股的基金家数增加时，IPO抑价水平会降低；而获配新股比例的影响是复杂的，会受到其他因素的影响，特别是市场行情和公司发行规模的影响。获配新股基金比例在新股发行规模低于一个阈值时起到抑制IPO抑价水平的作用，高于该阈值时起到促进IPO抑价水平的作用。

参考文献

[1] 刘玉灿，涂奉生. 对中国A股市场新股初始回报的分析与研究[J].2004（1）：52-58.

[2] 杜莘，梁洪昀，宋逢明. 中国A股市场初始回报率研究[J]. 管理科学学报，2001（4）：55-61.

[3] Tinic S. Anatomy of Initial Public Offerings of Common Stock[J]. Journal of Finance, 1988（4）: 789-822.

[4] Allen F, Faulhaber G R. Signaling by Underpricing in the IPO Market[J]. Journal of FinancialEconomics[J].1989（2）: 303-324.

[5] Maksimovic V, Unal H. Issue Size Choice and "Underpricing" in Thrift Mutual-to-stock Conversions[J]. Journal of Finance, 1993（5）: 1659-1692.

[6] Benveniste L M, Spindt P A. How Investment Bankers Determine the Offer Price and Allocation of New Issues[J].Journal of Financial Economics, 1989（2）: 343-362.

[7] Sherman A, Titman S. Building the IPO Order Book: Underpricing and Participation Limits with Costly Information[J]. Journal of Financial Economics, 2002（1）: 3-29.

[8] Loughran T, Ritter J R. Why Don't Issuers Get Upset about Leaving Money on the Table in IPOs?[J]. Review of Financial Studies, 2002（2）: 413-443.

[9] 熊维勤，孟卫东，周孝华. 新股询价发行中的配售规则对IPO抑价的影响[J]. 中国管理科学，2006（4）：100-107.

[10] Dunbar C G. Factors Affecting Investment Bank Initial Public Offering Market Share[J]. Journal of Financial Economics, 1997（1）: 3-41.

[11] 邵新建，薛耀，江萍，等. 投资者情绪、承销商定价与IPO新股回报率[J]. 金融研究，2013

（4）：127-141.

[12] 陈鹏程，周孝华. 机构投资者私人信息、散户投资者情绪与 IPO 首日回报率［J］. 中国管理科学，2016（4）：37-44.

[13] 何平，李瑞鹏，吴边. 机构投资者询价制下主承销商声誉能帮助公司降低 IPO 抑价吗？［J］. 投资研究，2014（3）：35-53.

[14] 田嘉，占卫华. 投资银行的声誉与 IPO 定价偏低关系的实证研究［J］. 中国社会科学院研究生院学报，2000（4）：33-36.

[15] 蒋顺才，蒋永明，胡琦. 不同发行制度下我国新股首日收益率研究［J］. 管理世界，2006（7）：132-138.

[16] 李妍. 承销商声誉与 IPO 抑价的实证分析——基于我国股票发行监管制度改革［J］. 商业经济，2010（4）：61-63.

[17] Barry C B, Muscarella C J, Vetsuypens M R, et al. The Role of Venture Capital in the Creation of Public Companies: Evidence from the Going-public Process［J］. Journal of Financial Economics，1990（2）：447-471.

[18] Lee P M，Wahal S. Grandstanding, Certification and the Underpricing of Venture Capital Backed IPOs［J］. Journal of Financial Economics, 2004（2）：375-407.

[19] Chemmanur T J, Loutskina E. The Role of Venture Capital Backing in Initial Public Offerings: Certification, Screening, or Market Power？［R］. Moscow Meetings Paper, 2006.

第三篇

不同市场主体在 IPO 过程中的作用

注册制是以信息披露为核心，交易所审核、证监会注册的市场化发行制度，通过要求证券发行人真实、准确、完整、透明地披露公司信息，使投资者可以获得必要的信息，进而对证券价值进行判断并做出是否投资的决策。注册制需要全面建立严格的信息披露规则体系。而承销商、风险投资、开放式基金三者均是主要的"信息生产者"和"信息认证者"，它们给外在投资者传递公司价值的正确信息，因此在 IPO 过程中起着重要的作用。中国股票 IPO 注册制的试点实施及进一步推广，必须以各类主体"各归其位，各尽其责"为前提，而实际状况距离注册制的要求还存在较大距离。本篇将通过实证分析，对几类市场主体在 IPO 过程中所发挥的实际作用进行剖析，从而为改善这些市场主体的行为提供参考借鉴。

本篇主要研究的问题包括：承销商在 IPO 中的作用、风险投资在 IPO 中的作用及开放式基金在 IPO 中的作用。第四章研究承销商声誉在 IPO 中的作用。第五章研究风险投资声誉在 IPO 过程中对盈余管理的作用。第六章考察投资主体，尤其是机构投资者在 IPO 中作用。这些都是中国股票发行监管制度变迁过程中值得研究的问题，希望本书的研究成果能为完善注册制相关配套股票发行制度提供决策依据。

第四章
承销商在 IPO 过程中的作用

在现行体制下，承销商是专业的"信息生产者"和"中介认证者"。承销网络指联合承销网络，是承销机构之间为了共享信息、资源和分散风险而进行联合承销形成的关系网络。联合承销有助于承销机构之间建立联系，通过密切合作形成关系网络，从而达到资源共享，信息传递的目的。网络中的承销机构因此可以结识更多客户，获得更多承销机会；拓宽投资者基础，获取更多相关信息及分销渠道；享受到更专业的投资意见，最终选出最优的决策方案，提高企业上市效率。另外，构建联合承销网络有助于分散风险，如果某个承销项目失败，所造成的损失将由所有参与机构共同承担。Jin 等（2015）指出，在美国由多个主承销商联合承销的 IPO 数目呈现一个明确而又稳定的上升趋势，由 2001 年的 14.3% 上升至 2010 年的 84.1%。这为承销合作网络的构建奠定了坚实的基础。

国外有学者将网络运用到承销商与投资者、承销商与上市企业关系上，但鲜有文献研究承销商伙伴关系。拓展到承销商与企业 IPO，国内外学者主要基于承销商声誉角度研究承销商对上市企业定价及绩效的影响，相较之下，从承销商合作网络视角考察企业 IPO 效率及绩效的研究很少。Chuluun（2015）运用社会网络分析方法研究美国 IPO 市场中承销网络的作用，在控制承销商声誉的前提下，进一步实证研究中国市场中承销合作网络在企业 IPO 中的作用，丰富和完善了承销商与 IPO 市场的研究。在新股发行体制改革下，承销商的作用越来越显著，因此，从社会网络视角构建承销合作网络，研究中国承销网络中各个承销主体的具体地位及影响力，实证分析网络属性对 IPO 效率及绩效的影响，可为拟申请上市的企业及证券市场的投资者在承销商的选择上提供一个全新的角度和依据，同时在维护良好的 IPO 市场、规范承销商行为及促进我国证券承销业务健康发展方面也有着较强的现实意义。本章旨在从承销商合作网络视角实证研究企业 IPO 效率及绩效，试图通过实证研究承销商合作网络在企业 IPO 中的作用，丰富和完善承销商与 IPO 市场的研究成果。

第一节 研究方法及研究方案设计

一、研究假设

(一) 承销商与 IPO 过会率

自 2004 年保荐制实施以后,承销商在新股发行市场上的地位不断凸显,作为发行企业聘请的最重要的发行中介,承销商在新股发行过程中的作用不言而喻。我国目前的新股发行尚未实现完全市场化,承销商拥有的社会资本有助于上市企业在过会时顺利通过发审委审核(李敏才等,2012)。而对于承销商的研究,众多学者都选择了承销商声誉机制。Booth 和 Smith (1986) 最早提出承销商声誉是重要的信号传递机制,承销商的认证中介作用在一定程度上可以缓解上市企业与外部投资者的信息不对称问题。此后,不断有学者进行承销商声誉机制的理论和实证研究,已经为此提供了大量证据。因此,承销商声誉势必影响拟上市公司的形象,从而影响企业 IPO 成功的概率。罗党论(2013)以创业板为研究市场,探讨保荐人声誉与 IPO 企业过会时间的关系,发现保荐人声誉越高,IPO 过会时间越短。章铁生等(2014)以 2004—2012 年再次上会的 IPO 申请为样本,实证检验更换承销商对发行人获得 IPO 机会的影响,发现更换为高声誉承销商的发行人再次上会申请更容易通过 IPO 审核。戴亦一等(2014)以 2007—2012 年 IPO 过会申请为对象,从保荐承销机构和保荐代表人双重保荐声誉的独特视角探究保荐机构对 IPO 过会率的影响,发现在上市申请中,保荐承销机构的作用并不明显,关键在保荐代表人,只有高声誉的保荐代表人才能有效提高企业的 IPO 过会成功率。章铁生等(2016)指出保荐人—会计师事务所之间的关系型契约有助于企业 IPO 过会。

承销商作为拟 IPO 企业与发审委之间的桥梁,在信息的获取、时效等方面占有优势,更容易获得信息流和商业机会,从而获取中介利益,是整个 IPO 过程的总协调人。网络中心度指标越高,承销商的关系越多,信息优势越明显,承销商合作伙伴可以发挥信息及经验支持作用,提高拟发行企业过会概率。另外,我国证券发行市场并非有效市场,当承销商承销的 IPO 数目众多,承销市场份额较高时,实现间接、隐形、合法利益交换的概率也比较高。依此提出三个假设。

假设 1:拟 IPO 企业承销商度数中心度越高,拟 IPO 企业过会概率越高。

假设 2:拟 IPO 企业承销商中介中心度越高,拟 IPO 企业过会概率越高。

假设 3：拟 IPO 企业承销商特征向量中心度越高，拟 IPO 企业过会概率越高。

（二）承销商与 IPO 抑价

有研究表明承销商在承销过程中有足够的抑价动机。Baron（1982）认为承销商的目的在于使发行风险与发行成本最小化，因此承销商总会有动机降低发行价格。承销商信息资源丰富，在信息不对称的情况下，抑价是发行人使用承销商信息所支付的报酬。而 Benveniste 和 Spindt（1989）的信息收集理论认为投资者更具有信息优势，发行抑价是承销商使用机构投资者信息所付出的代价。宋哲（2013）发现在询价配售制背景下，出于利益考虑，承销商与机构投资者极易达成"询价配售联盟"，有强烈的抑价动机。

从承销商声誉角度分析承销商与 IPO 定价关系的研究主要有两类：一类认为承销商作为"信息生产者"和"中介认证者"，其声誉与 IPO 抑价负相关。Dunbar（2000）认为承销商声誉与其业务能力相对应，高声誉承销商通过与投资者有效沟通，从而确定正确的发行价格。Logue 等（2002）发现承销商声誉与 IPO 抑价水平的负相关关系仅在承销商与发行人利益一致的情况下存在。从投资者情绪角度看，邵新建等（2013）和陈鹏程等（2016）指出市场情绪高涨可以助推承销商声誉机制的作用，减轻市场情绪对 IPO 抑价的影响。何平等（2014）认为对于不确定性高的公司，高声誉承销商降低 IPO 抑价程度的作用更显著。另一类研究者则提出与此相反的观点。田嘉和占卫华（2000）发现中国证券市场承销商声誉机制缺失，承销商声誉与 IPO 抑价的关系并不显著。蒋顺才等（2006）通过比较发行体制的不同时段，发现承销商声誉对 IPO 抑价的影响并不显著。李研（2010）研究了我国核准制背景下承销商声誉机制的建立，发现较低的市场化程度及扭曲的证券监管阻碍了承销商声誉作用的发挥，且承销商声誉越高，企业 IPO 抑价越高。

承销商度数中心度、中介中心度、特征向量中心度越高，承销商的合作伙伴越多。建立并维持合作关系，需要付出一定成本，承销商之间的互惠主义是维持关系的关键。承销商通过弥补合作伙伴使其获利，从而使合作关系更加紧密和牢靠，高抑价率便是一个合理选择。据此提出三个假设。

假设 4：承销商度数中心度越高，抑价率越高。

假设 5：承销商中介中心度越高，抑价率越高。

假设 6：承销商特征向量中心度越高，抑价率越高。

（三）承销商与 IPO 后长期收益

大多学者认为证券承销商声誉与 IPO 长期回报正相关。Carter 等（1998）以美国 IPO 企业为样本，研究上市 3 年后的长期绩效，发现高声誉承销商在 IPO 后监督上市企业的积极性越高，企业越有可能创造良好的长期回报。金晓斌等（2006）发现高声誉承销商所承销的企业，其上市3年的总资产收益率相对较高。

也有部分学者持相反观点。Jelic 等（2001）以 1980—1995 年马来西亚证券市场为样本，发现该市场中承销商声誉与 IPO 长期弱势正相关。尹自永和王新宇（2014）指出承销商利用声誉与上市企业进行利益交换，使得上市企业发行价高，但长期绩效不佳。

从承销商追逐利益的本质出发，在我国 A 股发行市场上，只要拟发行企业通过发审委审核，便不乏认购投资者，并且国内承销商遭遇法律诉讼风险的概率极低。在这种背景下，承销商更愿意维持网络关系，确保 IPO 项目成功，以获取承销利益，而对 IPO 公司质量并不重视。因此提出三个假设。

假设7：承销商度数中心度越高，IPO 企业上市后长期收益越差。
假设8：承销商中介中心度越高，IPO 企业上市后长期收益越差。
假设9：承销商特征向量中心度越高，IPO 企业上市后长期收益越差。

二、变量构建

（一）解释变量

网络中心度包括度数中心度（DEGR）、中介中心度（BTWGR）和特征向量中心度（EGNGR）。本章从社会网络视角研究承销商在 IPO 过程中的作用，引入承销机构中心度指标衡量承销商地位及能力。

1. 度数中心度

度数中心度用于衡量承销机构在网络中的地位、交易能力、发现机会的能力，定量表示为一个承销机构在网络中所拥有的关系数目。度数中心度越高，说明该承销机构在网络中居于核心地位，信息获取能力越强，分销渠道越广，交易能力和发现投资机会的能力也越强。为了增加可比性，这里用网络中某承销机构的绝对度数中心度除以网络中承销主体的最大可能关系数目，就得到该承销机构的相对度数中心度。

2. 中介中心度

中介中心度用于衡量承销机构在网络中作为媒介、桥梁的能力，测量其对资源控制的程度，在社会网络学中也常用结构洞表示此类网络主体。中介中心度越高，说明该承销机构在网络中的媒介作用越强，有更多机会接触信息，在信息获取和资源控制上占有优势。网络中某个承销机构的绝对中介中心度是指该承销机构相对于网络中所有点的中介中心度之和。这里将中介中心度指标进行标准化处理，给出一个加权指数，得到相对中介中心度。

3. 特征向量中心度

特征向量中心度不仅用于衡量某个承销机构在网络中的关系数目，同时用于测度与其建立关系的承销机构的地位。实际上，网络中某个承销机构的中心度与其邻点的中心度息息相关，如果某承销机构与网络地位高的承销机构建立关系，其网络地位也将得到提升。在网络联系交往中，那些本身掌握许多信息来源的承销机构也是比较有价值的信息源。特征向量中心度越高，说明该承销商与网络地位高的承销机构建立了关系，并通过有影响力的合作伙伴与网络中其他承销机构建立了联系，占据更具优势的网络地位，从而可获取更多信息源及更好的承销声誉。

（二）被解释变量说明

1. IPO过会指标

$APPROVE_i$ 表示拟发行企业 i 的 IPO 过会情况，如果拟发行企业成功过会，则取值为 1；否则，取值为 0。

2. IPO抑价指标

IR_i 表示股票 i 的首日回报率。已有研究使用上市首日收盘价与新股发行价之间的变动百分比定义 IPO 首日收益。但我国新股发行市场并不稳定，个股首日收益易受市场情绪影响，因此，选取经过市场收益调整后的首日收益作为 IPO 抑价指标。

$$IR_i = \frac{P_{0,i}}{P_{1,i}} - \frac{HSI_{0,i}}{HSI_{1,i}} \qquad (4-1)$$

其中，$P_{0,i}$ 是个股 i 的发行价，$P_{1,i}$ 是个股 i 上市首日的收盘价；$HSI_{0,i}$ 是个股 i 发行日沪深 300 指数的收盘指数，$HSI_{1,i}$ 是个股 i 上市首日沪深 300 指数的收盘指数。

3. IPO后市场表现指标

IPO 后的长期股价走势是衡量新股发行后市场表现最直观的方式，但是单纯考察长期股价走势并不能剔除市场变动的影响。股价变动中包含了市场收益变化，发行企业上市后的市场表现应该剔除市场自身产生的收益。已有研究中衡量个股超额收益的方法主要有 3 种：Fama-French 三因子分析法、买入持有收益率法（BHAR）及累计超额收益率法（CAR）。这里选取累计超额收益率 $CAR_{[t,T]}$ 来度量新股上市后的市场业绩表现。

$CAR_{[t,T]}$ 表示新股上市后 [t,T] 日的超额收益，主要基于 Fama-French 三因子模型进行 $CAR_{[t,T]}$ 的计算。三因子模型是资本资产定价模型的衍生，相较于资本资产定价模型，三因子模型可以更好地解释单个投资组合与市场系统风险收益率的关系。三因子主要包括市场因子（MKT）、公司规模因子（SMB）、账面市值比因子（HML）。具体应用 Fama-French 三因子模型计算个股累计超额收益率 $CAR_{[t,T]}$ 的过程如下：

(1) 构建三因子模型，逐年回归得到每个样本股的三因子系数：

$$R_{it} - R_{ft} = \alpha_i + \beta_1 MKT_t + s_i SMB_t + h_i HML_t + \varepsilon_{it} \quad (4-2)$$

其中，R_{it} 是个股 i 在 t 日的收益率，R_{ft} 是 t 日的无风险收益率，ε_{it} 是回归残差项。

(2) 将三因子模型中回归得到的三因子系数代入下式，得到每日的超额收益率：

$$AR_{it} = R_{it} - R_{ft} - \beta_1 MKT_t - s_i SMB_t - h_i HML_t \quad (4-3)$$

(3) 将 [t, T] 日的超额收益率加总，得到累计超额收益率 $CAR_{[t,T]}$，用来衡量新股上市后的长期市场表现。

$$CARA_{[t,T]} = \Sigma_t^T AR_{it} \quad (4-4)$$

这里选取的被解释变量主要为新股上市后 12 个月、24 个月、36 个月的累计超额收益率，分别用 CAR12、CAR24、CAR36 表示。

（三）控制变量说明

（1）承销商经验（EXP）。表示承销商经验，即该承销机构在过去 4 年内作为主承销商、联席承销商或者副主承销商所承销的 IPO 数目。承销商经验是衡量承销商能力的指标之一，一般承销商经验越丰富，承销商能力越强。

（2）承销商声誉（REPU）。表示承销商声誉，已有研究表明承销商声誉是影响企业 IPO 的一个重要因素。用发行企业 IPO 前两年承销商市场份额的均值来度量承销商声誉，其中市场份额是指某个承销商所承销的首次发行募集资金总额占当年所有首次发行募集资金总额的比例。一般承销商声誉越高，承销商能力越强。

（3）发行规模（$OfferSize_i$）。表示公司 i 的发行规模，即公司 i 发行总市值的自然对数。一般发行规模越大，IPO 抑价率越低，IPO 后市场表现越好。

（4）发行价（$Price_i$）。表示公司 i 的新股发行价。由于不同的 IPO 公司，其发行价格差异巨大，可能会对模型回归造成一定影响。这里采用发行价格的倒数代替发行价作为控制变量。发行价越高，$Price_i$ 越低，IPO 抑价率越低。

（5）市场情绪（$TURN_i$）。表示个股 i 的首日换手率，用来度量个股 i 上市首日的市场情绪。市场情绪越高，IPO 抑价率越高。

（6）是否有风险投资支持（VC_i）。表示公司 i 的风险投资支持情况，若取值为 1 则表示公司 i 具有风险投资支持；反之，则取 0。

（7）公司成立时间（Age_i）。是公司 i 在上市之前的成立时间，具体由公司 i 上市日期减去公司 i 成立日期并取对数表示。公司成立时间越长，IPO 过会率越高，IPO 抑价率越低，IPO 后市场表现越好。

（8）资产规模（$Size_i$）。

表示公司 i 财务层面的资产状况。如果用 0 表示发行人上市当年，则 -2、

−1、1、2分别表示发行人上市前两年、上市前一年、上市后第一年及上市后第二年。根据模型需要，计算 −2—−1 年、−1—0 年、0—1 年、1—2 年的公司期末总资产均值的对数，分别用 $Size_{(-2)-(-1)}$、$Size_{(-1)-0}$、$Size_{0-1}$ 和 $Size_{1-2}$ 表示。公司规模越大，IPO 过会率越高，IPO 抑价率越低，IPO 后市场表现越好。

（9）公司负债水平（LEV_i）。表示公司 i 的资产负债率，分别计算 −2—−1 年、−1—0 年、0—1 年、1—2 年公司资产负债率均值，用 $LEV_{(-2)-(-1)}$、$LEV_{(-1)-0}$、LEV_{0-1} 和 LEV_{1-2} 表示。

（10）公司盈利能力（ROE_i）。是公司 i 的净资产收益率，主要计算 $ROE_{(-2)-(-1)}$、$ROE_{(-1)-0}$、ROE_{0-1} 和 ROE_{1-2}。公司盈利能力越好，IPO 过会率越高，IPO 抑价率越低，IPO 后市场表现越好。

（11）公司运营能力（TAT_i）。是公司 i 的总资产周转率，用以衡量公司运营能力，包括 $TAT_{(-2)-(-1)}$、$TAT_{(-1)-0}$、TAT_{0-1} 和 TAT_{1-2}。公司运营能力越好，IPO 过会率越高，IPO 抑价率越低，IPO 后市场表现越好。

（12）在中小板上市。SME_i 表示公司 i 的上市板块，若取值为 1 则说明公司 i 在中小板上市；反之，则取 0。

（13）在创业板上市。GEM_i 取值为 1，则说明公司 i 在创业板上市；反之，则取 0。

表 4–1 列出了研究联合承销商网络中心性对 IPO 过会、IPO 抑价及 IPO 后市场表现影响所需要的变量及定义说明。

表 4–1 变量定义及说明

变量类型	变量名称	变量符号	变量定义
被解释变量	IPO 过会指标	APPROVE	若 IPO 过会，APPROVE=1；否则，取 0
	IPO 抑价指标	IR	经市场调整的首日回报率
	IPO 后市场表现	$CAR_{[t,T]}$	新股上市后 [t,T] 日的超额收益
解释变量	度数中心度	Degree	承销机构所拥有的关系数目
	中介中心度	Betweenness	承销机构作为媒介、桥梁的能力
	特征向量中心度	Eigenvector	测度与其建立关系的承销机构的地位
	承销商经验	EXP	承销机构在过去 4 年内承销的 IPO 数目
	承销商声誉	REPU	前 2 年承销商市场份额的均值
	发行规模	OfferSize	发行市值的对数
	发行价	Price	发行价格的倒数

续表

变量类型	变量名称	变量符号	变量定义
控制变量	市场情绪	TURN	首日换手率
	风险投资支持情况	VC	有风险投资支持，VC=1；否则，取 0
	资产规模	Size	前 2 年期末总资产均值的对数
	负债水平	LEV	前 2 年资产负债率均值
	盈利能力	ROE	前 2 年净资产收益率均值
	营运能力	TAT	前 2 年总资产周转率均值
	成立时间	Age	上市之前的成立年份
	在中小板上市	SME	中小板上市，SME=1；否则，取 0
	在创业板上市	GEM	创业板上市，GEM=1；否则，取 0

三、研究方法

（一）社会网络分析方法

运用社会网络分析方法构建承销网络，探究其网络中心性在企业 IPO 中的作用。社会网络可以分为 1-模网络和 2-模网络。若网络结构只有一类主体，则称为 1-模网络，若在 1-模网络基础上加入另一类主体，则形成 2-模网络，两者之间可以相互转化。承销商联合承销网络是承销机构之间因为联合承销而形成的关系网络，以承销机构为网络主体，使用 1-模网络分析方法。本章主要参照刘军编写的《整体网分析——UCINET 软件实用指南》，采用 UCINET 6.0 软件计算网络参数并做出网络结构图。

在构建承销网络的过程中，只考虑 IPO 事件的主承销商、联席承销商和副主承销商，其余联合承销的承销机构不予考虑。因为一起 IPO 事件存在众多承销机构，除去主承销商、联席承销商和副主承销商，其余合作伙伴在整起 IPO 事件中发挥的作用有限，因此将其从联合承销网络中剔除。承销网络会随时间变化而逐渐演变，各承销机构的地位也会发生变化。因此以 5 年为一个滚动周期，逐年构造承销网络。具体网络构建过程：先按照各承销机构之间的合作信息编制关系矩阵，矩阵的行和列分别表示发行企业与承销机构。承销机构之间共同承销过同一家发行企业记为有关联，关系矩阵中相应元素记录的是承销机构之间的合作情况，取值 1 为有过合作，取 0 为没有合作。此时得到的是关于承销机构与发行企业两类主体的矩阵,利用社会网络分析软件 UCINET6.0 先将关系矩阵转化成仅关于承销机构的关系矩阵,进而生成 1-模网络图,即联合承销网络结构图,进而展开研究。

(二) 分组研究法

分组研究是一个简单初步的研究方法,可以直观展示出样本数据基本而又明显的规律。具体而言,分组分析是根据研究目的和研究样本特征,将总样本进行划分并对数据进行简单整理归纳,尽可能缩小同一组中的样本差异,而扩大不同组别的样本差异。从定性或定量角度比较分组数据,探究样本中较为明显的规律走势,从而为研究提供一个初步结论。

主要从 IPO 过会、IPO 抑价及 IPO 后市场表现角度研究联合承销网络在企业 IPO 过程中的作用。以承销网络对 IPO 过会作用为例,将计算得到的度数中心度、中介中心度及特征向量中心度按照从小到大进行排序,平均分成 5 组子样本,其中第一组承销机构各中心度衡量指标基本为 0,说明该组承销机构基本处于联合承销网络的边缘地位,第五组承销机构各中心度衡量指标均为最高,该组承销机构处于联合承销网络的核心位置。观察 5 组子样本与全样本的 IPO 过会率指标 APPROVEi,分析各组数据是否存在明显差异,从而初步把握承销机构网络属性是否对企业 IPO 过会起到一定作用。同理对 IPO 抑价和 IPO 后市场表现研究样本进行排序分组,检验承销机构网络属性在企业 IPO 中的作用。

(三) 回归分析法

虽然通过分组研究法可以直观地观察到承销机构网络中心度指标与企业 IPO 过会、IPO 首日抑价和 IPO 后市场表现的关系,但是只能推断变量间的基础规律,而不能求得具体线性关系,也无法确定两者之间的关系是否显著,难以完全反映变量所含信息。因此,采取更为精确的回归分析进一步研究。回归分析能够求得具体系数,直接表示相应变量的边际影响力;系数的统计检验值可以直接证明被解释变量与解释变量间的关系是否显著。本节采用横截面多元线性回归分析和 Logit 回归分析。

1. 承销网络与 IPO 过会

根据假设 1-3 和变量介绍,建立 Logit 回归模型检验联合承销商网络中心性指标是否与企业 IPO 过会相关:

$$\Pr(APPROVE_i) = f(\alpha_i, Centrality_i, EXP_i, Size_i, LEV_i, ROE_i, TAT_i, AME_i, GEM_i) \qquad (4-5)$$

其中,$f(x)$ 特指企业 IPO 是否过会的 Logit 分布函数,财务变量 Size、LEV、

ROE 和 TAT 分别表示上市前两年财务数据均值。上述模型实则包含 3 个 Logit 回归模型，Centrality 分别指 DEGR、BTWGR 和 EGNGR，依次代入进行回归分析。

2. 承销网络与 IPO 抑价

根据假设 6 建立横截面多元线性回归模型来检验联合承销商网络中心性指标是否与 IPO 首日抑价相关：

$$IR_i = \alpha_0 + \alpha_1 Centrality_i + \alpha_2 EXP_i + \alpha_3 OfferSize_i + \alpha_4 Price_i + \alpha_5 TEUN_i +$$
$$\alpha_6 Size_i + \alpha_7 LEV_i + \alpha_8 ROE_i + \alpha_9 TAT_i + \alpha_{10} VC_i + \alpha_{11} AGE_i + \varepsilon \quad (4-6)$$

其中，财务变量 Size、LEV、ROE 和 TAT 分别表示上市前两年财务数据均值。同模型（4-5）类似，式（4-6）也包含 3 个线性回归模型，Centrality 分别指 DEGR、BTWGR 和 EGNGR，依次代入进行回归分析。

3. 承销网络与 IPO 后市场表现

根据假设 6 建立横截面多元线性回归模型来检验联合承销商网络中心性指标是否与 IPO 后市场表现相关：

$$CAR_i = \alpha_0 + \alpha_1 Centrality_i + \alpha_2 EXP_i + \alpha_3 OfferSize_i + \alpha_4 Size_i +$$
$$\alpha_5 LEV_i + \alpha_6 ROE_i + \alpha_7 TAT_i + \alpha_8 VC_i + \alpha_9 AGE_i + \varepsilon \quad (4-7)$$

其中，CAR 分别表示 CAR12、CAR24、CAR36，依次对应的财务变量 Size、LEV、ROE 和 TAT，分别为 -1—0 年、0—1 年、1—2 年的财务数据均值。Centrality 分别指 DEGR、BTWGR 和 EGNGR，依次代入进行回归分析。

四、样本选择及相关指标说明

（一）样本选择及数据说明

本节主要以 Wind 数据库、锐思数据库、私募通数据库及新浪财经等提供的公开数据作为研究基础。研究期间为 2005 年 1 月 1 日至 2015 年 12 月 31 日，涵盖了 94 家承销机构作为主承销商、联席承销商或者副主承销商在上交所和深交所进行的包括主板、中小板、创业板共 1717 起 IPO 事件。由于主要研究承销机构之间的关系对于企业 IPO 的作用，因此不再设置筛选标准，仅剔除数据缺失记录，最终样本为 1660 起 IPO 事件，其中首次过会的有 1376 家，首次未过会的有 284 家，最终成功上市 1512 家公司。

主承销商、联席承销商、副主承销商数据、IPO 过会情况及各年度 IPO 承销排名数据来自 wind 数据库；新股发行前财务数据主要从新浪财经网站手动搜集，包括期末总资产、资产负债率、净资产收益率及总资产周转率；新股发行的风险投资支持数据来自私募通数据库；其余日数据、年度数据均来自锐思数据库，主要包括个股日收益率、发行价、发行市值、上市首日换手率、上市首日收盘价、沪深300指数收盘指数、公司上市日期、公司成立日期、无风险收益率及Fama-French三因子数据。

（二）承销网络相关指标

1. 承销网络构建

以承销机构作为社交网络节点，彼此关联便构成承销合作网络。为分析中国联合承销网络结构，选取2001年1月1日至2015年12月31日在上交所和深交所上市，由94家承销机构担任主承销商、联席承销商或副主承销商的1836起IPO事件作为联合承销网络的构建样本，运用社会网络分析方法进行分析。其中2001年1月1日至2004年12月31日的IPO事件样本主要用于构建2005年的联合承销网络，而2013年未发生IPO事件，因此跳过，最终得到2005—2012年，2014—2015年共10年的联合承销网络数据。图4-1展示了2015年的承销网络结构。

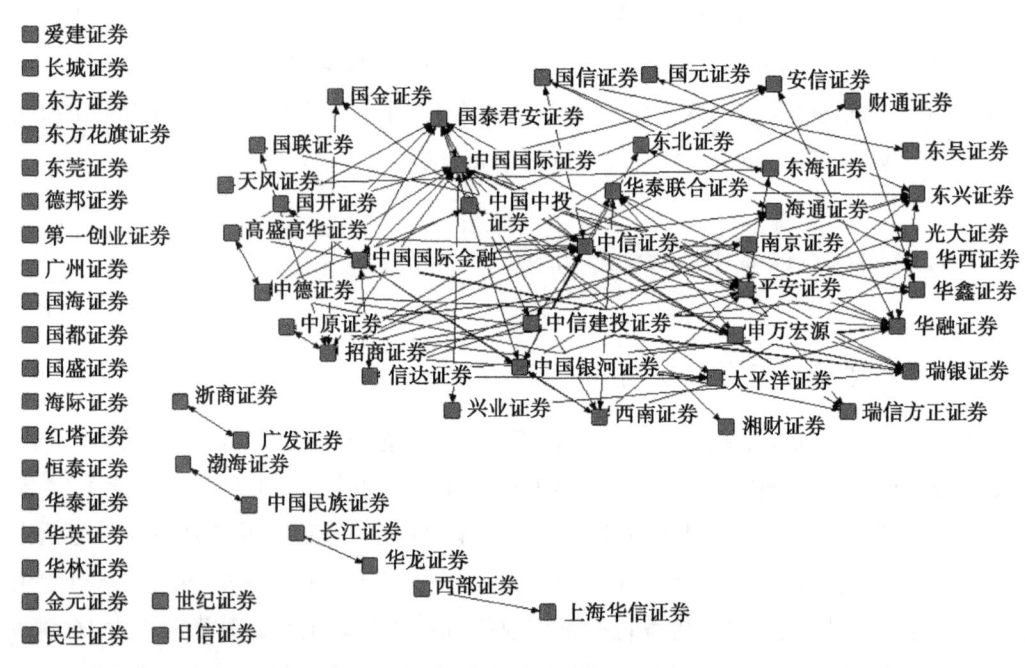

图4-1 2015年联合承销网络结构图

各年度联合承销网络结构与图4-1类似。部分承销机构，例如长城证券、日信证券等处于整个网络的边缘地带，与其他承销机构之间关系疏远。而位于网络中心位置的部分承销机构之间联系紧密，形成了一个密切合作的小团体。

2. 总体网络密度分析

网络密度在联合承销网络中代表了承销机构之间的连接程度，能够直接反映承销网络主体合作的紧密程度。网络密度越大，该网络对其中行动主体的行为、态度等产生的影响越大。密度大的整体网络可以为其中的行为主体提供各种信息、资源，但同时也可能会限制其发展。网络密度定义为网络中的"实际关系数"与"理论最大关系数"之比。如果一个网络中包含了n个行动者，同时该网络实际关系数目为m，则网络密度为$m/[n(n-1)/2]=2m/[n(n-1)]$。使用UCINET6.0软件进行计算，得到我国2005—2012年和2014—2015年的承销网络密度。2005—2015年承销网络密度均值为9.55%，一个由94个节点组成的网络图，最多可能包含4371条关系线，但样本中94家承销机构构成的合作网络可以观测到的关系数量为417个，网络密度较低，承销机构间联系并不紧密。

承销合作网络随着时间的推移而不断演化，其网络密度也大不相同。由图4-2可以发现，网络密度逐年下降，且下降趋势十分明显。2005年承销网络密度为19.18%，2009年下降至7.69%，随后又降至2012年的3.98%，此后一直维持在4%左右。近年来，我国联合承销网络密度处于比较低的水平，而早些年如2005—2007年，承销网络密度相对较高。呈现这种趋势的原因可能包括两方面。

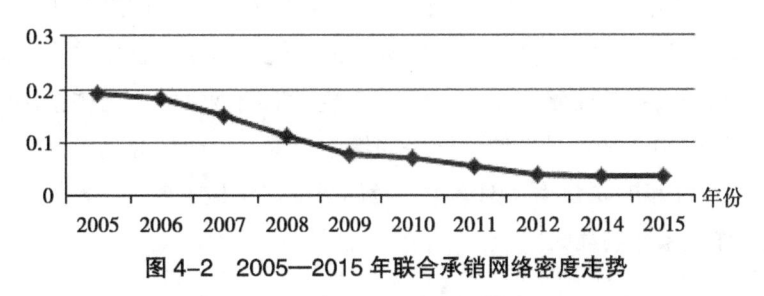

图 4-2 2005—2015 年联合承销网络密度走势

（1）中国的证券市场起步较晚，始于20世纪90年代末，股市发展早期的上市公司普遍表现为规模大、历史久，也就是所谓的大盘股。例如2001年上市的中国石化，2005年上市的华电国际，2006年上市的中国银行、工商银行及2007年上市的中国人寿、建设银行等。拟发行企业规模大，这是承销机构寻求合作伙伴，进行联合承销的主要原因。因此图4-2中2005—2007年承销网络密度较高。随着证券市场不断发展，规模相对较小的中小企业也相继寻求上市机会。2004年，证监会同意深交所设立中小板；2009年，证监会正式批准设立创业板，中小规模企业、高科技企业也可以通过上市获得融资机会。2005年以来，我国股市的中小板、创业板上市企业数量显著高于主板，说明近年来上市企业集中于中小企业。中小企业规模相对较小，承销机构需要联合承销的机会减少，因此图4-2中的网络密度不断降低。

171

（2）中国证券市场不断发展，吸引外资投行纷纷入驻中国市场，承销机构总数日益增加。根据中国股市监管要求，外国投资银行必须与本地公司组建合资企业才能开展承销业务。从构建的各年度联合承销网络可以发现，在2005年与2006年，联合承销网络中没有涉及外资投行；从2007年开始，瑞士银行集团的瑞银证券、德意志银行的合资企业中德证券及高盛的在华合资企业高盛高华证券相继出现，并在承销合作网络中占有一席之地；2010年开始至今，外资投行数目不断增加，在中国IPO市场的市场份额也在不断上升。承销机构数目增加，直接导致承销网络中可能存在的最大关系数目增加，因此承销网络密度不断下降。

3. 网络主体中心性分析

网络密度是从整体网络角度说明承销网络的总体凝聚水平，而中心性度量指标则是从网络主体角度衡量各承销机构在网络中的地位及影响力。本节使用UCINET6.0软件计算得到每年承销网络中各承销机构的度数中心度、中介中心度和特征向量中心度。

表4-2仅以2010年和2015年为例列出了承销合作网络中承销机构中心性衡量指标排前十位的。从表4-2中的排序结果可以发现，中信证券、招商证券一直处于承销网络排名的前三位，居于网络核心位置。而中金公司、中国银河证券、中银国际证券、国泰君安证券等也一直稳居承销网络排名前十位，在承销机构合作体系中拥有举足轻重的地位。以2015年的排名为例，中银国际证券拥有19.18%的度数中心度，说明其在2011—2015年与整个承销网络中19.18%的承销机构建立了合作关系。同时，中银国际证券具有最高的特征向量中心度，说明在整个承销网络中，与中银国际建立合作伙伴关系的承销机构，其自身也位于网络的核心位置。招商证券拥有7.93%的中介中心度，说明在2015年的联合承销网络中，招商证券居于最重要的"桥梁"位置，对承销机构间的合作关系影响最大。

表4-2 承销网络机构中心性指标排名（前十名）

排序	承销机构	DEGR（%）	BTWGR（%）	EGNGR（%）	排序	承销机构	DEGR（%）	BTWGR（%）	EGNGR（%）
		2010年					2015年		
1	中信证券	33.80	14.51	50.22	1	中银国际	19.18	5.69	53.67
2	招商证券	26.76	21.75	20.77	2	中信证券	17.81	6.85	51.06
3	中国银河	26.76	7.33	44.23	3	招商证券	15.07	7.93	22.37
4	海通证券	22.54	7.24	36.28	4	中金公司	15.07	4.26	38.73

续表

2010 年					2015 年			
排序	承销机构	DEGR (%)	BTWGR (%)	EGNGR (%)	排序	承销机构	DEGR (%)	BTWGR (%)	EGNGR (%)
5	中金公司	22.54	5.87	40.40	5	华融证券	12.33	1.74	33.58
6	申万宏源	21.13	3.04	39.61	6	平安证券	12.33	4.25	33.50
7	中银国际	19.72	6.69	32.25	7	中国银河	12.33	1.96	34.82
8	国泰君安	18.31	3.35	36.57	8	国泰君安	10.96	0.45	40.97
9	中国中投	18.31	6.37	34.61	9	瑞银证券	10.96	0.51	37.38
10	国金证券	15.49	4.40	21.48	10	中德证券	10.96	0.33	38.19

表 4-3 为承销商网络中心性指标描述性统计及承销商声誉相关性分析结果。

表 4-3 承销商网络中心性指标分析结果

	DEGR (%)	BTWGR (%)	EGNGR (%)	REPU (%)
A：描述性统计				
均值	9.849	1.222	11.570	1.508
中位数	7.042	0.308	8.555	0.223
最大值	48.101	21.746	57.813	34.427
最小值	0	0	0	0
标准差	9.609	2.424	11.578	3.608
B：承销商声誉相关性				
REPU	27.31	27.22	28.67	100

承销机构的度数中心度、中介中心度和特征向量中心度的均值分别为 9.849%、1.222% 和 11.570%，而中位数分别为 7.042%、0.308% 和 8.555%，并且最大值与最小值差异巨大。整个承销网络整体性稍弱，中心性衡量指标在网络中分布非常不均衡。部分承销机构中心性衡量指标为 0，与网络中其他机构合作关系较少，甚至没有合作。由此可见，我国的联合承销网络内部结构十分不均衡，领头的承销机构通过密切的合作关系形成了核心区域，且由于承销机构众多，而拟 IPO 项目机会有限，使得一部分承销机构处于网络的边缘位置，缺乏与其他机构直接合作的机会，也很少能通过中介

与其他机构达成合作，因而在承销网络中处于孤立地位。

REPU 是承销机构前两年市场份额均值，其均值为 1.508%，而中位数为 0.223%，最大值与最小值差异显著，并且部分承销机构 REPU 为 0，表明半数承销机构 IPO 承销份额超过 22%，IPO 市场份额主要集中在部分承销机构手中。

REPU 用以衡量承销商声誉，而网络中承销机构的中心性指标同时也用以衡量承销商的能力及地位，因此对 REPU 及 3 个中心性指标进行了相关性分析。根据表 4-3 的 B 栏相关系数统计可知，承销商声誉与度数中心度、中介中心度和特征向量中心度的相关系数分别为 27.31%、27.22% 和 28.67%，相关性并不高，说明承销商声誉与网络中心性指标存在一定差异，两者是衡量承销机构能力及地位的不同指标。

第二节　承销网络对 IPO 过会的作用

本节从联合承销网络角度，引入承销商网络中心性指标衡量承销机构能力，研究承销商网络中心性在 IPO 过会中的作用。首先对样本数据进行描述性统计，描述 IPO 过会现状；其次依据前文假设，对样本数据进行分组分析，初步观察承销商网络中心性指标和 IPO 过会成功与否的关系；最后建立 Logit 模型，实证分析承销商网络中心性对 IPO 过会的作用。并且就承销商声誉、板块和规模进行稳健性检验，进一步研究承销商网络中心性在 IPO 过会中的作用的稳健性问题。

一、描述性统计分析

描述性统计共分为两部分：首先对拟发行企业过会的基本情况进行分析，即对研究样本的过会概率进行直观介绍；然后对本章回归分析所需变量进行描述性统计。

（一）拟发行企业过会基本情况分析

这里选取 2005—2015 年拟发行企业申请过会的相关数据，由于部分拟发行企业首次未过会，在未更换主承销商的情况下再次申请过会，因此剔除了 185 条重复申请过会的记录，同时剔除主承销商数据缺失记录 48 条，最终研究样本为上交所与深交所共 1427 起 IPO 事件，其中首次过会 1143 家公司，首次未过会 284 家公司。

表 4-4 列出了 2005—2015 年拟发行企业过会的基本情况。表中数据均为首次申请过会的数据，根据各年度 IPO 申请过会总数、通过发审委审核、未通过发审委审核及 IPO 过会概率排列。

表 4-4 2005—2015 年拟发行企业过会的基本情况统计

年份	2005	2006	2007	2008	2009
申请 IPO 过会	17	82	154	87	130
通过 IPO 审核	15	70	109	67	100
未通过 IPO 审核	2	12	45	20	30
IPO 过会率（%）	88.24	85.37	70.78	77.01	76.92
年份	2010	2011	2012	2014	2015
申请 IPO 过会	393	320	177	124	231
通过 IPO 审核	322	246	133	108	202
未通过 IPO 审核	71	74	44	16	29
IPO 过会率（%）	81.93	76.88	75.14	87.10	87.45

从表 4-4 可以发现，各年度拟发行企业申请 IPO 过会总数波动较大，这应该与 IPO 的数次暂停相关。2005 年的股权分置改革引起了 IPO 市场长达一年的空窗期，2006 年与 2007 年拟发行数目大幅度上升；而 2008 年受国际金融危机的影响，IPO 市场回落，拟发行数目下降；2013 年证监会展开了声势浩大的自查与核查行动，所以 2013 年一整年没有一家企业进行 IPO。总体来看，拟发行总数呈现上升趋势，新股发行市场早期上市公司以大型企业为主，拟发行数目较少，而近年来拟上市企业以中小板与创业板市场为主，中小型企业相对较多，拟发行数目较大，IPO 过会概率相对比较稳定。就研究样本而言，IPO 过会率在 2007 年和 2012 年处于低谷，在 2005 年、2014 年和 2015 年处于高峰，总体维持在 80.68% 左右，说明每年有将近 20% 的企业不能通过发审委审核。

（二）各变量情况统计分析

表 4-5 列出了研究所需变量的均值、中值、最大值、最小值以及标准差。其中 A 栏均为承销机构特征变量，B 栏主要是拟发行企业特征。

表 4-5 各变量描述性统计

变量	均值	中位数	最大值	最小值	标准差
A：承销机构特征					
DEGR（%）	9.74	7.04	46.84	0	8.53

续表

变量	均值	中位数	最大值	最小值	标准差
BTWGR（%）	2.53	1.08	21.75	0	4.05
EGNGR（%）	15.16	12.56	57.81	0	13.61
EXP	28.89	19.00	115.00	0	26.94
REPU（%）	3.74	2.67	28.99	0	3.77
B：拟发行企业情况					
APPROVE	0.80	1	1	0	0.40
Size	20.31	20.02	29.70	17.70	1.39
LEV（%）	47.26	46.90	313.69	3.43	19.33
ROE（%）	27.21	24.57	207.93	−15.26	13.74
TAT（次）	0.99	0.91	5.82	0.02	0.52
SME	0.43	0	1	0	0.50
GEM	0.37	0	1	0	0.48

承销机构特征在表4-3中已进行描述性分析，不再赘述。EXP的均值为28.89，说明每起IPO事件的主承销商在承销该IPO事件的前4年累计担任将近30起IPO事件的主承销商。最小值和最大值差异巨大，最小值为0，没有任何承销经验；最大值为115，承销经验十分丰富。B栏是拟发行企业特征，APPROVE均值为0.80，说明有80%的企业成功通过发审委审核。公司的资产规模、负债情况、净资产收益率及总资产周转率的均值分别为20.31、47.26%、27.21%和0.99，公司之间财务数据差异较大，符合IPO市场情况，各上市企业规模、运营、业绩表现均不相同。SME和GEM的均值分别为0.43和0.37，说明2005—2015年43%的拟发行企业选择在中小板上市，37%的拟发行企业选择在创业板上市，仅有20%的企业选择在主板上市，随着证券市场的发展，新股发行将以中小板与创业板为主。

二、分组分析

这里通过分组观察承销商网络中心性指标与IPO过会概率，初步研究承销机构网络中心性是否影响拟发行企业IPO过会率。首先分别按照承销机构网络中心性指标DEGR、BTWGR、EGNGR将1660起样本IPO事件从小到大平均分为5组，前4组每组 285 起 IPO 事件，最后 1 组 287 起 IPO 事件。第 1 组表示承销机构网络中心性指标最小，即承销机构在网络中处于边缘地位，合作关系少，信息渠道有限；第 5 组表示承销机构网络中心性最大，即承销机构在网络中处于核心地位，影响力最广，控制着信息来源。

表 4-6 统计了每组样本的 IPO 过会数和未过会数，并计算了 IPO 过会率。

表 4-6　承销商网络中心性与 IPO 过会情况

总样本		1	2	3	4	5
DEGR	IPO 过会	222	234	225	234	228
	IPO 未过会	63	51	60	51	59
	IPO 过会率（%）	77.89	82.11	78.95	82.11	79.44
BTWGR	IPO 过会	222	226	221	234	240
	IPO 未过会	63	59	64	51	47
	IPO 过会率（%）	77.89	79.30	77.54	82.11	83.62
EGNGR	IPO 过会	219	235	226	228	235
	IPO 未过会	66	50	59	57	52
	IPO 过会率（%）	76.84	82.46	79.30	80.00	81.88
低声誉子样本		1	2	3	4	5
DEGR	IPO 过会	106	115	106	109	102
	IPO 未过会	37	28	37	33	40
	IPO 过会率（%）	74.13	80.42	74.13	76.76	71.83
BTWGR	IPO 过会	106	113	108	104	107
	IPO 未过会	37	30	35	38	35
	IPO 过会率（%）	74.13	79.02	75.52	73.24	75.35
EGNGR	IPO 过会	104	112	108	109	105
	IPO 未过会	39	31	35	33	37
	IPO 过会率（%）	72.73	78.32	75.52	76.76	73.94
高声誉子样本		1	2	3	4	5
DEGR	IPO 过会	123	121	116	120	125
	IPO 未过会	20	22	27	23	17
	IPO 过会率（%）	86.01	84.62	81.12	83.92	88.03

续表

高声誉子样本		1	2	3	4	5
BTWGR	IPO 过会	122	118	124	120	123
	IPO 未过会	21	25	19	23	21
	IPO 过会率（%）	85.31	82.52	86.71	83.92	86.62
EGNGR	IPO 过会	125	120	119	120	123
	IPO 未过会	18	23	24	23	21
	IPO 过会率（%）	87.41	83.92	83.22	83.92	86.62

表 4-6 显示，承销机构的网络中心性指标与 IPO 过会情况的关系并不明显。总样本、低声誉子样本与高声誉子样本中，随着网络中心性指标增加，IPO 过会率并没有呈现明显递增或递减趋势，均存在上下波动的现象。以总样本中按照度数中心度分组为例，第 1 组的 IPO 过会率为 77.89%，处于全样本的低谷；而第 2 组和第 4 组 IPO 过会率为 82.11%，处于全样本的高峰。比较低声誉子样本与高声誉子样本的结果可以发现，高声誉的承销机构对应的 IPO 过会率显著高于低声誉承销机构，初步证明了承销商声誉越高，IPO 过会率越高。

（三）Logit 回归分析

分组分析结果并不能明确观察出承销商网络中心性指标与 IPO 过会的关系，可能存在信息遗漏现象，因此运用 Logit 模型（4-5）进行回归，依次代入度数中心度、中介中心度和特征向量中心度 3 个中心性指标，进一步检验假设 1 至假设 3。表 4-3B 栏表明承销机构的网络中心性指标与承销声誉相关，因此为了控制承销商声誉的影响，将研究样本按照承销商声誉 REPU 的中位数分成两组进行回归，所得结果如表 4-7 所示，括号内为标准差。

（1）全样本中，承销机构的度数中心度、中介中心度和特征向量中心度与 IPO 过会无关，假设 1 至假设 3 均未得到验证。度数中心度（DEGR）、中介中心度（BTWGR）和特征中心度（EGNGR）的系数分别为 -0.002、-0.009 和 -0.001，趋近于 0，且不显著，说明承销商网络中心性与拟发行企业 IPO 能否成功通过发审委审核没有关系。实证分析结果却与预期结论不一致。

实证结果与预期不一致，可能与中国的新股发行制度有关。中国新股发行市场成立至今，新股发行制度经历多次变革。1997 年之前中国股市实行指标制，即审批制，完全由政府决定能否上市，具备浓厚的行政色彩。1988 年《证券法》颁布，新股

表 4–7 承销商网络中心性对 IPO 过会作用的回归结果

变量	全样本 (1)	(2)	(3)	(4)	低声誉 (5)	(6)	(7)	高声誉 (8)	(9)
DEGR	-0.002 (0.008)			-0.031** (0.013)			-0.006 (0.013)		
BTWGR		-0.009 (0.017)			-0.059* (0.032)			-0.014 (0.022)	
EGNGR			-0.001 (0.005)			-0.013 (0.009)			-0.009 (0.008)
EXP	0.004 (0.003)	0.004 (0.003)	0.004 (0.003)	0.019* (0.011)	0.017 (0.010)	0.015 (0.010)	-0.005 (0.004)	-0.005 (0.004)	-0.006 (0.004)
Size	0.667*** (0.099)	0.669*** (0.099)	0.667*** (0.100)	0.615*** (0.131)	0.622*** (0.133)	0.633*** (0.134)	0.703*** (0.155)	0.704*** (0.156)	0.711*** (0.156)
LEV	-0.014*** (0.004)	-0.015*** (0.004)	-0.014*** (0.004)	-0.008* (0.005)	-0.010* (0.005)	-0.010* (0.005)	-0.021*** (0.007)	-0.021*** (0.007)	-0.021*** (0.007)
ROE	0.007 (0.006)	0.007 (0.006)	0.007 (0.006)	0.014 (0.009)	0.013 (0.009)	0.013 (0.009)	-0.002 (0.008)	-0.001 (0.008)	-0.001 (0.008)

续表

变量	全样本			低声誉			高声誉		
	(1)	(2)	(3)	(4)	(5)	(6)	(7)	(8)	(9)
TAT	0.084	0.087	0.086	0.047	0.107	0.105	0.068	0.075	0.055
	(0.146)	(0.145)	(0.146)	(0.197)	(0.199)	(0.197)	(0.222)	(0.221)	(0.222)
SME	0.412*	0.415*	0.406	0.594**	0.525*	0.493*	0.491	0.491	0.466
	(0.217)	(0.216)	(0.216)	(0.292)	(0.288)	(0.287)	(0.340)	(0.338)	(0.337)
GEM	0.829***	0.836***	0.828***	1.042***	1.061***	1.050***	0.697*	0.708*	0.695*
	(0.251)	(0.251)	(0.251)	(0.333)	(0.334)	(0.334)	(0.392)	(0.393)	(0.391)
常数	−12.194***	−12.230***	−12.198***	−11.855***	−12.058***	−12.194***	−11.698***	−11.736***	−11.691***
	(2.055)	(2.056)	(2.061)	(2.753)	(2.781)	(2.787)	(3.195)	(3.199)	(3.206)
观测量	1427	1427	1427	713	713	713	714	714	714
Ln（L）	−678.386	−678.264	−678.401	−380.702	−381.654	−382.271	−287.147	−287.024	−286.673
AIC	1374.772	1374.529	1374.803	779.404	781.308	782.541	592.295	592.049	591.346

注：***、**、* 分别表示在 1%、5% 和 10% 水平上显著。

发行制度向审核制转变，由主承销商推荐，发审委表决，证监会核准，政府仍然具有较强的行政干预。2014年开始我国推行注册制改革，进一步扩大市场化，限制政府干预力量，目前处于核准制向注册制的过渡阶段。因此，整个样本区间实质仍然处于核准制阶段。尽管新股发行制度改革使得承销商作为金融中介在新股发行中的权利越来越大，但在核准制下，并非全部的新股发行权利都下放至承销商手中，承销商的作用依然受到一定限制，不能很好地发挥功能，其作用因此减弱，不能很好地辅助IPO过会。

负向的作用说明在中国IPO市场，承销商起到了一定的"中介认证者"的作用，在拟IPO审核过程中发挥了督导的作用，只是作用不明显。

（2）低声誉子样本中，度数中心度（DEGR）、中介中心度（BTWGR）和特征向量中心度（EGNGR）的系数分别为 –0.031、–0.059 和 –0.013。承销机构的度数中心度、中介中心度与IPO过会分别在5%和10%置信水平下显著负相关，说明在低声誉承销机构中，承销商网络中心性越高，拟发行企业IPO反而不能通过发审委审核。声誉是衡量承销机构能力的指标之一，以IPO市场份额度量承销声誉高低，在低声誉子样本中，承销机构具有较高的网络中心性，说明承销机构自身所承销的市场份额有限，并不具备承销多起IPO事件的能力，却盲目寻求合作机会，建立合作联系，分散自身的投入精力，对拟发行企业的辅导尽责不足，降低了承销质量，以致拟发行企业IPO无法通过发审委审核。

（3）高声誉子样本中，主要解释变量DEGR、BTWGR和EGNGR的系数分别为 –0.006、–0.014 和 –0.009，趋近于0，且不显著。可见承销机构的度数中心度、中介中心度和特征向量中心度与IPO过会没有显著关系，说明在高声誉承销机构中，承销商网络中心性与拟发行企业IPO是否过会无关。

（4）不同样本控制变量的回归系数大致相似。拟发行企业的资产规模与IPO过会率显著正相关，不论是主板、创业板还是中小板；负债水平与IPO过会率显著负相关；承销商经验、发行企业盈利能力、营运能力与IPO过会率无关。这表明拟发行企业规模越大，负债水平越低，IPO过会成功率越高。SME、GEM的系数为正，但GEM系数更显著，全样本和低声誉子样本中均在1%的置信水平下显著，表明拟发行企业选择在创业板上市，成功率更高；选择在上海市场上市，过会率最低。

（四）稳健性分析

为了进一步考察承销商网络中心性对IPO过会率的影响，分别对规模、声誉等变量进行分析，规模方面分板块分组；声誉方面对低声誉组进一步分析。

1. 控制规模

哑变量 SME 和 SEM 的系数为正且显著，说明中小板和创业板过会概率比上海主板要高，且创业板过会成功率更高，而规模指标表明资产规模越大，过会率越高。因此需控制资产规模后进一步探究承销商网络地位的作用。

（1）从板块的视角。一般情况下，企业所属的板块一定程度上能体现企业资产规模。下面首先用主板、创业板和中小板子样本分别进行检验，以考察承销商网络中心性对过会率的影响是否存在差异。运用 Logit 模型（4-5）进行回归，依次代入度数中心度、中介中心度和特征向量中心度 3 个中心性指标，分 3 个子样本分别进一步检验假设 1 至假设 3。回归结果见表 4-8。

从表 4-8 的回归结果可以看出：对创业板和主板来说，度数中心度（DEGR）、中介中心度（BTWGR）和特征向量中心度（EGNGR）对拟 IPO 企业过会率具有负的影响，但不显著；而对中小板来说，它们的影响是正的，但不显著，部分验证了假设 1、假设 2、假设 3，不过影响不敏感。无论在哪个板块，都是企业资产规模越大，过会概率越高。

（2）规模分组。不同板块中，公司资产规模有可能相同。上海主板中战略创新型公司的资产规模可能与创业板差不多。为了更好地研究控制规模后拟 IPO 企业过会率的差异，将企业规模排序按 30%、40% 和 30% 分为三组：大规模、中规模和小规模。运用 Logit 模型（4-5）进行回归，依次代入度数中心度、中介中心度和特征向量中心度 3 个中心性指标，分别进一步检验假设 1 至假设 3。所得回归结果如表 4-9 所示，括号内为标准差。

从表 4-9 的回归结果可看出：①控制企业资产规模后，承销商网络地位属性虽然不显著，但具有不同的作用方向。对大规模和中等规模的企业来说，承销商网络地位属性对拟 IPO 企业过会率整体具有正向影响，部分验证了假设 1、假设 2 和假设 3；而对小规模的企业来说，具有负向作用，没有验证假设 1、假设 2 和假设 3。这说明规模越小的公司，承销商在拟发行企业 IPO 过程中的督导作用越强，发挥了"信息生产者"的作用。②控制变量的作用更容易给出较合理的解释。承销商经验对中等规模和小规模的企业具有正的中等显著作用，系数分别为 0.009、0.008、0.010、0.006、0.006 和 0.005，对应的 t 值分别为 1.8、1.6、2.0、1.5、1.5 和 1.2，如果不考虑样本容量的话，大体上是中等显著。这说明中小规模企业选择经验丰富的承销商，有助于成功过会。企业资产规模对大规模企业和小规模企业过会的影响都是显著的，即规模越大，成功通过审核的可能性越大。对小规模的企业来说，影响水平在经济意义上更大，杠杆率作用不明显，企业盈利能力具有显著的积极作用。

表 4-8 分板块过会回归结果

变量	创业板 (1)	创业板 (2)	创业板 (3)	中小板 (4)	中小板 (5)	中小板 (6)	主板 (7)	主板 (8)	主板 (9)
DEGR	-0.018 (0.015)						-0.006 (0.022)		
BTWGR		-0.034 (0.023)			0.049 (0.031)			-0.041 (0.055)	
EGNGR			-0.004 (0.008)			0.004 (0.009)			0.002 (0.011)
EXP	0.003 (0.004)	0.004 (0.004)	0.003 (0.004)	0.005 (0.004)	0.004 (0.004)	0.005 (0.004)	0.003 (0.007)	0.004 (0.008)	0.003 (0.007)
Size	0.921*** (0.211)	0.912*** (0.212)	0.943*** (0.211)	0.720*** (0.170)	0.698*** (0.170)	0.707*** (0.169)	0.585*** (0.168)	0.598*** (0.160)	0.560*** (0.159)
LEV	-0.006 (0.006)	-0.007 (0.006)	-0.006 (0.006)	-0.026*** (0.008)	-0.025*** (0.008)	-0.025*** (0.008)	-0.016 (0.010)	-0.016 (0.010)	-0.016 (0.010)
ROE	0.033*** (0.011)	0.032*** (0.011)	0.033*** (0.011)	-0.008 (0.008)	-0.008 (0.008)	-0.008 (0.008)	0.008 (0.014)	0.009 (0.014)	0.008 (0.014)
TAT	-0.175 (0.309)	-0.177 (0.309)	-0.186 (0.308)	0.243 (0.212)	0.220 (0.208)	0.213 (0.209)	0.037 (0.305)	0.061 (0.304)	0.041 (0.307)

续表

变量	创业板 (1)	创业板 (2)	创业板 (3)	中小板 (4)	中小板 (5)	中小板 (6)	主板 (7)	主板 (8)	主板 (9)
Constant	-16.963*** (4.188)	-16.831*** (4.196)	-17.483*** (4.178)	-12.224*** (3.249)	-11.724*** (3.235)	-11.888*** (3.224)	-10.320*** (3.451)	-10.622*** (3.347)	-9.863*** (3.277)
Observations	525	525	525	619	619	619	283	283	283
Ln（L）	-246.375	-246.037	-246.942	-308.115	-307.455	-308.791	-115.462	-115.236	-115.488
AIC	506.750	506.074	507.884	630.229	628.911	631.581	244.923	244.472	244.976

注：***、**、* 分别表示在1%、5%和10%水平上显著。

表4-9 按规模分组过会回归结果

变量	大规模 (1)	大规模 (2)	大规模 (3)	中规模 (4)	中规模 (5)	中规模 (6)	小规模 (7)	小规模 (8)	小规模 (9)
DEGR	0.017 (0.017)			0.011 (0.014)			-0.016 (0.013)		
BTWGR		0.010 (0.037)			0.051 (0.040)			-0.020 (0.024)	
EGNGR			0.005 (0.010)			-0.002 (0.009)			0.001 (0.009)

续表

变量	大规模 (1)	大规模 (2)	大规模 (3)	中规模 (4)	中规模 (5)	中规模 (6)	小规模 (7)	小规模 (8)	小规模 (9)
EXP	-0.004	-0.005	-0.004	0.009*	0.008	0.010*	0.006	0.006	0.005
	(0.005)	(0.005)	(0.005)	(0.005)	(0.005)	(0.005)	(0.004)	(0.004)	(0.004)
Size	0.381***	0.407***	0.395***	0.271	0.265	0.266	1.177***	1.178***	1.206***
	(0.143)	(0.140)	(0.142)	(0.427)	(0.427)	(0.426)	(0.335)	(0.335)	(0.333)
LEV	-0.022**	-0.022**	-0.021**	-0.022***	-0.021***	-0.022***	-0.003	-0.003	-0.003
	(0.009)	(0.009)	(0.009)	(0.008)	(0.008)	(0.008)	(0.009)	(0.009)	(0.009)
ROE	0.0004	0.001	0.001	-0.004	-0.004	-0.003	0.040***	0.039***	0.040***
	(0.009)	(0.009)	(0.009)	(0.011)	(0.011)	(0.011)	(0.011)	(0.011)	(0.011)
TAT	0.471*	0.448	0.453*	-0.003	-0.007	-0.022	-0.515*	-0.498*	-0.501*
	(0.277)	(0.273)	(0.274)	(0.231)	(0.229)	(0.229)	(0.282)	(0.281)	(0.281)
Constant	-5.742*	-6.153**	-5.985**	-2.969	-2.839	-2.805	-22.209***	-22.321***	-22.927***
	(3.032)	(3.000)	(3.012)	(8.512)	(8.519)	(8.495)	(6.425)	(6.430)	(6.396)
Observations	428	428	428	571	571	571	428	428	428
Ln(L)	-168.521	-169.002	-168.898	-251.863	-251.244	-252.164	-243.839	-244.199	-244.568
AIC	351.042	352.003	351.796	517.725	516.488	518.327	501.678	502.398	503.136

注: ***、**、*分别表示在1%、5%和10%水平上显著。

2. 承销商声誉

下面将进一步探讨低声誉组中承销商网络中心性对IPO过会率的影响机理,同时对声誉高低分组的结果进行有效性验证,低声誉组中承销商网络中心性对过会率影响的结果不会因分组的标准不同而有所差异。

(1) 低承销商声誉分版块。首先就低声誉子样本分板块进行分析。运用Logit模型(4-5)进行回归,依次代入度数中心度、中介中心度和特征向量中心度3个中心性指标,分上海板块、深圳创业板和中小板分别进一步检验假设1至假设3。回归结果见表4-10,括号内为标准差。

将表4-10的回归结果与表4-8比较后发现,对声誉低的承销商来说,承销商度数中心度、中介中心度和特征向量中心度对创业板和中小板企业IPO过会的影响仍然是负的,创业板中中介中心度显著,中小板中度数中心度和特征中心度显著,而主板中3个指标都不显著,且中介中心度和特征向量中心度的回归系数为正。资产规模和盈利能力仅就创业板来说具有显著的正影响。低声誉的承销商在主板市场,各因素对IPO成功过会几乎没什么影响,这可能是样本较少导致的,只有105家IPO公司。这从侧面说明主板市场拟IPO企业的资产规模比较大,公司质量好,承销商持续督导作用较弱,但需要承销商联合保荐的可能性较高,承销商网络中心性较强,过会率较高。

被低声誉承销商保荐的创业板和中小板公司,如果承销商的度数中心度、特征向量中心度和中介中心度较低,即便承销商在整个承销商网络中没有处于中心,公司成功过会的概率也很高。这可能是因为创业板和中小板企业规模比较小,没有必要选择多个保荐机构联合承销;也可能是因为中国新股发行实行核准制,上市条件较高,且上市额度较少,承销商辅导的公司质量较高。一般证监会审核通过率在70%左右。

(2) 承销商声誉分3组。将承销商声誉REPU排序后按高(占30%)、中(占40%)、低(占30%)分为3组,分组时如果遇到承销商声誉相同的,则分在同一组,高声誉组437家公司、中等声誉562家公司、低声誉428家公司。用Logit模型(4-5)进行回归,依次代入度数中心度、中介中心度和特征向量中心度,分高声誉、中声誉和低声誉3个子样本分别进一步检验假设1至假设3。所得回归结果见表4-11,括号内为标准差。

从表4-11可看出,控制承销商声誉后,承销商网络中心性对拟IPO企业成功过会的影响整体仍是负向的,仅在高声誉组特征向量中心度在10%置信水平下显著。这与声誉分两组的结果显著性存在差异,作用方向上是一致的。

承销商经验对过会率的影响均为负;高声誉组,资产规模的影响可近似看成中等显著,因为t值不小于1.55。杠杆率的影响仅在中等声誉组中是显著的。

表 4-10 低声誉组分板块检验过会结果

变量	创业板 (1)	创业板 (2)	创业板 (3)	中小板 (4)	中小板 (5)	中小板 (6)	主板 (7)	主板 (8)	主板 (9)
DEGR	-0.043 (0.030)			-0.030* (0.017)			-0.006 (0.048)		
BTWGR		-0.107* (0.059)			-0.031 (0.046)			0.085 (0.165)	
EGNGR			-0.009 (0.014)			-0.028** (0.014)			0.007 (0.021)
EXP	0.008 (0.018)	0.010 (0.018)	0.0005 (0.017)	0.034** (0.016)	0.027* (0.015)	0.036** (0.016)	-0.016 (0.031)	-0.022 (0.030)	-0.020 (0.030)
Size	0.818*** (0.285)	0.784*** (0.285)	0.856*** (0.285)	0.828*** (0.227)	0.877*** (0.229)	0.902*** (0.228)	0.310 (0.238)	0.247 (0.228)	0.262 (0.232)
LEV	-0.007 (0.007)	-0.007 (0.007)	-0.007 (0.007)	-0.013 (0.010)	-0.017 (0.010)	-0.016 (0.010)	-0.008 (0.013)	-0.009 (0.013)	-0.008 (0.013)
ROE	0.045*** (0.016)	0.042*** (0.016)	0.045*** (0.016)	0.003 (0.013)	0.002 (0.014)	0.001 (0.014)	-0.009 (0.016)	-0.006 (0.017)	-0.007 (0.016)
TAT	0.561 (0.483)	0.505 (0.490)	0.544 (0.486)	-0.059 (0.259)	0.035 (0.260)	-0.004 (0.254)	-0.121 (0.406)	-0.198 (0.431)	-0.147 (0.413)
Constant	-15.888*** (5.687)	-15.240*** (5.702)	-16.715*** (5.683)	-15.076*** (4.405)	-16.106*** (4.453)	-16.383*** (4.422)	-4.561 (4.937)	-3.210 (4.803)	-3.605 (4.813)

续表

变量	创业板			中小板			主板		
	(1)	(2)	(3)	(4)	(5)	(6)	(7)	(8)	(9)
Observations	271	271	271	337	337	337	105	105	105
L（L）	-132.474	-131.569	-133.304	-182.420	-183.821	-182.138	-57.983	-57.849	-57.936
AIC	278.948	277.138	280.607	378.841	381.642	378.276	129.966	129.698	129.871

注：***、**、*分别表示在1%、5%和10%水平上显著。

表4-11 将承销商声誉分3组检验过会结果

变量	低声誉			中等声誉			高声誉		
	(1)	(2)	(3)	(4)	(5)	(6)	(7)	(8)	(9)
DEGR	-0.023			-0.016			-0.017		
	(0.019)			(0.014)			(0.021)		
BTWGR		-0.078			-0.022			-0.034	
		(0.091)			(0.021)			(0.047)	
EGNGR			-0.008			-0.004			-0.019*
			(0.014)			(0.008)			(0.012)
EXP	0.005	-0.002	-0.004	0.001	0.003	-0.0003	-0.015**	-0.013**	-0.015***
	(0.027)	(0.026)	(0.028)	(0.008)	(0.009)	(0.008)	(0.006)	(0.006)	(0.006)
Size	0.455***	0.470***	0.472***	0.926***	0.930***	0.931***	0.286	0.289	0.304
	(0.170)	(0.171)	(0.171)	(0.170)	(0.171)	(0.171)	(0.184)	(0.187)	(0.190)

续表

变量	低声誉 (1)	低声誉 (2)	低声誉 (3)	中等声誉 (4)	中等声誉 (5)	中等声誉 (6)	高声誉 (7)	高声誉 (8)	高声誉 (9)
LEV	-0.002	-0.003	-0.003	-0.019***	-0.020***	-0.019***	-0.016	-0.016	-0.017
	(0.008)	(0.008)	(0.008)	(0.007)	(0.007)	(0.007)	(0.010)	(0.010)	(0.011)
ROE	0.004	0.004	0.003	0.007	0.007	0.008	0.012	0.012	0.014
	(0.010)	(0.010)	(0.010)	(0.010)	(0.010)	(0.010)	(0.013)	(0.013)	(0.013)
TAT	-0.093	-0.059	-0.047	0.183	0.215	0.197	0.174	0.182	0.161
	(0.224)	(0.223)	(0.221)	(0.265)	(0.266)	(0.266)	(0.296)	(0.296)	(0.297)
SME	0.746**	0.713**	0.682*	0.864**	0.836**	0.799**	-0.353	-0.376	-0.391
	(0.362)	(0.360)	(0.357)	(0.352)	(0.349)	(0.348)	(0.501)	(0.495)	(0.500)
GEM	1.179***	1.198***	1.193***	1.334***	1.343***	1.300***	-0.250	-0.237	-0.271
	(0.420)	(0.420)	(0.420)	(0.405)	(0.406)	(0.402)	(0.570)	(0.567)	(0.573)
Constant	-8.661**	-9.008**	-8.975**	-17.431***	-17.626***	-17.569***	-2.349	-2.579	-2.464
	(3.516)	(3.527)	(3.528)	(3.524)	(3.540)	(3.542)	(3.932)	(3.966)	(4.025)
Observations	428	428	428	562	562	562	437	437	437
Ln(L)	-241.642	-242.008	-242.235	-263.293	-263.430	-263.882	-156.360	-156.454	-155.375
AIC	501.284	502.017	502.470	544.587	544.860	545.765	330.719	330.908	328.749

注：***、**、*分别表示在1%、5%和10%水平上显著。

3. 分时间段

这里借鉴吴超和薛有志（2016）的研究方法，以 2013 年 IPO 停牌为节点将样本划分为政策变动前和政策变动后两个子样本进行研究。2013 年 11 月，为贯彻国家对于"推进股票发行注册制改革"的要求，证监会又制定并发布《关于进一步推进新股发行体制改革的意见》，开启新一轮改革。这一系列举措的主要目的在于，为推进新股发行体制市场化建立一个良好的市场环境，加快实现监管转型，强化市场约束。因此，2013 年前后承销商网络中心性在 IPO 中的作用可能会有所不同。

在 2005—2015 年的 1427 起 IPO 审核事件中，2014 年后共有 354 起，2013 年前共有 1073 起，划为注册制和核准制过渡期两个子样本进行稳健性检验，结果见表 4-12。

表 4-12　核准制和注册制下过会结果

变量	注册制			核准制		
	（1）	（2）	（3）	（4）	（5）	（6）
DEGR	−0.011			0.008		
	（0.033）			（0.009）		
BTWGR		−0.008			−0.002	
		（0.074）			（0.018）	
EGNGR			−0.002			0.005
			（0.011）			（0.006）
EXP	0.032***	0.031***	0.031***	0.002	0.002	0.002
	（0.012）	（0.012）	（0.011）	（0.003）	（0.003）	（0.003）
Size	0.231	0.218	0.221	0.879***	0.886***	0.877***
	（0.217）	（0.212）	（0.215）	（0.126）	（0.126）	（0.126）
LEV	−0.003	−0.003	−0.003	−0.019***	−0.019***	−0.019***
	（0.008）	（0.008）	（0.008）	（0.006）	（0.006）	（0.006）
ROE	0.005	0.005	0.005	0.014**	0.014**	0.014**
	（0.023）	（0.023）	（0.023）	（0.007）	（0.007）	（0.007）
TAT	−0.337	−0.338	−0.338	0.165	0.152	0.156
	（0.310）	（0.309）	（0.309）	（0.168）	（0.167）	（0.168）

续表

变量	注册制			核准制		
	（1）	（2）	（3）	（4）	（5）	（6）
SME	0.019	0.024	0.016	1.316***	1.316***	1.334***
	（0.475）	（0.476）	（0.476）	（0.296）	（0.296）	（0.297）
GEM	−0.054	−0.071	−0.072	1.854***	1.836***	1.853***
	（0.436）	（0.434）	（0.432）	（0.351）	（0.351）	（0.351）
Constant	−2.964	−2.725	−2.772	−17.513***	−17.541***	−17.468***
	（4.651）	（4.596）	（4.629）	（2.612）	（2.606）	（2.606）
Observations	354	354	354	1,073	1,073	1,073
Ln（L）	−127.781	−127.828	−127.824	−532.019	−532.418	−532.158
AIC	273.562	273.656	273.648	1082.037	1082.836	1082.316

注：***、**、* 分别表示在 1%、5% 和 10% 水平上显著。

（1）在核准制 2005—2012 年的子样本中，承销机构的度数中心度、中介中心度与 IPO 过会率正相关，但不显著，部分验证了假设 1 和假设 3。两个指标的回归系数分别为 0.008 和 0.005，中介中心度的回归系数为负，也不显著。结果表明在 2005—2012 年期间，承销机构在拟 IPO 过会中具有一定的促进作用，处于承销网络中心的承销商可提高拟 IPO 企业成功过会的概率。

（2）在注册制过渡阶段 2014—2015 年，承销机构的度数中心度、中介中心度和特征中心度对拟 IPO 企业过会的影响是负的，但不显著，系数分别为 −0.011、−0.008 和 −0.002。这说明在 2014—2015 年推进注册制改革的过程中，加强了对承销商、会计师事务所和律师事务所等第三方中介机构的监管执行力度，相关监管法规在持续完善，金融中介的认证监督作用在逐渐加强。

第三节　承销网络对 IPO 抑价的作用

本节以承销商网络中心性指标衡量承销机构能力特征，研究承销商网络中心性对 IPO 首日抑价的作用。依据假设，首先对样本数据进行分组分析，初步探察影响变化的规律。然后，建立横截面多元线性回归模型，实证检验承销商网络中心性对 IPO 首日抑价的作用。同时将研究样本按照承销商声誉中位数分为高声誉与低声誉两组，按上市板块及新股发行制度改革政策分成子样本进行稳健性检验。

一、分组分析

选取2005—2015年成功进行IPO的1512起IPO事件的相关数据，剔除数据缺失记录12条，最终研究样本为1500起IPO事件。先用分组研究方法初步研究承销机构网络中心性是否会影响IPO的首日抑价率。根据假设4-6，随着网络中心性指标增大，发行企业IPO抑价率上升，即在1~5组中呈现逐渐上升的趋势。表4-13统计了每组样本的抑价率、换手率及发行规模，从中可观察各组IPO首日抑价差异。

表4-13 承销商网络中心性与IPO抑价

全样本		1	2	3	4	5
DEGR	IR（%）	37.16	39.70	46.72	70.76	84.84
	TURN	0.36	0.49	0.62	0.58	0.69
	OfferSize	19.98	20.10	20.31	20.25	20.50
BTWGR	IR（%）	38.03	56.49	71.20	55.15	58.30
	TURN	0.38	0.52	0.62	0.64	0.58
	OfferSize	20.00	20.03	20.16	20.35	20.60
EGNGR	IR（%）	38.38	48.01	75.86	63.51	53.41
	TURN	0.42	0.51	0.64	0.59	0.56
	OfferSize	20.03	20.16	20.02	20.30	20.63
低声誉子样本		1	2	3	4	5
DEGR	IR（%）	41.17	37.72	50.65	92.03	129.32
	TURN	0.42	0.48	0.51	0.68	0.71
	OfferSize	19.93	20.06	20.06	19.98	19.79
BTWGR	IR（%）	41.17	43.58	75.82	85.35	104.95
	TURN	0.42	0.50	0.55	0.64	0.69
	OfferSize	19.93	20.06	19.89	19.89	20.05
EGNGR	IR（%）	39.29	45.03	93.16	82.10	91.30
	TURNr	0.42	0.49	0.65	0.62	0.62
	OfferSize	19.95	20.02	19.88	19.98	19.99

续表

高声誉子样本		1	2	3	4	5
DEGR	IR（%）	30.37	36.29	42.07	39.95	58.78
	TURN	0.38	0.55	0.56	0.50	0.68
	OfferSize	20.16	20.23	20.53	20.58	20.95
BTWGR	IR（%）	32.93	47.35	35.13	43.83	48.23
	TURN	0.37	0.55	0.61	0.59	0.55
	OfferSize	20.17	20.48	20.47	20.68	20.64
EGNGR	IR（%）	33.33	38.71	47.64	54.25	33.53
	TURN	0.44	0.55	0.58	0.57	0.53
	OfferSize	20.21	20.31	20.46	20.66	20.80

表4-13的结果显示，承销机构的3个网络中心性指标与IPO首日抑价的关系并不相同。经过初步观察，在全样本中，IPO首日抑价随着度数中心度增加呈现明显的上升趋势，随着中介中心度和特征向量中心度的增加波动上升，且在第三组达到IPO抑价高峰。在低声誉子样本中，随着度数中心度、中介中心度和特征向量中心度增加，IPO抑价呈现上升走势，且度数中心度变化引起的抑价变化最明显。在高声誉子样本中，3个网络中心性指标与IPO抑价的关系不明显，随着3个网络中心性指标的增加，IPO抑价大体上呈现波动上升的趋势。比较低声誉与高声誉子样本可以发现，高声誉子样本中的首日抑价率维持在30%~60%，而低声誉子样本中首日抑价率最低接近40%，最高接近130%，两个子样本抑价率差异巨大，表明承销商声誉越高，其IPO抑价率相对较低。另外，表4-13中的换手率、发行规模也随着网络中心性指标的增加而总体呈现上升走势，但存在上下波动。

二、多元线性回归分析

分组分析结果只是初步观察承销商网络中心性指标与IPO抑价的关系，这里用模型（4-6）进行回归分析，依次代入度数中心度、中介中心度和特征向量中心度3个中心性指标，进一步研究两者之间的关系，以检验假设4至假设6。同时将研究样本按照承销商声誉分成两组进行回归，所得结果如表4-14所示，括号内为标准差。

（1）在全样本中，承销机构的度数中心度、中介中心度和特征向量中心度与IPO

表 4-14 承销商网络中心性对 IPO 抑价影响作用的回归结果

变量	全样本 (1)	(2)	(3)	(4)	低声誉 (5)	(6)	(7)	高声誉 (8)	(9)
DEGR	0.015*** (0.002)			0.029*** (0.004)			0.006*** (0.002)		
BTWGR		0.009** (0.004)			0.027*** (0.010)			0.007** (0.003)	
EGNGR			0.002* (0.001)			0.007*** (0.003)			-0.001 (0.001)
EXP	-0.003*** (0.001)	-0.003*** (0.001)	-0.003*** (0.001)	0.001 (0.002)	0.004** (0.002)	0.003* (0.002)	-0.003*** (0.001)	-0.004*** (0.001)	-0.004*** (0.001)
OfferSize	-0.395*** (0.035)	-0.388*** (0.036)	-0.385*** (0.036)	-0.472*** (0.063)	-0.521*** (0.066)	-0.507*** (0.065)	-0.240*** (0.035)	-0.238*** (0.036)	-0.232*** (0.036)
Price	0.954*** (0.361)	1.460*** (0.362)	1.433*** (0.364)	0.524 (0.629)	1.620** (0.638)	1.495** (0.642)	0.657* (0.362)	0.752** (0.362)	0.773** (0.363)
TURN	0.571*** (0.053)	0.653*** (0.053)	0.654*** (0.053)	0.521*** (0.089)	0.677*** (0.090)	0.672*** (0.090)	0.514*** (0.056)	0.544*** (0.055)	0.560*** (0.055)
Size	0.133*** (0.026)	0.142*** (0.027)	0.138*** (0.027)	0.115** (0.049)	0.139*** (0.051)	0.126** (0.051)	0.117*** (0.026)	0.120*** (0.026)	0.118*** (0.026)

续表

变量	全样本 (1)	全样本 (2)	全样本 (3)	低声誉 (4)	低声誉 (5)	低声誉 (6)	高声誉 (7)	高声誉 (8)	高声誉 (9)
LEV	-0.002	-0.001	-0.001	0.0001	0.001	0.001	-0.004***	-0.004***	-0.004***
	(0.001)	(0.001)	(0.001)	(0.002)	(0.002)	(0.002)	(0.001)	(0.001)	(0.001)
ROE	0.0002	0.001	0.0005	0.002	0.005*	0.004	-0.002*	-0.002*	-0.002
	(0.001)	(0.001)	(0.001)	(0.003)	(0.003)	(0.003)	(0.001)	(0.001)	(0.001)
TAT	-0.006	-0.013	-0.012	-0.012	-0.032	-0.026	0.003	0.001	-0.0005
	(0.027)	(0.028)	(0.028)	(0.052)	(0.054)	(0.054)	(0.026)	(0.026)	(0.026)
VC	0.002	-0.005	-0.009	0.049	0.015	0.009	0.007	0.010	0.018
	(0.030)	(0.031)	(0.031)	(0.049)	(0.051)	(0.051)	(0.033)	(0.033)	(0.033)
AGE	-0.070***	-0.096***	-0.095***	-0.117***	-0.152***	-0.146***	0.029	0.020	0.016
	(0.023)	(0.023)	(0.023)	(0.037)	(0.038)	(0.038)	(0.025)	(0.024)	(0.024)
常数	5.574***	5.366***	5.358***	7.385***	7.892***	7.825***	2.800***	2.780***	2.749***
	(0.368)	(0.377)	(0.378)	(0.745)	(0.783)	(0.778)	(0.390)	(0.391)	(0.392)
观测值	1500	1500	1500	755	755	755	745	745	745
R^2	0.298	0.269	0.268	0.363	0.311	0.313	0.236	0.231	0.228
F 统计量	57.400***	49.751***	49.565***	38.496***	30.527***	30.736***	20.578***	20.001***	19.659***

注：***、**、* 分别表示在 1%、5% 和 10% 水平上显著。

抑价显著正相关，支持假设 4 至假设 6，与 Chuluun（2015）美国 IPO 市场的研究结果一致。DEGR、BTWGR 和 EGNGR 的系数分别为 0.015、0.009 和 0.002，分别在 1%、5% 和 10% 的置信水平下显著，说明承销商网络中心性越高，IPO 首日抑价越高。承销商网络中心性越高，意味着其在网络中能够发现较多投资机会，与众多其他机构建立合作关系，可以达到信息、利益和潜在承销机会的共享，同时也位于机构间联系的桥梁位置，控制着信息的有效传递。根据社会交换理论，关系的本质是交换，只有在互惠平衡的前提下才能建立并维持。要想获得专业信息和潜在承销机会，需要拿出交换的筹码。实证分析的结果表明，众多承销机构选择抑价发行作为建立关系的成本，以低价向其他承销机构配售新股来提高合作伙伴的收益，从而使得关系紧密而稳固。度数中心度增加一个标准差，抑价水平提升 12.80%（0.015*8.53）；中介中心度增加一个标准差，抑价水平提升 11.75%（0.029*4.05）；特征中心度增加一个标准差，抑价水平提升 8.17%（0.006*13.61）。可见，承销商网络中心性提升 1%，IPO 抑价水平仅提高 10% 左右。

（2）在低声誉子样本中，假设 4 至假设 6 依然成立。主要解释变量 DEGR、BTWGR 和 EGNGR 的系数分别为 0.029、0.027 和 0.007，均在 1% 的置信水平下高度显著。在控制了承销商声誉变量后可以发现，3 个变量的系数大幅增加，承销商网络中心性对 IPO 抑价的作用更为显著，这表明在低声誉前提下，承销商网络中心性指标对 IPO 抑价的影响比全样本更强。在全样本中，尽管承销机构具备信息生产和中介认证作用，可以在一定程度上降低 IPO 抑价，但互惠主义使得 IPO 抑价率上升。在低声誉子样本中，承销商本身的信息生产和中介认证作用减弱，承销商网络中心性的作用因此得到放大，承销商网络中心性与 IPO 抑价正相关的结论更为显著。

（3）高声誉子样本中，假设 4 和假设 5 得到验证。DEGR 和 BTWGR 的系数分别为 0.006 和 0.007，分别在 1% 和 5% 的置信水平下显著，EGNGR 的系数 –0.001，趋近于 0 且不显著。在高声誉子样本中，3 个变量的系数均大幅下降，承销商网络中心性对 IPO 抑价的作用减弱。这表明在高声誉前提下，承销商网络中心性指标对 IPO 抑价的影响相对较弱。由于高声誉承销商的信息生产和中介认证作用更强，承销商声誉对 IPO 抑价的负向作用中和了承销商网络中心性对 IPO 抑价的正向作用，因此在高声誉子样本中，承销商网络中心性的作用被削弱。

（4）不同样本控制变量的回归系数大致相似。承销经验 EXP 在全样本和高声誉子样本中为负，且在 1% 的置信水平下显著，而在低声誉子样本中为正。这表明承销经验越丰富，IPO 的抑价率越低，但在承销商声誉低的前提下，承销商经验能起到正向的作用。发行企业的发行规模越小，发行价越低，市场情绪越高涨，成立时间越短，IPO 首日抑价率越高。发行企业的资产规模越大，抑价水平越高；发行企业负债水平、盈利能力、营运能力及是否有风险投资介入均与 IPO 首日抑价无显著关系。

三、分位数回归

从承销商声誉分组子样本中可以发现，承销商网络中心性对 IPO 抑价水平的影响是有差异的。为了进一步分析承销商网络中心性对 IPO 抑价的影响差异，用全样本进行分位数回归检验。

1. 分位数回归

运用模型（4-6）进行分位数回归分析，依次代入度数中心度、中介中心度和特征向量中心度 3 个中心性指标，进行 10、20、50、80、90 共计 5 个分位数回归，结果见表 4-15、表 4-16 和表 4-17。

表 4-15 度数中心度分位数回归结果

变量	Dependent variable: IR				
	10	20	50	80	90
DEGR	0.001*	0.003***	0.008***	0.023***	0.040***
	(0.001)	(0.001)	(0.001)	(0.004)	(0.007)
EXP	−0.001***	−0.001***	−0.002***	−0.004***	−0.005***
	(0.0001)	(0.0002)	(0.0003)	(0.001)	(0.001)
OfferSize	−0.175***	−0.217***	−0.280***	−0.375***	−0.396***
	(0.013)	(0.017)	(0.022)	(0.038)	(0.079)
Price	0.187	0.478**	0.187	0.906	2.463
	(0.171)	(0.235)	(0.188)	(0.692)	(1.516)
TURN	0.191***	0.177***	0.321***	0.602***	0.704***
	(0.024)	(0.025)	(0.030)	(0.052)	(0.094)
Size	0.072***	0.079***	0.119***	0.147***	0.105**
	(0.007)	(0.013)	(0.015)	(0.025)	(0.053)
LEV	−0.001***	−0.002***	−0.002***	−0.002***	−0.00005
	(0.0003)	(0.0004)	(0.001)	(0.001)	(0.002)
ROE	−0.0005	−0.001	−0.0005	−0.0004	−0.001
	(0.0003)	(0.001)	(0.001)	(0.001)	(0.002)

续表

变量	Dependent variable: IR				
	10	20	50	80	90
TAT	0.010	0.010	0.019	−0.003	−0.029
	(0.007)	(0.014)	(0.012)	(0.025)	(0.035)
VC	−0.001	−0.002	0.008	−0.016	−0.042
	(0.010)	(0.015)	(0.018)	(0.031)	(0.053)
AGE	−0.043***	−0.036***	−0.044***	−0.050***	−0.038
	(0.005)	(0.011)	(0.015)	(0.018)	(0.047)
Constant	2.232***	3.014***	3.629***	5.108***	6.357***
	(0.184)	(0.180)	(0.261)	(0.503)	(1.101)
Observations	1500	1500	1500	1500	1500
R^2	0.138	0.143	0.112	0.207	0.280

注：***、**、* 分别表示在1%、5%和10%水平上显著。

从表4-15可看出，随着分位数增加，度数中心度对抑价水平的影响越来越强，回归系数从0.001到0.040，扩大到40倍；显著性置信水平从10%到1%。其他指标基本上也是逐步增强的。回归系数关于50分位并不对称，也不相等。其他指标基本上是逐步增强的，如发行规模越大，抑价水平越低，且边际影响逐步增强，回归系数从−0.175到−0.396。

从表4-16可看出，中介中心度仅在50分位点回归结果是显著的，回归系数为0.005，在5%置信水平下显著；且10和90分位、20和80分位回归系数关于50分位数回归是近似对称的，它们的回归系数分别为0.001和0.01、0.003和0.002。其他指标基本上是逐步增强的，如发行规模越大，抑价水平越低，且边际影响逐步增强，回归系数从−0.172到−0.503。

表4-16 中介中心度分位数回归结果

变量	Dependent variable: IR				
	10	20	50	80	90
BTWGR	0.001	0.003	0.005**	0.002	0.010
	(0.001)	(0.003)	(0.003)	(0.005)	(0.013)

续表

变量	Dependent variable: IR				
	10	20	50	80	90
EXP	−0.001***	−0.001***	−0.002***	−0.004***	−0.004***
	(0.0002)	(0.0003)	(0.0003)	(0.001)	(0.002)
OfferSize	−0.172***	−0.218***	−0.259***	−0.380***	−0.503***
	(0.017)	(0.019)	(0.022)	(0.041)	(0.108)
Price	0.177	0.543**	0.534**	1.260	3.851*
	(0.217)	(0.245)	(0.244)	(0.897)	(2.078)
TURN	0.191***	0.183***	0.367***	0.766***	1.064***
	(0.025)	(0.026)	(0.029)	(0.060)	(0.127)
Size	0.073***	0.080***	0.116***	0.178***	0.225***
	(0.010)	(0.014)	(0.016)	(0.026)	(0.070)
LEV	−0.002***	−0.001***	−0.002***	−0.002***	−0.002
	(0.0003)	(0.0005)	(0.001)	(0.001)	(0.002)
ROE	−0.001	−0.001	−0.0004	−0.0003	−0.001
	(0.0004)	(0.001)	(0.001)	(0.001)	(0.003)
TAT	0.011	0.007	0.016	−0.006	−0.020
	(0.010)	(0.010)	(0.013)	(0.028)	(0.064)
VC	0.002	−0.010	0.006	−0.027	−0.086
	(0.010)	(0.015)	(0.018)	(0.031)	(0.076)
AGE	−0.044***	−0.044***	−0.050***	−0.073**	−0.097
	(0.007)	(0.012)	(0.014)	(0.028)	(0.063)
Constant	2.162***	3.029***	3.311***	4.682***	6.349***
	(0.186)	(0.186)	(0.253)	(0.499)	(1.229)
Observations	1500	1500	1500	1500	1500
R^2	0.138	0.139	0.100	0.183	0.244

注：***、**、*分别表示在1%、5%和10%水平上显著。

表 4-17 特征向量中心度分位数回归结果

变量	Dependent variable: IR				
	10	20	50	80	90
EGNGR	−0.0002	−0.00002	0.002*	0.002*	0.001
	(0.0004)	(0.001)	(0.001)	(0.001)	(0.003)
EXP	−0.001***	−0.001***	−0.002***	−0.004***	−0.004***
	(0.0002)	(0.0003)	(0.0003)	(0.001)	(0.001)
OfferSize	−0.163***	−0.224***	−0.258***	−0.375***	−0.481***
	(0.017)	(0.018)	(0.020)	(0.045)	(0.095)
Price	0.185	0.454*	0.522**	1.453	3.320*
	(0.222)	(0.242)	(0.245)	(0.900)	(2.001)
TURN	0.200***	0.172***	0.371***	0.742***	1.100***
	(0.029)	(0.027)	(0.028)	(0.069)	(0.132)
Size	0.068***	0.085***	0.116***	0.165***	0.211***
	(0.010)	(0.014)	(0.015)	(0.031)	(0.049)
LEV	−0.001***	−0.001***	−0.002***	−0.001	−0.001
	(0.0003)	(0.001)	(0.0005)	(0.001)	(0.002)
ROE	−0.001**	−0.001	−0.001	0.0003	−0.002
	(0.0003)	(0.001)	(0.001)	(0.002)	(0.003)
TAT	0.011	0.010	0.021**	−0.002	−0.028
	(0.011)	(0.014)	(0.010)	(0.016)	(0.054)
VC	−0.001	−0.010	0.008	−0.039	−0.092
	(0.010)	(0.016)	(0.016)	(0.041)	(0.076)
AGE	−0.042***	−0.044***	−0.056***	−0.053	−0.095*
	(0.007)	(0.011)	(0.014)	(0.032)	(0.055)
Constant	2.049***	3.058***	3.296***	4.730***	6.257***
	(0.194)	(0.178)	(0.237)	(0.509)	(1.224)
Observations	1500	1500	1500	1500	1500
Pseudo R²	0.138	0.139	0.100	0.184	0.244

注：***、**、*分别表示在1%、5%和10%水平上显著。

从表 4-17 可看出，特征向量中心度在 50 和 80 分位回归结果在 10% 置信水平下显著，回归系数均为 0.002；随着分位数的增大，回归系数先增加后减少。其他指标基本上是逐步增强的。如发行规模越大，抑价水平越低，且边际影响逐步增强，回归系数从 −0.163 到 −0.481。

2. 分位数回归系数检验

从承销商声誉分组的结果看，不同承销商声誉水平下，承销商网络中心性对 IPO 抑价水平的影响程度存在一定差异，为了更好地理解这一差异，下面用分位数回归对模型（4-6）进行检验。

（1）不同分位数回归系数趋势分析。根据模型（4-6）进行 10 分位数回归，分别就度数中心度、中介中心度和特征中心度进行 10 个分位数的回归，回归结果见图 4-3。从各分位数回归结果的 DEGR 系数变化趋势来看，回归系数在不同分位点的回归中存在明显差异。DEGR 的系数在低分位回归中较小，在高分位回归中较大。这说明高分位中，承销商度数中心度对 IPO 抑价率具有很大的影响。从各分位数回归结果的 BTWGR 系数变化趋势来看，回归系数似乎与横轴平行，仅在 70 分位数后，回归系数向上翘起，回归系数在不同分位点回归中差异不是很明显。这说明在高度数中心度水平下，承销商中介中心度对 IPO 抑价率具有很大的影响。从各分位数回归结果的 EGNGR 系数变化趋势来看，回归系数在不同分位的回归中存在差异。EGNGR 的系数在 10 分位数和 70 分位数之间，回归系数呈缓慢上升趋势，而在 70 分位数后突然掉头向下。这说明不同分位数水平下，承销商特征中心度对 IPO 抑价率的影响程度也不同。

不同分位数下的分位回归系数存在的差异是否显著，需要做进一步的检验。对系列分位数回归要进行斜率相等检验和对称性检验。检验结果能判断出在不同分位数下回归出的各变量系数的差异是否明显。Koenker 和 Bassett 提出了一种判断一系列不同分位数回归的斜率数值相等与否的检验方法。零假设如下：

$$H_0 : \beta_{(\tau_1)} = \beta_{(\tau_2)} = \beta_{(\tau_3)} = \cdots = \beta_{(\tau_k)}$$

其中，β 指各自变量所对应的系数向量，τ_1、τ_2、τ_3、....、τ_k 为分位数点，如 0.1 和 0.9、0.2 和 0.8、0.3 和 0.7、0.4 和 0.6 分位数等。可使用 Wald 检验来检验系数是否相等。

（2）分位数回归系数相等性检验。表 4-18 的 A、B、C 栏给出了度数中心度、中介中心度和特征中心度在 10 个分位数点回归系数相等性检验的 Wald 检验和系数差值的检验结果。

(a) 度数中心度

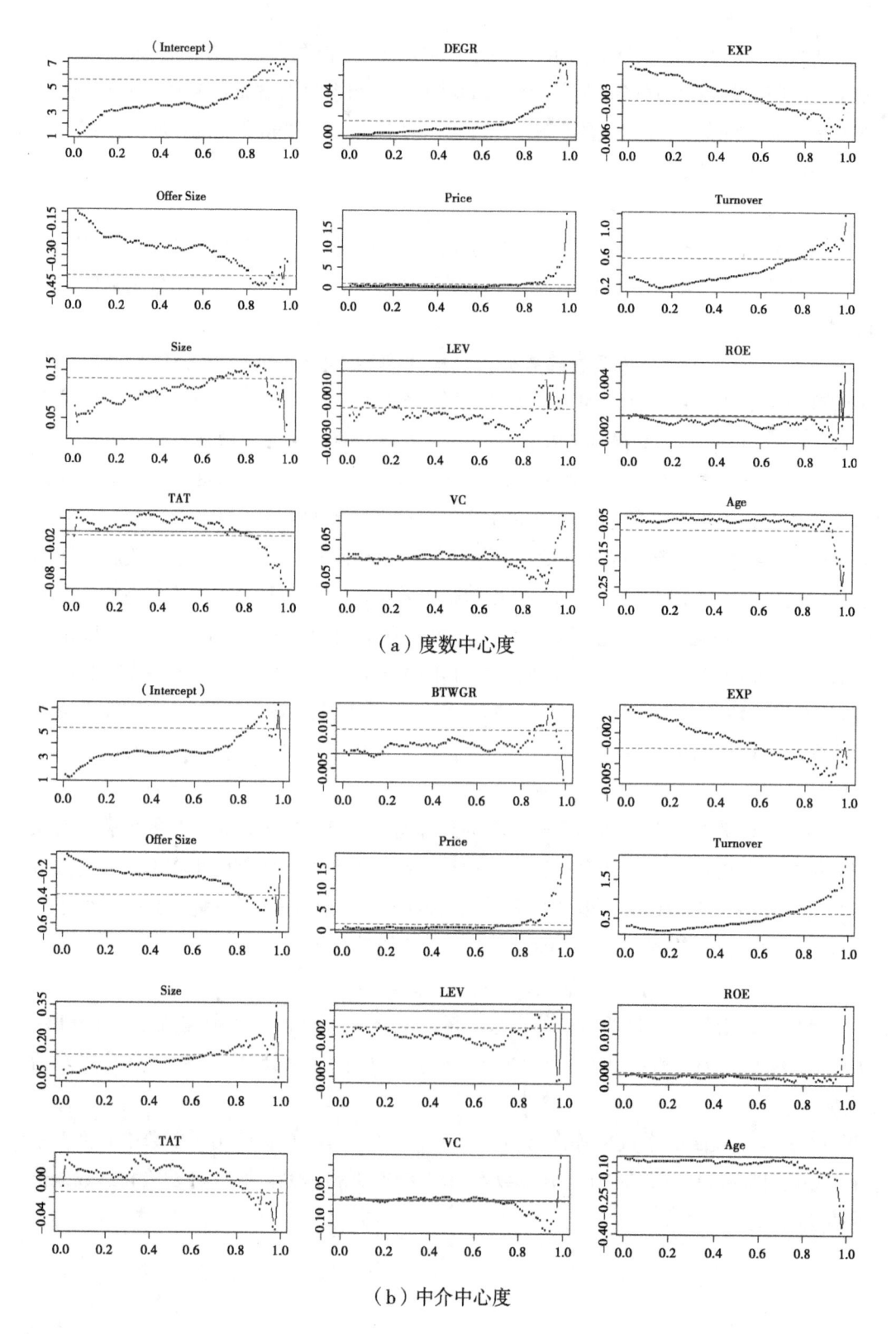

(b) 中介中心度

（c）特征中心度

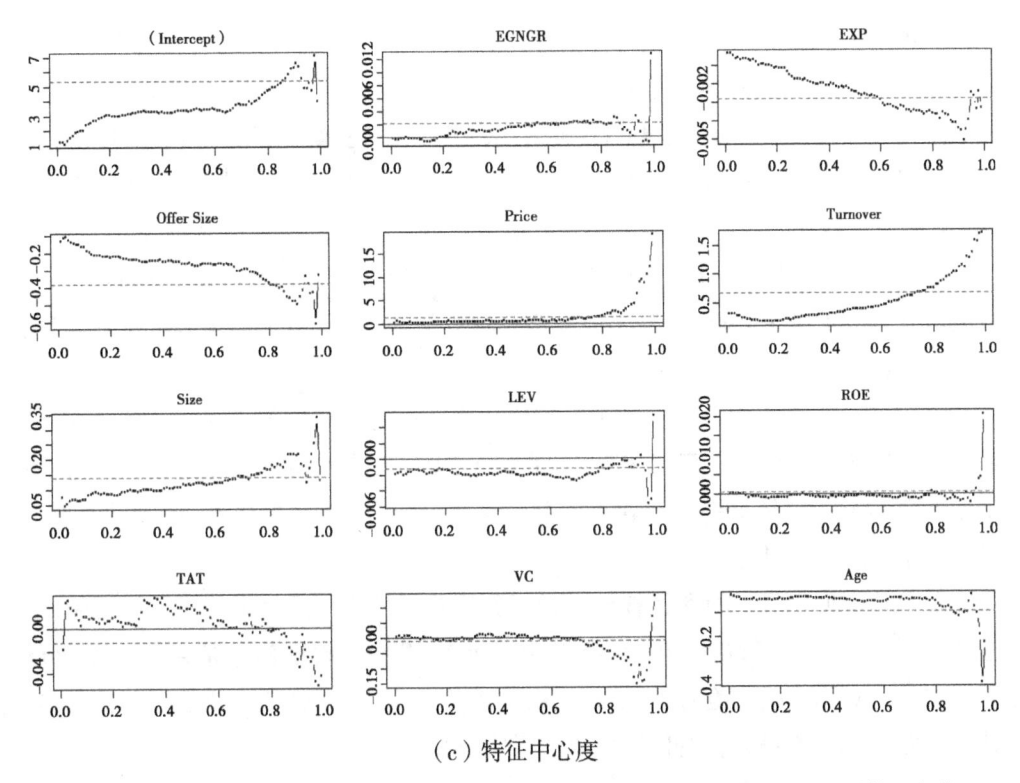

-------- 表示95%的置信区间上限和下限 ········ 代表不同分位数回归结果系数的变化

图4-3 不同分位数回归系数趋势图

表4-18 分位数回归系数相等性检验结果

分位数对	0.1, 0.9	0.2, 0.8	0.3, 0.7	0.4, 0.6	10个分位数
A:Wald Test	181.6452（0.0000）	129.2370（0.0000）	99.6733（0.0000）	36.0341（0.0002）	370.6379（0.0000）
DEGR	−0.0388（0.0010）	−0.0193（0.0000）	−0.0074（0.0001）	−0.0018（0.1815）	8个数值略去
B:Wald Test	223.2431 0.0000	108.0490 0.0000	89.9588 0.0000	29.3967 0.0020	389.8634 0.0000
BTWGR	−0.0096 0.4410	0.0007 0.9008	−7.65e−05 0.9842	−3.43e−05 0.9868	8个数值略去
C:Wald Test	226.1507 0.0000	133.6715 0.0000	93.3190 0.0000	33.9330 0.0004	396.7943 0.0000
EGNGR	−0.0011 0.6209	−0.0022 0.0599	−0.0012 0.1818	−0.0009 0.1655	8个数值略去

表4-18中Wald检验卡方统计量结果均显著，显著水平为1%，拒绝原假设，说明总体上不同分位数回归的系数显著不同。分位回归检验结果表明，不同水平下各变量对IPO抑价水平的影响程度并不相同。具体到各个变量，并不一致。就中心性指标变量来看，度数中心度在0.1和0.9、0.2和0.8、0.3和0.7分位数对的回归系数在1%置信水平下存在差异，在0.4和0.6分位数对的回归系数不存在显著差异（p值为0.1815）；中介中心度在各分位数对的回归系数差异均不显著，最小p值为44.1%；特征中心度仅在0.2和0.8分位数对下的回归系数差值在10%（0.0599）置信水平下显著异于0，系数不相等。

就分位数回归系数相等性检验来说，度数中心度的系数显著不一样，中介中心度的系数没有差异，特征中心度仅在0.2和0.8分位数对下有差异。须要对不同中心度水平下中心度对IPO抑价水平的影响力是否一致进行检验。为了整体性，对称性检验也包括中介中心度的结果。

（3）分位数回归系数对称性检验。通过斜率相等检验，继续进行对称性检验。分别检验0.1和0.9、0.2和0.8、0.3和0.7、0.4和0.6分位数对的斜率是否关于0.5分位数（中位数）对称；同时检验10个分位数是否关于0.5分位数（中位数）对称。参数估计量按照τ_k的大小排列，对称性检验的零假设为：

$$H_0: \frac{\beta_{(\tau_i)}+\beta_{(\tau_{6-i})}}{2}=\beta_{(0.5)}$$

其中，i=1，2。零假设表示对称分位上的分位数回归结果也是对称的，例如0.9和0.1分位、0.2和0.8分位、0.3和0.7以及0.4和0.6。

就度数中心度、中介中心度和特征中心度分别进行不同分位数对的回归系数对称性检验，结果见表4-19，表中仅给出了Wald检验的卡方统计量和中心性指标回归系数差值的检验结果。

表4-19 分位数回归系数对称性检验结果

检验：b(τ)+b(1-τ)-2*b(0.5)=0

分位数对	0.1, 0.9	0.2, 0.8	0.3, 0.7	0.4, 0.6	10分位数
A:Wald检验	85.1197 （0.0000）	37.9200 0.0002	17.0453 0.1479	9.7325 0.6394	123.6728 0.0000
DEGR	0.0265 （0.0205）	0.0108 0.0015	0.0017 0.3683	0.0002 0.8721	8个数值略去
B:Wald检验	115.2631 0.0000	31.8886 0.0014	19.1658 0.0846	8.8484 0.7158	146.7681 0.0000

续表

	检验：b(τ)+b(1−τ)−2*b(0.5)=0				
分位数对	0.1, 0.9	0.2, 0.8	0.3, 0.7	0.4, 0.6	10 分位数
BTWGR	−4.80e−06 0.9997	−0.0053 0.3509	−0.0031 0.4008	−0.0046 0.0357	8 个数值略去
C:Wald 检验 t	106.3517 0.0000	37.6172 0.0002	18.6491 0.0974	6.9913 0.8582	140.5855 0.0000
EGNGR	−0.0025 0.2707	−0.0009 0.4915	0.0003 0.4517	7.12e−06 0.9916	8 个数值略去

从表 4-19 可看出：A、B、C 栏的 Wald 检验卡方统计量结果均显著，显著水平为 1%，拒绝原假设，说明总体上不同分位数回归的系数是非对称的，即在高分位数 τ 和低分位数 1−τ 下，总体上各因变量对 IPO 抑价水平影响的边际效应是不同的。就中心性指标变量来看，度数中心度在 0.1 和 0.9、0.2 和 0.8 分位数对的回归系数在 5% 置信水平下关于中位数回归存在显著差异，在 0.3 和 0.7、0.4 和 0.6 分位数对的回归系数关于 50 分位数不存在差异；中介中心度在 0.4 和 0.6 分位数对的回归系数差异在 10% 置信水平下显著，而对应的 Wald 检验统计量表明回归系数是对称的，卡方统计量为 8.8484，p 值为 71.58%；特征中心度在各分位数对下的 p 值至少是 27.07%，即关于中位数是对称的。

四、稳健性分析

（一）中小板及创业板子样本

本节以深交所的 1229 起 IPO 事件作为研究样本，其中 738 家在中小板上市，491 家在创业板上市。由于中小板与创业板各方面存在差异，承销商网络中心度对 IPO 抑价的作用也可能不同，故本部分按照样本股上市板块划分子样本进行稳健性检验。采用模型（4-6）对中小板及创业板子样本进行回归，回归系数如表 4-20 所示。

（1）中小板子样本中，承销商的度数中心度、中介中心度和特征向量中心度与 IPO 抑价显著正相关，假设 4 至假设 6 得到验证。DEGR、BTWGR 和 EGNGR 的系数分别为 0.015、0.016 和 0.006，分别在 1%、5% 和 5% 的置信水平下显著，说明在中小板子样本中，结论与全样本一致，再次验证了承销商网络中心性越高，IPO 首日抑价越高的结论。

（2）创业板子样本中，承销机构的度数中心度、中介中心度和特征向量中心度与

表 4-20 分板块子样本回归结果

变量	创业板 (1)	创业板 (2)	创业板 (3)	中小板 (4)	中小板 (5)	中小板 (6)	主板 (7)	主板 (8)	主板 (9)
DEGR	0.001 (0.002)			0.015*** (0.003)			0.008*** (0.003)		
BTWGR		-0.002 (0.003)			0.016** (0.007)			0.012* (0.006)	
EGNGR			-0.0001 (0.001)			0.006** (0.002)			-0.0002 (0.001)
EXP	-0.002*** (0.001)	-0.002*** (0.001)	-0.002*** (0.001)	-0.002* (0.001)	-0.002* (0.001)	-0.002** (0.001)	-0.002** (0.001)	-0.003** (0.001)	-0.002** (0.001)
OfferSize	-0.134*** (0.041)	-0.126*** (0.041)	-0.130*** (0.040)	-0.561*** (0.075)	-0.570*** (0.077)	-0.561*** (0.076)	-0.135*** (0.037)	-0.124*** (0.038)	-0.118*** (0.038)
Price	1.284* (0.754)	1.338* (0.751)	1.319* (0.754)	1.527* (0.826)	2.349*** (0.813)	2.301*** (0.816)	-0.134 (0.289)	-0.060 (0.292)	0.011 (0.293)
TURN	0.315*** (0.049)	0.316*** (0.048)	0.316*** (0.048)	0.738*** (0.114)	0.794*** (0.114)	0.787*** (0.114)	0.336*** (0.066)	0.372*** (0.065)	0.392*** (0.066)
Size	0.023 (0.032)	0.020 (0.032)	0.022 (0.032)	0.099* (0.057)	0.100* (0.057)	0.094 (0.057)	0.059** (0.026)	0.062** (0.026)	0.065** (0.026)

续表

变量	创业板 (1)	创业板 (2)	创业板 (3)	中小板 (4)	中小板 (5)	中小板 (6)	主板 (7)	主板 (8)	主板 (9)
LEV	-0.003***	-0.003***	-0.003***	-0.002	-0.001	-0.001	-0.003***	-0.003***	-0.003***
	(0.001)	(0.001)	(0.001)	(0.002)	(0.002)	(0.002)	(0.001)	(0.001)	(0.001)
ROE	-0.001	-0.001	-0.001	0.006**	0.007**	0.007**	-0.004***	-0.004***	-0.004***
	(0.001)	(0.001)	(0.001)	(0.003)	(0.003)	(0.003)	(0.001)	(0.001)	(0.001)
TAT	0.045	0.045	0.045	-0.004	-0.011	-0.010	-0.020	-0.029	-0.026
	(0.037)	(0.037)	(0.037)	(0.044)	(0.045)	(0.045)	(0.034)	(0.034)	(0.035)
VC	0.090***	0.091***	0.091***	0.038	0.029	0.020	-0.079**	-0.089**	-0.081**
	(0.028)	(0.028)	(0.028)	(0.054)	(0.055)	(0.055)	(0.040)	(0.040)	(0.041)
Age	-0.006	-0.007	-0.007	-0.052	-0.079*	-0.072*	0.006	-0.0004	0.0001
	(0.021)	(0.021)	(0.021)	(0.040)	(0.040)	(0.040)	(0.032)	(0.032)	(0.032)
Constant	2.461***	2.395***	2.426***	9.318***	9.524***	9.428***	2.133***	1.895***	1.711***
	(0.653)	(0.651)	(0.651)	(1.006)	(1.033)	(1.027)	(0.473)	(0.470)	(0.470)
Observations	491	491	491	738	738	738	271	271	271
R^2	0.186	0.187	0.186	0.343	0.327	0.327	0.270	0.252	0.242

注：***、**、* 分别表示在1%、5%和10%水平上显著。

IPO 抑价并没有显著关系，假设 4- 假设 6 未得到验证。DEGR、BTWGR 和 EGNGR 的系数分别为 0.001、–0.002 和 –0.0001，趋近于 0 且不显著，说明上述结论在创业板市场中不成立。根本原因可能是在创业板市场上市的企业相对而言规模较小，成立时间较短，属于新兴成长型企业，这些企业的上市不需要承销商进行联合承销。因此，承销商网络中心性对创业板上市企业首日抑价没有影响。

（3）主板子样本中，承销商的度数中心度、中介中心度与 IPO 抑价显著正相关，假设 4 和假设 5 得到验证。DEGR、BTWGR 的系数分别为 0.008、0.012，分别在 1%、10% 的置信水平下显著，说明在主板子样本中，结论与全样本一致；而特征中心度 EGNGR 的回归系数为 –0.0002，趋近与 0 且不显著。总体来看，再次验证了承销商网络中心性越高，IPO 首日抑价越高的结论。

（4）3 个子样本控制变量的作用与全样本一致。承销机构经验越丰富，发行规模越大，发行价越高，市场情绪越低，企业 IPO 首日抑价越低。

（二）注册制颁布前后子样本的稳健性检验

这里以上交所和深交所的 1500 起 IPO 事件作为研究样本，其中 1156 家公司在 2005—2012 年之间上市，344 家公司在 2014 年和 2015 年上市，据此划分核准制和注册制过渡期两个子样本进行稳健性检验。采用模型（4-6）对 2005—2012 年和 2014—2015 年两个子样本分别进行回归，回归系数如表 4-21 所示。

表 4-21　准注册制前后子样本抑价回归结果

变量	2014—2015 年			2005—2012 年		
	（1）	（2）	（3）	（4）	（5）	（6）
DEGR	0.001			0.016***		
	（0.001）			（0.002）		
BTWGR		–0.001			0.010**	
		（0.001）			（0.005）	
EGNGR			0.0004			0.003
			（0.0003）			（0.002）
EXP	0.00000	0.0001	0.00003	–0.003***	–0.003***	–0.003***
	（0.0002）	（0.0002）	（0.0002）	（0.001）	（0.001）	（0.001）
OfferSize	–0.007	–0.005	–0.008	–0.374***	–0.380***	–0.376***
	（0.011）	（0.011）	（0.011）	（0.046）	（0.047）	（0.047）

续表

变量	2014—2015 年			2005—2012 年		
	（1）	（2）	（3）	（4）	（5）	（6）
Price	−0.157**	−0.145*	−0.166**	2.048***	2.737***	2.703***
	（0.079）	（0.078）	（0.079）	（0.493）	（0.492）	（0.495）
TURN	−0.060	−0.063	−0.060	0.855***	0.839***	0.845***
	（0.043）	（0.043）	（0.043）	（0.104）	（0.106）	（0.106）
Size	0.001	0.001	0.001	0.098***	0.110***	0.107***
	（0.008）	（0.008）	（0.008）	（0.036）	（0.037）	（0.037）
LEV	0.0002	0.0002	0.0002	−0.001	−0.0002	−0.0003
	（0.0002）	（0.0002）	（0.0002）	（0.001）	（0.002）	（0.002）
ROE	−0.001	−0.001	−0.001	0.001	0.001	0.001
	（0.001）	（0.001）	（0.001）	（0.002）	（0.002）	（0.002）
TAT	−0.007	−0.007	−0.007	−0.021	−0.035	−0.035
	（0.006）	（0.006）	（0.006）	（0.037）	（0.038）	（0.038）
VC	0.014*	0.014*	0.014*	0.015	0.013	0.008
	（0.008）	（0.008）	（0.008）	（0.038）	（0.039）	（0.039）
Age	0.008	0.007	0.008	−0.074***	−0.098***	−0.097***
	（0.009）	（0.009）	（0.008）	（0.027）	（0.027）	（0.027）
Constant	0.519***	0.492***	0.534***	5.507***	5.562***	5.526***
	（0.113）	（0.112）	（0.113）	（0.491）	（0.506）	（0.506）
Observations	344	344	344	1156	1156	1156
R^2	0.050	0.048	0.054	0.332	0.304	0.303

注：***、**、*分别表示在1%、5%和10%水平上显著。

（1）2005—2012年样本中，承销商的度数中心度、中介中心度与IPO抑价显著正相关，假设4和假设5得到验证。DEGR和BTWGR的系数分别为0.016、0.010，分别在1%和5%的置信水平下显著，EGNGR的系数为正，但不显著。可见在2005—2012年，尽管新股发行体制在不断完善与发展，但市场监管力度有限，承销机构仍然以新股抑价发行作为建立合作关系的筹码，以换取更多有价值的信息及潜在承销机会。因此，承销商网络中心性越高，IPO首日抑价越高的结论在2005—2012年成立。

（2）2014—2015年样本中，承销商的度数中心度、中介中心度和特征向量中心度回归系数分别为 0.001、−0.001 和 0.0004，系数趋近于 0 且不显著，部分支持假设 4 和假设 6，不支持假设 5。这可能是因为 2013 年实施的新股发行体制改革，强调加大监管执法力度，对承销商、会计师事务所、律师事务所等相关中介机构进行尽职抽查；同时沪深交易所对新股上市首日的股价涨幅和盘中临时停牌规定均做出调整，2014 年 1 月开始执行首日股价最高涨幅为发行价的 44% 的新规定。这一系列举措在一定程度上限制了承销网络的作用，使得承销商的网络中心性对 IPO 抑价不起作用。

（3）对于控制变量而言，政策变动前子样本控制变量的作用与全样本一致，即企业自身成立时间越长，承销机构经验越丰富，发行规模越大，发行价越高，发行时市场情绪越低，则企业 IPO 首日抑价越低。但是在政策变动后子样本中，控制变量作用相同，但不显著，这可能与 2014—2015 年子样本数据较少有关。

（三）年度固定效应

本节主要考察不同年度，承销商网络对 IPO 抑价影响的动态变化情形。分别就总样本、高声誉和低声誉子样本，以及创业板、中小板和上海主板各个样本的度数中心度对 IPO 抑价水平影响的年度固定效应进行实证检验，回归结果见表 4-22。

表 4-22　考虑年固定效应的度数中心度一般回归结果

变量	IR					
	全样本	高声誉	低声誉	创业板	中小板	主板
DEGR	0.001	0.002	−0.001	−0.003**	0.003	0.005**
	(0.002)	(0.002)	(0.004)	(0.001)	(0.003)	(0.002)
EXP	0.0002	−0.001	0.003	−0.0001	0.001	−0.001
	(0.001)	(0.001)	(0.002)	(0.0004)	(0.001)	(0.001)
OfferSize	−0.167***	−0.197***	−0.094	−0.049	−0.199***	−0.078**
	(0.032)	(0.035)	(0.063)	(0.037)	(0.074)	(0.032)
Price	1.416***	1.398***	1.292**	1.614***	3.146***	0.237
	(0.288)	(0.323)	(0.504)	(0.582)	(0.695)	(0.228)
Turnover	0.933***	0.877***	1.026***	0.873***	1.113***	0.703***
	(0.074)	(0.083)	(0.129)	(0.065)	(0.148)	(0.081)
Size	0.014	0.052**	−0.043	−0.00005	−0.003	0.006
	(0.023)	(0.024)	(0.044)	(0.028)	(0.050)	(0.021)

续表

变量	IR					
	全样本	高声誉	低声誉	创业板	中小板	主板
LEV	−0.002**	−0.003***	0.00004	−0.002***	−0.002	−0.002***
	(0.001)	(0.001)	(0.001)	(0.001)	(0.002)	(0.001)
ROE	0.001	0.001	−0.001	0.001	0.004	−0.002**
	(0.001)	(0.001)	(0.002)	(0.001)	(0.002)	(0.001)
TAT	−0.005	0.001	−0.032	−0.015	−0.012	−0.012
	(0.021)	(0.022)	(0.041)	(0.028)	(0.036)	(0.026)
VC	0.046*	0.012	0.076*	0.047**	0.075*	−0.031
	(0.024)	(0.028)	(0.039)	(0.021)	(0.044)	(0.032)
Age	0.016	0.060***	−0.026	0.018	0.034	−0.001
	(0.019)	(0.023)	(0.030)	(0.016)	(0.034)	(0.025)
Year2006	0.300**	0.204	0.392		0.403**	−0.248
	(0.127)	(0.136)	(0.242)		(0.185)	(0.154)
Year2007	1.531***	1.332***	1.588***		1.782***	0.508***
	(0.124)	(0.150)	(0.235)		(0.181)	(0.153)
Year2008	0.663***	0.467***	0.669***		0.810***	0.063
	(0.129)	(0.170)	(0.241)		(0.189)	(0.185)
Year2009	0.328**	0.357***	0.315		0.545***	0.017
	(0.131)	(0.138)	(0.252)		(0.204)	(0.166)
Year2010	0.134	0.182	0.072	−0.318***	0.455**	−0.283*
	(0.127)	(0.130)	(0.252)	(0.041)	(0.198)	(0.150)
Year2011	−0.074	−0.028	−0.117	−0.493***	0.206	−0.336**
	(0.127)	(0.131)	(0.250)	(0.042)	(0.200)	(0.150)
Year2012	−0.060	0.006	−0.149	−0.492***	0.206	−0.214
	(0.128)	(0.132)	(0.254)	(0.052)	(0.204)	(0.151)

续表

变量	IR					
	全样本	高声誉	低声誉	创业板	中小板	主板
Year2014	0.551***	0.556***	0.609**	0.193**	0.938***	0.106
	(0.134)	(0.141)	(0.257)	(0.078)	(0.228)	(0.155)
Year2015	0.596***	0.531***	0.691***	0.208***	0.924***	0.187
	(0.132)	(0.137)	(0.257)	(0.080)	(0.220)	(0.155)
Constant	2.702***	2.568***	2.375***	1.061**	3.078***	1.820***
	(0.344)	(0.388)	(0.717)	(0.527)	(0.942)	(0.438)
Observations	1500	745	755	491	738	271
R^2	0.579	0.451	0.614	0.538	0.582	0.591
F Statistic	101.804***	29.736***	58.373***	34.532***	49.947***	18.069***

注：***、**、*分别表示在1%、5%和10%水平上显著。

从表4-22中可以发现：年度影响在经济意义和统计意义上总体显著，系数有正有负，在整体市场行情好的2006—2009年、2014—2015年均录得正的IPO抑价水平，而2011—2012年，IPO初始回报为负值。从板块看，中小板不论行情好坏均取得正的IPO回报；而创业板和主板在2010—2012年总体上均取得负的显著的IPO回报。

度数中心度对IPO抑价水平的影响多数是正的，在低声誉和创业板子样本中影响为负；影响显著的只有创业板和主板。创业板中度数中心度系数显著为负，说明承销商网络对创业板IPO抑价水平具有抑制作用，创业板拟上市企业一般规模较小且实力薄弱，会选取非中心位置的小承销商以支付较低的承销费而获取上市机会，从而承销商中心性越低，IPO抑价水平越高；度数中心度系数在主板显著为正，表明在主板市场上，由于拟上市公司规模大，一般承销商难以独自承销，承销机构就以新股抑价发行作为建立合作关系的筹码，以换取更多有价值的信息及潜在承销机会，从而导致承销商网络中心性越高，IPO首日抑价越高。

第四节　承销网络对IPO后市场表现的作用

依据前文假设，本节对样本数据进行分组分析，初步观察承销商网络中心性指标与IPO后1年、2年及3年市场表现的关系，然后建立横截面多元线性回归模型，实证检验承销商网络中心性在 IPO 后市场表现中的作用。同时，将研究样本按照承销商声誉、板块等分成子样本进行进一步研究。

一、分组分析

研究样本为在 2005—2015 年上市的 1512 起 IPO 事件，剔除通过换股发行的 5 家公司和数据不可得的中国二重 1 家公司后，共有 1506 家公司。

按照分组研究方法，初步研究承销商网络中心性是否会影响 IPO 后的市场收益。根据假设 7-9，可能出现的情况是：随着网络中心性指标的增大，拟发行企业 IPO 后市场收益变差，即在 1~5 组中呈现逐渐下降的趋势。

考虑到连续停盘对 IPO 后 1 年、2 年及 3 年市场表现的影响，因而剔除 IPO 后 1 年内、2 年内和 3 年内连续停盘超过 60 个日历日（不含 60）的股票；IPO 上市 3 年后的股票样本需剔除包头铝业，因为该股票上市不满 3 年被并购。最终有 IPO 后 1 年市场表现的股票 1421 只，有 IPO 后 2 年市场表现的股票 1330 只，有 IPO 后 3 年市场表现的股票 1185 只。

表 4-23 统计了每组样本股 IPO 后的市场超额收益，其中 CAR12、CAR24 和 CAR36 是根据模型（4-2）至模型（4-4）计算得出的 IPO 后 1 年、2 年、3 年的超额收益。

表 4-23　承销商网络中心性与 IPO 后市场表现

全样本		1	2	3	4	5
DEGR	CAR12（%）	8.495	−8.414	−17.371	−19.933	−30.965
	CAR24（%）	−9.977	−20.780	−29.683	−31.840	−47.226
	CAR36（%）	−23.551	−35.085	−40.654	−45.442	−52.782
BTWGR	CAR12（%）	6.511	−10.167	−27.222	−22.890	−14.387
	CAR24（%）	−10.290	−23.517	−41.407	−38.651	−25.640
	CAR36（%）	−24.607	−39.751	−45.906	−42.519	−35.082
EGNGR	CAR12（%）	1.298	−11.891	−26.340	−20.817	−10.408
	CAR24（%）	−13.482	−30.141	−38.124	−34.194	−23.564
	CAR36（%）	−25.564	−44.918	−45.592	−44.795	−17.305

纵向观察表 4-23 的结果可以发现，新股上市后的市场超额收益呈现逐年递减的

趋势，随着时间的递延，市场收益状况变差。横向观察表 4-23 的结果可以看到，承销商的网络中心性指标与 IPO 后市场超额收益的关系并不明显。从第 1 组到第 5 组，随着度数中心度（DEGR）的增加呈现下降趋势，而对中介中心度（BTWGR）和特征向量中心度（EGNGR）来说，随着度数增加先抑后扬，在第 3 组达到最低。以 CAR12 为例来看，随着 DEGR 的增加，CAR12 从 8.495% 一直下跌到 -30.965%；随着 BTWGR 的增加，CAR12 从 6.511% 下跌到 -27.222%，再上涨到 -14.387%，呈现向右下倾斜的趋势；随着 EGNGR 的增加，CAR12 从 1.298% 下跌到 -26.340%，再上涨到 -10.408%，呈现"U"型变化。需要采用回归分析进一步验证两者的相关关系。

二、多元线性回归分析

从分组分析看，中介中心度和特征向量中心度与 IPO 长期表现之间存在"U"型变化关系，即二次关系，这里也进行了验证，结果并不显著，且不改变其他变量与 IPO 长期表现之间的关系，因此将不再给出估计结果。

（一）全样本

分组分析结果不能明确显示承销商网络中心性指标与 IPO 后市场超额收益的关系，这里运用模型（4-7）进行回归分析，进一步探究两者之间的关系，以检验假设 7 至假设 9。回归结果如表 4-24 所示。由于连续停牌 60 天过长，剔除连续停盘超过 30 天样本的回归结果，研究结果类似，这里不再赘述。

（1）承销商的度数中心度（DEGR）与 IPO 后长期市场表现显著负相关，支持假设 7。度数中心度的系数分别为 -0.012、-0.013 和 -0.011，且均在 1% 置信水平下显著，说明承销商的度数中心度越高，IPO 后长期市场表现越差。度数中心度越高，意味着承销机构与众多合作伙伴建立关系，拥有多个联合承销机会。承销商的精力有限，承销多起 IPO 导致他们精力分散，对每起 IPO 事件投入的精力下降，准备不够周全，不能很好地识别上市企业的质量，同时也不能很好地执行上市后的持续督导职能。另外，多元化的承销商会给上市企业带来不同的管理理念与经验，可能会造成不同企业文化的摩擦，导致假设 7 成立。

（2）承销商的中介中心度（BTWGR）、特征向量中心度（EGNGR）与 IPO 后长期市场表现关系不显著，假设 8 和假设 9 没有得到验证。中介中心度和特征向量中心度的回归结果系数均为负，趋近于 0，且不显著。中介中心度主要反映承销商对信息、资源传递的控制能力，是承销机构间联系的纽带；特征向量中心度反映承销商合作伙

第三篇 不同市场主体在IPO过程中的作用

表4-24 承销商网络中心性对IPO后市场表现作用的回归结果

变量	CAR12 (1)	CAR12 (2)	CAR12 (3)	CAR24 (4)	CAR24 (5)	CAR24 (6)	CAR36 (7)	CAR36 (8)	CAR36 (9)
DEGR	-0.012*** (0.001)			-0.013*** (0.002)			-0.011*** (0.002)		
BTWGR		-0.005 (0.003)			-0.003 (0.004)			-0.001 (0.004)	
EGNGR			-0.001 (0.001)			-0.001 (0.001)			-0.0001 (0.001)
EXP	-0.0001 (0.001)	-0.0002 (0.001)	-0.0003 (0.001)	0.001 (0.001)	0.001 (0.001)	0.0005 (0.001)	0.0004 (0.001)	0.0003 (0.001)	0.0003 (0.001)
OfferSize	-0.412*** (0.031)	-0.401*** (0.032)	-0.406*** (0.032)	-0.331*** (0.048)	-0.315*** (0.049)	-0.319*** (0.049)	-0.448*** (0.047)	-0.437*** (0.048)	-0.437*** (0.048)
Size	0.344*** (0.026)	0.328*** (0.026)	0.332*** (0.026)	0.292*** (0.043)	0.269*** (0.044)	0.273*** (0.044)	0.427*** (0.042)	0.408*** (0.042)	0.408*** (0.042)
LEV	-0.009*** (0.001)	-0.009*** (0.001)	-0.009*** (0.001)	-0.006*** (0.001)	-0.006*** (0.002)	-0.006*** (0.002)	-0.010*** (0.002)	-0.010*** (0.002)	-0.010*** (0.002)

215

续表

变量	CAR12 (1)	CAR12 (2)	CAR12 (3)	CAR24 (4)	CAR24 (5)	CAR24 (6)	CAR36 (7)	CAR36 (8)	CAR36 (9)
ROE	0.007***	0.007***	0.007***	0.033***	0.032***	0.032***	0.010***	0.010***	0.010***
	(0.002)	(0.002)	(0.002)	(0.003)	(0.003)	(0.003)	(0.001)	(0.001)	(0.001)
TAT	-0.031	-0.021	-0.022	-0.037	-0.028	-0.028	0.023	0.026	0.026
	(0.027)	(0.028)	(0.028)	(0.037)	(0.038)	(0.038)	(0.044)	(0.045)	(0.045)
VC	0.054**	0.067**	0.069***	0.070**	0.088***	0.089***	0.091**	0.104***	0.104***
	(0.026)	(0.026)	(0.026)	(0.029)	(0.030)	(0.030)	(0.035)	(0.036)	(0.036)
Age	0.080***	0.112***	0.111***	0.080***	0.116***	0.115***	0.062**	0.091***	0.091***
	(0.018)	(0.018)	(0.018)	(0.020)	(0.020)	(0.020)	(0.024)	(0.024)	(0.024)
常数	1.157***	1.130***	1.146***	0.067	0.027	0.030	-0.267	-0.273	-0.266
	(0.290)	(0.298)	(0.298)	(0.328)	(0.338)	(0.338)	(0.387)	(0.395)	(0.394)
观测量	1421	1421	1421	1330	1330	1330	1185	1185	1185
R^2	0.190	0.158	0.157	0.208	0.171	0.171	0.167	0.145	0.145
F 统计量	36.877***	29.432***	29.291***	38.534***	30.253***	30.251***	26.115***	22.151***	22.147***

注：***、**、* 分别表示在1%、5%和10%水平上显著。

伴的网络地位，与本身居于网络中心位置的机构建立合作关系，可以提升承销机构自身的地位及影响力。可能由于承销商的中介中心度与特征向量中心度并不意味着承销机构直接与合作伙伴建立联系，不存在度数中心度带来的企业文化摩擦或是承销精力分散问题；且随着时间递延，承销商在上市企业中的作用会不断减弱，因此可能中介中心度、特征向量中心度与IPO后的市场表现没有显著关系。

（3）控制变量对IPO后1年、2年、3年的市场超额收益的影响有所不同。发行规模反映上市公司募集资金的规模，资产负债率反映公司负债水平，两者与IPO后1~3年的超额收益显著负相关。资产规模反映上市公司总资产的规模，规模越大，上市后1~3年的超额收益越高。净资产收益率和公司成立时间均与IPO后市场表现显著正相关，即上市公司成立时间越长，盈利状况越好，IPO后市场表现越佳。有风险投资参与的公司，其IPO后市场表现更好。承销商经验对IPO后市场表现无影响。

（二）按声誉分组

为了排除承销商声誉的干扰，进一步将研究样本按照承销商声誉中位数分成两个子样本进行研究。由于CRA12、CAR24和CAR36的研究结果类似，这里仅以CAR12为例，回归结果见表4-25。

表4-25 按承销商声誉分组后的回归结果（CAR12）

变量	高声誉			低声誉		
	（1）	（2）	（3）	（4）	（5）	（6）
DEGR	−0.009***			−0.022***		
	（0.002）			（0.002）		
BTWGR		−0.003			−0.025***	
		（0.004）			（0.008）	
EGNGR			0.001			−0.008***
			（0.001）			（0.002）
EXP	−0.002***	−0.001*	−0.001	0.003**	0.001	0.002
	（0.001）	（0.001）	（0.001）	（0.001）	（0.001）	（0.001）
OfferSize	−0.367***	−0.374***	−0.379***	−0.538***	−0.470***	−0.501***
	（0.040）	（0.041）	（0.041）	（0.047）	（0.049）	（0.049）

续表

变量	高声誉			低声誉		
	（1）	（2）	（3）	（4）	（5）	（6）
Size	0.277***	0.276***	0.277***	0.439***	0.413***	0.441***
	（0.032）	（0.032）	（0.032）	（0.043）	（0.045）	（0.046）
LEV	−0.006***	−0.007***	−0.006***	−0.009***	−0.011***	−0.011***
	（0.001）	（0.002）	（0.002）	（0.002）	（0.002）	（0.002）
ROE	0.003	0.003	0.003	0.018***	0.016***	0.016***
	（0.002）	（0.002）	（0.002）	（0.003）	（0.003）	（0.003）
TAT	−0.013	−0.007	−0.006	−0.083*	−0.061	−0.068
	（0.033）	（0.033）	（0.033）	（0.046）	（0.048）	（0.048）
VC	−0.008	−0.011	−0.018	0.089**	0.128***	0.131***
	（0.034）	（0.035）	（0.035）	（0.037）	（0.038）	（0.038）
Age	0.066***	0.086***	0.088***	0.079***	0.129***	0.119***
	（0.024）	（0.024）	（0.024）	（0.027）	（0.027）	（0.028）
Constant	1.791***	1.784***	1.805***	1.620***	0.632	0.756
	（0.398）	（0.402）	（0.402）	（0.514）	（0.531）	（0.527）
Observations	712	712	712	709	709	709
R^2	0.174	0.155	0.155	0.277	0.207	0.215
F Statistic	16.421***	14.263***	14.326***	29.744***	20.230***	21.214***

注：***、**、* 分别表示在1%、5%和10%水平上显著。

（1）低声誉子样本中，承销商度数中心度、中介中心度和特征向量中心度与IPO后1年市场收益显著负相关，假设7至假设9成立。DEGR、BTWGR和EGNGR的系数分别为 −0.022、−0.025 和 −0.008，均在1%置信水平下显著。在控制了承销商声誉变量后可以发现，度数中心度、中介中心度和特征向量中心度的回归系数大幅增加，且中介中心度与特征向量中心度作用变为显著，表明在低声誉前提下，承销商网络中心性指标对IPO后1年超额收益的影响比全样本更强。低声誉子样本中，承销商自身能力较弱，较高的承销商网络中心性进一步削弱了承销商对上市企业质量的识别及上市后的监督辅助作用，使得承销商网络中心性的作用得到放大。

（2）高声誉子样本中，承销商度数中心度与IPO后1年超额收益显著负相关，支持假设7，假设8和假设9未得到验证。DEGR的系数为–0.009，在1%置信水平下显著，BTWGR和EGNGR的系数分别为0.003和0.001，且不显著。度数中心度作用减弱，这表明在高声誉前提下，承销机构自身能力相对较强，承销商网络中心性指标对IPO后超额收益的影响被削弱。

（3）子样本控制变量的回归系数与全样本相似。上市企业发行规模越小、总资产规模越大、负债水平越低、盈利能力越强、成立时间越久，则公司上市后1年内超额收益越好。

三、分位数回归分析

分位数回归可以检验不同中心性水平下承销商网络中心性对IPO后长期效能的影响差异。这里仅以CAR12为例，就度数中心度对IPO后长期表现的影响分别进行分位数检验，以考察度数中心度对IPO后长期表现的影响程度是否存在差异，回归结果见表4-26。

从表4-26及其与表4-24的对比可发现：度数中心度对IPO后1年市场表现影响均为负，且除90分位数回归系数在5%置信水平下显著外，其余均在1%置信水平下显著，与OLS回归结果一致。在不同度数中心度水平下，度数中心度对IPO后1年市场表现的影响程度存在10%以上的差异。在90分位数下，模型的解释能力达22.49%。

承销商经验的影响在低分位数下显著为正，而在高分位数下显著为负；风险投资参与的影响在低分位数下为负，但不显著，在高分位数下为正，也不显著，在50分位数的回归系数和OLS回归系数均为正，且在5%置信水平下显著。

表4-26 分位数回归结果（CAR12）

分位数	10	20	50	80	90
DEGR	–0.011***	–0.011***	–0.008***	–0.009***	–0.009**
	（0.002）	（0.001）	（0.002）	（0.003）	（0.004）
EXP	0.002***	0.002***	0.00001	–0.001	–0.002***
	（0.001）	（0.0004）	（0.0004）	（0.001）	（0.001）
OfferSize	–0.054*	–0.098***	–0.299***	–0.649***	–0.841***
	（0.028）	（0.035）	（0.039）	（0.051）	（0.080）

续表

分位数	10	20	50	80	90
Size	0.104***	0.122***	0.262***	0.532***	0.679***
	（0.023）	（0.029）	（0.038）	（0.045）	（0.076）
LEV	−0.002	−0.003**	−0.007***	−0.011***	−0.014***
	（0.001）	（0.001）	（0.001）	（0.002）	（0.003）
ROE	−0.002	0.003	0.009***	0.015***	0.015***
	（0.002）	（0.002）	（0.002）	（0.002）	（0.003）
TAT	−0.019	−0.026	−0.007	−0.006	−0.048
	（0.043）	（0.017）	（0.024）	（0.053）	（0.058）
VC	−0.041	−0.013	0.061**	0.057	0.074
	（0.029）	（0.023）	（0.025）	（0.042）	（0.050）
Age	0.022	0.041***	0.080***	0.088***	0.060
	（0.020）	（0.013）	（0.015）	（0.029）	（0.038）
Constant	−1.553***	−1.007***	0.403	2.301***	3.592***
	（0.282）	（0.251）	（0.292）	（0.405）	（0.666）
观察值	1421	1421	1421	1421	1421
Pseudo R^2	0.0647	0.0445	0.0673	0.1601	0.2249

注：***、**、*分别表示在1%、5%和10%水平上显著。

下面就不同度数中心度水平下，度数中心度对IPO后1年市场表现的影响程度存在的差异进行检验。图4-4给出了100分位数回归系数的趋势图，主要关注中介中心度和特征向量中心度分位数回归系数的趋势图。

从图4-4中BTWGR和EGNGR与CAR12的分位数系数可以看出，变化规律不明显，并不是"U"型关系。

从图4-4可看出，在95%置信区间内，DEGR的分位数系数基本上与横轴平行，仅在20分位数下略有下降，即系数间存在很小的差异。承销商经验对IPO后1年效能（CAR12）的影响程度在不同承销商经验水平下是不一样的：承销商缺乏经

（a）DEGR

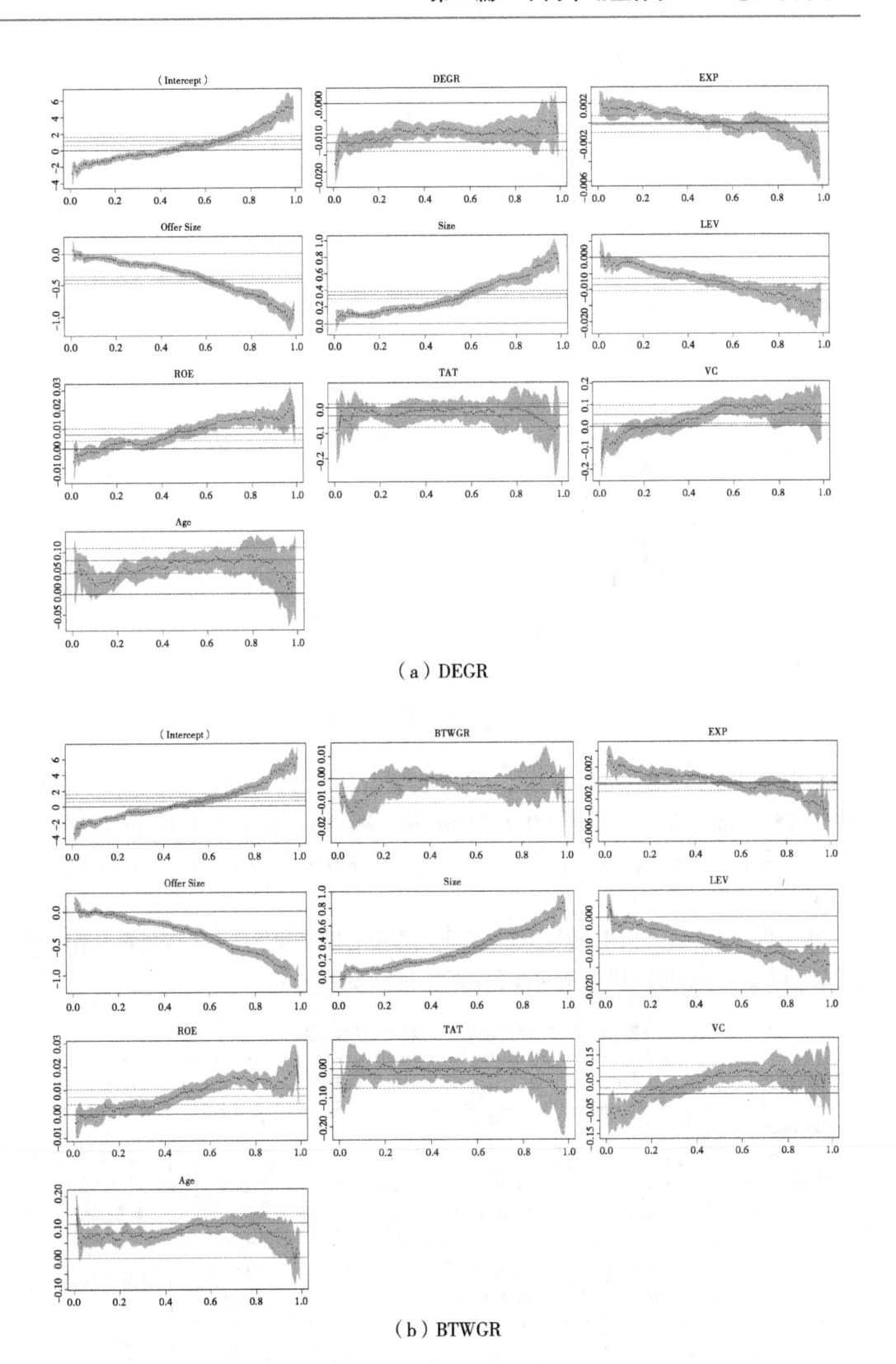

（b）BTWGR

（c）EGNGR

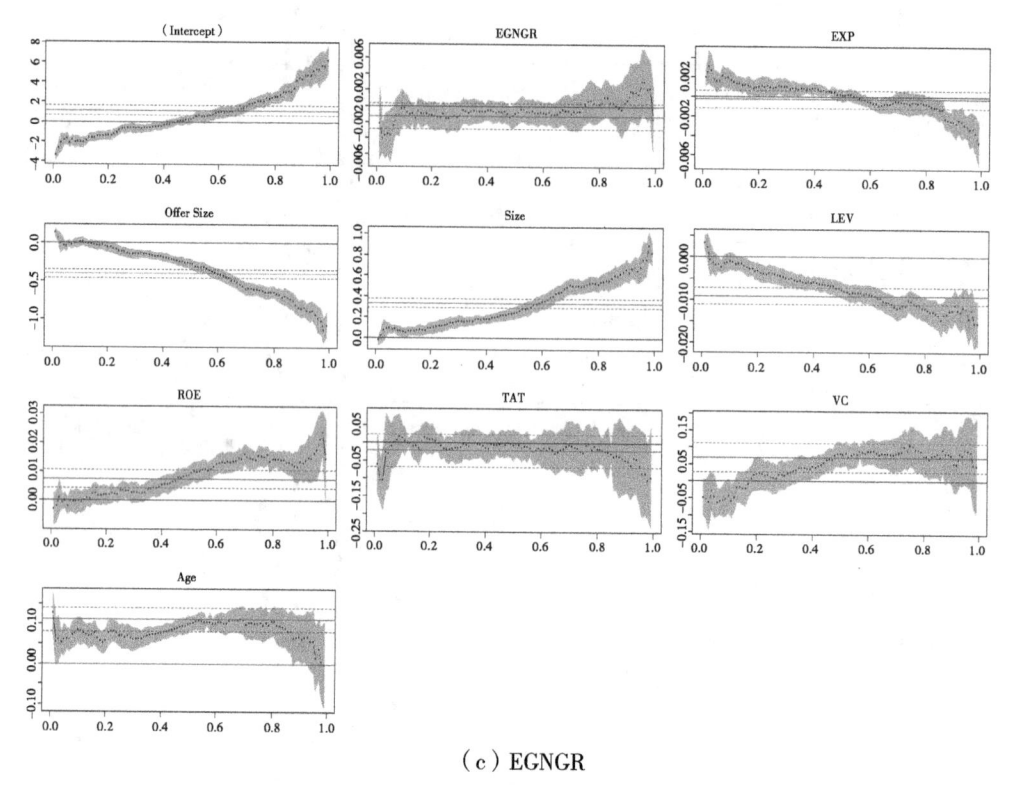

图 4-4　分位数回归系数的趋势图（CAR12）

验的情况下，承销商经验对 IPO 后 1 年效能的影响是正的；而承销商经验水平越高，IPO 后 1 年绩效越低。这可能与 IPO 抑价水平有关，承销商经验对 IPO 抑价水平具有抑制作用，而抑价水平越高的公司，IPO 后 1 年绩效越差，即 IPO 存在长期弱效的现象。

为了进一步验证不同度数中心度水平下度数中心度对 IPO 后 1 年市场表现影响程度的差异性，这里进行相等性和对称性检验，结果见表 4-27。

表 4-27　对称性检验（检验分位数数目：10）

分位数对	0.1, 0.9	0.2, 0.8	0.3, 0.7	0.4, 0.6	10 分位数
相等性检验：$b(\tau_h) - b(\tau_k) = 0$					
Wald 检验	171.2627 （0.0000）	110.5830 0.0000	72.7266 0.0000	7.6463 0.6633	79.2890 0.0002
DEGR	−0.0023 （0.5596）	−0.0019 0.4829	0.0011 0.5650	0.0004 0.7863	系数差值略去

续表

分位数对	0.1, 0.9	0.2, 0.8	0.3, 0.7	0.4, 0.6	10分位数
对称性检验：b(τ)+b(1−τ)−2*b(.5)=0					
Wald检验	46.3895 (0.0000)	23.0266 0.0106	17.5279 0.0635	7.6463 0.6633	79.2890 0.0002
DEGR	−0.0044 (0.3059)	−0.0035 0.2308	−0.0010 0.6522	−0.0016 0.2746	系数差值略去

从表4-27中上栏可发现，Wald检验的结果是显著的，即总体上分位数回归系数显著不相等，而从度数中心度在不同分位数对下的回归系数差值来看，系数差值没有显著差异，即系列分位数回归系数是相等的，系数对称性检验没必要进行，即系数也是关于中位数对称的。这从下栏的DEGR系数差值的检验结果也可看出，各个分位数对的分位数回归系数差值均不显著，即接受对称性的假设。

四、稳健性分析

从前面的分位数回归分析可以看出，承销商经验、资产规模等对IPO长期效能的影响是非对称的。下面主要分析控制公司规模、承销商经验等后，承销商网络中心性指标对IPO长期效能的影响的变化情况。

（一）资产规模

因不同板块对拟上市公司的资产规模要求不同，下面就公司规模进行分组、分板块考察控制公司规模后，承销商网络中心性对IPO后1年效能的影响。表4-28列出了各板块IPO后1年表现的回归结果。

（1）创业板各中心性系数均为正，且不显著；而中小板和主板各中心性指标对IPO后1年表现的影响是负的，且只有度数中心度的影响是显著的，则假设7成立，是稳健的。假设8和假设9没有完全得到验证，系数仍为负，但不显著，也是稳健的。控制变量的影响和前面的结果基本一致。

（2）对创业板来说，中心性各指标对长期效能的影响为正。尽管承销多起IPO使得承销商精力分散，识别上市公司质量的能力下降，同时也不能很好地对上市公司进行持续督导，但创业板公司规模比较小，企业文化相对单一，学习能力强，这样承销商相对容易进行督导，公司吸收能力较强，经营能力和管理能力得到有效提升，公司

表4-28 分版块IPO后1年表现的回归结果

变量	创业板 (1)	创业板 (2)	创业板 (3)	中小板 (4)	中小板 (5)	中小板 (6)	主板 (7)	主板 (8)	主板 (9)
DEGR	0.003 (0.003)			-0.009*** (0.002)			-0.009** (0.004)		
BTWGR		0.005 (0.005)			-0.005 (0.004)			-0.011 (0.010)	
EGNGR			0.002 (0.002)			-0.002 (0.001)			-0.002 (0.002)
EXP	-0.002*** (0.001)	-0.002*** (0.001)	-0.002*** (0.001)	0.001 (0.001)	0.001 (0.001)	0.001 (0.001)	-0.002 (0.002)	-0.002 (0.002)	-0.003 (0.002)
OfferSize	-0.928*** (0.067)	-0.926*** (0.067)	-0.921*** (0.066)	-0.264*** (0.044)	-0.233*** (0.044)	-0.239*** (0.044)	-0.363*** (0.055)	-0.372*** (0.055)	-0.375*** (0.055)
Size	0.793*** (0.071)	0.791*** (0.070)	0.787*** (0.070)	0.310*** (0.043)	0.297*** (0.044)	0.301*** (0.044)	0.154*** (0.046)	0.144*** (0.046)	0.146*** (0.046)
LEV	-0.011*** (0.002)	-0.011*** (0.002)	-0.011*** (0.002)	-0.008*** (0.002)	-0.008*** (0.002)	-0.008*** (0.002)	-0.002 (0.002)	-0.002 (0.002)	-0.002 (0.002)

续表

变量	创业板 (1)	创业板 (2)	创业板 (3)	中小板 (4)	中小板 (5)	中小板 (6)	主板 (7)	主板 (8)	主板 (9)
ROE	0.015***	0.016***	0.015***	0.004*	0.003	0.004	0.006	0.006*	0.006*
	(0.004)	(0.004)	(0.004)	(0.002)	(0.002)	(0.002)	(0.004)	(0.004)	(0.004)
TAT	−0.089	−0.087	−0.086	−0.022	−0.015	−0.015	−0.092	−0.084	−0.087
	(0.085)	(0.085)	(0.085)	(0.031)	(0.031)	(0.031)	(0.059)	(0.060)	(0.059)
VC	−0.009	−0.008	−0.012	0.052	0.063*	0.066**	0.035	0.051	0.049
	(0.045)	(0.045)	(0.045)	(0.032)	(0.033)	(0.033)	(0.062)	(0.062)	(0.062)
Age	0.048	0.047	0.049	0.038	0.062***	0.059**	−0.029	−0.014	−0.012
	(0.033)	(0.033)	(0.033)	(0.023)	(0.023)	(0.023)	(0.044)	(0.044)	(0.044)
Constant	2.464**	2.469***	2.436***	−1.115**	−1.591***	−1.556***	4.563***	4.840***	4.877***
	(0.876)	(0.875)	(0.872)	(0.489)	(0.497)	(0.493)	(0.645)	(0.636)	(0.630)
观测量	445	445	445	721	721	721	255	255	255
R^2	0.363	0.363	0.364	0.125	0.094	0.095	0.305	0.293	0.294
F 统计量	27.524***	27.573***	27.613***	11.328***	8.158***	8.267***	11.921***	11.300***	11.311***

注：***、**、*分别表示在1%、5%和10%水平上显著。

价值提升，长期表现较好。

（二）对注册制实行前后子样本的稳健性检验

本节对注册制实行前后的子样本进行检验，分 2013 年以前子样本和 2014—2015 年子样本进行分析。下面仅就 IPO 后 1 年公司表现进行分析，结果见表 4-29。

表 4-29　注册制改革实施前后子样本 IPO 后 1 年表现的回归结果

变量	2013 年以前			2014—2015 年		
	（1）	（2）	（3）	（4）	（5）	（6）
DEGR	−0.003***			0.004		
	（0.001）			（0.006）		
BTWGR		−0.001			−0.001	
		（0.002）			（0.012）	
EGNGR			0.0004			0.002
			（0.001）			（0.002）
EXP	0.001**	0.001**	0.001**	−0.002	−0.002	−0.002
	（0.0004）	（0.0004）	（0.0004）	（0.002）	（0.002）	（0.002）
OfferSize	0.027	0.040	0.040	−0.769***	−0.767***	−0.768***
	（0.029）	（0.028）	（0.028）	（0.093）	（0.093）	（0.093）
Size	0.018	0.005	0.004	0.342***	0.347***	0.338***
	（0.024）	（0.024）	（0.024）	（0.071）	（0.071）	（0.072）
LEV	−0.0002	−0.0002	−0.0001	−0.005*	−0.006*	−0.005
	（0.001）	（0.001）	（0.001）	（0.003）	（0.003）	（0.003）
ROE	0.006***	0.006***	0.006***	0.020***	0.019***	0.020***
	（0.001）	（0.001）	（0.001）	（0.006）	（0.006）	（0.006）
TAT	−0.037	−0.034	−0.033	−0.037	−0.039	−0.036
	（0.024）	（0.024）	（0.024）	（0.055）	（0.055）	（0.055）
VC	−0.034*	−0.033	−0.034	0.039	0.039	0.037
	（0.021）	（0.021）	（0.021）	（0.068）	（0.068）	（0.068）

续表

变量	2013年以前			2014—2015年		
	（1）	（2）	（3）	（4）	（5）	（6）
Age	0.019	0.025*	0.026*	−0.090	−0.093	−0.088
	（0.014）	（0.014）	（0.014）	（0.075）	（0.075）	（0.075）
Constant	−1.288***	−1.338***	−1.314***	8.782***	8.692***	8.822***
	（0.235）	（0.236）	（0.236）	（0.882）	（0.877）	（0.882）
观测量	1149	1149	1149	272	272	272
R^2	0.048	0.042	0.042	0.284	0.283	0.285
F统计量	6.322***	5.551***	5.553***	11.572***	11.513***	11.630***

注：***、**、*分别表示在1%、5%和10%水平上显著。

从表4-29的回归结果可以看出，审核制下子样本与注册制下子样本的回归结果并不同：审核制下，子样本中各中心性指标回归结果基本与全样本的一致；而2014—2015年子样本的结果，回归系数总体为正，但不显著；承销商经验在2013年前子样本中起到正的作用，且显著；净资产收益率对IPO后1年表现均起到正向的影响，发行规模起到负的作用，资产规模的影响显著为负。

本章结论

本章旨在研究我国联合承销网络结构，以及承销网络主体中心性在上市企业IPO中的作用，研究结论可概括为以下四个方面。

第一，我国承销网络结构特征：①我国承销合作网络整体密度较低，结构松散，承销机构间联系不紧密，且各年度网络密度呈现逐年下降的趋势，但近年来逐渐趋于稳定。一方面，我国证券市场发展早期，上市企业多为大盘股，规模大，而承销机构能力有限，须要联合承销以提高IPO质量，承销机会较多，联系较为紧密，而近年来上市的企业以中小规模企业为主，联合承销机会有限，合作关系减少；另一方面，我国证券市场的不断发展吸引外资投行纷纷入驻，承销机构总数在不断增加，这也导致我国承销网络密度逐渐下降。②从承销网络主体出发，我国的联合承销网络呈现明显的核心—边缘化特征。承销网络结构分层现象明显，其中存在较多孤立机构，未能与其他机构建立承销合作关系；而以中信证券、招商证券等为首的核心小团体联系紧密，包揽了众多联合承销机会。承销机构数目众多，而IPO机会相对较少，根本的竞争关系使得承销机构不可能都获得承销合作机会，能力强、地位高的承销机构控制着网络中绝大多数的信息资源，而处于边缘位置，实力相对较弱的承销机构获得的机会较少，造成承销网络结构分层，承销机构发展不一。

第二，承销商网络中心性对IPO过会的作用：①2005—2015年，每年申请IPO过会的企业总数波动较大，可能与IPO的数次暂停与重启有关，总体呈现逐年递增的趋势。IPO过会概率相对比较稳定，总体维持在80.68%左右，每年有将近20%的企业不能通过发审委审核。②以2005—2015年所有拟申请过会的IPO为研究样本，研究发现承销机构的度数中心度、中介中心度和特征向量中心度与IPO是否成功过会无关。这可能与我国的新股发行制度有关。从2000年至今，我国新股发行实质遵循核准制度，尽管经历数次"股改"，使得承销商作为金融中介在新股发行中的权利越来越大，但在核准制下，并非全部新股发行权利都下放至承销商手中，承销商受到一定限制，不能很好地发挥承销网络的作用，因此承销商网络属性在现阶段并不能辅助IPO过会。③在低声誉承销机构中，承销机构的度数中心度、中介中心度和特征向量中心度与IPO过会显著负相关。以IPO市场份额衡量声誉高低，低声誉意味着承销机构能力相对较弱。低声誉承销机构具有较高的网络中心性，说明承销机构自身所承销的市场份额有限，并不具备承销多起IPO事件的能力，却盲目寻求合作机会，建立合作联系，分散自身的精力，对拟发行企业的辅导尽责不足，降低了承销质量，以致拟发行企业无法通过发审委审核。

第三，承销商网络中心性对IPO抑价的作用：①承销机构的度数中心度、中介中心度和特征向量中心度越大，IPO首日抑价率越高。承销商网络中心性越高，承销机构在网络中越能够发现更多投资机会，与众多机构建立合作关系，以达到信息、利益和潜在承销机会的共享，同时也是机构间联系的纽带，控制着信息的有效传递。根据社会交换理论，在互惠平衡的前提下才能建立并维持关系。众多承销机构选择抑价发行作为建立关系的成本，以低价向其他承销机构配售新股来提高合作伙伴的收益，从而建立紧密而稳固的合作关系，换取专业信息与潜在承销机会。②在低声誉承销机构中，承销机构的度数中心度、中介中心度和特征向量中心度与IPO首日抑价正相关，并且影响作用更显著。承销机构具备信息生产和中介认证作用，可以在一定程度上降低IPO抑价，但承销网络关系的建立与维持，使得承销机构遵循互惠主义，提高IPO抑价率。在低声誉前提下，承销机构本身的信息生产和中介认证作用减弱，承销商网络中心性作用得到放大，度数中心度、中介中心度和特征向量中心度对IPO抑价的作用更强。③在高声誉承销机构中，承销机构的度数中心度、特征向量中心度与IPO首日抑价显著正相关，中介中心度与 IPO 首日抑价没有显著关系，承销商网络中心性作用减弱。由于高声誉承销机构的信息生产和中介认证作用更强，承销商声誉对 IPO 抑价的负向作用中和了承销商网络中心性对 IPO 抑价的正向作用，因此在高声誉前提下，承销商网络中心性作用被削弱。④对于中小板上市企业，承销机构的度数中心度、中介中心度和特征向量中心度与 IPO 抑价显著正相关；但对于创业板上市企业，承销机构的度数中心度、中介中心度和特征向量中心度与 IPO 抑价并没有显著关系。这可能是因为创业板市场上市企业规模较小，成立时间较短，不须要大型承销机构进行联合承销。因此，承销商网络中心性对于创业板上市企业首日抑价没有影响。⑤核准制阶段，即 2005—2012 年，承销机构的度数中心度、中介中心度与 IPO 抑价显著正相关；注册制改革政策颁布后，即 2014—2015 年，承销机构的度数中心度、中介中心度和特征向量中心度与 IPO 抑价不存在显著关系。2013 年执行的新股发行体制改革，强调承销机构的自查与核查；同时，沪深交易所针对新股上市首日的股价涨幅做出调整，2014 年 1 月起开始执行首日股价最高涨幅为发行价的 44% 的新规定，使得上述结论在 2013 年后不成立。

第四，承销商网络中心性对 IPO 后市场表现的作用：①承销机构的度数中心度与 IPO 后市场表现显著负相关，中介中心度、特征向量中心度与 IPO 后市场表现不相关。度数中心度越高，承销机构建立众多关系，拥有多个联合承销机会。但承销机构精力有限，承销多起 IPO 使其精力分散，准备不够周全，不能很好地识别上市企业质量，同时也不能很好地执行上市后的持续督导职能；多元化的承销机构会给上市企业带来不同的管理理念与经验，造成不同企业文化的摩擦，使得企业上市后效益变差。而中介中心度与特征向量中心度并不意味着承销机构直接与合作伙伴建立联系，不存在度数中心度带来的企业文化摩擦或承销精力分散问题；且随着时间递延，承销机构在上市企业中的作用会不断减弱，对企业上市后市场表现无显著影响。②低声誉承销机构中，承销机构度数中心度、中介中心度和特征向量中心度与 IPO 后超额收益显著负相关，并且影响作用更显著；高声誉承销机构中，承销机构度数中心度与 IPO 后超额收益显著负相关，中介中心度和特征向量中心度与 IPO 后超额收益无显著关系。在低声誉前提下，承销机构自身能力较弱，较高的承销商网络中心性进一步削弱了承销机构对上市企业质量的识别以及上市后的监督辅助作用，使得承销商网络中心性的影响得到放大；而高声誉承销机构自身能力相对较强，承销商网络中心性的作用并不明显。

基于前面的实证研究，为了给政策制定、投资决策提供现实依据，此处结合中国承销网络的现实状况提出以下三点建议。

首先，IPO 中联合承销业务在国外已经比较成熟，并且在美国由多个主承销商联合承销的 IPO 数目呈现一个明确而又稳定的上升趋势，由 2001 年的 14.3% 上升至

2010年的84.1%，而在中国承销网络密度逐年下降。孤立的承销机构需增强结网意愿，积极参与联合承销，与网络中其他承销机构建立多方面联系，建立联结必定要付出一定的交易费用，因此这些承销机构不必追求过多的联结，选择与自身规模、投资领域、业务发展等因素相关联的机构进行联结，获得适宜的网络主体密度为佳。在此过程中，法律制度和市场机制的健全至关重要，政府应当逐渐明确一级市场中各项法律制度及市场机制，构建承销机构透明而开放的市场环境。

其次，企业在申请IPO时，若选择市场份额较低的承销机构担任主承销商，可适当选择度数中心度、中介中心度和特征向量中心度较低的承销机构，从而提高IPO过会成功率。市场份额较低说明承销机构能力有限，具备较低的网络中心性，专注于少量IPO业务可提高其承销质量。

最后，承销机构度数中心度、中介中心度和特征向量中心度越低，企业上市首日抑价率越低，上市后市场表现越佳。因此，企业在申请IPO时，可选择网络中心性相对较低的承销机构担任其主承销商，以提高上市质量。在承销机构市场份额较低的情况下，更应该选择网络中心性低的承销机构担任其主承销商。

总之，承销商在IPO过程中的作用以"声誉—逐名"为主，处于承销网络中心地位的承销商削弱了其在上市公司质量识别及持续监督的辅助作用，因此有关承销商在IPO过程中监督发行人的法律制度和市场机制的健全与完善至关重要，特别是对欺诈上市公司及其金融中介的惩罚机制。监管层包括立法部门、证监会、交易所等应当逐渐明确一级市场中各项法律制度及市场机制，提高监管层的法治制度和法治能力，使承销机构更好地发挥第三方金融中介的作用。

参考文献

［1］Jin Q. Jeon, Cheolwoo L, Nasser T, et al. Multiple Lead Underwriter IPOs and Firm Visibility［J］. Journal of Corporate Finance，2015（6）：128-149.

［2］Chuluun T. The Role of Underwriter Peer Networks in IPOs［J］. Journal of Banking & Finance，2015(2)：62-78.

［3］李敏才，刘峰. 社会资本、产权性质与上市资格——来自中小板IPO的实证证据［J］. 管理世界，2012（11）：110-123.

［4］Booth J R, Smith R L. Capital Raising, Underwriting and the Certification Hypothesis［J］. Journal of Financial Economics，1986（1-2）：261-281.

［5］罗党论，汪弘. 公司特质、保荐人与过会时间——来自中国创业板上市公司的经验证据［J］. 证券市场导报，2013（3）：17-24.

[6] 章铁生，凡小路，魏立江．承销商变更、声誉机制与IPO机会［J］．安徽工业大学学报，2014（1）：85-88．

[7] 戴亦一，潘越，陈静．双重保荐声誉、社会诚信与IPO过会［J］．金融研究，2014（6）：146-161．

[8] 章铁生，马筱淇，徐德信，等．保荐人—会计师事务所的关系性契约、IPO机会与IPO质量［J］．财会通讯，2016（8）：111-113．

[9] Baron D P. A Model of the Demand for Investment Banking Advising and Distribution Services for New Issues［J］. Journal of Finance, 1982（4）：955-976.

[10] Benveniste L M, Spindt P A. How Investment Bankers Determine the Offer Price and Allocation of New Issues［J］. Journal of financial Economics, 1989（2）：343-362.

[11] 宋哲．承销商行为及声誉对IPO抑价影响的研究［D］．大连：大连理工大学，2013．

[12] Dunbar C G. Factors Affecting Investment Bank Initial Publi Offering Market Share［J］. Journal of Financial Economics, 2000（1）：3-41.

[13] Logue D E, Rogalski R J, Seward J K, et al. What is Special about the Roles of Underwriter Reputation and Market Activities in Initial Public Offerings［J］. Journal of Business, 2002（2）213-243.

[14] 邵新建，薛熠，江萍，等．投资者情绪、承销商定价与IPO新股回报率［J］．金融研究，2013（4）：127-141．

[15] 陈鹏程，周孝华．机构投资者私人信息、散户投资者情绪与IPO首日回报率［J］．中国管理科学，2016（4）：37-44．

[16] 何平，李瑞鹏，吴边．机构投资者询价制下主承销商声誉能帮助公司降低IPO抑价吗［J］．投资研究，2014（3）：35-53．

[17] 田嘉，占卫华．投资银行的声誉与IPO定价偏低关系的实证研究［J］．中国社会科学院研究生院学报，2000（4）：33-36．

[18] 蒋顺才，蒋永明，胡琦．不同发行制度下我国新股首日收益率研究［J］．管理世界，2006（7）：132-138．

[19] 李妍．承销商声誉与IPO抑价的实证分析——基于我国股票发行监管制度改革［J］．商业经济，2010（1）：61-63．

[20] Carter R B, Dark F H, Singh A K. Underwriter Reputation, Initial Returns, and the Long-Run Performance of IPO Stocks［J］. Journal of Finance, 1998（1）：285-311.

[21] 金晓斌，吴淑琨，陈代云．投资银行声誉、IPO质量分布与发行制度创新［J］．经济学（季刊），2006（1）：403-426．

[22] Jelic R, Saadouni B, Briston R. Performance of Malaysian IPOs: Underwriter's Reputation and Management Earnings Forecasts［J］. Pacific-Basin Financial Journal, 2001（5）：457-486.

[23] 尹自永，王新宇．IPO公司业绩变脸、承销商甄别和投资者认知［J］．山西财经大学学报，2014（4）：38-47．

第五章 开放式基金配售新股影响IPO抑价水平的研究

关注新股配售的开创性模型是 Benveniste 和 Spindt（1989）提出的，他们认为承销商作为信息发现者，降低了平均低定价水平。Sherman 和 Titman（2002）则认为承销商给新股低定价，以便对机构投资者给予补偿，因为投资者在簿记询价过程中提供了有价值的信息。Loughran 和 Ritter（1995）认为如果承销商在股份配售过程中采用超额配售选择权，其目的不是使发行公司获得更高募集资金，而是承销商要把这些股份分配给对自己有利的买方，如开放式基金会频繁交易股票，给承销商提供交易佣金。存在证据表明，一些低定价的股份被承销商用来分配给买方，以回报他们的特殊服务。

在欧美发达资本市场，机构投资者占据主导地位。机构投资者是高信息收集成本者，个人投资者信息收集成本较小，因此为了弥补机构投资者以评估公司价值为目的收集有关公司质量的信息而支付的费用，且为了吸引大量超额申购和规模更大的投资者，有必要将抑价的幅度适当增大。抑价只是一种工具，通过抑价可达到股票发行后公司股权结构分散化的目的。股权结构分散化可使公司的股票具有流动性的同时降低公司的融资成本。抑价可能会增加超额认购量，于是公司就可能在更多股东之间分配股份，更有利于股权的分散。

由于中国机构投资者的规模、经营管理水平暂时还处于较低的水平，中国证券市场一直以个体投资者占主导地位，因此对于国外相关研究结果在中国市场的适用问题要审慎对待。国内关于机构投资者对IPO抑价影响的研究起步较晚，相关研究文献不多。大部分学者认为在中国新股发行市场，机构投资者参与新股配售及配售锁定股份并没有降低IPO抑价水平，与IPO抑价水平正相关。也有学者认为机构投资者参与新股配售，一定程度上能降低新股抑价水平。所以研究中国市场上机构投资者对IPO抑价的影响显得尤为重要。

开放式基金作为买方的专业机构投资者，对拟上市公司的行业及公司财务等具有资源优势，且多数为积极型的机构投资者。从开放式基金特征的角度研究其对IPO抑价影响的文献较少，这里将结合基金的一些特质，研究开放式基金对IPO抑价水平的影响，具体考察年龄、规模、历史业绩、持股比例、获配家数等因素对IPO抑价水平的短、中、长期影响。

第一节　研究方法及研究方案设计

本节从开放式基金特征因素出发，提出研究假设，构建变量，阐述数据来源，选择合适的研究方法，并建立回归模型。

一、研究假设

根据信号理论，在资本市场上，越是难以伪造的信息就越容易被投资者认可，信息对于投资者决策所能够产生的影响就越大。一个信号受到投资者重视，并产生强大的影响，就足以说明该信号本身足够可信。IPO股票被开放式基金所持有，一方面说明开放式基金的管理人已经对所投资的IPO公司进行了专业的研究分析，认为该股票具有投资价值；另一方面，开放式基金持有股份给市场传递了公司质量较高的信号，意味着该IPO公司已经过专业投资者的评定，是值得投资的公司，二级市场对IPO公司的热情会更高涨，随之而来的是新股上市后的高抑价率。

Hanley和Wilhelm（1995）认为机构投资者并没有比普通投资者获得更多的高比例新股，他们同普通投资者一样，获得的新股的回报率有高有低。Brennan和Franks（1997）证明抑价及超额认购新股都是有利于公司上市后优化股权结构的机制，新股抑价与上市后的股权分散程度之间存在正相关关系。Aggarwal等（2002）发现机构投资者所获得股票的比例与首日回报率存在显著的正相关性，即机构投资者所获得的股票占比越高，则该股票的首日回报率就越高。这说明机构投资者确实拥有有关新股的"私人信息"，然而他们认为拥有"私人信息"并不能完全解释为什么机构投资者获得如此多的股票。Ljungqvist和Wilhelm（2002）却认为机构投资者的高比例持股，导致了新股价格的严重偏离，新股的初始回报率与机构投资者的持股比例负相关。

本章选取可能会对IPO抑价产生影响的开放式基金特征因素，考察这些特征对IPO抑价水平的影响，就此提出如下假设：

假设1：开放式基金的参与对公司IPO抑价率有显著影响。
假设2：开放式基金的年龄对IPO抑价的影响为负。
假设3：开放式基金的规模对IPO抑价的影响为负。
假设4：开放式基金的历史业绩对IPO抑价的影响为负。
假设5：开放式基金持股比例对IPO抑价程度具有负的影响。

假设6：获配的基金数量与IPO抑价程度负相关。

二、变量设计

（一）被解释变量——IPO抑价水平

IPO抑价指公司发行新股时存在的内在价值被低估的现象。由于抑价现象本质上是二级市场的交易价格与发行价之间的差距，因此衡量新股发行抑价程度的指标显然是初始收益率，计算该指标需要交易价格与发行价两个数据，计算比较简单。

用变量IR（Underpricing of IPO）表示新股发行抑价情况，P_{i0}表示新股发行价，P_{i1}表示新股上市后的首日收盘价，那么根据定义有：

$$IR = \frac{P_{i1}}{P_{i0}} - 1 \quad (5-1)$$

在全样本中，由于2013年IPO市场暂停，故该年没有数据可供分析，2014年IPO重新开启之后，由于新政策要求IPO上市首日交易价格不得高于发行价的144%，导致2014年后的IPO首日抑价率几乎都为44%，研究上市首日的抑价率影响因素没有意义，故主要实证部分的数据样本期间为2006—2012年。对于全样本，选取了首周抑价率作为被解释变量，该变量的定义如下：

$$IR^W = \frac{P_{i1}^W}{P_{i0}} - 1 \quad (5-2)$$

其中，IR^W表示新股上市首周的抑价率，P_{i1}^W表示新股上市之后首周的收盘价。

（二）解释变量

1. 开放式基金参与虚拟变量（Join）

Join是虚拟变量，如果公司进行IPO时网下配售投资者中有开放式基金，Join取值为1；否则，取值为0。

2. 开放式基金年龄（Age）

开放式基金年龄为开放式基金从设立之日起到IPO上市日之间的总月数，年龄较小的基金，如新基金往往具有较高收益（McGough，1996；Chevalier和Ellison，1999），年龄较大的基金，基金管理团队更加趋于稳定和成熟，基金业绩也更为稳定。在参与新股询价的过程中，基金须要保证能够提供真实有效的信息给承销商进行参考，否则会失去承销商的信任，故假设基金的年龄对IPO抑价程度的影响为负。

3. 开放式基金规模（Fund_Size）

开放式基金规模用基金在上一年份总资产净值的自然对数来表示。规模较大的基金拥有资金优势和专业研发团队，具有信息优势的基金，其业绩较高，因此参与获配的新股质量越好，上市后市场表现越好，这表明基金具有区分上市公司质量好坏的能力和专业知识水平，使得新股发行市场达到"分离"的状态。因此，假设基金规模对IPO抑价水平的影响为正。

4. 开放式基金历史业绩（Growth）

基金的历史业绩用基金上一年度末的累计净值表示，若IPO上市时，该基金刚刚成立，则认为该基金的累计净值为发行时的净值，取值为1。当开放式基金具有较高历史业绩，表明该基金的选股能力较强，在对投资目标的判断上具备更高的准确度，因此估计其系数为正。

5. 开放式基金持股比例（Hold_Ratio）

开放式基金持股比例表示公司上市时，网下获配投资者中所有开放式基金获配的股票总数占IPO总发行规模的比例。比例越高，说明开放式基金的参与程度越高，经过前面的假设，我们认为其在股票发行的累计询价阶段向承销商提供的报价越合理，发行价格越能够接近公允价格，这就使得新股的超额收益率越低，抑价程度越低。

6. 开放式基金获配家数（Fund_Num）

与持股比例不同，开放式基金的获配家数反映了开放式基金参与股票发行的宽度。获配家数越多，表明越多数量的开放式基金对即将发行上市的股票感兴趣，表明该股票具有更强的发展潜力，因此，本书预计这一变量与IPO抑价水平正相关。

（三）控制变量

基于前人对于IPO抑价影响因素的研究成果，综合考虑各方面因素，本书选择的控制变量主要涉及IPO公司特征、市场环境两方面，具体包括以下6个变量。

1. 发行规模（Issu_size）

发行规模大的企业，越受市场关注，所以个体投资者所面临的信息不对称程度就相对较小；发行规模大的企业股权容易分散，发行价格就不易受到操控，因此其抑价程度相对较低；发行规模越大，募集资金越多，需要更多投资者，其发行风险也就越大，一旦超出了市场的承受能力，就会面临发行失败，因此为了保证发行的顺利进行，融资规模大的发行公司倾向于选择声誉较高的承销商来负责发行，而高声誉承销商收集信息的能力更强，也能够降低信息不对称性，从而使得抑价程度降低。这里用股票首次公开发行所募集总资金额的自然对数度量融资规模。

2. 整体市场价格水平 [ln（INDEX）]

一般地，IPO 首日抑价率与市场氛围之间存在明显的正相关关系。市场行情越好，新股上抑价程度越高。这里用上市首日沪深 300 收盘指数的自然对数来度量整体市场价格水平。

3. 中签率（WinR）

认购中签率也就是新股申购成功的概率，能够反映投资者对该股今后表现的预期，间接反映了投资者对 IPO 的需求程度。中签率越低，则表示市场的超额认购程度越高，说明市场上的投资者对该 IPO 的需求越旺盛，这可能会造成市场对 IPO 的超额认购。投资者对于未来有前景的价值型公司需求旺盛，因此该公司股票上市后会受到二级市场投资者的追捧，导致二级市场股价被大幅抬高，从而形成较高的 IPO 抑价程度。

4. 换手率（Turnover）

换手率反映二级市场上的投资者对新股的关注程度，同时也能反映发行市场获配股份的投资者对新股的认可程度。在中国新股市场上，大多数投资者可能只是为了博取新股的短期超额收益，而不是长期投资，倾向于进行短期操作，致使市场上存在明显的过度投机行为。市场上的过度投机行为越明显，新股上市抑价程度越高。

5. 承销商声誉（Underwriter）

根据承销商的"认证/中介"理论，承销商声誉与 IPO 抑价水平负相关，即承销商的声誉越高，越能减少信息不对称，所承销的新股抑价率就越低。这里用 IPO 上市前 1 年承销商的市场表现情况来判断承销商声誉，IPO 上市前 1 年承销商的总排名在前 10 名，取值为 1；否则，取 0。

6. 行业（Ind_i）

由于不同行业的风险不同，不同行业的公司 IPO 抑价会存在差异，为了控制行业偏差，设置行业虚拟变量对上市公司差异进行控制。根据证监会的行业分类法，将企业所属行业分为 6 大类：金融、公用事业、房地产、综合、工业、商业。

以上变量总结见表 5-1。

表 5-1　变量定义及说明

变量名称	简称	预期符号	变量定义
上市首日抑价率	IR		$P_{i1}/P_{i0}-1$
上市首周抑价率	IR^W		$P_{i1}^W/P_{i0}-1$
开放式基金参与虚拟变量	Join	—	被开放式基金持有，取 1；否则，取 0
开放式基金规模	Fund_Size	—	开放式基金上 1 年末的资产净值自然对数

续表

变量名称	简称	预期符号	变量定义
开放式基金历史业绩	Growth	−	开放式基金上1年末累计净值
开放式基金持股比例	Hold_Ratio	−	开放式基金配售股数/发行总股本
开放式基金获配家数	Fund_Num	−	Ln（网下获配机构中开放式基金的数量+1）
发行规模	Issu_size	−	ln（公开募集资金总额）
市场环境	lnIndex	+	上市首日沪深300指数的自然对数
中签率	WINR	−	股票发行量/有效申购量
换手率	Turnover	+	上市交易量/公开发行股数
承销商声誉	Underwriter	−	上1年承销商排名前10，取1；否则，取0
行业	Ind_i		上市公司所属行业，分为金融业、公用事业、房地产业、综合类、工业、商业

三、研究方法及模型设计

（一）研究方法

结合IPO抑价理论，同时考虑中国证券市场的发行制度等特征，针对开放式基金研究对象，选取会对IPO抑价水平具有显著影响的因素作为控制变量，主要包括上市发行规模、市场环境、中签率、换手率、承销商声誉、行业虚拟变量等，将开放式基金特征作为解释变量，研究其对IPO抑价水平的影响。

1. 分组方法

使用单维分组分析，根据基金特征指标进行分组，考察组间IPO抑价水平的差异。首先根据基金特征如获配持股比例的大小进行排序，然后根据5分位数将样本股票分为5组（Low、G2、G3、G4、High），其中Low组为获配比例最小的组，High组为获配比例最大组，计算各组的平均抑价水平。对Low组到High组的抑价水平进行观察和对比，分析基金特征和IPO抑价水平是否呈现出规律性的相关关系，初步验证假设。

2. 多元线性回归方法

$$IR = \alpha_0 + \beta_1 FundChrctr_1 + B_2 Controls_2 + \varepsilon \tag{5-3}$$

其中，FundChrctr为基金特征指标向量，Controls为控制变量向量，ε为扰动项。根据研究需要，基金特征指标加入模型可以是单个，也可以是多个。回归方法采用

OLS 回归和分位数回归。

（二）模型设计

通过多元回归的研究方法来考察开放式基金的特征对 IPO 抑价水平的影响。根据研究假设，考虑所有解释变量和控制变量时，模型（5-3）的回归模型具体如下：

$$IR = \beta_0 + \beta_1 Age + \beta_2 Fund\_size + \beta_3 Fund\_num + \beta_4 Hold\_ratio + \beta_5 Growth +$$
$$\beta_6 Issu\_size + \beta_7 WinR + \beta_8 PE + \beta_9 \ln(INDEX) + \beta_{10} Turnover +$$
$$\beta_{11} Underwriter + \beta_{12} Ind1 + \beta_{13} Ind2 + \beta_{14} Ind3 + \beta_{15} Ind4 + \beta_{16} Ind5 + \varepsilon \quad (5-4)$$

其中，β_i（i=0，1，…，16）为回归系数，Age、Fund_size、Fund_num、Hold_ratio、Growth、Issu_size、WinR、PE、ln（INDEX）、Turnover、Underwriter、Ind_i 分别表示开放式基金的年龄、规模、获配家数、持股比例、历史业绩、发行规模、中签率、市盈率、整体市场环境、换手率、承销商声誉、行业，ε 为未知信息。当研究对象为首周抑价率时，IR、ln（INDEX）、Turnover 是首周的抑价率、市场环境、换手率，依此类推。

四、数据来源

数据主要来自锐思（Resset）数据库及万得（Wind）资讯，选取沪深 A 股市场的 IPO 上市后表现数据、网下获配机构数据及开放式基金基本数据等，将样本数据进行匹配。研究的样本期间为 2006—2014 年。样本选择遵循以下规则：剔除 ST 股票和部分数据不全的股票。以股票上市日作为匹配日期，将网下获配的投资者与开放式基金特征进行匹配。一共得到 1268 家上市公司的样本数据，其中没有开放式基金参与配售的样本 70 个，有开放式基金参与配售的样本 1198 个。

由于 2013 年 IPO 市场暂停，2014 年 IPO 重启之后，新政策要求 IPO 上市首日交易价格不得高于发行价的 144%，导致 2014 年后的 IPO 首日抑价率几乎都为 44%。因此考虑了上市后连板的作用及首周抑价水平，对 2014 年后的新股还考虑了开板抑价水平。

第二节　开放式基金特征影响 IPO 抑价水平的实证分析

本节主要研究开放式基金特征对股票 IPO 抑价程度的影响，研究对象包括开放式基金是否参与，开放式基金自身的年龄、规模、历史业绩、持股比例及开放式基金获配家数对 IPO 抑价是否具有影响。采用分组分析、OLS 回归分析（包括逐步回归法），对首周及首开板日抑价水平进行了研究，同时考虑市场板块等子样本的稳健性验证。

一、描述性统计分析

（一）基金特征

将样本期间内全样本、分市场子样本数据的基金特征、IPO 抑价水平及控制变量数据项进行描述性统计分析，分析结果见表 5-2。

从表 5-2 的 A 栏可以看出，样本期间内，我国证券市场上 IPO 抑价呈现出如下特征：①首日 IPO 抑价水平较高，平均值为 0.61，最大值达到 6.27；首周抑价率同样很高，均值为 0.59，最大值达到 7.64。②持有 IPO 的开放式基金加权年龄为 37.13 个月，中位数为 35.95，参与 IPO 的开放式基金的年龄相对集中。③持有 IPO 的开放式基金平均净资产值的自然对数为 12.16，与中位数 12.86 较为接近，表明选择持有 IPO 的基金规模相对集中。④持有 IPO 的开放式基金的上一年末累计净值中位数为 1.55，说明能够持有 IPO 的基金基本上都业绩表现良好，具备一定的投资决策能力。⑤基金持股占发行总股本的比例均值为 0.07，接近中位数 0.06。⑥市盈率水平为 42.34，最小值为 6.23，最大值为 150.82，这是市场化发行时的市盈率。换手率平均为首日 64%，首周换手率为 124%，将近差 1 倍，可见新股炒作非常厉害。

从表 5-2 的 B、C 两栏可以看出，沪深两市的抑价率基本相当，且与全样本基本保持一致，深市的首日抑价率均值 0.62 高于沪市的 0.55，深市的首周抑价率均值 0.58 低于沪市的 0.63，可能是由于深市包括中小企业版和创业板，其操作和管理上还有不完善的地方，在以高科技和高成长型企业为主的深市，由于这类企业具有规模小、风险高和不确定的特性，容易受到人为操控，因而其上市首日抑价率较高而首周抑价率较低，但无法维持较长时间的持续上涨。获配上海和深圳新股的基金规模相差不大，均值分别为 12.86 和 12.05，持有新股股份比例均值分别 0.08 和 0.07，持有家数规模均值分别为 3.31 和 2.52，这可能与上海市场的新股发行规模一般比较大有关。上海和深圳市场新股发行规模均值分别为 21.47 和 20.11，深圳发行规模比上海的低近 3 倍（发行规模是募集金额的自然对数）。上海和深圳市场的平均首日换手率分别为 50% 和 66%，平均首周换手率则分别为 101% 和 127%，与全样本不一致，首周换手率比首日换手率高，深圳换手率比上海要高得多。

图 5-1 以每 5% 为间隔，进一步给出了每一区间持股比例样本数的分布图。从图 5-1 中可以发现，绝大多数开放式基金（90%）持有上市公司发行股份的比例在 45%

表 5-2 回归模型中各变量的描述性统计

样本	变量	均值	标准差	中位数	最小值	最大值	偏度	峰度
(A) 全样本	IR	0.61	0.80	0.43	-0.80	6.27	2.77	10.48
	IR^W	0.59	0.77	0.40	-0.80	7.64	2.91	14.04
	Age	37.13	18.47	35.95	0	116	0.37	0.70
	Fund_size	12.16	3.01	12.86	0	14.63	-3.61	11.76
	Growth	33.74	350.12	1.55	0	5775.30	12.46	167.54
	Fund_num	2.63	1.34	2.77	0	5.38	-0.19	-1.05
	Hold_raio	0.07	0.05	0.06	0	0.41	1.98	5.94
	Issu_size	20.30	0.93	20.18	17.47	24.95	1.49	4.14
	Underwriter	0.47	0.5	0	0	1	0.12	-1.99
	WinR	1.18	2.61	0.65	0.01	65.52	14.08	301.96
	Turnover	0.64	0.27	0.73	0.00	0.96	-1.20	0.32
	$Turnover^W$	1.24	0.60	1.26	0.00	3.08	-0.12	-0.21
	PE	42.34	20.80	36.36	6.23	150.82	1.2	1.87
(B) 深圳	IR	0.62	0.78	0.41	-0.26	6.27	2.69	9.67
	IR^W	0.58	0.73	0.39	-0.31	5.56	2.49	8.75
	Age	36.56	18.56	35.46	0	116.00	0.40	0.85
	Fund_size	12.05	3.20	12.85	0	14.63	-3.35	9.77
	Growth	35.88	363.4	1.55	0	5775.30	12.21	160.9
	Fund_num	2.52	1.34	2.64	0	5.38	-0.12	-1.14
	Hold_raio	0.07	0.05	0.06	0	0.41	2.04	6.44

续表

样本	变量	均值	标准差	中位数	最小值	最大值	偏度	峰度
(B) 深圳	Issu_size	20.11	0.66	20.08	17.47	22.67	0.21	0.29
	Underwriter	0.44	0.50	0	0	1	0.23	-1.95
	WinR	1.01	2.39	0.61	0.01	65.52	19.22	490.36
	Turnover	0.66	0.25	0.74	0.00	0.96	-1.38	0.98
	Turnover^w	1.27	0.56	1.29	0.00	3.07	-0.17	-0.04
	PE	44.17	20.81	39.34	6.67	150.82	1.19	1.88
	IR	0.55	0.90	0.44	-0.80	5.84	3.10	12.82
	IR^w	0.63	0.99	0.49	-0.80	7.64	3.59	19.50
	Age	40.61	17.54	39.96	0	94.08	0.22	-0.24
	Fund_size	12.86	1.16	12.93	0	14.32	-7.52	79.94
	Growth	20.76	255.94	1.54	0	3435.51	13.19	173.03
	Fund_num	3.31	1.11	3.33	0	5.26	-0.47	-0.20
	Hold_raio	0.08	0.05	0.06	0	0.31	1.61	3.22
(C) 上海	Issu_size	21.47	1.38	21.30	18.94	24.95	0.54	-0.31
	Underwriter	0.63	0.48	1	0	1	-0.52	-1.73
	WinR	2.22	3.51	1.02	0.06	24.69	3.64	15.57
	Turnover	0.50	0.34	0.59	0.00	0.94	-0.32	-1.44
	Turnover^w	1.01	0.73	96.98	0.00	2.88	0.34	-0.67
	PE	31.28	17.02	25.16	6.23	98.67	1.59	2.86

图 5-1 开放式基金网下持股比例分布图

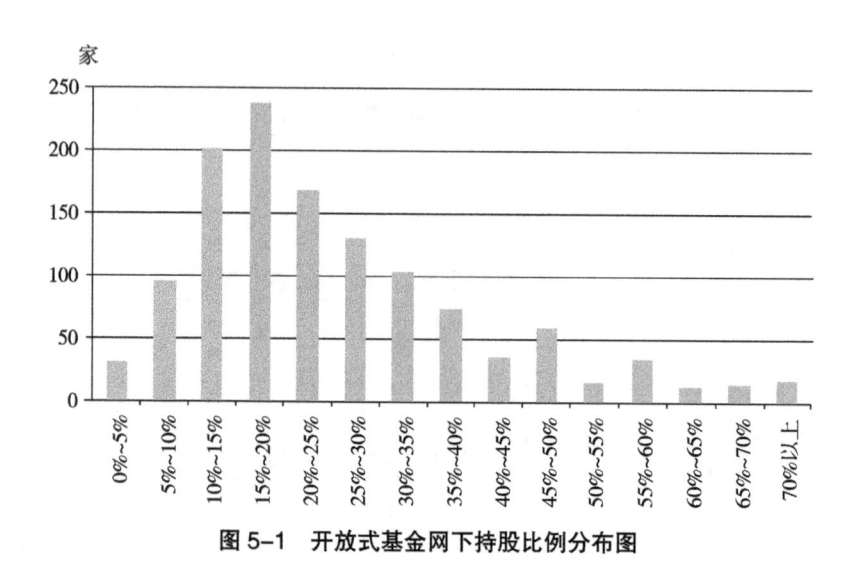

以下，持有 IPO 股份比例在 15%~20% 区间的最多，达到了 238 家，占所有开放式基金参与样本数的 20.14%。另外，有 69 家公司的开放式基金持股比例在 50% 以上，占据了相当大的份额。开放式基金对 IPO 的持股比例集中于 5%~50%，对 IPO 有重要影响又不足以控制公司的流通股份，有利于有效发挥开放式基金对 IPO 的影响作用。

（二）抑价水平年度变化趋势

2013 年 IPO 暂停一年，为了配合新股发行体制改革，沪深交易所针对新股上市首日股价振幅和盘中临时停牌等做出了明确的规定。按照两市规则，自 2014 年 1 月新股发行开闸后，新股首日股价最高涨幅限定为发行价的 44%。因 2014 年 IPO 重启之后新政的推出，IPO 上市首日几乎都以涨停板收盘，故首日抑价率没有意义，表 5-3 的 A 栏给出了研究样本期间为 2006—2014 年首日抑价率的描述性统计结果，B 栏给出了 IPO 上市首周抑价水平的描述性统计分析结果。

从表 5-3A 栏可以发现，全样本的上市首日 IPO 抑价率均值为 67.68%，中位数为 43.97%，其中有开放式基金参与的公司的抑价率均值为 63.53%，中位数为 43.15%，无论从样本均值和还是中位数来说，有开放式基金参与的公司的抑价率都要低于全样本。从 IPO 首日抑价率的描述性统计结果来看，支持了假设 1，即开放式基金的参与会降低 IPO 抑价水平。

从表 5-3B 栏可以发现，2007 年的 IPO 首周平均抑价率为 189.05%，居各年之首，2006—2014 年平均抑价率达 29.42%。虽然各年 A 股市场的抑价程度不尽相同，但抑价现象却都十分严重。2006—2014 年有开放式基金参与配售 IPO 平均抑价率为 61.09%，高出全样本 2.03%。

表 5-3　2006—2014 年中国 A 股 IPO 首日、首周抑价率的比较与分析

项目	年份	样本值	平均值	中位数	最大值	最小值	方差
IPO首日抑价水平	2006	65	0.835800	0.754795	3.457062	−0.800000	0.382343
	2007	123	1.959705	1.746032	5.500938	0.322481	1.314118
	2008	76	1.149500	0.841411	4.035377	−0.380851	0.827565
	2009	98	0.757549	0.760187	2.892857	0.084194	0.209068
	2010	346	0.425547	0.313870	5.835088	−0.669444	0.263784
	2011	281	0.247303	0.146575	4.492500	−0.729116	0.243683
	2012	154	0.257685	0.166728	6.267442	−0.569259	0.349663
	2014	125	0.433371	0.440088	0.894737	−0.545000	0.000042
	2006—2014	1268	0.605330	0.431494	6.267442	−0.800000	0.694537
IPO首周抑价水平	2006	65	0.804931	0.722727	3.271824	−0.802857	0.322187
	2007	123	1.890458	1.783430	7.641651	0.373077	1.351164
	2008	76	0.995781	0.770648	3.911956	−0.390426	0.735502
	2009	98	0.665956	0.613421	2.225000	0.062331	0.133311
	2010	346	0.390766	0.300467	6.564912	−0.671296	0.269651
	2011	281	0.212218	0.108364	3.740000	−0.702082	0.199040
	2012	154	0.227080	0.131218	4.337209	−0.445556	0.214098
	2014	125	0.746259	0.742145	1.321138	−0.597000	0.026695
	2006—2014	1268	0.590600	0.400746	7.641651	−0.802857	0.637011

根据以上分析，图 5-2 给出了 IPO 上市首日抑价率及首周抑价率的走势，更为清晰直观地展现了 IPO 抑价率的变化趋势。

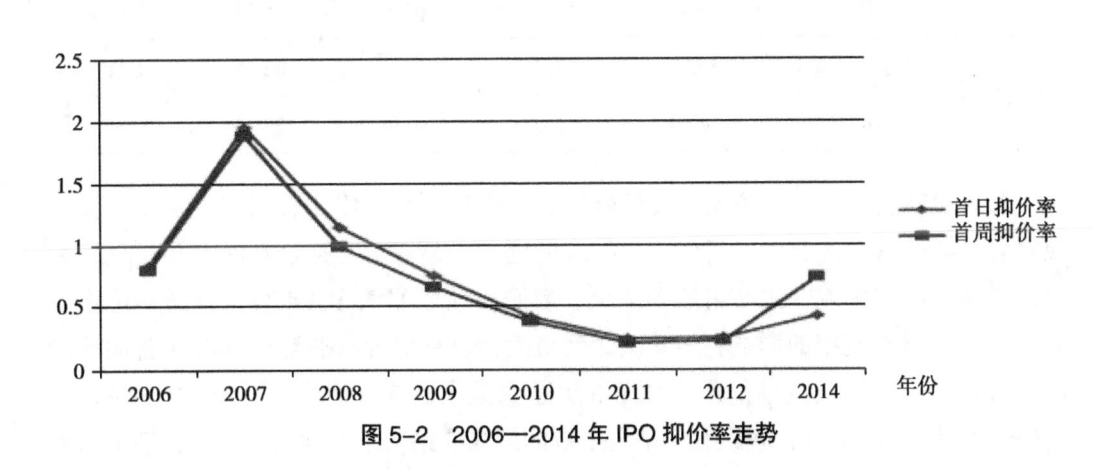

图 5-2　2006—2014 年 IPO 抑价率走势

由图 5-2 可见，总体趋势上，首日抑价率与首周抑价率保持了十分吻合的走势，均于 2007 年达到最高点，2014 年新政推出之后，首周抑价率有大幅上升。2007—2012 年 IPO 抑价率呈现下降趋势，2013 年之后，随着新股发行体制改革，抑价程度逐渐上升。

二、分组分析

按照分组研究方法，将基金年龄、基金规模、历史业绩、获配新股基金数目和基金获配新股比例按 5 分位数分为 5 组，计算每组平均抑价水平。根据前面的假设，可能出现的情况是：随着基金特征指标增大，IPO 抑价水平越低，即在 1~5 组中呈现逐渐下降的趋势。分组结果见表 5-4。

表 5-4 按基金特征分组结果

全样本	抑价水平	1	2	3	4	5
Age	IR（%）	83.66	101.45	54.87	34.57	27.63
	IR^W（%）	79.30	95.12	50.98	34.93	34.55
Fund_Size	IR（%）	34.09	48.74	64.30	85.99	69.69
	IR^W（%）	33.33	52.12	62.89	83.13	63.91
Growth	IR（%）	44.99	47.06	101.39	54.33	55.06
	IR^W（%）	41.53	46.81	100.42	55.13	51.55
Fund_Num	IR（%）	58.42	56.90	62.75	69.40	55.23
	IR^W（%）	54.81	56.58	63.87	65.34	54.73
Hold_Ratio	IR（%）	55.31	52.84	68.97	62.75	62.89
	IR^W（%）	54.80	55.02	64.94	59.40	61.19

纵向观察表 5-4 可以发现，大部分新股上市后首日回报比首周回报要高；横向观察表 5-4 可以发现，随着基金特征指标的增加，新股 IPO 抑价水平大多是先扬后抑，基金年龄的影响在第 2 组达到最大，首日抑价水平为 101.45%，首周抑价水平为 95.12%；基金规模的影响在第 4 组达到最大，首日抑价水平为 85.99%，首周抑价水平为 83.13%；历史业绩的影响在第 3 组达到最大，首日抑价水平为 101.39%，首周抑价水平为 100.42%；获配股份基金家数的影响在第 4 组达到最大，首日抑价水平

为 69.40%，首周抑价水平为 65.34%；而基金获配新股比例变化比较复杂，首日抑价水平从 55.31% → 52.84% → 68.97% → 62.75% → 62.69%，而首周抑价从 54.80% → 55.02% → 64.94% → 59.10% → 61.19%，没什么明显规律。

三、实证分析

下面通过回归检验研究基金特征与 IPO 抑价水平的关系。

（一）基础回归分析

1. 首日回报分析

采用 2006—2012 年上市的 1268 个 IPO 样本研究开放式基金特征对 IPO 首日抑价率的影响，运用模型（5-4），在固定控制变量发行规模、中签率、市盈率、市场整体价格水平、换手率、承销商声誉的情况下，逐步加入基金年龄、基金规模、持有股票的基金家数、基金获配新股比例、基金历史业绩和基金参与指标后，分别用 IPO 首日抑价水平样本进行回归，结果见表 5-5。

表 5-5 首日回报逐步回归结果

变量	（1）	（2）	（3）	（4）	（5）	（6）
Age	−0.005***	−0.011***	−0.011***	−0.010***	−0.010***	−0.010***
	（0.001）	（0.001）	（0.001）	（0.001）	（0.001）	（0.001）
Fund_size		0.061***	0.062***	0.061***	0.061***	0.061***
		（0.007）	（0.007）	（0.007）	（0.007）	（0.007）
Fund_num			0.025*	0.024*	0.025*	0.026*
			（0.013）	（0.013）	（0.013）	（0.015）
Hold_ratio				0.982***	0.963***	0.985***
				（0.347）	（0.348）	（0.369）
Growth					−0.005	−0.005
					（0.005）	（0.005）
Join						−0.018
						（0.100）
Issu_size	−0.175***	−0.204***	−0.207***	−0.207***	−0.206***	−0.207***
	（0.022）	（0.021）	（0.021）	（0.021）	（0.021）	（0.021）

续表

变量	(1)	(2)	(3)	(4)	(5)	(6)
WinR	−0.023***	−0.013*	−0.013*	−0.013*	−0.013*	−0.013*
	(0.007)	(0.007)	(0.007)	(0.007)	(0.007)	(0.007)
PE	−0.011***	−0.010***	−0.010***	−0.010***	−0.010***	−0.010***
	(0.001)	(0.001)	(0.001)	(0.001)	(0.001)	(0.001)
ln(Index)	1.292***	1.196***	1.188***	1.220***	1.223***	1.223***
	(0.077)	(0.076)	(0.076)	(0.076)	(0.076)	(0.076)
Turnover	0.456***	0.386***	0.396***	0.387***	0.392***	0.392***
	(0.075)	(0.073)	(0.073)	(0.073)	(0.073)	(0.073)
Underwriter	−0.020	−0.005	−0.006	−0.007	−0.008	−0.008
	(0.038)	(0.037)	(0.037)	(0.037)	(0.037)	(0.037)
Constant	−5.743***	−4.941***	−4.899***	−5.218***	−5.253***	−5.240***
	(0.725)	(0.710)	(0.709)	(0.716)	(0.717)	(0.721)
Observations	1268	1268	1268	1268	1268	1268
R^2	0.336	0.374	0.376	0.380	0.380	0.380
F Statistic	91.058***	94.108***	84.180***	76.983***	70.075***	64.189***

注：***、**、*分别表示在1%、5%和10%水平上显著。

（1）基金年龄（Age）的回归系数在1%置信水平下显著为负，验证了关于基金年龄的假设。在加入其他开放式基金特征后，基金年龄对IPO抑价水平的抑制作用在经济上增强了，且基本稳定在近 −0.01 的水平。这说明在我国IPO市场上，参与IPO网下配售的开放式基金的年龄确实能够显著影响IPO的抑价程度，持股开放式基金的年龄越大，IPO的抑价程度越低，说明基金的成立时间越长，越能够充分运用其专业团队的研究能力，对IPO的询价过程提供更为合理的报价。

（2）基金净值规模（Fund_size）的回归系数为正，且在1%置信水平下显著，影响程度在约0.06的水平上。这说明在我国IPO市场上，参与网下配售的开放式基金的规模越大，就会使IPO的抑价程度越高，这与假设一致。因为基金投资专业知识能力强、水平高，使得基金业绩好，进而吸引投资者踊跃申购，基金规模变大，这样大规模基金的投资动向更易受到其他投资者的关注。因此，大规模的开放式基金参与IPO时会向市场传递新上市公司质量很好的信号，从而导致IPO抑价程度更高。

（3）开放式基金获配家数（Fund_num）的回归系数在10%置信水平下显著为正。说明当参与IPO网下申购的开放式基金数量增多时，开放式基金间没有产生竞争报价，承销商不能从询价信息中获取有价值的信息，没能定出有效的IPO发行价格，从而导致抑价程度更高。同时，我国的新股配售在完成投标询价之后，当发行价格以上的有效申购总量大于拟向询价对象配售的股份数量时，发行人及其承销商就会对发行价格以上的全部有效申购进行同比例的配售。因此，我国的新股配售并不同于真正意义上的累计订单询价配售。这可能会导致网下配售家数越多，IPO抑价程度越高。

（4）开放式基金获配新股比例（Hold_ratio）的回归系数在1%置信水平下显著为正，且影响程度在约0.982的水平上。这说明参与IPO发行网下申购的开放式基金持股比例越高，IPO抑价程度越高。开放式基金在IPO过程中没能抑制IPO低效定价，这可能是因为承销商以较低的发行价给机构投资者配售新股股份，吸引机构投资者，以换取股票买方在佣金等方面给予的利益反馈。

（5）历史业绩（Growth）的系数为负，与假设相符，虽然结果不显著，但在方向上说明了投资IPO的开放式基金历史业绩越好，就具备越强的投资研究能力，对IPO的实际内在价值把握更为精准，从而能够降低IPO抑价程度。

（6）基金参与（Join）对IPO首日抑价水平具有负的作用，但不显著，这表明在中国新股发行市场，最为专业的机构投资者开放式基金参与新股配售，会降低IPO首日抑价水平。

（7）控制变量发行规模（Issu_size）的回归系数在1%置信水平下为负，说明存在发行规模小公司效应；中签率对IPO抑价水平在10%置信水平下具有显著负的作用；市盈率对IPO抑价水平在1%置信水平下具有显著的抑制作用；整体市场价格水平上涨，则IPO抑价水平也随之大涨；换手率的回归系数为0.392，在1%置信水平下显著，说明换手率越高（投资者情绪越高），IPO首日抑价水平越高；承销商声誉对IPO的影响为负，但不显著，说明承销商起到了"中介/认证"作用，但面对机构投资者提供的有价值信息，承销商会选择性地获取、加工，仍定出较低的发行价，可能存在与机构投资者进行利益交换的目的。

2. 首周回报分析

自从2014年政策规定了IPO首日的最高交易价格，从而限定了首日抑价率的最大值为44%后，首周抑价率有了大幅上升，市场对于IPO的需求从上市首日蔓延至之后更长一段时间。因此，需进一步考察基金特征对IPO首周抑价水平的影响。

这里用2006—2012年上市的1268个IPO样本研究开放式基金特征对IPO首周抑价率的影响，采用模型（5-4），在固定控制变量发行规模、中签率、市盈率、市场整体价格水平、换手率、承销商声誉的情况下，逐步加入基金年龄、基金规模、持有股票的基金家数、基金获配新股比例、基金历史业绩和基金参与指标后，分别对 IPO 首周抑价水平样本进行回归，结果见表 5-6。

表 5-6 首周回报逐步回归结果（2006—2012 年 IPO 样本）

变量	（1）	（2）	（3）	（4）	（5）	（6）
Age	−0.005***	−0.010***	−0.010***	−0.010***	−0.009***	−0.009***
	（0.001）	（0.001）	（0.001）	（0.001）	（0.001）	（0.001）
Fund_size		0.059***	0.059***	0.058***	0.058***	0.058***
		（0.007）	（0.007）	（0.007）	（0.007）	（0.007）
Fund_num			0.019	0.019	0.019	0.019
			（0.013）	（0.013）	（0.013）	（0.015）
Hold_raio				1.028***	1.019***	1.023***
				（0.346）	（0.347）	（0.368）
Growth					−0.003	−0.003
					（0.005）	（0.005）
Join						−0.004
						（0.100）
Issu_size	−0.156***	−0.181***	−0.183***	−0.183***	−0.183***	−0.183***
	（0.021）	（0.021）	（0.021）	（0.021）	（0.021）	（0.021）
WinR	−0.030***	−0.020***	−0.020***	−0.020***	−0.020***	−0.020***
	（0.007）	（0.007）	（0.007）	（0.007）	（0.007）	（0.007）
PE	−0.011***	−0.010***	−0.010***	−0.010***	−0.010***	−0.010***
	（0.001）	（0.001）	（0.001）	（0.001）	（0.001）	（0.001）
Index	1.263***	1.158***	1.152***	1.184***	1.186***	1.186***
	（0.076）	（0.075）	（0.075）	（0.076）	（0.076）	（0.076）
Turnover	−0.013	0.001	0.004	0.004	0.005	0.005
	（0.031）	（0.030）	（0.031）	（0.030）	（0.031）	（0.031）
Underwriter	0.001	0.013	0.013	0.011	0.011	0.011
	（0.038）	（0.037）	（0.037）	（0.036）	（0.036）	（0.037）

续表

变量	（1）	（2）	（3）	（4）	（5）	（6）
Constant	−5.633***	−4.877***	−4.846***	−5.182***	−5.203***	−5.201***
	（0.724）	（0.711）	（0.711）	（0.717）	（0.719）	（0.723）
Observations	1268	1268	1268	1268	1268	1268
R^2	0.294	0.332	0.333	0.338	0.338	0.338
F Statistic	75.036***	78.206***	69.798***	64.091***	58.255***	53.358***

注：***、**、*分别表示在1%、5%和10%水平上显著。

（1）基金特征指标对首周抑价水平的影响与首日抑价水平的结果基本一致，表明开放式基金的参与对IPO抑价程度的影响具有一定的延续性。基金年龄越长，IPO首周抑价水平越低，基金规模越大，IPO抑价程度越高，且两者的影响水平相对稳定，回归系数分别约为−0.01和0.06。基金历史业绩的影响系数为负，但不显著。

（2）获配新股的基金家数的影响仍为正，但不显著，可能新股上市后的走势不取决于发行信息，取决于市场信息的可能性更大；基金获配新股比例对IPO首周抑价水平的影响仍在1%置信水平下显著，持股增加1%，抑价水平提高5.6%（1.028）个标准差。

（3）基金历史业绩对IPO首周基金抑价率的影响为负，但不显著；基金参与对IPO首周抑价水平也具有负的作用，但不显著。这表明在中国新股发行市场，专业的、历史业绩较好的机构投资者开放式基金参与新股配售，会降低IPO首周抑价水平。

（4）控制变量中，发行规模系数为负且非常显著，说明IPO发行规模越大，受到市场的监管越多，抑价水平越能得到抑制；公司发行规模越小，股票供给越少，新股的投机性需求就会越强，则新股获配者就要求有更高的新股初始回报率。市场整体价格水平的回归系数为正，在1%置信水平下显著，说明在市场行情好的时候，投资者的投资热情更高，新股会受到更多追捧，因此IPO抑价程度更高。中签率的回归系数显著为负，可能是因为当新股被很多投资者关注时，首发申购过程会有更多投资者参与，导致中签率降低。投资者越多，IPO定价时的信息不对称性越低，使得IPO的定价更有效率，从而降低其抑价程度。Underwriter系数为正，与首日抑价水平结果不一致。

从首日（开板）回报和首周抑价水平的回归结果看，基金历史业绩（Growth）和基金参与（Join）哑变量在首日和首周抑价水平的回归结果中系数并不显著，所以在以后的实证中不再加入这两个特征变量。

3. 按基金深度分组

在前面的回归分析中，基金年龄、基金规模和基金历史业绩特征的影响在首日抑价和首周抑价方面都相对稳定，且这3个指标对同一日期发行的新股来说，影响也相同。而基金获配新股信息的影响存在差异，对于不同的新股，基金获配信息的影响不同。

下面将基金获配新股比例指标（Hold_raio）按30%、40%和30%分为3组，即高比例、中比例和低比例组，进一步探究基金获配信息对IPO抑价水平的影响。采用模型（5-4）分别对首日抑价和首周抑价进行回归，回归结果见表5-7。

表5-7 持股比例高、中、低3组的回归结果

变量	首日抑价 低比例	首日抑价 中比例	首日抑价 高比例	首周抑价 低比例	首周抑价 中比例	首周抑价 高比例
Age	−0.007***	−0.009***	−0.011***	−0.006***	−0.009***	−0.011***
	(0.002)	(0.002)	(0.002)	(0.002)	(0.002)	(0.002)
Fund_size	0.046***	0.056***	0.069***	0.042***	0.054***	0.068***
	(0.011)	(0.012)	(0.013)	(0.011)	(0.012)	(0.013)
Fund_num	0.034	0.008	0.056*	0.037	−0.012	0.057**
	(0.029)	(0.026)	(0.029)	(0.028)	(0.027)	(0.028)
Hold_raio	−1.671	2.335	1.036*	−1.572	1.104	1.421**
	(2.838)	(3.071)	(0.612)	(2.730)	(3.149)	(0.589)
Growth	−0.00005	−0.00003	−0.020	−0.00003	0.00000	−0.030
	(0.0001)	(0.0001)	(0.047)	(0.00005)	(0.0001)	(0.045)
Issu_size	−0.229***	−0.204***	−0.182***	−0.231***	−0.157***	−0.168***
	(0.035)	(0.036)	(0.037)	(0.034)	(0.037)	(0.036)
WinR	0.020	−0.047**	−0.012	0.010	−0.060***	−0.016*
	(0.015)	(0.020)	(0.009)	(0.014)	(0.020)	(0.009)
PE	−0.007***	−0.015***	−0.009***	−0.006***	−0.014***	−0.008***
	(0.001)	(0.002)	(0.002)	(0.001)	(0.002)	(0.002)
Ln(Index)	1.258***	1.692***	0.897***	1.158***	1.662***	0.882***
	(0.142)	(0.141)	(0.119)	(0.134)	(0.144)	(0.115)
Turnover	0.195*	0.518***	0.501***	−0.097**	0.081	0.034
	(0.111)	(0.129)	(0.135)	(0.044)	(0.053)	(0.057)

续表

变量	首日抑价			首周抑价		
	低比例	中比例	高比例	低比例	中比例	高比例
Underwriter	0.104*	0.022	−0.088	0.128**	0.047	−0.085
	(0.056)	(0.063)	(0.066)	(0.055)	(0.065)	(0.063)
Constant	−5.099***	−8.905***	−3.374***	−4.048***	−9.292***	−3.362***
	(1.338)	(1.310)	(1.150)	(1.282)	(1.346)	(1.114)
Observations	380	508	380	380	508	380
R^2	0.399	0.434	0.363	0.376	0.387	0.331
F Statistic	22.214***	34.528***	19.058***	20.184***	28.436***	16.516***

注：***、**、*分别表示在1%、5%和10%水平上显著。

从表5-7中的回归结果可发现：基金获配比例高分组与低分组相比，基金年龄对新股抑价程度的抑制作用按低、中、高的次序，以0.02为级差增强；基金规模对新股抑价程度的正向作用更强，高比例组比低比例组强0.02；基金历史业绩和基金参与哑变量对IPO抑价水平的影响不显著；基金获配新股家数和基金获配新股比例只在高比例组在10%置信水平显著，表明持股比例越高，获配的基金家数越多，IPO抑价水平越高。低比例分组中，获配新股比例越高，IPO抑价水平越低，但不显著。这证明基金获配新股比例低时，可能意味着基金获配新股家数也比较多，这时承销商输送利益给机构买方的可能性就降低了，基金分散了，对IPO抑价水平有抑制作用。基金获配新股比例高时，一般意味着获配新股基金家数可能较少，承销商进行利益输送的可能性就会更大。而实证结果说明，这时基金获配家数越多，IPO抑价水平也越高。这种情况可能是因为承销商在进行利益输送时，与承销商无关联的基金存在"搭便车"的情况。

（二）分位数回归分析

从描述性统计分析结果来看，首日回报和首周回报均不是正态的，峰度均为10。从分组分析结果可以发现，基金获配家数和基金获配新股比例对IPO抑价水平的影响存在差异。因此需要对样本进行分位数回归，考察不同基金特征指标水平下，基金特征影响IPO抑价水平的程度是否存在差异。

先进行10、20、50、80和90分位数回归，结果见表5-8。从表5-8中可以发现，随着分位数增大，各指标对IPO首日抑价水平和首周抑价水平的影响大部分变得更强了。下面以IPO首日抑价水平为例说明。

表 5-8 分位数回归结果

变量	(1)	(2)	(3)	首日 (4)	(5)	(6)	(7)	首周 (8)	(9)	(10)
Age	−0.001***	−0.003***	−0.006***	−0.012***	−0.015***	−0.002***	−0.003***	−0.006***	−0.011***	−0.015***
	(0.0004)	(0.001)	(0.001)	(0.001)	(0.002)	(0.0005)	(0.0005)	(0.001)	(0.001)	(0.002)
Fund_size	0.013***	0.023***	0.044***	0.079***	0.101***	0.013***	0.021***	0.044***	0.078***	0.101***
	(0.002)	(0.003)	(0.003)	(0.006)	(0.009)	(0.002)	(0.002)	(0.004)	(0.007)	(0.009)
Fund_num	−0.007	0.001	0.020**	0.029**	0.058**	−0.009*	0.006	0.017	0.030*	0.053*
	(0.005)	(0.004)	(0.009)	(0.013)	(0.024)	(0.004)	(0.004)	(0.009)	(0.015)	(0.027)
Hold_raio	0.146	0.352**	0.818***	1.677***	1.396***	0.089	0.434**	0.917***	1.589***	1.330**
	(0.120)	(0.179)	(0.282)	(0.377)	(0.520)	(0.145)	(0.200)	(0.331)	(0.344)	(0.659)
Issu_size	−0.086***	−0.099***	−0.175***	−0.212***	−0.217***	−0.095***	−0.116***	−0.182***	−0.215***	−0.227***
	(0.012)	(0.008)	(0.013)	(0.029)	(0.056)	(0.014)	(0.010)	(0.018)	(0.028)	(0.047)
WinR	−0.024***	−0.025***	−0.043***	−0.021	−0.007	−0.020***	−0.024***	−0.042***	−0.021	−0.007
	(0.009)	(0.004)	(0.007)	(0.017)	(0.032)	(0.005)	(0.008)	(0.009)	(0.017)	(0.031)
PE	−0.002***	−0.004***	−0.007***	−0.009***	−0.010***	−0.002***	−0.004***	−0.008***	−0.009***	−0.010***
	(0.0005)	(0.0004)	(0.001)	(0.001)	(0.002)	(0.0003)	(0.0003)	(0.001)	(0.001)	(0.002)

续表

变量	(1)	(2)	(3)	(4)	(5)	(6)	(7)	(8)	(9)	(10)
			首日					首周		
ln(Index)	0.509***	0.501***	0.706***	1.022***	1.230***	0.663***	0.776***	0.745***	1.034***	1.242***
	(0.047)	(0.057)	(0.056)	(0.110)	(0.193)	(0.039)	(0.055)	(0.079)	(0.113)	(0.178)
Turnover	0.284***	0.294***	−0.025	−0.122*	−0.086	0.125***	0.114***	−0.022	−0.042	−0.021
	(0.025)	(0.035)	(0.055)	(0.070)	(0.147)	(0.013)	(0.013)	(0.022)	(0.032)	(0.065)
Underwriter	−0.009	0.017	0.008	−0.018	0.073	0.001	0.013	0.007	−0.012	0.088
	(0.013)	(0.013)	(0.025)	(0.037)	(0.064)	(0.013)	(0.012)	(0.026)	(0.039)	(0.071)
Constant	−2.418***	−2.026***	−1.663***	−3.112***	−4.631***	−3.450***	−3.797***	−1.793**	−3.191***	−4.532***
	(0.403)	(0.473)	(0.546)	(0.984)	(1.723)	(0.383)	(0.466)	(0.701)	(0.996)	(1.501)
Observations	1268	1268	1268	1268	1268	1268	1268	1268	1268	1268

注：***、**、*分别表示在1%、5%和10%水平上显著。

（1）基金年龄影响系数的绝对值越来越大，从 0.001 到 0.015；基金规模的影响系数也越来越大，影响程度从 0.013 到 0.101；基金获配家数也是随着分位数的提高对 IPO 首日抑价水平的影响更强，仅在 50 分位数及以上在 1% 置信水平下显著为正；基金获配新股比例的分位回归系数逐步增大，从 0.146 一直到 1.667，且仅在 10 分位数的回归系数不显著，其余 4 个分位数的系数均显著。

（2）小规模效应随着分位数的增大而增强，变化范围从 −0.086 到 −0.212；中签率的负向影响逐渐增强，系数从 −0.024 到 −0.043，到 90 分位点，突然衰减且不显著；市盈率的影响在前 50 分位数成倍增强，后 50 分位数增强的力度减弱了；市场水平的影响也是逐步增强的，影响程度从 0.509 到 1.230；换手率对 IPO 抑价水平的影响从显著为正到显著为负，说明在高水平下，换手率对 IPO 抑价水平具有抑制作用，获得新股配售的投资者可能都不看好该上市公司，上市即快速卖出。

总之，基金特征各指标对 IPO 首日抑价水平的影响在不同分位数下并不相同，影响程度部分存在巨大差异，需进一步分析分位数回归系数的变化情况。图 5-3 直观反映了 100 个分位数点回归的结果。

从图 5-3 可发现：随着分位数的增大，Age 的回归系数呈现向下趋势，基金规模回归系数呈现向上趋势，获配基金家数和获配新股比例均呈向上趋势，均在右尾部陡

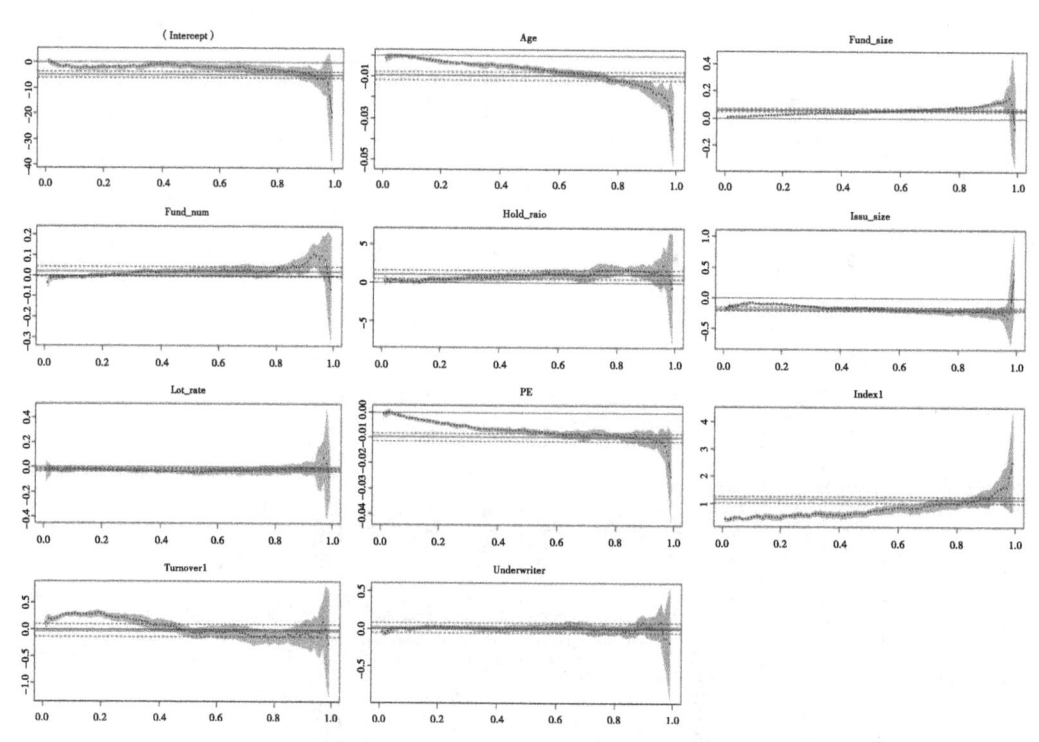

图 5-3　首日抑价水平分位数回归系数图

然向下。这表明基金特征指标对 IPO 抑价水平的影响系数在不同分位点并不相等。

不同基金特征水平下，基金特征对 IPO 抑价水平的影响存在显著的差异，所以需严谨地进行差异检验。下面进一步验证分位回归系数的相等性和对称性，首日抑价水平的相等性检验和对称性检验结果如表 5-9 所示。

表 5-9 分位数回归系数相等性和对称性检验结果

分位数对	0.1, 0.9	0.2, 0.8	0.3, 0.7	0.4, 0.6	10 个分位数
A 检验：$b(\tau_h) - b(\tau_k) = 0$					
Wald Test	210.4671 (0.0000)	135.6560 (0.0000)	80.7543 (0.0000)	35.0662 (0.0001)	364.6032 (0.0000)
Age	0.0143 (0.0000)	0.0100 (0.0000)	0.0061 (0.0000)	0.0028 (0.0006)	
Fund_size	−0.0924 (0.0000)	−0.0579 (0.0000)	−0.0381 (0.0000)	−0.0152 (0.0001)	8 个分位数对 的结果略去
Fund_num	−0.0980 (0.0018)	−0.0293 (0.1377)	−0.0011 (0.9304)	0.0019 (0.8112)	
Hold_ratio	−0.9301 (0.2137)	−0.7177 (0.1117)	−0.1649 (0.6258)	0.2172 (0.3243)	
B 检验：$b(\tau) + b(1-\tau) - 2*b(0.5) = 0$					
Wald Test	134.5531 (0.0000)	61.1328 (0.0000)	17.1183 (0.1044)	6.2872 (0.8535)	175.4948 (0.0000)
Age	−0.0031 (0.2259)	−0.0031 0.1046	6.11e−06 (0.9966)		
Fund_size	0.0208 (0.1146)	0.0149 (0.1114)	−0.0012 (0.7928)		8 个分位数对 同左侧数据
Fund_num	0.0352 (0.2639)	−0.0117 0.5601	−0.0176 (0.1911)		
Hold_ratio	−0.4530 (0.5568)	−0.3361 0.4938	−0.3012 (0.4088)		

注：括号内为 p 值。

从表 5-9A 栏可以发现：不论是在单个分位数对还是在 10 个分位数对同时检验，Wald 检验的卡方统计量的值都是显著的，表明基金各个特征指标在不同分位数对的回归系数间存在显著差异，即回归系数并不相等。具体而言，基金年龄和基金规模存在显著差异，而基金获配家数仅在10和90分位数对存在显著差异，基金获配新股比例的回归系数在不同分位数对间不存在显著差异。这表明在不同基金获配比例水平下，获配比例对IPO抑价水平的影响程度是相同的；在不同获配基金家数水平下，获配基金家数对IPO抑价水平的影响程度仅在高分位数对下影响程度存在显著差异，其他接近于50分位数水平的分位数间的影响程度不存在差异；在不同的基金年龄和基金规模水平下，它们对IPO抑价水平的影响程度存在显著差异，在高水平下，影响程度更强。

从表5-9B栏可以发现：Wald检验的卡方统计量的值在偏离中位数水平下的分位数点对间和在10个分位数对同时检验时是显著的，表明分位数回归系数间关于中位数是非对称的。而就基金特征指标来看，基金规模在10和90分位、20和80分位点对时在10%置信水平下是非对称的，基金年龄在20和80分位点对时在10%置信水平下是非对称的，基金获配新股家数和获配新股比例的分位数回归系数关于50分位数是对称的。

（三）稳健性分析

1. 分市场和板块

上交所的上市公司一般规模较大，深交所的上市公司规模相对较小，下面分沪、深两个市场，同时在深市分创业板和中小板，分别运用模型（5-4）对首日抑价水平和首周抑价水平进行回归，回归结果见表5-10。

表5-10 分市场、板块的回归结果

变量	首日抑价水平				首周抑价水平			
	沪市	深市	创业板	中小板	沪市	深市	创业板	中小板
Age	−0.010**	−0.008***	0.0002	−0.010***	−0.010**	−0.008***	0.001	−0.010***
	(0.004)	(0.001)	(0.001)	(0.002)	(0.005)	(0.001)	(0.001)	(0.002)
Fund_size	0.058	0.054***	0.017***	0.050***	0.091	0.051***	0.013**	0.054***
	(0.061)	(0.007)	(0.006)	(0.010)	(0.068)	(0.006)	(0.006)	(0.010)
Fund_num	−0.055	0.017	0.008	0.018	−0.052	0.009	0.006	0.006
	(0.060)	(0.013)	(0.012)	(0.018)	(0.066)	(0.012)	(0.013)	(0.017)
Hold_raio	1.145	0.926***	0.313	1.047**	1.261	0.917***	0.323	1.052**
	(1.234)	(0.340)	(0.332)	(0.462)	(1.365)	(0.325)	(0.362)	(0.438)
Issu_size	−0.150**	−0.409***	−0.140***	−0.505***	−0.183**	−0.376***	−0.191***	−0.435***
	(0.065)	(0.031)	(0.035)	(0.042)	(0.072)	(0.029)	(0.038)	(0.039)

续表

变量	首日抑价水平				首周抑价水平			
	沪市	深市	创业板	中小板	沪市	深市	创业板	中小板
WinR	−0.012	−0.011	−0.048***	−0.003	−0.025	−0.016**	−0.049***	−0.007
	(0.019)	(0.008)	(0.011)	(0.009)	(0.021)	(0.007)	(0.012)	(0.009)
PE	−0.004	−0.007***	−0.001	−0.008***	−0.006	−0.007***	−0.001	−0.008***
	(0.004)	(0.001)	(0.001)	(0.002)	(0.005)	(0.001)	(0.001)	(0.002)
ln(INDEX)	1.098***	1.259***	0.204	1.320***	1.229***	1.198***	0.363**	1.262***
	(0.250)	(0.076)	(0.156)	(0.091)	(0.275)	(0.072)	(0.155)	(0.086)
Turnover	0.236	0.403***	0.401***	0.406***	−0.080	0.024	−0.023	0.063
	(0.202)	(0.077)	(0.061)	(0.124)	(0.099)	(0.030)	(0.029)	(0.044)
Underwriter	0.258*	−0.047	−0.077**	−0.075	0.338**	−0.037	−0.091***	−0.051
	(0.140)	(0.035)	(0.031)	(0.050)	(0.155)	(0.034)	(0.034)	(0.048)
Constant	−5.308**	−1.568*	1.199	0.031	−5.775**	−1.531*	1.250	−0.774
	(2.090)	(0.836)	(1.360)	(1.088)	(2.299)	(0.807)	(1.419)	(1.044)
Observations	180	1088	406	682	180	1088	406	682
R^2	0.169	0.473	0.260	0.519	0.168	0.444	0.198	0.496
F Statistic	3.426***	96.803***	13.872***	72.375***	3.406***	86.076***	9.726***	66.052***

注：***、**、*分别表示在1%、5%和10%水平上显著。

（1）基金年龄的作用在创业板中不显著，且回归系数为正；在其余各板块回归系数显著为负。基金年龄对新股抑价具有抑制作用，即成立时间久的基金能降低新股抑价水平。基金规模对IPO抑价水平的影响均为正，在上海市场对新股影响不显著，在深圳市场及深圳中小板和创业板子板块中对新股的影响在1%置信水平下显著为正。获配新股基金家数对抑价水平的影响在上海市场为负，在深圳市场及深圳中小板和创业板子板块中为正，这说明基金获配家数在上海市场具有抑制新股抑价水平的作用，而在深圳市场有提升的作用，这可能是因为上海市场上市公司资产规模一般较大，发行规模也较大，基金获配新股家数较多；也可能是上海市场样本量较少导致的。基金持股比例对IPO抑价水平的影响均为正，在深圳市场和深圳中小板市场是显著的，在上海和深圳创业板市场不显著。这可能是因为深圳市场上市公司的发行规模较小，发行比例较高，即股票股份保留比例较低，因而 IPO 抑价更容易受到机构投资者的影响。

（2）控制变量的影响结果同前文基本一致。承销商声誉在上海市场的影响显著为正，高声誉承销商一般承销的 IPO 企业是高质量公司，起到"分离"市场的作用；在深圳创业板市场显著为负，承销商在创业板市场起到了"中介/认证"的作用，不能起到区分拟 IPO 企业质量好坏的作用，这可能是因为要上市企业在排队，而承销商辅导保荐的企业过多，不能很好地识别拟上市公司的质量。

2. 控制行业

进一步考虑基金特征对不同行业的上市公司抑价水平的影响情况，在对全样本、上海和深圳两个子样本进行分析的基础上，加入行业变量进行分析，结果见表 5-11。这里对深圳市场进行细分的结果没有给出，结果基本一致，即在控制了行业后，基金特征对 IPO 抑价水平的影响不存在明显差异。

表 5-11 加行业后的实证结果

变量	首日抑价水平			首周抑价水平		
	（1）	（2）	（3）	（4）	（5）	（6）
Age	−0.010***	−0.010**	−0.008***	−0.009***	−0.009*	−0.008***
	(0.001)	(0.004)	(0.001)	(0.001)	(0.005)	(0.001)
Fund_size	0.059***	0.053	0.053***	0.057***	0.085	0.051***
	(0.007)	(0.061)	(0.007)	(0.007)	(0.068)	(0.006)
Fund_num	0.024*	−0.056	0.019	0.018	−0.053	0.010
	(0.013)	(0.060)	(0.013)	(0.013)	(0.067)	(0.012)
Hold_raio	0.911***	0.979	0.884***	0.952***	1.103	0.867***
	(0.347)	(1.235)	(0.340)	(0.346)	(1.375)	(0.324)
Issu_size	−0.238***	−0.069	−0.429***	−0.210***	−0.105	−0.394***
	(0.024)	(0.076)	(0.032)	(0.023)	(0.083)	(0.030)
WinR	−0.012*	−0.029	−0.009	−0.019***	−0.041*	−0.014*
	(0.007)	(0.020)	(0.008)	(0.007)	(0.023)	(0.007)
PE	−0.010***	−0.004	−0.007***	−0.010***	−0.006	−0.007***
	(0.001)	(0.004)	(0.001)	(0.001)	(0.005)	(0.001)

续表

变量	首日抑价水平			首周抑价水平		
	(1)	(2)	(3)	(4)	(5)	(6)
ln(INDEX)	1.223***	1.014***	1.257***	1.183***	1.146***	1.193***
	(0.076)	(0.251)	(0.076)	(0.076)	(0.278)	(0.073)
Turnover	0.378***	0.215	0.402***	0.00001	−0.001	0.0002
	(0.073)	(0.204)	(0.077)	(0.0003)	(0.001)	(0.0003)
Underwriter	−0.010	0.254*	−0.048	0.008	0.334**	−0.038
	(0.036)	(0.140)	(0.035)	(0.036)	(0.156)	(0.034)
Ind1	0.192	−0.897**	0.562**	0.133	−0.845*	0.504*
	(0.176)	(0.390)	(0.280)	(0.176)	(0.433)	(0.268)
Ind2	−0.134	−0.707**	−0.087	−0.143	−0.661*	−0.111
	(0.117)	(0.342)	(0.123)	(0.117)	(0.381)	(0.118)
Ind3	−0.026	−0.946**	0.134	−0.105	−0.899*	0.036
	(0.156)	(0.425)	(0.166)	(0.156)	(0.473)	(0.159)
Ind4	−0.128	−1.383**	0.023	−0.136	−1.307*	−0.006
	(0.155)	(0.672)	(0.153)	(0.154)	(0.748)	(0.147)
Ind5	−0.197*	−0.603*	−0.113	−0.217**	−0.549	−0.152
	(0.110)	(0.312)	(0.116)	(0.110)	(0.348)	(0.111)
Constant	−4.443***	−5.603**	−1.079	−4.440***	−6.089**	−1.007
	(0.758)	(2.157)	(0.874)	(0.762)	(2.393)	(0.845)
Observations	1268	180	1088	1268	180	1088
R^2	0.386	0.206	0.480	0.344	0.196	0.451
F Statistic	52.451***	2.844***	65.853***	43.714***	2.663***	58.689***

注：***、**、* 分别表示在1%、5%和10%水平上显著。

将表5-11的结果与表5-9、表5-10的结果进行比较可以发现：

（1）从各开放式基金特征指标的影响来看，影响程度和未加入行业控制变量时的回归结果差别并不明显，分市场的回归结果也没有大的差异。深圳市场子样本与全样本的结果一致，而在上海市场子样本中，基金特征变量对IPO抑价水平的影响仅有基金年龄的回归系数显著为负，其他特征指标影响方向与前面的结果一致，但均不显著，可能是因为样本太少，仅有180家公司。

（2）从行业指标来看，在上海市场上，与其他行业相比，商业类的股票可获得显著正的新股超额收益。金融行业在上海市场具有显著的负抑价水平，在深圳市场上却有显著的正抑价水平，这可能是因为相比其他新上市公司，深圳市场上的银行类企业的股票一般具有大市值、低市盈率特征，因而机构投资者给予了高的配置和预期，在深圳市场能起到稳定器的作用。因此商业行业的股票在深圳市场对IPO回报的影响很可能是负的。

3. 注册制改革实施前后

用模型（5-4）对注册制改革实施前后（2013年前、2013年后）子样本分别就首日抑价水平、首周抑价水平进行回归，结果分别见表5-12第（1）至（2）列和第（3）至（4）列；对2013年子样本上市后首个开板日抑价水平进行回归，结果见表5-12第（5）列，ln（Index）和Turnover对应首日、首周、首开板日的换手率和市场水平。

表5-12 分时间段的实证结果

变量	2013年前		2013年后		
	（1）	（2）	（3）	（4）	（5）
Age	−0.013***	−0.014***	−0.001	−0.003*	0.003
	（0.001）	（0.001）	（0.001）	（0.002）	（0.007）
Fund_size	0.067***	0.069***	−0.002	0.026	0.034
	（0.007）	（0.007）	（0.007）	（0.023）	（0.095）
Fund_num	0.023	0.011	−0.002	0.004	−0.085
	（0.014）	（0.014）	（0.006）	（0.020）	（0.084）
Hold_raio	1.178***	1.172***	−0.083	1.202***	3.113*
	（0.379）	（0.375）	（0.147）	（0.452）	（1.871）
Issu_size	−0.198***	−0.165***	0.011	−0.040	−0.363*
	（0.023）	（0.022）	（0.015）	（0.046）	（0.188）
WinR	−0.006	−0.012	−0.084***	−0.190***	−0.249
	（0.008）	（0.007）	（0.016）	（0.051）	（0.214）
PE	−0.009***	−0.008***	0.005***	0.004	−0.025
	（0.001）	（0.001）	（0.001）	（0.004）	（0.015）

续表

变量	2013年前		2013年后		
	（1）	（2）	（3）	（4）	（5）
ln（Index）	1.305***	1.287***	−0.069	0.073	0.789
	（0.080）	（0.079）	（0.065）	（0.189）	（0.725）
Turnover	0.721***	0.001***	−0.046	−0.001	−3.324***
	（0.110）	（0.0004）	（0.065）	（0.001）	（1.123）
Underwriter	−0.007	0.004	−0.009	0.052	0.243
	（0.039）	（0.039）	（0.017）	（0.052）	（0.218）
Constant	−6.357***	−6.636***	0.796	0.841	3.444
	（0.782）	（0.773）	（0.514）	（1.510）	（5.956）
Observations	1143	1143	125	125	125
R^2	0.406	0.368	0.355	0.432	0.400
F Statistic	77.473***	65.835***	6.287***	8.663***	7.588***

注：***、**、*分别表示在1%、5%和10%水平上显著。

（1）表5-12前两列的结果与全样本结果基本一致，这可能与2013年前的样本占多数，2013年后的样本仅有125家有关。2013年后的结果与全样本和2013年前的子样本间的结果存在差异。

（2）基金年龄的影响仍为负，仅在首周回报时对IPO抑价程度有显著抑制作用，获配基金的基金规模作用变得不显著了，尤其是对首开板日抑价水平。基金获配新股比例对IPO抑价水平的影响没变，仍是显著的正影响，且对开板日抑价水平的影响程度最强。获配新股的基金家数对IPO开板日抑价水平具有负的作用，且显著性相比首日抑价水平提高了。这可能部分验证了假设。网下配售获配的开放式基金家数代表了开放式基金对新上市股票的投资宽度，数量越多，表明IPO吸引了越多投资者的关注，也表明其具有更大的投资价值，而其询价阶段所收到的报价信息也越多，能够得到更为合理的定价。这也可能是2013年后样本量太小造成的，需进一步探讨。

（3）控制变量中换手率的影响变成显著为负，即换手率越低，抑价水平越高，这与2013年后新股上市首日涨跌幅限制为44%的交易制度有关。换手率越低，新股连涨的天数就越多，新股的价格越高，即IPO开板日抑价水平越高。可见新的交易制度实施后，新股的开板日抑价水平中有二级市场的助推作用。新股首日交易限制涨幅的交易制度并没有降低 IPO 抑价水平，首日抑价水平被拖长时间，不能使新股尽快寻求其在二级市场上的均衡价格。

第三节　开放式基金特征对 IPO 长期抑价的影响

由于我国 IPO 抑价程度相当高，新股上市时会引起市场上的投资热潮，因此，IPO 抑价往往会持续很长一段时间，尤其是 2014 年后新股上市首日交易制度的改革使得这一情况更甚。因此，本节将 IPO 上市 5 日、10 日、20 日、3 个月、6 个月和 1 年抑价水平的影响因素进行分析探讨，以考察开放式基金特征对 IPO 中长期抑价水平的影响。

一、描述性统计分析

抑价水平度量公式如下：

$$IR_t = P_{it}/P_{i0} - 1$$

其中，P_{it} 为 i 股票上市后 t 日的收盘价，这里 t=5、10、20 日（1 个月）、3 个月、6 个月、1 年。

将短、中、长期抑价水平进行描述性统计，结果见表 5-13。

表 5-13　短、中、长期 IPO 抑价水平的描述性统计

时间	5 日	10 日	1 个月	3 个月	6 个月	1 年
均值	59.6747	63.6507	65.3170	58.7289	59.0604	32.4512
中位数	39.9906	37.6531	36.5404	32.0314	23.2644	0.0000
最大值	515.7635	550.3695	869.0476	919.6429	2273.724	1837.6180
最小值	-31.0667	-34.0333	-33.4849	-64.8449	-76.3333	-83.8095
标准差	72.2553	80.9029	93.2797	89.5300	135.9269	117.4170
偏度	2.2132	1.8858	2.8606	2.7456	7.1801	5.3012
峰度	10.4169	7.4835	16.3923	17.0580	94.4181	59.4847

从表 5-13 可看出，各期抑价水平的偏度都是正的，都是重尾在右侧时，分布均为右偏。随着上市后时间的推移，峰度越来越大，表明公司上市后分化严重，10 日抑

价水平的峰度最小，也达到了了 7.4835，6 个月的抑价水平峰度达到最大 94.4181。从 1 年后 IPO 抑价水平来看，最小值为 –83.809，最大值为 1838.6180。这表明有的股票跌破发行价，跌了近 1 倍，有的股票涨了 18 倍，差距非常大。可见，新股各期 IPO 抑价水平存在显著的差异。

二、相关性分析

下面简要分析开放式基金特征指标与各期 IPO 抑价水平见的关系，分析结果见表 5-14。从表 5-14 可看出，短、中、长期抑价水平间高度正相关，且相关系数随着时间的推移相关程度降低了，5 日和 10 日抑价水平的相关程度达 0.939，5 日和 1 年抑价水平相关系数为 0.356。基金年龄与各期抑价水平负相关，且随着时间的推移，相关程度也下降了，如基金年龄和 5 日抑价率的相关系数为 –0.148，和 1 年抑价水平的相关系数为 –0.016。开放式基金规模与各期抑价水平正相关，随时间的延长，相关程度降低了，但不太明显。获配新股比例、获配新股基金家数也都与各期抑价水平大部分正相关，且相关系数变化不太大。

三、分组分析

按照分组研究方法，将基金年龄、基金规模、历史业绩、获配新股基金家数和基金获配新股比例按 5 分位数分为 5 组，计算每组 5 日、10 日、20 日、3 个月、6 个月和 1 年的平均抑价水平。具体分析结果见表 5-15。

（1）纵向观察：随着基金年龄的增加，新股 5 日至 3 个月的 IPO 平均抑价水平从第 2 组到第 3 组呈下降趋势，而 6 个月和 1 年的平均 IPO 抑价水平从第 1 组到第 4 组呈下降趋势，基本是先抑→后扬→再抑，只是后面转折的点不同。总体上随着基金年龄的增加，各期 IPO 平均抑价水平下降，两者之间存在负向关系。

横向观察：在基金年龄最低的两组中，随着持股时间延长，基金持有期新股收益是下降的，以第 2 组为例，如果一直持有配售的新股，新股收益从 90.820% 一直下降到 1 年的 41.206%；而在基金年龄高的 3 组中，随着持股时间延长，新股收益从 5 日的最低升到 20 日的最高，随后降低，至 1 年时回报最低。

（2）纵向观察：随着基金规模的增大，新股 5 日至 3 个月的 IPO 抑价水平从第 1 组到第 4 组呈上涨趋势，到第 5 组陡然下跌，而 6 个月和 1 年的平均 IPO 抑价水平从第 2 组到第 5 组呈下跌趋势，而从第 1 组到第 2 组是突然暴涨。

表 5-14 相关性分析结果

变量	IR5	IR10	IR20	IR3m	IR6m	IR1y	AGE	Fund_size	Fund_num
IR10	0.939								
IR20	0.807	0.908							
IR3m	0.716	0.816	0.887	1.000					
IR6m	0.509	0.622	0.754	0.815	1.000				
IR1y	0.356	0.470	0.585	0.637	0.785	1.000			
Age	-0.148	-0.074	-0.033	-0.052	-0.016	-0.016	1.000		
Fund_size	0.142	0.132	0.121	0.111	0.082	0.074	0.475	1.000	
Fund_num	0.040	0.053	0.038	0.028	0.019	0.039	0.082	-0.006	1.000
Hold_ratio	0.055	0.048	0.072	0.084	0.075	0.093	-0.065	0.021	-0.007

表 5-15 按基金特征分组的不同期 IPO 回报

变量	分组	IR5（%）	IR10（%）	IR20（%）	IR3m（%）	IR6m（%）	IR1y（%）
Age	1	76.470	75.920	74.253	73.062	81.651	50.916
	2	90.820	90.254	86.906	75.448	60.556	41.206
	3	52.698	56.276	58.551	51.896	46.438	16.767
	4	34.869	37.584	43.477	36.793	40.001	10.437
	5	43.148	57.904	63.143	56.247	66.638	42.825
Fund_size	1	34.673	39.041	39.375	34.285	33.608	9.962
	2	54.861	65.080	71.425	65.986	79.950	54.158
	3	66.845	71.380	76.692	73.623	79.646	49.526
	4	82.150	83.726	83.904	74.753	68.899	33.831
	5	59.901	59.010	55.117	44.912	32.951	14.521
Growth	1	41.592	41.653	41.425	44.579	54.817	54.688
	2	46.674	50.806	53.451	44.440	39.518	12.709
	3	102.609	110.346	116.045	106.235	99.837	34.494
	4	55.213	62.708	69.014	67.230	76.922	40.825
	5	52.439	52.893	46.790	31.330	24.440	19.773
Fund_num	1	56.766	58.723	60.083	53.915	56.336	26.096
	2	54.861	58.821	62.286	59.793	58.370	29.763
	3	63.074	67.166	70.797	59.408	63.440	41.333
	4	65.269	69.316	68.615	62.103	55.621	26.325
	5	58.461	64.284	64.841	58.413	61.542	38.771
Hold_ratio	1	56.595	63.878	65.191	58.846	58.051	25.871
	2	56.333	62.158	64.982	54.597	62.669	40.356
	3	62.892	63.785	59.898	53.310	45.161	16.228
	4	60.778	62.650	63.051	59.145	58.364	36.833
	5	61.815	65.800	73.467	67.795	71.015	42.874

横向观察：在基金规模前 4 组中，IPO 抑价水平从 5 日到 20 日达到最大，从 20 日到 1 年 IPO 回报变化没有什么规律，但在基金规模最大的组中，新股收益从最高的 5 日回报 59.901% 降到最低的 1 年回报 14.521%。

（3）纵向观察：随着基金历史业绩的增大，新股 5 日至 6 个月各期 IPO 回报从较小的第 1 组到最大的第 3 组，再到较小的第 5 组；1 年新股收益在第 2 组达到最大，而后随着基金规模的增大，呈下降趋势。

横向观察：在历史业绩最不好的第 1 组，新股 5 日到 20 日回报变化为幅度很小（41.592% → 41.563% → 41.425%），而后一直增加到 6 个月的 54.817%，再小幅下跌到 1 年的 54.688%，这表明历史业绩不好的基金较长时间持有配售的新股可获得不错的收益。余下的 4 组从 5 日到 1 年 IPO 回报均是先扬后抑，且历史业绩中等的第 3 组在 20 日 IPO 回报达到最大，历史业绩最好的第 5 组在 10 日 IPO 回报达到最好。

（4）纵向观察：随着获配新股基金家数的增大，新股 10 日至 3 个月各期 IPO 回报呈现先涨后跌的趋势，10 日和 3 个月在第 4 组 IPO 回报达到最大，而 20 日 IPO 回报在第 3 组达到最高。5 日回报从第 1 组的 56.766% 下跌到第 2 组的 54.861%，随后上涨到第 4 组的 65.269%，转而下跌到第 5 组的 58.461%；6 个月和 1 年的 IPO 回报从较小的第 1 组增长到第 3 组，第 3 组到第 4 组存在一个向下的跳跃，随后从第 4 组到第 5 组转为增长。

横向观察：在获配新股基金家数次低的第 2 组和次高的第 4 组，随着持有时间的延长，IPO 回报先抑后扬，第 2 组在 20 日回报达到最大（62.286%），而第 4 组在 10 日回报达到最大（69.316%）；获配新股基金家数的中间第 3 组、最低的第 1 组和最高的第 5 组，从 5 日到 20 日呈现上涨趋势，而后呈现锯齿状趋势：20 日 $\xrightarrow{下跌}$ 3 个月 $\xrightarrow{上涨}$ 6 个月 $\xrightarrow{下跌}$ 1 年。

（5）纵向观察：随着基金获配比例的增大，短期 5 日至 10 日的 IPO 回报从第 1 组到第 5 组呈锯齿状变化，即第 1 组 $\xrightarrow{下跌}$ 第 2 组 $\xrightarrow{上涨}$ 第 3 组 $\xrightarrow{下跌}$ 第 4 组 $\xrightarrow{上涨}$ 第 5 组；中期 IPO 回报 20 日和 3 个月的先抑后扬，在第 3 组达到最低，呈现"V"型趋势；长期 6 个月和 1 年的 IPO 回报从第 1 组到第 2 组增加，第 2 组到第 3 组大幅下跌，从第 3 组到第 5 组逐步增加，在第 2 组后向下一个大跳，沿着原来的上涨趋势变动，只是换了一个轨道。

横向观察：获配比例低的前 4 组，随着时间的延长，IPO 回报先扬后抑，第 2 组在 10 日达到最高（63.785%），其他 3 组在 20 日达到最高，分别为 65.191%、64.982% 和 63.051%；获配比例最高的第 5 组，从较小的 5 日 IPO 回报（61.815%）上涨到 20 日的 73.467%，而后 IPO 回报呈现锯齿状走势：20 日 $\xrightarrow{下跌}$ 3 个月 $\xrightarrow{上涨}$ 6 个月 $\xrightarrow{下跌}$ 1 年。

四、回归分析

（一）OLS 回归分析

为研究开放式基金特征对 IPO 短、中、长期抑价的影响，将 5 日、10 日、20 日、3 个月、6 个月、1 年回报的全样本数据运用模型（5-4）进行回归检验，结果见表 5-16，前 6 列为未控制行业的结果，后 6 列为控制行业后的结果。从表 5-16 可以看出：

（1）开放式基金获配新股比例和开放式基金参与新股的家数对 IPO 短、中、长期抑价水平大体上具有显著的正向作用，开放式基金积极参与新股配售，引起市场上其他投资者的关注，二级市场上的投资者在接下来的时间内会竞相购买，从而引起 IPO 接下来数日的抑价程度大幅上升。基金年龄的影响仍为负的，基金规模的影响显著为正。

（2）在对 IPO 上市后 5 日、10 日、20 日、3 个月的抑价程度的研究中，基金规模系数显著为正，而在 6 个月和 1 年时不显著，当成功在一级市场获配 IPO 并得到了超额收益之后，开放式基金会选择在市场上抛售股份，尤其是对于 2014 年之前的研究样本，之前对一级市场投资者有 3 个月限售期的规定，限售期到后，很多基金会选择卖出股份，继而收回资本，转向其他投资。尤其对于规模大的开放式基金来说，其抛出股份 IPO 持有情况的影响很大，故会导致对长期抑价率的影响降低。

（3）控制因素对于 IPO 长期抑价的影响与短期一致。控制行业变量前后，开放式基金特征指标和控制变量的结果基本一致。而金融行业在短、中期对 IPO 抑价的影响显著为正，在长期仍为正，但不显著了，其他行业的影响不显著。可见，开放式基金特征指标对 IPO 长期抑价的影响是稳健的。

（二）分位数回归分析

1. 分位数回归检验

从描述性统计结果可以看出，各期抑价水平并非正态分布，带正偏度，且峰度均超过 3。故仅进行 OLS 回归，并不能很好地解释开放式基金特征对各期抑价水平的影响机理。下面就各期抑价水平进行分位数回归分析。运用模型（5-4）进行分位数回归检验，这里仅给出 20 日和 3 个月的分位数回归结果，见表 5-17。

（1）基金年龄对 20 日和 3 个月的 IPO 抑价水平具有显著的负向作用，即持股开放式基金的年龄越大，IPO 的抑价程度越低。说明成立时间越长的基金，越能够充分

表5-16 短、中、长期抑价回报的实证结果

时间	5日	10日	20日	90日	6个月	1年	5日	10日	20日	90日	6个月	1年
Age	-0.009***	-0.006***	-0.003**	-0.001	0.002	0.001	-0.008***	-0.005***	-0.002	-0.001	0.003	0.001
	(0.001)	(0.001)	(0.001)	(0.001)	(0.002)	(0.002)	(0.001)	(0.001)	(0.001)	(0.001)	(0.002)	(0.002)
Fund_size	0.058***	0.053***	0.045***	0.033***	0.015	0.005	0.057***	0.052***	0.043***	0.032***	0.015	0.006
	(0.006)	(0.007)	(0.009)	(0.008)	(0.013)	(0.011)	(0.006)	(0.007)	(0.009)	(0.008)	(0.013)	(0.011)
Fund_num	0.028**	0.036**	0.028*	0.026*	0.018	0.045**	0.028*	0.035**	0.027	0.026*	0.019	0.045**
	(0.012)	(0.014)	(0.017)	(0.016)	(0.024)	(0.021)	(0.012)	(0.014)	(0.017)	(0.015)	(0.024)	(0.021)
Hold_raio	0.657**	0.674*	1.226***	1.400***	0.745	0.637	0.567*	0.551	1.096**	1.300***	0.636	0.554
	(0.322)	(0.368)	(0.440)	(0.403)	(0.609)	(0.533)	(0.320)	(0.364)	(0.437)	(0.400)	(0.609)	(0.533)
Issu_size	-0.229***	-0.255***	-0.276***	-0.259***	-0.201***	-0.189***	-0.272***	-0.314***	-0.337***	-0.305***	-0.232***	-0.214***
	(0.020)	(0.022)	(0.027)	(0.025)	(0.039)	(0.033)	(0.022)	(0.025)	(0.031)	(0.027)	(0.044)	(0.036)
WinR	-0.032***	-0.032***	-0.029***	-0.020**	-0.011	-0.017	-0.030***	-0.029***	-0.027***	-0.017**	-0.009	-0.016
	(0.007)	(0.008)	(0.009)	(0.008)	(0.013)	(0.011)	(0.007)	(0.008)	(0.009)	(0.008)	(0.013)	(0.011)
PE	-0.010***	-0.012***	-0.013***	-0.013***	-0.014***	-0.012***	-0.009***	-0.012***	-0.013***	-0.013***	-0.014***	-0.013***
	(0.001)	(0.001)	(0.001)	(0.001)	(0.002)	(0.001)	(0.001)	(0.001)	(0.001)	(0.001)	(0.002)	(0.001)
Ln(HSI)	0.839***	0.837***	0.954***	1.491***	2.725***	2.241***	0.845***	0.842***	0.956***	1.493***	2.725***	2.229***
	(0.066)	(0.076)	(0.093)	(0.095)	(0.146)	(0.130)	(0.065)	(0.075)	(0.092)	(0.095)	(0.146)	(0.130)
Turnover	-0.001**	0.001**	0.0001	0.0005	0.001***	-0.0002	-0.001**	0.001**	-0.00002	0.001	0.0005	-0.0001
	(0.0002)	(0.0003)	(0.0002)	(0.0004)	(0.0001)	(0.0005)	(0.0002)	(0.0003)	(0.0002)	(0.0004)	(0.0001)	(0.0005)

续表

时间	5日	10日	20日	90日	6个月	1年	5日	10日	20日	90日	6个月	1年
Underwriter	-0.021	-0.046	-0.064	-0.064	0.059	0.112**	-0.026	-0.054	-0.071	-0.072*	0.050	0.104*
	(0.034)	(0.039)	(0.046)	(0.042)	(0.065)	(0.057)	(0.034)	(0.038)	(0.046)	(0.042)	(0.065)	(0.057)
Ind1							0.460***	0.620***	0.650***	0.454**	0.119	0.212
							(0.162)	(0.184)	(0.222)	(0.204)	(0.314)	(0.273)
Ind2							-0.010	-0.040	0.024	0.058	0.012	0.048
							(0.108)	(0.123)	(0.147)	(0.136)	(0.207)	(0.181)
Ind3							0.030	0.018	0.116	0.237	0.039	-0.045
							(0.144)	(0.163)	(0.196)	(0.181)	(0.276)	(0.242)
Ind4							0.027	-0.047	-0.034	0.053	0.056	0.042
							(0.143)	(0.162)	(0.195)	(0.179)	(0.273)	(0.240)
Ind5							-0.135	-0.192*	-0.148	-0.128	-0.231	-0.151
							(0.102)	(0.116)	(0.139)	(0.128)	(0.195)	(0.171)
常数	-1.391**	-0.940	-1.357	-6.004***	-17.448***	-13.459***	-0.464	0.339	-0.013	-5.028***	-16.634***	-12.752***
	(0.636)	(0.725)	(0.922)	(0.872)	(1.446)	(1.217)	(0.674)	(0.763)	(0.978)	(0.925)	(1.547)	(1.277)
观测值	1268	1268	1268	1268	1268	1268	1268	1268	1268	1268	1268	1268
R^2	0.350	0.324	0.273	0.331	0.333	0.315	0.364	0.345	0.289	0.346	0.339	0.321
F统计量	67.545***	60.307***	47.225***	62.297***	62.624***	57.812***	47.862***	43.907***	33.904***	44.144***	42.837***	39.394***

注：***、**、* 分别表示在1%、5%和10%水平上显著。

表5-17 20日、3个月抑价水平的分位数回归结果

变量	3个月 10	3个月 20	3个月 50	3个月 80	3个月 90	20日 10	20日 20	20日 50	20日 80	20日 90
Age	-0.001**	-0.002***	-0.005***	-0.007***	-0.010**	-0.001*	-0.002***	-0.006***	-0.005**	-0.005
	(0.0005)	(0.0004)	(0.001)	(0.002)	(0.004)	(0.0004)	(0.0003)	(0.001)	(0.003)	(0.004)
Fund_size	0.014***	0.016***	0.036***	0.062***	0.071***	0.010***	0.015***	0.049***	0.061***	0.076***
	(0.002)	(0.002)	(0.004)	(0.010)	(0.019)	(0.002)	(0.002)	(0.004)	(0.012)	(0.024)
Fund_num	0.002	0.011**	0.015	-0.002	0.073*	-0.011**	-0.001	0.008	0.026	0.073*
	(0.005)	(0.005)	(0.010)	(0.021)	(0.041)	(0.004)	(0.004)	(0.011)	(0.026)	(0.042)
Hold_raio	0.527***	0.260*	0.623	2.324***	2.669**	0.109	0.362**	0.883**	1.570**	1.427
	(0.132)	(0.142)	(0.383)	(0.626)	(1.059)	(0.088)	(0.147)	(0.352)	(0.707)	(0.998)
Issu_size	-0.113***	-0.126***	-0.166***	-0.236***	-0.248***	-0.050***	-0.065***	-0.163***	-0.296***	-0.308***
	(0.007)	(0.009)	(0.014)	(0.043)	(0.076)	(0.007)	(0.008)	(0.018)	(0.040)	(0.071)
WinR	0.003	0.0004	-0.004	-0.011	-0.007	-0.011*	-0.006	-0.015***	-0.039**	-0.013
	(0.004)	(0.002)	(0.008)	(0.024)	(0.008)	(0.007)	(0.006)	(0.004)	(0.016)	(0.051)
PE	-0.005***	-0.006***	-0.008***	-0.013***	-0.017***	-0.002***	-0.003***	-0.007***	-0.013***	-0.017***
	(0.0003)	(0.0005)	(0.001)	(0.001)	(0.002)	(0.0003)	(0.0003)	(0.001)	(0.001)	(0.002)

续表

变量	3个月					20日				
	10	20	50	80	90	10	20	50	80	90
ln(INDEX)	1.264***	1.491***	1.572***	1.394***	1.548***	0.831***	0.983***	0.798***	0.856***	1.050***
	(0.039)	(0.038)	(0.095)	(0.167)	(0.254)	(0.029)	(0.035)	(0.103)	(0.173)	(0.212)
Turnover	0.0004***	0.0004***	0.001***	0.001***	0.001***	0.001***	0.001***	0.001***	0.00004	-0.0004
	(0.00003)	(0.00003)	(0.0001)	(0.0001)	(0.0002)	(0.00004)	(0.00005)	(0.0001)	(0.0002)	(0.0004)
Underwriter	0.006	-0.002	-0.029	-0.067	-0.145	0.016	0.014	-0.048	-0.091	-0.172
	(0.014)	(0.015)	(0.027)	(0.062)	(0.113)	(0.011)	(0.011)	(0.031)	(0.069)	(0.123)
Constant	-7.972***	-9.489***	-9.170***	-5.869***	-6.587***	-5.828***	-6.705***	-2.997***	0.141	-0.664
	(0.275)	(0.252)	(0.775)	(1.578)	(2.523)	(0.231)	(0.303)	(0.864)	(1.609)	(2.208)
Observations	1268	1268	1268	1268	1268	1268	1268	1268	1268	1268
Pseudo R²	0.1816	0.1948	0.2246	0.2463	0.2477	0.1419	0.1493	0.1594	0.2055	0.2086

注：***、**、*分别表示在1%、5%和10%水平上显著。

运用其专业团队的研究能力，对 IPO 的询价过程提供更为合理的报价。以 20 日为例，基金年龄在 10 和 90 分位数的回归系数分别为 –0.001 和 –0.005，可见成立时间较长的基金研究能力强、投资水平高，对新股的抑价水平具有更强的抑制作用。与 5 日和 10 日结果一样，基金规模对 IPO 抑价水平具有显著的正向影响。

（2）基金获配新股比例对 20 日和 3 个月的 IPO 抑价水平仍具有显著的正向作用，在高分位数点对 IPO 抑价水平的影响程度更强；获配新股基金家数对 20 日 IPO 抑价水平的影响总体在 10 分位数点具有显著的负向作用，在 90 分位数点具有显著的正向作用；对 3 个月的 IPO 抑价水平总体具有正向作用。发行规模较大的公司具有较好的业绩，发行规模对 IPO 抑价水平仍具有抑制作用。市盈率对 IPO 抑价水平的影响仍为负且显著。换手率对 IPO 抑价水平的影响总体仍为正且显著，说明换手率越高，中期抑价水平越高。而整体市场价格水平对 IPO 抑价水平的影响总体仍显著为正。

2. 分位数回归系数检验

对分位数回归结果进行相等性和对称性检验，3 个月的分位数系数检验结果见表 5–18。

表 5–18　3 个月抑价水平分位数回归系数相等性和对称性检验结果

分位数对	0.1, 0.9	0.2, 0.8	0.3, 0.7	0.4, 0.6	10 个分位数
A 检验：$b(\tau_h) - b(\tau_k) = 0$					
Wald Test	211.6635 (0.0000)	154.7226 (0.0000)	101.3825 (0.0000)	51.3419 (0.0000)	364.6032 (0.0000)
Age	0.0090 0.0004	0.0057 0.0075	0.0029 0.0855	0.0015 0.1070	—
Fund_size	−0.0577 0.0021	−0.0456 (0.0001)	−0.0299 (0.0000)	−0.0172 (0.0001)	—
Fund_num	−0.0716 0.0540	0.0130 0.5817	0.0117 0.4583	0.0147 0.1202	—
Hold_ratio	−2.1416 0.2475	−2.0645 0.0055	−1.7494 0.0198	−1.1020 0.0117	—
B 检验：$b(\tau) + b(1-\tau) - 2*b(0.5) = 0$					
Wald Test	140.0879 (0.0000)	53.8964 (0.0000)	19.7921 (0.0483)	4.3664 (0.9579)	188.5295 (0.0000)

续表

分位数对	0.1, 0.9	0.2, 0.8	0.3, 0.7	0.4, 0.6	10 个分位数
Age	−0.0027 0.4436	−6.09e−05 0.9854	0.0020 0.2794	— —	— —
Fund_size	0.0136 0.4830	0.0070 （0.5841）	−0.0041 （0.6220）	—	—
Fund_num	0.0457 0.2227	−0.0203 0.3960	−−0.01590 0.3202	—	—
Hold_ratio	1.9506 0.2792	1.3376 0.4938	0.8332 0.2238	—	—

从表 5-18 中 A 栏相等性结果可以发现：单个分位数点对和 10 个分位数点对的相等性 Wald 检验卡方统计量均显著，拒绝原假设，即分位数回归系数间存在显著的差异，并不相等。具体从单分位数点对如 10 和 90 分位数点对的回归系数差值来看，开放式基金年龄分位数回归系数差值为 0.0090，其 p 值为 0.0004，显著不同；基金规模的分位数对的回归系数差值为 −0.0577，在 1% 置信水平下显著不为零；获配新股基金家数的差值为 −0.0716，在 5% 置信水平下显著不为零；而基金获配新股比例在 10 和 90 分位数点对的回归系数不存在显著差异，p 值为 0.2475，但在 20 和 80、30 和 70、40 和 60 分位数点对存在显著差异，p 值分别为 0.0055、0.0198 和 0.0117。

从表 5-18 中 B 栏对称性结果可以发现：前 3 个单个分位数点对和 10 个分位数点对的对称性 Wald 检验卡方统计量均显著，拒绝原假设，即分位数对的分位数回归系数关于 50 分位不对称等，40 和 60 分位数点对的 Wald 检验卡方统计值为 4.3664，接受原假设，即 40 和 60 分位数点对的分位数回归系数是关于 50 分位数对称的。从开放式基金特征变量的分位数对的回归系数差值检验来看，均未通过检验，即基金特征的分位数回归系数关于 50 分位数对称等。整体检验的 Wald 检验证明各解释变量分位数回归系数关于 50 分位数是非对称的，这是由控制变量导致的，如换手率 PE。

五、稳健性分析

（一）分市场

此处仅就 20 日、3 个月的抑价水平，运用模型（5-4），分上海和深圳市场、深圳中小板和创业板 4 个子样本进行回归，回归结果见表 5-19。

表 5-19 分板块中期 IPO 抑价回归结果

变量	20 日 上海	20 日 深圳	20 日 创业板	20 日 中小板	3 个月 上海	3 个月 深圳	3 个月 创业板	3 个月 中小板
Age	-0.003	-0.003**	0.005*	-0.008***	-0.004	-0.003**	0.007***	-0.007***
	(0.006)	(0.001)	(0.003)	(0.002)	(0.006)	(0.001)	(0.002)	(0.002)
Fund_size	0.159**	0.043***	0.025*	0.046***	0.159**	0.035***	-0.001	0.039***
	(0.077)	(0.008)	(0.014)	(0.011)	(0.078)	(0.007)	(0.011)	(0.010)
Fund_num	0.036	0.0001	-0.001	-0.006	-0.018	0.004	0.024	-0.009
	(0.076)	(0.016)	(0.028)	(0.019)	(0.076)	(0.014)	(0.023)	(0.018)
Hold_raio	4.105***	0.649	-0.160	0.978**	2.999*	1.152***	0.140	1.333***
	(1.548)	(0.423)	(0.800)	(0.490)	(1.579)	(0.377)	(0.644)	(0.457)
Issu_size	-0.468***	-0.428***	-0.358***	-0.423***	-0.347***	-0.344***	-0.206***	-0.351***
	(0.082)	(0.039)	(0.090)	(0.045)	(0.086)	(0.036)	(0.076)	(0.042)
WinR	-0.089***	-0.013	-0.077***	-0.005	-0.038	-0.006	-0.028	-0.002
	(0.025)	(0.009)	(0.027)	(0.010)	(0.026)	(0.008)	(0.022)	(0.009)
PE	-0.011**	-0.010***	-0.006***	-0.010***	-0.011**	-0.009***	-0.010***	-0.009***
	(0.005)	(0.001)	(0.002)	(0.002)	(0.005)	(0.001)	(0.002)	(0.002)

续表

变量	20日 上海	20日 深圳	20日 创业板	20日 中小板	3个月 上海	3个月 深圳	3个月 创业板	3个月 中小板
ln（INDEX）	0.664**	1.056***	0.343	1.139***	1.568***	1.521***	2.582***	1.366***
	(0.289)	(0.092)	(0.325)	(0.094)	(0.332)	(0.093)	(0.256)	(0.101)
Turnover	−0.002***	0.0003*	0.0001	0.001***	0.001	0.0004***	0.001***	0.0004***
	(0.001)	(0.0002)	(0.0003)	(0.0002)	(0.0004)	(0.0001)	(0.0001)	(0.0001)
Underwriter	−0.138	−0.070	−0.189**	−0.045	0.008	−0.070*	−0.099	−0.048
	(0.176)	(0.044)	(0.075)	(0.053)	(0.181)	(0.039)	(0.061)	(0.050)
Constant	4.455*	0.691	4.937	−0.027	−6.303**	−4.919***	−16.182***	−3.423***
	(2.526)	(1.083)	(3.219)	(1.190)	(3.085)	(1.068)	(2.648)	(1.238)
Observations	180	1088	406	682	180	1088	406	682
R²	0.347	0.332	0.208	0.418	0.328	0.403	0.396	0.428
F Statistic	8.983***	53.633***	10.401***	48.263***	8.265***	72.601***	25.925***	50.204***

注：***、**、*分别表示在1%、5%和10%水平上显著。

（1）基金年龄在上海主板、深圳市场、深圳中小板市场，对IPO后20日和3个月抑价水平的影响仍为负的，在上海市场不显著，在深圳市场和中小板市场显著；而在深圳创业板市场，基金年龄的影响为正的，20日抑价水平在10%水平下显著，3个月抑价水平在1%置信水平下显著，这可能是因为创业板上市公司一般是创新型高科技公司，市场力量的作用比其内在价值信息更能吸引开放式基金申购。

（2）基金规模对IPO后20日和3个月抑价水平的影响仍然显著为正，在上海市场的影响程度明显得到了提高，20日和3个月的系数均为0.159。获配新股基金家数的作用变得不显著了，系数一半为正、一半为负，作用是混合的。基金获配新股比例大体上仍起着显著的正向作用，尤其在上海市场，影响程度增强了，20日抑价水平的回归系数为4.105，3个月抑价水平的回归系数为2.999。

（二）分时间段

2014年后新股发行处于注册制改革过渡阶段。此处研究开放式基金特征对IPO短、中、长期（5日、10日、20日、3个月、6个月和1年）抑价水平的影响，运用模型（5-4）对全样本进行回归，回归结果见表5-20。因5日与10日抑价水平时间段相近，受篇幅限制，没有给出5日的结果。

从表5-20中可发现，2013年前的子样本各期抑价水平的回归结果与全样本的结果大体一致，基金年龄对各期抑价水平均有显著的负向影响；基金规模越大，各期抑价水平显著越高，且影响程度得到了提升，如10日和20日的回归系数分别为0.074和0.069；获配新股基金家数的影响不显著，且有正有负；基金获配新股比例对各期抑价水平的影响更强了，如10日的和20日的回归系数分别为1.219和1.526。

2014年后的子样本因为只有125家IPO公司，样本量太少，回归结果不是很好。基金年龄和基金规模的影响均不显著，回归系数的方向也不清楚，获配新股的基金家数负向影响的数目较多，基金获配新股比例对各期IPO抑价水平的影响仍是正向的，仅对3个月的影响在5%置信水平下显著。

本章结论

本章研究了在我国证券市场上，开放式基金参与新股配售是否能够起到缓解IPO高抑价的作用，并对此进行了理论分析和实证检验，主要得出以下4个结论。

（1）开放式基金的参与能够降低IPO抑价率。2006—2014年，开放式基金参与配售的A股IPO抑价率各不相同，但抑价现象十分严重。2006—2012年，IPO上市首日

表 5-20 分时间段的回归结果

变量	2013年前 10日	2013年前 20日	2013年前 3个月	2013年前 6个月	2013年前 1年	2013年后 10日	2013年后 20日	2013年后 3个月	2013年后 6个月	2013年后 1年
Age	-0.014***	-0.013***	-0.012***	-0.008***	-0.007***	0.001	-0.004	0.007	0.009	-0.0002
	(0.001)	(0.001)	(0.001)	(0.001)	(0.001)	(0.003)	(0.007)	(0.007)	(0.017)	(0.013)
Fund_size	0.074***	0.069***	0.060***	0.044***	0.028***	0.018	0.076	-0.030	-0.094	-0.042
	(0.007)	(0.007)	(0.006)	(0.008)	(0.008)	(0.041)	(0.106)	(0.099)	(0.240)	(0.189)
Fund_num	0.014	-0.0002	0.001	-0.003	0.013	-0.051	-0.142	-0.109	-0.210	0.007
	(0.013)	(0.013)	(0.012)	(0.015)	(0.014)	(0.036)	(0.092)	(0.085)	(0.207)	(0.163)
Hold_raio	1.219***	1.526***	1.434***	1.096***	0.694*	0.091	2.598	4.148**	1.385	3.291
	(0.340)	(0.331)	(0.319)	(0.381)	(0.375)	(0.808)	(2.105)	(1.938)	(4.620)	(3.711)
Issu_size	-0.191***	-0.184***	-0.170***	-0.149***	-0.091***	-0.367***	-1.077***	-0.603***	-1.428***	-0.517
	(0.021)	(0.020)	(0.020)	(0.024)	(0.024)	(0.082)	(0.222)	(0.219)	(0.541)	(0.393)
WinR	-0.017**	-0.014**	-0.007	-0.011	-0.012	-0.140	-0.043	-0.264	0.343	-0.513
	(0.007)	(0.007)	(0.006)	(0.008)	(0.007)	(0.090)	(0.222)	(0.216)	(0.564)	(0.360)
PE	-0.007***	-0.007***	-0.007***	-0.009***	-0.009***	-0.009	-0.025	-0.036**	-0.006	-0.023
	(0.001)	(0.001)	(0.001)	(0.001)	(0.001)	(0.006)	(0.016)	(0.015)	(0.038)	(0.028)

续表

变量	2013年前 10日	20日	3个月	6个月	1年	2013年后 10日	20日	3个月	6个月	1年
ln（INDEX）	1.039***	1.150***	1.363***	1.840***	1.843***	−0.305	0.064	2.050***	4.353***	−3.245
	(0.068)	(0.067)	(0.076)	(0.100)	(0.094)	(0.316)	(0.835)	(0.581)	(1.284)	(3.164)
Turnover	0.001***	0.001***	0.0004***	0.0003***	0.0001***	−0.004***	−0.004***	0.001	0.0003	0.001***
	(0.0002)	(0.0001)	(0.0001)	(0.0001)	(0.00003)	(0.001)	(0.001)	(0.0005)	(0.001)	(0.0003)
Underwriter	−0.033	−0.030	−0.026	0.029	0.112***	−0.031	−0.011	0.158	0.657	0.526
	(0.035)	(0.034)	(0.033)	(0.040)	(0.039)	(0.095)	(0.246)	(0.227)	(0.538)	(0.430)
Constant	−4.321***	−5.319***	−7.288***	−11.422***	−12.673***	12.241***	24.483***	−1.838	−4.096	38.448
	(0.680)	(0.679)	(0.728)	(0.946)	(0.902)	(2.580)	(7.085)	(6.195)	(14.057)	(27.807)
Observations	1143	1143	1143	1143	1143	125	125	125	125	125
R^2	0.402	0.416	0.416	0.406	0.410	0.670	0.406	0.453	0.274	0.198
F Statistic	76.244***	80.641***	80.487***	77.425***	78.644***	23.143***	7.792***	9.451***	4.310***	2.810***

注：***、**、* 分别表示在1%、5%和10%水平上显著。

平均抑价率高达63.53%，2006—2014年，首周平均抑价率高达67.68%，开放式基金参与了绝大多数IPO。有开放式基金参与的样本，其IPO抑价率要高于没有被开放式基金持有的股票，基金获配新股能起到分离IPO公司质量的作用。长期看来，由于具有较高的投资灵活性，当获得了IPO上市的超额收益率之后，开放式基金会迅速在市场上抛出股份，从而导致长期的IPO抑价水平降低。

（2）成立时间较长的开放式基金，能够更加有效地在IPO询价阶段起到询价报价作用，从而使IPO的定价效率更高。大规模的开放式基金的投资行为更易受到其他投资者的关注，其参与的IPO会受到市场的追捧，因而会提高IPO抑价水平。历史业绩佳的开放式基金拥有更完善的研究方案，对IPO的内在价值掌握得更清楚，所以其参与的IPO定价更有效，抑价率可能更低，但不显著。

（3）开放式基金的持股比例能够显著影响IPO抑价率，无论从首日抑价率还是首周抑价率来看，开放式基金的持股比例越高，所参与的IPO抑价率越高。开放式基金作为最大的机构投资者，其理性程度比一般投资者高，对于市场信息的掌握程度、理解能力也较高，随着机构投资者参与发行询价程度的提高，其在定价过程所能起到的作用也越来越大，还可以起到信号传递作用，分辨上市公司质量的高低。同时，承销商在拟IPO企业新股配售过程中存在利益交换的可能，从而导致中国新股市场上基金持股的IPO超额收益越高，抑价率越高。

（4）开放式基金获配数量对IPO抑价的影响为正，这可能是由于我国新股发行阶段完成累计投标询价之后，当发行价格以上的有效申购总量大于拟向询价对象配售的股份数量时，发行人及承销商会对发行价格以上的全部有效申购进行同比例配售。故我国的新股配售制度并不同于真正意义上的累计订单询价，可能导致网下获配的开放式基金家数越多，IPO抑价越高。

基于以上研究结论，本章提出五条改进开放式基金参与新股发行的建议和措施。

第一，完善投资者考察体系。为推进新股发行市场化，我国于1998年引入机构投资者参与新股发行的一级市场，2005年又实行了询价制，经过十几年的不断改革，机构投资者在新股发行中所起的作用也越来越多。根据本章所得出的结论，笔者认为我国证券市场应该加快建立起更为合理有效的考察与监管体系。可以建立能够参与到询价中的机构投资者考察标准体系来约束投资者的报价行为，督促其认真谨慎地进行报价，使发行定价能够落在合理的区间范围内。可以通过建立这样的投资者考察标准，来激励投资者提高参与新股申购的积极性，从而不断改进投资者报价行为的有效性。

第二，扩大询价范围。当前我国新股发行的询价对象仅限于机构投资者，类型单一，不能完全反映市场的需求信息，容易造成承销商和机构投资者之间的利益输送，可能会产生操纵定价的行为，从而扰乱市场秩序。所以应当扩大询价范围，充分考虑市场上不同类型的投资者，获取市场真实的需求信息和价值评判。为避免承销商和机构投资者之间的利益关联，应取消对机构投资者询价样本最小数的规定。

第三，授权承销商。在询价制的理论设计中，承销商可以根据机构投资者在询价过程中的表现来决定每个投资者的获配数量，表现良好的机构投资者能够获得更多的份额，这种激励措施能够鼓励投资者披露真实信息，提高定价效率。当前我国的发行体制中，承销商没有权利自主决定分配的数量，因此监管部门可以考虑赋予承销商一定的新股分配权，从而提高投资者的参与积极性，降低 IPO 的融资成本。承销商在进行询价时，可以考虑设定发行价格的下限，目前新股询价的价格区间基本上是根据机构投资者的报价而制定的，但无法避免投资者并没有报出真实的经过审慎研究后的价格，而是有意压低价格以获取更高的抑价带来的超额收益，这样就会导致无法募集到足够的资金。因此，可以给予承销商权利，事先设定一个价格下限，然后再根据投资者的报价来确定价格，从而避免上述情况发生。

第四，公开报价分析报告。新股定价过程应该是公开透明的，监管部门应当督促承销商及时向公众披露新股报价的分析报告，从而引导市场大众投资者进行理性投资。这有助于市场对于询价过程进行监督，促进定价效率的提升，对于随意报价、缺乏诚信的市场行为应当进行谴责，以便建立良好的市场秩序。

第五，引导市场理性投资。我国证券市场融资渠道相对较少，而资本存量已随着经济发展逐渐壮大起来，市场上投资者情绪高涨，证券市场处于卖方市场，大量资金聚集在股市等待交易，这使得我国证券市场发行新股存在供不应求的状况，"新股不败"的"神话"持续存在。我国的投资者大部分缺乏专业的投资知识，抗风险能力较弱，二级市场上很容易形成"羊群效应"。因此，我国证券市场应该拓展投融资渠道，以丰富投资者的选择，为企业融资提供更大的平台。证券监管部门应当优化市场环境，加快推进投资者保护立法工作，宣传理性的投资理念，引导市场进入正规化发展。

本章的研究存在很多不足之处，可以在将来进一步改进和完善。样本区间的选择方面，注册制过渡阶段的样本偏少，所以注册制改革实施后开放式基金对 IPO 抑价的影响需进一步分析。其次，开放式基金对于 IPO 抑价影响的作用机理还需深入探讨，可改进、延伸和丰富结论。随着注册制的实施，可以从纵向的视角研究注册制改革动态进程下开放式基金影响 IPO 抑价水平的动态变化，以把握不同发行制度下 IPO 抑价水平的发展趋势，同时要对开放式基金对 IPO 抑价水平的影响机制进行深入探讨，从而更深入地了解机构投资者如何影响公司的股票增发行为等。

参考文献

[1] Benveniste L M, Spindt P A. How Investment Bankers Determine the Offer Price and Allocation of New Issues[J]. Journal of Financial Economics, 1989 (2): 343-361.

[2] Sherman A E, Titman S. Building the IPO Order Book: Underpricing and Participation Limits with Costly Information [J]. Journal of Financial Economics, 2002 (1): 3-29.

[3] Loughran T, Ritter J R, Rydqvist K. Initial Public Offerings: International Insight [J]. Pacific-Basin Finance Journal, 1995 (1): 139-140.

[4] 邵新建, 巫和懋. 中国IPO中的机构投资者配售、锁定制度研究[J]. 管理世界, 2009 (10): 35-48.

[5] 陈苗苗. 战略投资者的引入对IPO首日抑价影响的实证分析[J]. 当代经济, 2009 (19): 152-154.

[6] 张小成, 孟卫东, 熊维勤. 机构和潜在投资者行为对IPO抑价影响[J]. 系统工程理论与实践, 2010 (4): 637-645.

[7] 南晓莉, 刘井建. 机构投资者持股特征对IPOs长期绩效影响的实证研究[J]. 华东经济管理, 2014 (10): 37-42.

[8] 彭文平. 基金打新是"送礼祝贺"吗?——基于中国特色IPO配售制度的研究[J]. 财经研究, 2013 (8): 87-98.

[9] 王瑞, 于未然. 机构投资者参与询价对IPO定价效率的影响研究——基于深圳中小板数据的实证分析[J]. 生产力研究, 2013 (5): 58-60.

[10] Hanley K W, Wilhelm W J. Evidence on the Strategic Allocation of Initial Public Offerings [J]. Journal of Financial Economics, 1995 (2): 239-257.

[11] Brennan M, Franks J. Underpicing, Ownership, and Control in Initial Public Offerings of Equity Securities in the UK [J]. Journal of Financial Economics, 1997 (3): 391-414.

[12] Aggarwal R, Prabhala N R, Puri M. Institutional Allocation in Initial Public Offerings: Empirical Evidence [R]. NBER Working Papers, 2002.

[13] Ljungqvist A P, Wilhelm W J. IPO Allocations: Discriminatory or Discretionary? [J]. Journal of Financial Economics, 2002 (2): 167-201.

[14] McGough R. Mutual Fund's Stumble Shows Hazards of a Fast Start [N]. Wall Sreet Journal, 1996-09-11.

[15] Chevalier J, Ellison G. Career Concerns of Mutual Fund Managers [J]. Quarterly Journal of Economics, 1999 (2): 389-482.

第六章
风险投资在 IPO 抑价中的作用

　　一些公司上市之后一个季度的营业收入或利润往往会大幅度下降，甚至亏损，有的上市一年就会面临退市的风险。因此投资者和监管层面临一个重要的问题：风险投资机构在 IPO 中起什么作用。一方面，风险投资在企业 IPO 过程中起着"认证/监督"的作用，会抑制公司的盈余管理行为；另一方面，风险投资具有一种"搅拌效应"，其"声誉—逐名"作用会促使上市公司进行正向的盈余管理。因此有必要探究风险投资在 IPO 过程中对企业盈余管理的作用。

第一节　理论基础与研究设计

一、理论基础

（一）风险投资对 IPO 抑价的作用理论

　　风险投资对 IPO 抑价的作用理论主要有以下四种：逆向选择理论、逐名效应理论、市场力量假说和监督增值理论。

　　逆向选择理论的主要观点是：由于信息不对称的存在，劣质企业更迫切希望引入风险投资，但是引入风险资本并不能从根本上改善劣质企业的状况，并不能实现风险投资机构的认证功能，因此风险投资反而会加重 IPO 抑价现象。逐名效应理论下，创业投资机构为了在行业内更快地建立声誉、树立自身的地位，会选择过早将持股企业推向 IPO 市场，而此时企业的上市条件还未成熟，风险投资机构或创业投资机构的急功近利带来了企业 IPO 的高抑价现象。逐名效应假说质疑了风险投资机构的认证作用的有效性。在市场力量假说中，作为专业的金融中介，风险投资的参与能够使上市企业引起大量二级市场参与者的关注，吸引高资质的二级市场参与者（如机构投资者、证券分析师等）参与到公司股票的二级市场定价中来，帮助发掘企业价值，从而扩大了上市公司的IPO抑价率。良好的声誉有助于风险投资机构以更低的成本，更便利地向基金中的有限合伙人募集到足够的资金，也有助于风险投资机构与创业企业家、律师事务所。会计师事务所、投资银行等相关主体建立更加密切而广泛的合作关系，所以风险投资机构的市场声誉可能会强化市场力量效应的发挥。监督增值理论认为在首发上市过程中存在严重的信息不对称问题，真实信息更多地掌握在发行人手里，由此引起了IPO抑价现象。此时需要具有权威性的第三方机构来认证目标企业的真实价值，而风险投资机构就是一个很好的选择。由于参与企业监管而熟悉企业内部信息，风险投资可以向资本市场传递出有关企业质量的信号，并且可以在企业成长过程中参与经营，增加企业价值。

（二）联合投资动机

联合投资是风险投资的常见投资模式（Lerner，1994）。多个风险投资机构投资于同一个项目，一种形式是多个机构同时进行投资，通过前期的意向进行合作，共同寻找有投资价值的优质企业并进行后续投资；另一种形式是先由一家风险投资机构领投，在后续投资轮次中逐步引入其他风险投资机构。联合投资是风险投资网络形成的基础，其主要存在三种动机：财务动机、获取资源动机和企业增值动机。

财务动机可以从资金和风险两方面进行考虑。风险投资机构进行联合投资，可以缓解一部分资金压力。企业从种子期到初创期，再到后续的扩张期和成熟期，周期很长，需要的资金也在不断增加，只靠单一投资机构的投资，对于风险投资机构来说压力更大。联合投资可以将每一家风险投资机构的投资金额降低，从而缓解资金压力，降低风险（Dimov和Milanov，2010）。其次，由于联合投资降低了风险投资机构进行单一投资的金额，风险投资机构可以将其余资金投到其他优质企业，使得投资多样化，也能达到分散风险的效果（Sahlman，1990；Kaplan，2004；Cochrane，2005）。最后，联合投资通过结合每家机构的投资意愿，可将关联信息汇集在一起，从而选出最优的投资方案，同样也可以降低财务风险。

获取资源动机考虑了不同的风险投资机构拥有不同的资源与能力。有的风险投资机构资金实力比较雄厚，有的风险投资机构信息资源丰富，有的风险投资机构可能在某一领域具有专业背景。如果单独进行投资，风险投资机构给予企业的支持比较有限，而进行联合投资，就可以充分利用其他风险投资公司的资金、经验、专业背景、决策及时间等资源，并且通过互相监督，减少道德风险。好的网络关系可以让风险投资机构接触其他的风险投资机构，获取资源，有利于风险投资的持续发展。

企业增值动机从投资回报的角度考虑风险投资机构的联合行为。联合投资能够给风险投资机构提供所需资金、人力、信息等资源，使得资源的共享更加便捷，有助于被投资企业在经营过程中的良好运行。更重要的是，联合投资可以为创业企业带来更为专业的管理技能。出于对未来互惠的期望，风险投资机构有动机进行联合，投资于有潜力的企业（Hochberg 等，2007）。

（三）风险投资网络理论

风险投资网络源于社会网络分析方法。网络是节点及节点之间的某种关系构成的集合，而在社会网络中，节点就是每一个社会行动者，那么社会网络就是社会行动者及其之间的关系构成的集合（刘军，2014）。

社会网络研究根据网络类型可以分为个体网、局域网和整体网。个体网是由一个核心个体和与之直接相连的其他个体构成的网络，研究个体网的诸多结构性质与个体的属性之间的关系。个体网加上与个体网络成员有关联的其他点构成局域网。这种网络中的关系要比个体网络中的关系多，但是比整体网中的关系数量少。整体网是由一个群体内部所有成员及其之间的关系构成的网络。整体网要研究的测度包括各种图论性质、密度、子图、角色和位置等。风险投资网络则属于整体网的类型。整体网研究主要从整体网络、个体参与者在网络中的位置及其影响力、网络位置变化等方面进行。网络可以从多个维度进行度量，主要维度有两类：一类重视对网络整体结构性质的研究；另一类重视对网络主体位置变化的研究。

1. 网络整体研究

从整体网络出发，可主要研究整体网络的规模、凝聚性、强度等。凝聚性反映主体合作关系的强度及合作与信息共享的意愿。Hansen（1999）指出频繁而又紧密的联系更有助于产品开发相关信息的传递。凝聚性包括密度和互惠作用。密度越大，与越多的同伴紧密联系，越容易建立信任与协作关系。互惠作用越大，主体之间更愿意维持合作关系，共享信息资源。

2. 网络主体研究

网络主体研究着重考察参与者在网络中的位置及影响力。本书用网络中心度来衡量风险投资网络中每个风险投资企业的地位及影响力。网络中心度又可细分为度数中心度、中介中心度、接近中心度和特征向量中心度。

二、理论分析与研究假设

风险投资机构是前十大股东中的非控股股东，保证风险投资机构行使风险资本的职能，能参与公司的经营，但不是公司的决策者，其主要目的还是通过公司上市来获得超额收益。一方面，在"声誉—逐名"理论下，上市公司的股东中并非全都是声誉高的风险投资机构，声誉不高的风险投资机构会为了尽早获得超额收益并且提高自身的声誉而促使公司上市，带来高 IPO 抑价现象。另一方面，在市场力量假说中，作为专业的金融中介，风险投资机构的参与能够使上市企业引起二级市场参与者的关注，吸引高资质的二级市场参与者，风险投资机构持股比例越高、家数越多，越能提高投资者的投资情绪，拉高公司股价，提高抑价程度。基于以上分析我们提出假设：

假设 1：有风险投资背景的上市公司 IPO 抑价程度越高。

假设 2：风险投资机构合计持股比例越高，IPO 抑价程度越高。

假设 3：风险投资机构持股家数越多，IPO 抑价程度越高。

若将风险投资机构之间的联系看成是网络，在风险投资网络中，每一个风险投资机构所处的位置及其自身的能力就会体现在其投资、帮助经营的公司中。度数中心度代表风险投资机构的交易能力，中介中心度代表控制资源和信息的能力，接近中心度代表不被影响的能力，特征向量中心度代表合作伙伴是否也处于核心地位。根据监督增值理论及风险投资机构联合投资中的企业增值动机，一旦风险投资机构对某家公司进行了投资，该机构就会利用自己在投资网络中共享的资金、人力、信息等资源帮助企业更好地经营，交易能力更强、拥有信息更多、控制资源能力更强及拥有更高质量的合作伙伴的风险投资机构对企业的帮助更大，有利于风险投资机构监督且帮助企业增值，提高定价效率，从而抑制 IPO 抑价程度。有学者已证实，风险投资机构越处于网络的中心位置，越能提高投资效率，从而提高被投资企业的业绩（蔡宁等，2015；周伶等，2014；罗吉等，2016）。基于以上分析，处于中心位置的风险投资机构可以提高企业的定价效率，从而在一定程度上抑制 IPO 抑价程度，因此提出假设：

假设 4：风险投资机构的度数中心度越高，IPO 抑价程度越低。

假设 5：风险投资机构的中介中心度越高，IPO 抑价程度越低。

假设 6：风险投资机构的接近中心度越低，IPO 抑价程度越低。

假设 7：风险投资机构的特征向量中心度越高，IPO 抑价程度越低。

三、样本选取与数据来源

（一）样本选取

本章选取 2005—2018 年在上交所和深交所上市的企业作为研究对象，共 2284 家上市公司。为了增强研究结论的可靠性，对样本数据进行进一步筛选，筛选原则如下：①剔除正常发行后但又停牌至今的企业；②剔除非通过IPO上市的企业；③剔除研究期间财务数据不完整的企业。经过筛选，共得到2262个企业样本。由于2013年颁布的政策规定限制了新股上市首日的涨跌幅，所以整个样本期间以2013年为界，分为2013年前后2个子样本。3个板块中，主板上市公司644家（上海和深圳000***），中小板上市公司881家，创业板上市公司737家，样本时间分布见表6-1。

表6-1 样本时间分布

上市时间（年）	样本数量（家）	上市时间（年）	样本数量（家）
2005	14	2012	153
2006	63	2014	124
2007	123	2015	219
2008	76	2016	226
2009	98	2017	436
2010	346	2018	105
2011	279	总计	2262

（二）数据来源

每一家企业的风险投资机构数据来自RESSET数据库及上市公告书，首日收益率、开板收益率通过Wind数据库的数据计算得到，大盘指数下载自RESSET数据库，中签率、发行规模、公司年龄、净资产收益率、资产负债率、总资产周转率、会计师事务所排名、承销商排名等数据来自Wind数据库。

四、变量选取与说明

（一）解释变量说明

本章先研究风险投资持股对IPO抑价的影响，其次研究风险投资网络对IPO抑价的影响，故解释变量可以分成两类：①风险投资持股；②风险投资网络中心度指标。

1. 风险投资持股

（1）风险投资背景（VC）。若上市公司上市时非控股股东中有风险投资机构，则

VC 取 1；否则，取 0。

（2）风险投资机构持股比例（Proportion）。风险投资持股比例为企业 IPO 公告书中披露的前十大股东中非控股的风险投资机构持股的比例合计。首先筛选出前十大股东是为了保证风险投资机构有一定的话语权和参与公司运营的能力，而非控股是为了保证风险投资机构行使的是风险投资的职能。

（3）风险投资持股家数（Number）。风险投资持股家数根据股东中风险投资机构的数量计算得出。

2. 风险投资网络中心度指标

4 个中心度指标在计算时都进行了标准化处理，最后得出的是标准化结果。

（1）度数中心度（Degree centrality）。如果一个风险投资机构与其他众多风险投资机构有直接关联，该风险投资机构就居于网络中心地位，拥有较大的权力。度数中心度用于衡量风险投资机构在网络中的地位、交易能力、发现机会的能力，定量表示为一个风险投资机构在网络中直接拥有的关系数目。度数中心度越高，该风险投资机构在网络中居于核心地位，信息获取能力、交易能力、发现投资机会的能力越强。

（2）中介中心度（Betweenness centrality）。在风险投资机构网络中，度数中心度衡量了风险投资机构间的直接关系，而忽略了间接关系。如果一个风险投资机构处于许多交往路径上，则可认为此风险投资机构居于重要地位。处于这种位置的风险投资机构可以通过控制或者曲解信息的传递进而影响其他机构之间的交往。中介中心度用于衡量风险投资机构在网络中作为媒介、桥梁的能力，测量其对资源控制的程度。中介中心度越高，该风险投资机构在网络中的媒介作用越强，有更多机会接触信息，在信息获取和资源控制上占有优势地位。

（3）接近中心度（Closeness centrality）。接近中心度是风险投资机构到网络中其他机构之间最短距离之和的函数，考察风险投资机构在多大程度上不受其他机构的控制。一般来说，接近中心度越大，该机构越处于边缘地位，需要依赖他人才能得到相关信息资源。因此，接近中心度越低，风险投资机构在投资过程中越少依赖于他人，传递信息越容易。利用信息资源等优势，风险投资机构可以帮助企业制定经营目标，扩大市场份额，从而增加盈利。

（4）特征向量中心度（Eigenvector centrality）。特征向量中心度与度数中心度相似，不仅用于衡量某个网络中的关系数目，同时测度与其建立关系的主体的地位。实际上，网络中某个点的中心度与其邻点的中心度息息相关，如果某个点与网络地位高的点建立关系，其网络地位也将得到提升。在网络交往中，那些本身掌握许多信息来源的主体也是比较有价值的信息源。

(二）被解释变量说明

IPO抑价现象是指首次公开发行定价明显低于上市初始的市场价格。采用上市首日收益率来衡量IPO抑价程度：

IPO首日收益率 =（新股上市首日收盘价 – 新股发行价）/ 新股发行价

对于2014年及以后上市的新股，由于政策规定新股上市首日的涨幅最大为新股发行价的44%，跌幅最大为新股发行价的36%，并且在我国的A股市场，上市首日涨停是一个普遍现象，连续涨停也是常见现象，所以使用上市首日收益率来研究2014年后上市的新股不是一个很合理的方法。为了解决连续涨停板这一问题，这里采用新股开板当天收盘价相对于发行价的收益率，即开板收益率来衡量IPO抑价程度：

IPO开板收益率 =（新股开板当天收盘价 – 新股发行价）/ 新股发行价

由于新股上市涨停天数不尽相同，采用新股上市后5日、10日、20日、30日收益率和经过沪深300指数调整的首日 / 开板收益率来衡量IPO抑价程度检验模型的稳健性。

(三）控制变量说明

（1）大盘走势（Index）。选取沪深300指数作为大盘走势的参考，对股票上市首日或者开板当天的沪深300指数的收盘点数取自然对数。一般大盘上涨会带动个股股价的上涨，IPO抑价程度也越高。

（2）网上发行中签率（DTOR）。传统IPO抑价率会考虑二级市场投资者情绪的影响，本书以网上发行中签率作为二级市场投资者情绪的代理变量。中签率越低，则股票越受欢迎，抑价程度越高。

（3）发行规模（Size）。一般公司股票发行规模越大，信息披露越充分，发行定价越准确，该变量与抑价率正负相关。由于不同公司的股票发行规模差别较大，本书对该变量取自然对数。

（4）公司年龄（Age），用公司成立日与上市日之间间隔的年数来表示。一般公司成立时间越长，运营越稳健，不确定性越小。该变量与抑价率应负相关。

（5）净资产收益率（ROE），可衡量上市公司的盈利能力。公司上市前一年的净资产收益率越高，盈利能力就越强。该变量与抑价率应负相关。

（6）资产负债率（Leverage），可衡量上市公司的负债水平。负债水平越高，则公司经营压力越大，越想通过上市募集资金来减轻压力，则抑价程度也会越高。

（7）总资产周转率（Total Asset Turnover，TAT），可衡量上市公司的营运能力。总资产周转率越高，公司的经营能力越强。该变量应与抑价程度负相关。

（8）承销商声誉（Underwriter），用该承销商在企业IPO前一年首发承销的金额除以当年所有承销商承销金额计算。现有文献指出，承销商声誉能够发挥认证作用，从而缓解信息不对称问题，降低抑价率。

（9）会计师事务所声誉（Auditor）。在公司上市前一年，综合排名前十的会计师事务所取值为1；否则，为0。会计师事务所同样是第三方机构，高声誉同样能缓解信息不对称问题，降低抑价率。

各主要变量定义见表6-2。

表6-2 主要变量定义

变量类型	变量名称	变量代码	变量定义
被解释变量	上市首日回报	Return	以2013年为界，之前为上市首日收益率，之后为开板收益率
解释变量	风险投资背景	VC	有风险投资背景，则VC取1；否则，取0
	风险投资持股比例	Proportion	前十大股东中非控股风险投资机构比例合计
	风险投资持股家数	Number	前十大股东中非控股风险投资机构数量
	度数中心度	Degree	风险投资机构直接拥有的关系数量
	中介中心度	Betweenness	风险投资机构作为媒介、桥梁的能力
	接近中心度	Closeness	风险投资机构的独立程度
	特征向量中心度	Eigenvector	与其建立关系的风险投资机构的地位
控制变量	大盘走势	Index	沪深300指数收盘点数的自然对数
	中签率	DTOR	网上发行中签率
	发行规模	Size	上市募集资金净额
控制变量	公司年龄	Age	公司成立日与上市日间隔的年数
	净资产收益率	ROE	净利润/年末净资产
	资产负债率	Leverage	年末总负债/年末总资产
	总资产周转率	TAT	营业收入/平均总资产
	承销商声誉	Underwriter	企业IPO前一年承销商首发承销金额/该年所有承销商承销金额
	会计师事务所声誉	Auditor	公司上市前一年，综合排名前十的会计师事务所取值为1；否则，为0

（四）研究方法

1. 社会网络分析法

风险投资网络为整体网，本节研究这个整体网络内部全部行动者之间的关系，重点分析这些关系的各种结构特征。网络可以分为1-模网和2-模网，前者是指网络中的主体只构成了一种集合，研究这些主体之间的关系；后者是指网络中存在两种集合，研究集合之间的关系。为了方便研究，这里使用矩阵方法构造网络，将我们所研究的对象及其之间的关系化为规律排列的因素及其位置来表达，矩阵的要素为"1"和"0"，前者表示存在关系，后者表示不存在关系。

（1）构造风险投资网络。用上市公司和风险投资资本构成网络的度数中心度、接近中心度、中介中心度3个指标变量，方法如下：根据社会网络分析法下的矩阵方法来构造风险投资网络，此网络是一个2-模网络，即风险投资机构与上市企业之间的关系，如表6-3中矩阵的行代表上市公司，列代表风险投资机构，要素为"1"和"0"。若这两者之间有投资与被投资的关系，则单元格的值为1，否则为0。风险投资机构A和风险投资机构C通过上市公司1而产生了联系，风险投资机构C又因为投资了上市公司4而与风险投资机构B和风险投资机构D产生了联系。通过这样的关系，联结而成了整个风险投资网络。

表6-3 风险投资机构与上市公司的投资网络关系

上市公司	风险投资机构A	风险投资机构B	风险投资机构C	风险投资机构D
上市公司1	1	0	1	0
上市公司2	0	1	0	0
上市公司3	1	0	0	0
上市公司4	0	1	1	1

（2）计算风险投资的3个度数指标。表6-3的风险投资网络中存在4上市企业及4风险投资机构，其中，企业1被A、C两家风险投资机构投资，赋值1，而B、D两家风险投资机构没有投资A，则赋值0，同理可得其他企业的被投资情况。B、C、D风险投资机构通过企业4联系起来，而A风险投资机构同时也将企业1、3联系起来，由此就形成了投资网络。用UCINET软件即可得出每个风险投资机构的3个中心度指标。

（3）加权得到公司的3个度数指标。以某一家IPO公司为例，计算该公司拥有的每家风险资本的投资比例占该公司拥有的风险资本总投资比例的比重。将该比重作为权重，乘以对应的风险投资资本的度数中心度，得到该公司的加权平均度数中心度。

同理，可得到该公司的接近中心度和中介中心度。

然后将风险投资持股比例变量作为稳健性检验的变量考察风险投资对 IPO 抑价的影响。风险投资持股比例用公司所有风险投资股东持股比例之和来度量。

2. 回归分析法

研究风险投资与 IPO 抑价的关系时，要用到多元回归的方法，本书利用 Stata11 进行回归。回归分析能够得出具体系数，直接表示相应变量的边际影响力；系数的统计检验值可以直接证明被解释变量与解释变量间的关系是否显著。

首先分析风险投资持股对 IPO 抑价的作用：

$$\text{Return} = \alpha + \alpha_1 \text{VC} + \alpha_2 \text{Index} + \alpha_3 \text{DTOR} + \alpha_4 \text{Size} + \alpha_5 \text{Age} + \alpha_6 \text{ROE} + \alpha_7 \text{Leverage} + \alpha_8 \text{TAT} + \alpha_9 \text{Uunderwriter} + \alpha_{10} \text{Auditor} + \varepsilon \quad (6-1)$$

若上市公司有风险投资机构背景，则 VC=1；否则，VC=0。

$$\text{Return} = \alpha + \alpha_1 \text{Proportion} + \alpha_2 \text{Index} + \alpha_3 \text{DTOR} + \alpha_4 \text{Size} + \alpha_5 \text{Age} + \alpha_6 \text{ROE} + \alpha_7 \text{Leverage} + \alpha_8 \text{TAT} + \alpha_9 \text{Uunderwriter} + \alpha_{10} \text{Auditor} + \varepsilon \quad (6-2)$$

Proportion 是风险投资机构持股比例的合计数。

$$\text{Return} = \alpha + \alpha_1 \text{NUMBER} + \alpha_2 \text{Index} + \alpha_3 \text{DTOR} + \alpha_4 \text{Size} + \alpha_5 \text{Age} + \alpha_6 \text{ROE} + \alpha_7 \text{Leverage} + \alpha_8 \text{TAT} + \alpha_9 \text{Uunderwriter} + \alpha_{10} \text{Auditor} + \varepsilon \quad (6-3)$$

NUMBER 是风险投资机构持股家数合计。

其次分析风险投资网络对 IPO 抑价的作用：

$$\text{Return} = \alpha + \alpha_1 \text{Centrality} + \alpha_2 \text{Index} + \alpha_3 \text{DTOR} + \alpha_4 \text{Size} + \alpha_5 \text{Age} + \alpha_6 \text{ROE} + \alpha_7 \text{Leverage} + \alpha_8 \text{TAT} + \alpha_9 \text{Uunderwriter} + \alpha_{10} \text{Auditor} + \varepsilon \quad (6-4)$$

其中，Centrality 代表 4 个中心度指标（Degree、Betweenness、Closeness-1 和 Eigenvector），将这 4 个指标分别代入模型（6-4）进行回归。

第二节　风险投资持股对 IPO 抑价的作用

一、描述性统计

表 6-4 为网络中心度指标之外其他主要变量的描述性统计，样本数量是 2262，抑价程度、持股比例、中签率、净资产收益率、资产负债率、总资产周转率及承销商声誉都用百分比来表示，其中净资产收益率、资产负债率、总资产周转率、承销商声誉和会计师事务所声誉都使用上市前一年的年报数据。

表 6-4 变量描述性统计表

变量名称	N	平均值	标准差	最小值	最大值	中位数
Return	2262	180.28%	2.17	-26.33%	2186.00%	111.89%
VC	2262	0.59	0.49	0	0	1
Proportion	2262	6.09%	0.08	0.00	45.00%	3.13%
Number	2262	1.39	1.65	0	11	1
Index	2262	8.07	0.25	6.71	8.65	8.10
DTOR	2262	0.72%	0.02	0.01%	65.52%	0.33%
Size	2262	10.81	0.92	8.00	15.73	10.69
Age	2262	13.07	6.23	3.26	58.18	11.94
ROE	2262	26.37%	0.13	1.52%	117.90%	24.23%
Leverage	2262	43.96%	0.19	1.10%	98.20%	43.79%
TAT	2262	1.02	0.06	0.02	5.41	0.92
Underwriter	2262	3.42%	0.05	0	37.80%	1.78%
Auditor	2262	0.56	0.50	0	1	1

被解释变量的最高值为2186.00%，平均值为180.28%，最低值是-26.33%，意味着上市公司上市时的交易价格最高是发行价格的22倍，最低跌破了发行价，平均来看是1.8倍。这说明我国企业在首次公开发行时普遍存在抑价现象，研究风险投资对IPO抑价的影响是有意义的。标准差为2.17，比较大，说明不同的公司在上市后的抑价程度差异较大。

从解释变量来看，风险投资背景的平均值是0.59，说明在全样本中平均约有59%的上市公司非控股股东中有风险投资机构。持股比例最小值为0，最大值是45.00%，由样本中单个风险投资机构都不处于控股地位，所以45.00%的持股比例是由多家风险投资机构持股而来。持股比例平均值是6.09%，说明在全样本中，平均来看风险投资机构对上市公司的持股比例达到了6.09%，风险投资机构能在上市公司的经营治理中起到一定的作用。持股家数最低为0，最高为11家，平均值为1.39，说明平均每家上市公司有约2家风险投资公司持股，风险投资机构之间有进行联合或者信息交流与传递的动机。

在控制变量中，大盘指数的平均值为8.07，最小值为6.71，最大值为8.65，在样本期间内，沪深300指数呈现稳步增长的趋势。中签率最大值为65.52%，最小值为0.01%，说明我国的股票在上市时经常处于非常受欢迎、供不应求的状态，有大量资金申购。IPO规模Size为公司募集资金净额，由于募集资金数额很大，取其自然对数来进行分析。规模最大值为15.73，最小值为8.00，平均值为10.81，说明募集资金最大值与最小值之间差距很大。由于样本涉及3个上市板块，一般主板上市的公司在规模上和募集资金金额上都会大于中小板或者创业板，所以导致了这个差距。公司年龄Age最小是3.26年，最大是58.18年，平均是13.07年，与中位数11.94相差不大，这说明部分公司在成立后不久即公开发行，大多数是中小板和创业板的企业，而主板上市的老牌国企，成立时间较早。净资产收益率最小值为1.52%，最大值为117.90%，平均值为26.37%，与中位数相差不大，这表明不同公司之间在上市之前盈利能力差异较大，但从平均值来看，净资产收益率为26.37%，公司有一定的盈利能力。资产负债率最小值为1.10%，最大值为98.20%，差距明显，一般资产负债率较小的多为创业板上市的公司，这类公司由于经营的不确定性、盈利的不确定性，很难在银行获得融资，大多数为权益资本；但是资产负债率过高也会导致公司偿债能力下降，给公司经营带来风险。总资产周转率最大值为5.41次，最小值为0.02次，均值为0.92次，由于行业不同，总资产周转率相差比较大，但是综合来看，0.92次的周转率符合一般企业的经营标准。承销商声誉最大值为37.80%，说明该承销商在前一年的IPO市场上占据了超过1/3的份额，最小值为0，说明该承销商前一年无IPO承销金额，均值为3.42%，说明承销商市场竞争比较激烈，承销金额高会提高承销商的声誉，使得其被更多投资者关注。会计师事务所声誉根据前一年注册会计师协会公布的会计师事务所综合排名确定，位于前十则取1，否则取0。Auditor平均值为0.56，说明有56%的会计师事务所在公司上市前一年位于会计师事务所综合排名的前十，声誉及综合实力都较高。

二、相关性分析

表6-5是各变量相关性分析的结果，从表中的数值来看，除了风险投资背景、持股比例与持股家数之间的相关性系数大于0.5，其余系数的绝对值均小于0.5，这说明各变量之间的相关性较弱，不存在多重共线性关系。风险投资背景、持股比例与持股家数之间的相关性系数大于0.5，实证部分对这3个变量分开做回归分析，故对结果不会造成影响。

表 6-5 各变量相关性分析结果

变量名称	Return	VC	Proportion	Number	Index	DTOR	Size	Age	ROE	Leverage	TAT	Underwriter	Auditor
Return	1												
VC	0.132***	1											
Proportion	0.161***	0.657***	1										
Number	0.175***	0.709***	0.775***	1									
Index	0.357***	0.085***	0.105***	0.126***	1								
DTOR	-0.209***	-0.005	-0.049**	-0.055***	-0.136***	1							
Size	-0.419***	-0.063***	-0.114***	-0.075***	-0.024	0.263***	1						
Age	0.116***	0.033	-0.009	0.034	0.124***	-0.031	0.082***	1					
ROE	-0.303***	-0.112***	-0.117***	-0.167***	-0.078***	0.228***	0.257***	-0.184***	1				
Leverage	-0.093***	-0.081***	-0.050**	-0.075***	-0.009	0.046**	0.286***	0.041*	-0.065***	1			
TAT	-0.148***	-0.095***	-0.092***	-0.094***	-0.050**	0.061***	-0.015	-0.072***	0.322***	0.028	1		
Underwriter	-0.030	0.038*	0.002	0.021	-0.019	0.056***	0.300***	0.116***	0.001	0.048**	-0.050**	1	
Auditor	0.093***	0.071***	0.031	0.085***	0.110***	-0.055***	0.055***	0.075***	-0.078***	0.002	-0.077***	0.058***	1

注: ***、**、* 分别表示在 1%、5%、10% 水平上显著。

相关性分析的结果初步表明，上市收益率与风险投资背景、风险投资机构持股比例及持股家数的相关性系数在 1% 置信水平下显著为正，证明风险投资背景、风险投资持股比例、风险投持股家数与 IPO 抑价程度显著正相关，这也初步验证了假设 1、假设 2 和假设 3，需后续加入控制变量进行深入研究。

从其他控制变量来看，大盘指数对 IPO 抑价程度有显著正向影响，与前文分析一致。中签率、上市规模与 IPO 抑价程度显著负相关，这与前文的分析一致，中签率越低，抑价程度越高，上市规模越大，抑价程度越低。公司年龄与 IPO 抑价程度在 1% 置信水平下显著正相关，公司年龄越大，IPO 抑价程度越高，这与前文分析不一致，需进一步分析。净资产收益率、资产负债率及总资产周转率分别衡量上市公司的盈利能力、偿债能力及营运能力，它们与 IPO 抑价程度之间存在显著负相关关系。承销商声誉在相关性分析中显示与 IPO 抑价程度无显著相关关系，而会计师事务所声誉则与 IPO 抑价程度在 1% 置信水平下显著正相关，与前文分析不一致，需进一步分析。

三、多元回归分析

（一）有无风险投资背景

使用模型（6-1）对有无风险投资背景是否会影响上市公司 IPO 抑价程度做简单的回归分析，结果见表 6-6 中的第（1）列。

表 6-6　全样本回归结果

变量名称	（1）	（2）	（3）
VC	0.223***		
	(2.93)		
Proportion		1.672***	
		(3.46)	
Number			0.094***
			(4.10)
Index	2.708***	2.690***	2.675***
	(18.07)	(17.92)	(17.82)
DTOR	−0.029	−0.027	−0.027
	(−1.50)	(−1.41)	(−1.40)

续表

变量名称	（1）	（2）	（3）
Size	-0.968***	-0.960***	-0.969***
	（-20.38）	（-20.18）	（-20.46）
Age	0.023***	0.024***	0.024***
	（3.79）	（3.91）	（3.84）
ROE	-1.985***	-1.985***	-1.885***
	（-5.92）	（-5.93）	（-5.60）
Leverage	0.243	0.217	0.262
	（1.17）	（1.04）	（1.26）
TAT	-0.324***	-0.320***	-0.325***
	（-4.52）	（-4.47）	（-4.55）
Underwriter	3.897***	3.919***	3.911***
	（4.60）	（4.63）	（4.62）
Auditor	0.221***	0.228***	0.214***
	（2.94）	（3.04）	（2.85）
常数项	-9.515***	-9.434***	-9.267***
	（-7.40）	（-7.34）	（-7.21）
N	2262	2262	2262
R^2	0.352	0.353	0.354
adj. R^2	0.349	0.350	0.352

注：***、**、* 分别表示在1%、5%、10%水平上显著。

从表6-6可以看出，衡量有无风险投资背景的变量系数为正，t值为2.93，在1%置信水平下显著，这初步表明有风险投资背景的上市公司会提高IPO抑价程度。风险投资机构给上市公司提供资金，参与公司治理，这一信息会在上市公告书中公开，使投资者认为该公司是一家值得投资的公司，促使市场上机构投资者或者个人投资者蜂拥而上，上市后股价不断上涨，提高了IPO抑价程度。

（二）风险投资机构持股情况

使用模型（6-2）和（6-3）对风险投资机构持股比例及风险投资机构持股家数对IPO抑价程度的影响进行多元回归分析，回归结果见表6-6第（2）至（3）列。

从表6-6第（2）至（3）列可以看出，风险投资持股比例的回归系数为1.672，t值为3.46；风险投资机构持股家数的回归系数为0.094，t值为4.10，都在1%置信水平下显著，这表明风险投资持股比例、风险投资机构持股家数对上市公司IPO抑价程度有显著正向影响。这也验证了假设2和假设3，风险投资持股比例越高，风险投资机构持股家数越多，IPO抑价程度越高。从系数来看，风险投资持股比例的系数比是否持股及持股家数的系数更大，说明风险投资持股比例在本模型中对IPO抑价程度的影响更大。由于上市公司的情况会被详细披露在招股说明书和上市公告书中，所以风险投资机构在上市公司的合计持股比例越高，上市公司股东中风险投资机构越多，越容易给市场上其他的投资者传递这样的信号：该上市公司在经营能力、盈利能力等各方面表现都很好或者很有潜力，是一家值得投资的公司。这会放大投资者的投资情绪，他们在公司上市时大量买入该公司股票，造成上市首日的高抑价现象或者连续的涨停现象，符合市场力量假说。从另一个角度看，对于不成熟的或者声誉不高的风险投机构，风险投资机构持股比例越高，持股家数越多，越有利于分散风险，并且它们会为了尽快回本获利进行下一轮投资而将公司推向A股市场，这也会提高上市公司的IPO抑价程度，符合逐名效应理论。

从控制变量的结果来看，两次回归控制变量的系数大小十分接近、符号完全一致、t值大致相同，故以第（2）次回归为例进行分析。大盘指数的系数为2.690，t值为17.92，在1%置信水平下显著。在企业股票上市时，若大盘的走势好，也会带动股票价格的上涨，从而提高IPO抑价程度。中签率的系数为-0.027，t值为-1.41，并不显著。但由于其系数为负，和前文的分析一致，中签率越低，说明投资者申购股票的数量远远超过了发行的数量，股票越受欢迎，上市的收益率越大，IPO抑价程度就越高。发行规模Size的系数为-0.960，t值为-20.18，发行规模对IPO抑价程度有显著的负向影响。发行规模越大，募集资金净额越高，则对于信息的披露会更加充分。发行规模越大的企业自身的规模一般也更大，相对来说管理体制也会更加完善。综上，这两方面都会降低信息不对称程度，从而抑制IPO抑价程度。公司年龄Age的系数为0.024，t值为3.91，在1%置信水平下显著。公司年龄对IPO抑价程度有显著的正向影响，这与前文的分析不一致，可能是因为公司年龄越大，公司的生存能力越强，同样会给市场上的投资者以信心。成立时间更长的公司在大多数投资者的认知中在其他方面的表现相对更为优秀，促使投资者在股票上市时大量进行交易，拉高股价，提高 IPO 抑价程度。净资产收益率的回归系数是 –1.985，t 值为 –5.93，在 1% 置信水平下显著。净资产收益率对 IPO 抑价程度有显著负向影响，净资产收益率越高，IPO 抑价程度越低。净资产收益率衡量的是一家公司的核心盈利能力，盈利能力越高的公司，无须通过上市的高抑价来提高公司的股价以获得更多的后续融资，则 IPO 抑价率越低。资产负债率的回归系数为正，但不显著，对上市公司 IPO 抑价程度没有显著影响。总资产周转率的回归系数为 –0.320，t 值为 –4.47，在 1% 置信水平下显著。总资产周转率越高，IPO 抑价率越低。总资产周转率衡量的是公司的运营能力，总资产周转率越高，则公司的生产周转能力越强，公司有充足的现金流和周转资金来支撑公司的经营，从而使 IPO 抑价率越低。承销商声誉的回归系数为 3.919，t 值为 4.63，在 1% 置信水平下显著。同样地，会计师事务所声誉的回归系数为 0.228，t 值为 3.04，在 1% 置信水平下显著。

承销商和会计师事务所都是公司在上市过程中重要的第三方中介机构，它们本应承担着"监督/认证"的功能，降低信息不对称程度。然而，这里承销商声誉和会计师事务所声誉对 IPO 抑价程度有显著的正向影响，这说明承销商声誉越高、会计师事务所声誉越高，越会提高 IPO 抑价程度。在目前的 A 股市场上，承销商和会计师事务所其实并没有起到严格的监督作用，会计师事务所和上市公司联合造假的情况频发，对投资者来说，第三方机构的作用更多的还是信息瀑布的作用，投资者跟随第三方机构的选择，从而提高了 IPO 抑价程度。

综上所述，风险投资持股比例越高、风险投资持股家数越多，IPO 抑价程度越高，而相关的控制变量包括大盘指数、公司年龄、发行规模、净资产收益率、总资产周转率、承销商和会计师事务所的声誉对 IPO 抑价程度也有显著的影响。

四、稳健性检验

由于解释变量中的风险投资背景、风险投资持股比例及风险投资持股家数对 IPO 抑价水平的影响均为正且显著，故稳健性检验使用风险投资持股比例作为代表。

（一）被解释变量替换检验

将被解释变量替换为上市后 5 日、10 日、20 日、30 日收益率及经过沪深 300 指数收益率调整的上市首日/开板收益率，对应的回归结果见表 6–7。

从表 6–7 可发现：5 个回归模型调整后的 R^2 处于 0.25~0.39 之间，模型的解释能力较好。风险投资持股比例的回归系数在 1% 置信水平上显著，说明风险投资持股比例越高，IPO 抑价程度越高。

从前 4 列回归结果中可以发现，将解释变量替换为上市后 5 日、10 日、20 日和 30 日收益率后，解释变量的系数逐渐变大，说明风险投资持股比例对 IPO 抑价程度的影响是增加的，平均来看，时间越长的收益率对 IPO 抑价程度的衡量越准确。中签率在 5 日和 10 日收益率的回归中显著为负，与表 6-6 的结果不同，中签率作为衡量股票受欢迎程度的指标，在短期内对股价的影响较大，中签率越低，股票越受欢迎，股票上市后价格会更高，增加 IPO 抑价程度。资产负债率在稳健性检验中对 IPO 抑价的影响显著为负，说明资产负债率越高，IPO 抑价程度越低。资产负债率越高，公司的偿债能力会越差，对公司以后的经营有一定程度的影响，投资者得到该信息后对该股票的热情程度会降低，导致 IPO 抑价程度降低。其他控制变量的系数符号和显著性与表 6-6 一致。

在最后一列的回归结果中，由于作为被解释变量的收益率已经经过大盘的调整，故大盘指数 Index 不再一起回归。从结果可以看出，风险投资持股比例的系数依旧显著为正，与假设一致。中签率的系数也显著为负，与前文的分析一致，中签率越低，IPO 抑价程度越高。其他控制变量的回归结果与表 6-6 一致。

表 6-7　替换被解释变量回归结果

变量名称	(1) Return5	(2) Return10	(3) Return20	(4) Return30	(5) Adj-Return
Proportion	0.330***	0.791***	1.586***	1.706***	2.524***
	(5.83)	(5.84)	(5.26)	(4.91)	(4.93)
Index	0.264***	0.666***	1.282***	1.232***	
	(15.05)	(15.84)	(13.68)	(11.40)	
DTOR	−0.009***	−0.012**	0.007	0.016	−0.068***
	(−3.86)	(−2.20)	(0.61)	(1.13)	(−3.33)
Size	−0.056***	−0.216***	−0.535***	−0.604***	−0.944***
	(−10.10)	(−16.22)	(−18.00)	(−17.65)	(−18.62)
Age	0.008***	0.017***	0.024***	0.020***	0.036***
	(10.99)	(10.07)	(6.22)	(4.62)	(5.56)
ROE	−0.356***	−0.908***	−1.428***	−1.462***	−2.047***
	(−9.08)	(−9.67)	(−6.83)	(−6.07)	(−5.73)

续表

变量名称	(1)Return5	(2)Return10	(3)Return20	(4)Return30	(5)Adj-Return
Leverage	−0.077***	−0.180***	−0.224*	−0.116	0.197
	(−3.18)	(−3.09)	(−1.73)	(−0.78)	(0.89)
TAT	−0.027***	−0.0744***	−0.227***	−0.263***	−0.337***
	(−3.23)	(−3.71)	(−5.07)	(−5.10)	(−4.41)
Underwriter	0.404***	0.980***	2.355***	3.354***	3.436***
	(4.08)	(4.13)	(4.46)	(5.51)	(3.81)
Auditor	0.069***	0.153***	0.243***	0.235***	0.353***
	(7.90)	(7.30)	(5.19)	(4.36)	(4.43)
常数项	−1.340***	−2.534***	−3.677***	−2.516***	11.910***
	(−8.91)	(−7.04)	(−4.58)	(−2.72)	(23.22)
N	2262	2262	2262	2262	2262
R^2	0.340	0.386	0.325	0.284	0.261
adj. R^2	0.337	0.383	0.322	0.281	0.258

注：***、**、*分别表示在1%、5%、10%水平上显著。

（二）上市板块子样本检验

样本中2262家样本公司在主板、中小板和创业板上市，其中主板644家，中小板881家，创业板737家，由于各板块存在一些差异，持股比例对IPO抑价程度的影响可能也存在差异，故分板块进行稳健性检验。结果见表6-8第（1）至（3）列。

从表6-8第（1）至（3）列可以看出：在主板中，风险投资机构持股比例的回归系数为正，但是t值为0.82，未通过显著性检验，这说明在主板上市的公司，风险投资持股比例对IPO抑价程度无显著影响。在中小板和创业板上市的公司，风险投资机构持股比例对IPO抑价程度具有显著的正向影响，风险投资机构持股比例越高，IPO抑价程度越高，这与全样本的结果是一致的。

表 6-8　上市板块子样本和注册制前后子样本回归结果

变量名称	（1）主板	（2）中小板	（3）创业板	（4）2005—2012年	（5）2014—2018年
Proportion	0.709	1.610***	1.661*	−0.623**	1.093
	(0.82)	(2.73)	(1.81)	(−2.34)	(1.37)
Index	1.608***	1.719***	6.541***	1.031***	3.169***
	(5.43)	(12.31)	(14.85)	(15.08)	(8.02)
DTOR	−0.031	−0.010	−0.128*	−0.027***	−0.387**
	(−0.90)	(−0.59)	(−1.85)	(−3.63)	(−2.41)
Size	−0.891***	−1.029***	−1.574***	−0.358***	−1.272***
	(−12.52)	(−15.90)	(−12.20)	(−14.55)	(−14.11)
Age	0.003	0.021***	0.033**	−0.004	−0.030***
	(0.36)	(2.75)	(2.03)	(−1.31)	(−2.61)
ROE	−1.885***	−0.855**	0.439	−0.222	−1.341*
	(−3.19)	(−2.11)	(0.59)	(−1.45)	(−1.84)
Leverage	0.706**	−0.180	−0.520	0.926***	0.023
	(2.00)	(−0.73)	(−1.10)	(8.97)	(0.06)
TAT	−0.409***	−0.062	−0.407**	−0.113***	−0.336**
	(−3.60)	(−0.82)	(−2.03)	(−3.33)	(−2.41)
Underwriter	2.254*	1.725	3.483*	1.339***	1.588
	(1.92)	(1.51)	(1.78)	(3.30)	(0.95)
Auditor	−0.115	0.183**	0.333**	0.0107	−0.119
	(−0.87)	(2.13)	(2.19)	(0.28)	(3.169***)
常数项	−0.536	−1.527	−34.460***	−3.835***	−8.320**
	(−0.21)	(−1.21)	(−9.22)	(−6.72)	(−2.55)

续表

变量名称	（1）主板	（2）中小板	（3）创业板	（4）2005—2012 年	（5）2014—2018 年
N	644	881	737	1152	1110
R^2	0.363	0.392	0.458	0.333	0.267
adj. R^2	0.353	0.385	0.450	0.327	0.261

注：***、**、*分别表示在1%、5%、10%水平上显著。

大盘指数的系数在3个子样本中都显著为正，与全样本的结果一致。中签率的系数只在创业板子样本中显著为负，在主板和中小板子样本中不显著。发行规模Size在3个子样本中对IPO抑价程度均具有显著负影响，与全样本的结果一致。公司年龄在主板子样本中对IPO抑价程度无显著影响，因为主板上市的公司大多数是成立时间较长的蓝筹公司，公司年龄对于它们来说影响不大；在中小板和创业板子样本中，公司年龄的影响显著为正，与全样本的结果一致。净资产收益率、资产负债率和总资产周转率在主板子样本中对IPO抑价程度具有显著影响，这是因为主板上市的条件相对中小板和创业板更严格，对于这些衡量公司盈利能力、偿债能力及营运能力的变量，上市公司会更加看重，投资者也会更加看重，由此显著影响了IPO抑价程度。承销商声誉的回归系数在主板和创业板子样本中显著为正，而会计师事务所声誉的回归系数在中小板和创业板子样本中显著为正。创业板上市的公司成立时间更短，经营风险更大，更要依赖承销商的信息和会计师事务所的审计来给投资者降低信息不对称程度，会计师事务所的声誉越高，给投资者的信心就越大，越能提高IPO抑价程度。

（三）准注册制政策前后子样本检验

2013年我国IPO暂停，2014年1月1日之后，我国证券市场实行新股首日涨跌幅限制，目的是防止新股市场首日出现暴涨暴跌现象，此时也是注册制政策首推时间节点，故将样本区间划分为2005—2012年和2014—2018年，来检验此项政策前后风险投资持股是否会对IPO抑价产生不同的影响，回归结果见表6-8第（4）至（5）列。

从表6-8第（4）至（5）列可以看出，在2005—2012年子样本中，解释变量持股比例的系数为–0.623，t值为–2.34，在5%置信水平下显著。在2014—2018年的子样本中，解释变量持股比例的系数为1.093，t值为1.37。在2014年前，风险投资持股比例会抑制IPO抑价程度，起到了监督的作用，而2014年后风险投资持股比例对IPO抑价程度的影响变成了正向的，但不显著。实行限制新股上市首日涨跌幅的政策，将新股上市后的炒作期拉长，新股连续多个交易日涨停。在此背景下，风险投资持股比例越高，上市公司IPO抑价程度越高，市场力量起着重要作用。

在控制变量方面，2005—2012年样本中的大盘指数、中签率、发行规模、总资产周转率和承销商声誉对上市公司IPO抑价程度的影响结果与全样本一致；2014—2018年样本的大盘指数、中签率、发行规模、净资产收益率和总资产周转率对上市公司IPO抑价程度的影响结果与全样本的结果一致。综上所述，2014年及以后的样本结果与全样本的结果更为接近。

第三节　风险投资网络对IPO抑价的作用

一、投资网络主体中心性分析

将2005—2018年风险投资机构投资上市公司所形成的关系矩阵输入UCINET软件进行计算后，我们得到了4个中心度指标（度数中心度、中介中心度、接近中心度和特征向量中心度）的回归结果，然后按度数中心度进行排序，得到了前10家风险投资机构的中心度指标情况（见表6-9）。深圳市创新投资集团有限公司拥有最高的度数中心度、中介中心度和特征向量中心度，分别为0.044、0.121和0.976，接近中心度倒数的值最高为0.481，这说明在风险投资网络中，该公司拥有最多的与之相联系的其他风险投资机构，在整个网络中居于核心地位，交易能力强，发现投资机会的能力也很强；同时，它又处在最多条其他风险投资机构的交往路径上，可以通过控制信息的传递影响其他机构之间的交往，承担了重要的中介和桥梁角色；而且它处于网络的最中心位置，与它建立联系的其他风险投资机构也处于网络的核心地位。江苏瑞华投资控股集团有限公司、海通开元投资公司和平安财智投资管理有限公司，虽然有较高的度数中心度和中介中心度及较低的接近中心度，但是特征向量中心度却不高，这说明与其相联系的其他风险投资公司网络地位并不高，权力也不大。

表 6-9 风险投资机构网络中心度指标排名

风险投资机构	度数中心度	中介中心度	接近中心度 $^{-1}$	特征向量中心度
深圳市创新投资集团有限公司	0.044	0.121	0.481	0.976
金石投资有限公司	0.021	0.065	0.442	0.002
江苏瑞华投资控股集团有限公司	0.021	0.034	0.390	0.000
中国—比利时直接股权投资基金	0.014	0.025	0.413	0.001
上海祥禾股权投资合伙企业（有限合伙）	0.011	0.034	0.410	0.022
海通开元投资有限公司	0.010	0.031	0.411	0.001
平安财智投资管理有限公司	0.009	0.022	0.366	0.001
深圳市达晨创业投资有限公司	0.008	0.029	0.449	0.022
深圳市深港产学研创业投资有限公司	0.007	0.008	0.400	0.040
深圳市同创伟业创业投资有限公司	0.006	0.013	0.383	0.019

二、描述性统计分析

由于前文已对被解释变量和控制变量进行过描述性统计分析，故本小节只对解释变量网络中心度指标做描述性统计分析。从表 6-10 的统计结果可以看出，度数中心度的最大值为 0.0440，最小值为 0，平均值为 0.0019；中介中心度的最大值为 0.1210，最小值为 0，平均值为 0.0030；接近中心度的倒数的最大值为 0.4810，最小值为 0，平均值为 0.0987；特征向量中心度的最大值为 0.9760，最小值为 0，平均值为 0.0107。由上述数值可以看出，网络中心度指标最大值与最小值之间的差异比较大，平均值也较小，说明风险投资网络整体比较脆弱，联结性整体并不强。部分风险投资机构的中心度指标为 0，与网络中其他风险投资机构合作较少，甚至没有合作。由此可见，我国风险投资机构网络内部机构分布十分不均衡，领头的风险投资机构通过密切的合作关系形成了核心区域，且由于风险投资机构众多，而 IPO 项目机会有限，使得一部分风险投资机构处于网络的边缘位置，缺乏与其他机构的直接合作，也很少能通过中介与其他机构产生合作，因而在风险投资网络中这些机构处于孤立地位。

表 6-10 网络中心度指标描述性统计结果

变量名称	N	平均值	标准差	最小值	最大值	中位数
Degree	2262	0.0019	0.0041	0.0000	0.0440	0.0010
Betweenness	2262	0.0030	0.0104	0.0000	0.1210	0.0000
Closeness^{-1}	2262	0.0987	0.1510	0.0000	0.4810	0.0000
Eigenvector	2262	0.0107	0.0703	0.0000	0.9760	0.0000

三、相关性分析

风险投资网络中心度指标和 IPO 抑价程度的相关性分析结果如表 6-11 所示。由分析结果可以得出，除了 4 个中心度指标相互之间的相关性系数，其他相关性系数均小于 0.5，不存在共线性问题。由于这里通过对 4 个指标分别进行回归研究风险投资网络对 IPO 抑价的影响，所以回归模型不存在共线性的问题。4 个网络中心度指标与收益率的系数为负，但均不显著，要进一步加入控制变量进行回归分析，探索网络中心度指标和 IPO 抑价程度之间的关系。

从控制变量来看，大盘指数、公司年龄和会计师事务所声誉的相关性系数为正且在 1% 置信水平上显著，中签率、发行规模、净资产收益率、资产负债率和总资产周转率的相关性系数为负且在 1% 置信水平下显著，与前文的分析一致。承销商声誉的相关性系数不显著，与前文的分析不一致，需在全样本多元回归中进一步研究。

四、多元回归分析

本小节使用模型（6-4）分别探究风险投资网络中心度指标对上市公司 IPO 抑价的影响。从表 6-12 的回归结果可以看出，度数中心度和特征向量中心度对 IPO 抑价程度都有负向影响；Closeness^{-1} 对 IPO 抑价程度有负向影响，故接近中心度对 IPO 抑价程度有正向影响；中介中心度的系数为正，但不显著，对 IPO 抑价程度无显著影响。度数中心度、接近中心度和特征向量中心度的回归系数在 5% 置信水平下显著，这与我们的假设 4、假设 6 和假设 7 是一致的。风险投资机构的度数中心度和特征向量中心度越高、接近中心度越低，说明风险投资机构越处于网络的核心地位，且与其相联系的风险投资机构也是网络中比较核心的机构，这使得风险投资机构发现投资机

表 6-11 风险投资网络中心度指标和 IPO 抑价程度的相关性分析结果

变量名称	Return	Degree	Betweenness	Closeness	Eigenvector	Index	DTOR	Size	Age	ROE	Leverage	TAT	Underwriter	Auditor
Return	1													
Degree	-0.028	1												
Betweenness	-0.018	0.146***	1											
Closeness^{-1}	-0.024	0.643***	0.078***	1										
Eigenvector	-0.019	0.758***	0.131***	0.331***	1									
Index	0.357***	-0.001	0.094	-0.040*	0.018	1								
DTOR	-0.209***	0.017	-0.005	0.006	0.001	-0.136***	1							
Size	-0.419***	-0.015	-0.015	-0.015	-0.031	-0.024	0.263***	1						
Age	0.116***	-0.053**	-0.017	-0.045**	-0.057***	0.124***	-0.031	0.082***	1					
ROE	-0.303***	-0.003	-0.009	-0.030	0.0120	-0.078***	0.228***	0.257***	-0.184***	1				
Leverage	-0.093***	-0.047**	-0.043**	-0.044**	-0.020	-0.009	0.046**	0.286***	0.041*	-0.065***	1			
TAT	-0.148***	0.005	-0.032	-0.016	-0.001	-0.050**	0.061***	-0.015	-0.072***	0.322***	0.028	1		
Underwriter	-0.030	0.056**	0.004	0.048**	0.011	-0.019	0.056***	0.300***	0.116***	0.001	0.048**	-0.050**	1	
Auditor	0.093***	0.022	0.021	0.029	0.025	0.110***	-0.055**	0.055***	0.075***	-0.078***	0.002	-0.077***	0.058***	1

注：***、**、*分别表示在 1%、5%、10% 水平上显著。

表 6-12 网络中心度指标多元回归结果

变量名称	(1) Return	(2) Return	(3) Return	(4) Return
Degree	−19.01**			
	(−2.09)			
Betweenness		0.0103		
		(0.02)		
Closeness^{-1}			−0.540**	
			(−2.21)	
Eigenvector				−1.039**
				(−1.98)
Index	2.743***	2.741***	2.742***	2.748***
	(18.33)	(18.21)	(18.33)	(18.36)
DTOR	−0.026	−0.026	−0.026	−0.026
	(−1.32)	(−1.37)	(−1.34)	(−1.35)
Size	−0.976***	−0.974***	−0.975***	−0.977***
	(−20.54)	(−20.47)	(−20.52)	(−20.56)
Age	0.022***	0.023***	0.022***	0.023***
	(3.66)	(3.78)	(3.66)	(3.67)
ROE	−2.071***	−2.060***	−2.087***	−2.052***
	(−6.18)	(−6.15)	(−6.23)	(−6.13)
Leverage	0.182	0.200	0.180	0.197
	(0.87)	(0.96)	(0.87)	(0.95)
TAT	−0.334***	−0.335***	−0.336***	−0.336***
	(−4.66)	(−4.67)	(−4.68)	(−4.69)
Underwriter	4.129***	4.012***	4.114***	4.056***
	(4.86)	(4.73)	(4.85)	(4.78)

续表

变量名称	（1）Return	（2）Return	（3）Return	（4）Return
Auditor	0.236***	0.232***	0.237***	0.237***
	（3.14）	（3.09）	（3.15）	（3.15）
常数项	−9.496***	−9.549***	−9.475***	−9.552***
	（−7.38）	（−7.37）	（−7.36）	（−7.42）
N	2262	2262	2262	2262
R^2	0.351	0.350	0.351	0.351
adj. R^2	0.348	0.347	0.348	0.348

注：***、**、* 分别表示 1%、5%、10% 水平上显著。

会的能力和交易能力更强，对于其他机构的依赖程度越低，能帮助企业增值，提高上市公司的定价效率，从而抑制 IPO 抑价程度。

不同于风险投资机构持股比例和持股家数，风险投资网络中心度指标更多的是衡量风险投资机构在风险投资网络中体现的内在的、本身的能力与优势，例如资金、人力或者资源优势，继而能够影响其所投资的上市公司。根据风险投资机构联合投资的财务动机、获取资源动机和企业增值动机，掌握着优质资金、资源与信息的风险投资机构在企业从初创到上市的过程中帮助企业增值，发挥监督增值的作用，在上市定价时，上市价格更接近企业的内在价值，能够提高企业的定价效率，从而抑制企业 IPO 抑价程度。而风险投资持股比例、风险投资持股家数不能很好地反映风险投资机构的内在特征，可能持股比例更高、数量更多的风险投资机构并不具备更好的资源与控制信息的能力，并且由于其具有明显的外在性而易为投资者获得，会放大投资者的情绪，提高 IPO 抑价程度，从而使得两类衡量方法得到不一样的结果。

在控制变量中，发行规模、净资产收益率、总资产周转率都是在 1% 置信水平上对 IPO 抑价程度产生负向影响，大盘收益率、公司年龄、承销商声誉和会计师事务所声誉在 1% 置信水平上对 IPO 抑价产生正向影响，中签率和资产负债率对 IPO 抑价无显著影响，这与前文的回归结果是一致的。

五、稳健性检验

（一）被解释变量替换检验

本小节使用企业上市后 20 日收益率及经过沪深 300 指数调整的上市首日 / 开板收益率作为替换的被解释变量进行回归，在后者的回归中，由于被解释变量中已经控制了大盘的影响，故控制变量中不再加入大盘指数，回归结果见表 6-13。

从表 6-13 的检验结果可以看出，对于由 20 日收益率衡量的 IPO 抑价程度，度数中心度、中介中心度、接近中心度的倒数及特征向量中心度的系数分别为 –6.674、–4.164、–0.217 以及 –0.545，t 值分别为 –1.17、–1.87、–1.42 和 –1.66，中介中心度和特征向量中心度在 10% 置信水平上对 IPO 抑价程度有显著负向影响，这与假设 5 和假设 7 一致。其他的中心度指标的影响方向与假设一致，但是并不显著。由于 20 日收益率比较笼统与平均地衡量了 IPO 抑价程度，衡量方法不是十分精确，所以回归结果与表 6-12 中的回归结果并不完全相同。

对于由经过沪深 300 指数调整的首日 / 开板收益率衡量的 IPO 抑价程度，度数中心度、中介中心度接近中心度倒数及特征向量中心度的系数分别为 –17.790、–8.768、–0.513 和 –0.815，t 值分别为 –1.83、–2.31、–1.96 和 –1.45。度数中心度和中介中心度对 IPO 抑价程度呈显著负向影响，接近中心度对 IPO 抑价程度呈显著正向影响，符合假设 4-6。风险投资机构的度数中心度和中介中心度越高、接近中心度越低，说明风险投资机构越处于网络的核心地位，发现投资机会的能力更强，信息控制能力和资源控制能力越强，对于其他机构的依赖程度越低，对企业的增值越有帮助，在定价时越能够提高上市公司的定价效率，从而抑制 IPO 抑价程度，验证了表 6-12 中的结论。

（二）上市板块子样本检验

研究样本共 2262 家公司，其中主板 644 家，中小板 881 家，创业板 737 家，由于不同板块的上市规则与标准不同，风险投资网络对 IPO 抑价程度的影响可能也存在差异，故本小节分板块进行稳健性检验，回归结果见表 6-14。

从表 6-14 可以看出，在主板子样本中，度数中心度、中介中心度、接近中心度倒数和特征向量中心度的系数分别为 –26.750、–11.890、–0.591 和 –1.154，而 t 值分别为 –1.55、–1.75、–1.35 和 –1.00，中介中心度在 10% 置信水平下对 IPO 抑价程度有显著的负向影响，与假设 5 一致。中介中心度越高，风险投资机构控制信息资源的

表 6-13 替换被解释变量后的稳健性检验结果

变量名称	Return20				Adj-Return			
Degree	-6.674				-17.790*			
	(-1.17)				(-1.83)			
Betweenness		-4.164*				-8.768**		
		(-1.87)				(-2.31)		
Closeness^{-1}			-0.217				-0.513**	
			(-1.42)				(-1.96)	
Eigenvector				-0.545*				-0.815
				(-1.66)				(-1.45)
Index	1.330***	1.331***	1.330***	1.333***				
	(14.19)	(14.20)	(14.19)	(14.22)				
DTOR	0.008	0.008	0.008	0.008	-0.067***	-0.067***	-0.067***	-0.068***
	(0.68)	(0.69)	(0.68)	(0.67)	(-3.28)	(-3.29)	(-3.29)	(-3.32)
Size	-0.548***	-0.549***	-0.548***	-0.549***	-0.966***	-0.967***	-0.965***	-0.967***
	(-18.41)	(-18.43)	(-18.41)	(-18.44)	(-19.02)	(-19.04)	(-19.01)	(-19.03)
Age	0.023***	0.023***	0.023***	0.023***	0.035***	0.034***	0.035***	0.035***
	(5.93)	(5.86)	(5.92)	(5.91)	(5.31)	(5.24)	(5.30)	(5.33)
ROE	-1.502***	-1.503***	-1.509***	-1.493***	-2.172***	-2.173***	-2.187***	-2.155***
	(-7.16)	(-7.17)	(-7.19)	(-7.12)	(-6.07)	(-6.07)	(-6.11)	(-6.02)

续表

变量名称		Return20				Adj-Return			
Leverage	−0.246*	−0.248*	−0.247*	−0.241*	0.153	0.153	0.151	0.168
	(−1.89)	(−1.90)	(−1.90)	(−1.85)	(0.69)	(0.69)	(0.68)	(0.76)
TAT	−0.240***	−0.240***	−0.241***	−0.242***	−0.359***	−0.359***	−0.361***	−0.362***
	(−5.36)	(−5.35)	(−5.37)	(−5.38)	(−4.69)	(−4.69)	(−4.72)	(−4.72)
Underwriter	2.486***	2.513***	2.486***	2.468***	3.674***	3.707***	3.662***	3.598***
	(4.67)	(4.72)	(4.67)	(4.65)	(4.05)	(4.09)	(4.04)	(3.97)
Auditor	0.248***	0.249***	0.249***	0.249***	0.366***	0.366***	0.367***	0.366***
	(5.27)	(5.28)	(5.28)	(5.29)	(4.58)	(4.58)	(4.59)	(4.58)
常数项	−3.766***	−3.764***	−3.755***	−3.787***	12.420***	12.420***	12.430***	12.390***
	(−4.67)	(−4.67)	(−4.66)	(−4.70)	(24.41)	(24.44)	(24.42)	(24.38)
N	2262	2262	2262	2262	2262	2262	2262	2262
R^2	0.317	0.318	0.317	0.318	0.254	0.255	0.255	0.254
adj. R^2	0.314	0.315	0.314	0.315	0.251	0.252	0.252	0.251

注：***、**、* 分别表示在1%、5%和10%水平下显著。

能力越强，有利于提高上市公司的定价效率，从而降低抑价程度。其余3个中心度指标系数为负，与假设4、假设6、假设7一致，但是不显著。在中小板子样本中，4个中心度指标的系数均不显著。在创业板子样本中，4个中心度指标的系数都为负，与假设4-7一致，但是只有中介中心度和特征向量中心度是显著的，说明风险投资机构中介中心度越高，特征向量中心度越高，上市公司IPO抑价程度越低。中介中心度越高，风险投资机构越能掌握优质资源，与更高质量的其他风险投资机构联合，帮助企业增值，降低IPO抑价程度。

综合3个子样本的结果我们可以得出，各子样本的回归结果不尽相同，创业板子样本中显著的网络指标数更多。创业板上市公司大多数是年轻初创企业，更需要风险投资机构发挥其在风险投资网络中把握信息和资源的能力及与其他处于网络核心地位的机构合作的能力，辅助企业经营，从而起到监督增值的作用，抑制IPO抑价程度。

（三）准注册制政策前后子样本检验

本小节继续探究准注册制政策推出是否会对风险投资网络在IPO抑价中的作用有影响，稳健性检验结果见表6-15。由检验结果可以看出，在2014年以前的子样本中，度数中心度、中介中心度、接近中心度的倒数及特征向量中心度的系数为负，与假设的方向一致，但只有接近中心度的系数显著。

在2014年及以后的子样本中，4个中心度的系数均为负，但只有中介中心度和特征向量中心度显著。新股上市首日限制涨跌幅政策颁布之前，风险投资机构在整个风险投资网络中的独立程度对IPO抑价程度有影响，而在政策颁布之后，风险投资机构本身控制资源与信息的能力及联结其他高质量风险投资机构的能力对IPO抑价程度有显著影响。由此可见，风险投资机构在风险投资网络中所拥有的不同能力对所投资的上市公司的影响，会随着政策的变化而不同，但是对IPO抑价程度都有抑制作用，发挥了风险投资机构"监督增值"的作用。

表 6-14 分板块子样本稳健性检验结果

变量名称	主板（N=644）					中小板（N=881）					创业板（N=737）				
Degree	-26.750					-0.992					-24.97				
	(-1.55)					(-0.09)					(-1.56)				
Betweenness		-11.890*					-2.773					-9.968*			
		(-1.75)					(-0.58)					(-1.68)			
Closeness^{-1}			-0.591					0.169					-0.737		
			(-1.35)					(0.59)					(-1.55)		
Eigenvector				-1.154					-0.373					-1.465*	
				(-1.00)					(-0.51)					(-1.80)	
Index	1.626***	1.625***	1.623***	1.648***		1.749***	1.750***	1.747***	1.749***		6.624***	6.629***	6.583***	6.652***	
	(5.53)	(5.53)	(5.51)	(5.60)		(12.53)	(12.53)	(12.51)	(12.53)		(15.09)	(15.10)	(14.99)	(15.14)	
DTOR	-0.030	-0.031	-0.031	-0.031		-0.009	-0.009	-0.010	-0.009		-0.128*	-0.128*	-0.126*	-0.130*	
	(-0.90)	(-0.91)	(-0.90)	(-0.91)		(-0.53)	(-0.53)	(-0.55)	(-0.53)		(-1.85)	(-1.85)	(-1.82)	(-1.88)	
Size	-0.903***	-0.905***	-0.900***	-0.903***		-1.031***	-1.032***	-1.031***	-1.033***		-1.562***	-1.560***	-1.556***	-1.568***	
	(-12.81)	(-12.84)	(-12.77)	(-12.78)		(-15.87)	(-15.88)	(-15.86)	(-15.88)		(-12.09)	(-12.08)	(-12.02)	(-12.16)	
Age	0.002	0.002	0.002	0.002		0.021***	0.021***	0.021***	0.021***		0.029*	0.029*	0.031*	0.029*	
	(0.24)	(0.22)	(0.22)	(0.27)		(2.79)	(2.77)	(2.81)	(2.76)		(1.78)	(1.74)	(1.85)	(1.78)	
ROE	-1.902***	-1.897***	-1.925***	-1.867***		-0.945**	-0.950**	-0.938**	-0.947**		0.209	0.205	0.153	0.253	
	(-3.23)	(-3.22)	(-3.27)	(-3.16)		(-2.33)	(-2.34)	(-2.31)	(-2.33)		(0.28)	(0.28)	(0.21)	(0.34)	

续表

变量名称	主板（N=644）		中小板（N=881）			创业板（N=737）		
Leverage	0.728**	0.724**	0.729**	0.737**	-0.173	-0.178	-0.163	-0.172	-0.516	-0.517	-0.504	-0.526
	(2.07)	(2.06)	(2.07)	(2.09)	(-0.70)	(-0.72)	(-0.66)	(-0.70)	(-1.10)	(-1.10)	(-1.07)	(-1.12)
TAT	-0.410***	-0.413***	-0.411***	-0.418***	-0.068	-0.068	-0.0680	-0.068	-0.412**	-0.408**	-0.419**	-0.411**
	(-3.62)	(-3.66)	(-3.63)	(-3.69)	(-0.90)	(-0.89)	(-0.89)	(-0.90)	(-2.05)	(-2.04)	(-2.09)	(-2.05)
Underwriter	2.222*	2.280*	2.204*	2.274*	1.818	1.868	1.734	1.836	4.102**	4.098**	4.052**	3.789**
	(1.89)	(1.94)	(1.87)	(1.93)	(1.58)	(1.63)	(1.51)	(1.60)	(2.09)	(2.09)	(2.07)	(1.95)
Auditor	-0.116	-0.117	-0.113	-0.116	0.186**	0.188**	0.183**	0.188**	0.340**	0.340**	0.338**	0.342**
	(-0.87)	(-0.88)	(-0.85)	(-0.87)	(2.15)	(2.18)	(2.12)	(2.18)	(2.24)	(2.24)	(2.22)	(2.25)
adj. R^2	0.355	0.356	0.355	0.354	0.380	0.380	0.380	0.380	0.451	0.451	0.451	0.451

注：***、**、* 分别表示在1%、5%、10%水平上显著。

表6-15 准注册制政策前后子样本检验结果

变量名称	2005—2012年		2014—2018年	
Degree	-5.470	-24.63		
	(-1.32)	(-1.32)		
Betweenness		-1.809		-11.35*
		(-1.07)		(-1.66)

续表

变量名称	2005—2012 年				2014—2018 年			
Closeness^{-1}		−0.262**				−0.413		
		(−2.15)				(−0.94)		
Eigenvector			−0.025					−1.808*
			(−0.10)					(−1.82)
Index	1.024***	1.025***	1.022***	1.027***	3.187***	3.183***	3.180***	3.200***
	(14.98)	(14.97)	(14.93)	(15.04)	(8.06)	(8.06)	(8.04)	(8.10)
DTOR	−0.027***	−0.027***	−0.027***	−0.027***	−0.403**	−0.406**	−0.399**	−0.408**
	(−3.65)	(−3.66)	(−3.67)	(−3.67)	(−2.52)	(−2.54)	(−2.49)	(−2.55)
Size	−0.357***	−0.357***	−0.357***	−0.357***	−1.290***	−1.292***	−1.286***	−1.292***
	(−14.48)	(−14.48)	(−14.45)	(−14.51)	(−14.36)	(−14.38)	(−14.33)	(−14.39)
Age	−0.004	−0.004	−0.004	−0.004	−0.033***	−0.033***	−0.033***	−0.033***
	(−1.30)	(−1.31)	(−1.25)	(−1.32)	(−2.88)	(−2.90)	(−2.85)	(−2.91)
ROE	−0.216	−0.216	−0.213	−0.217	−1.445**	−1.450**	−1.464**	−1.412*
	(−1.41)	(−1.41)	(−1.39)	(−1.42)	(−1.99)	(−2.00)	(−2.01)	(−1.94)
Leverage	0.932***	0.935***	0.946***	0.920***	0.073	0.078	0.066	0.080
	(9.00)	(9.04)	(9.17)	(8.88)	(0.19)	(0.21)	(0.17)	(0.21)

续表

变量名称	2005—2012 年				2014—2018 年		
TAT	−0.108***	−0.109***	−0.110***	−0.110***	−0.348**	−0.346**	−0.343**	−0.342**
	(−3.20)	(−3.22)	(−3.26)	(−3.24)	(−2.49)	(−2.48)	(−2.45)	(−2.45)
Underwriter	1.339***	1.335***	1.364***	1.296***	1.632	1.647	1.578	1.550
	(3.29)	(3.27)	(3.35)	(3.19)	(0.98)	(0.98)	(0.94)	(0.93)
Auditor	0.013	0.013	0.014	0.013	−0.109	−0.107	−0.114	−0.108
	(0.33)	(0.33)	(0.37)	(0.33)	(−0.81)	(−0.80)	(−0.85)	(−0.81)
常数项	−3.826***	−3.834***	−3.827***	−3.828***	−8.091**	−8.065**	−8.084**	−8.217**
	(−6.69)	(−6.70)	(−6.70)	(−6.69)	(−2.48)	(−2.47)	(−2.47)	(−2.52)
N	1152	1152	1152	1152	1110	1110	1110	1110
R^2	0.331	0.331	0.333	0.330	0.267	0.268	0.267	0.268
adj. R^2	0.325	0.325	0.327	0.324	0.260	0.261	0.260	0.262

注：***、**、* 分别表示在 1%、5% 和 10% 水平上显著。

本章结论

本章选取 2005—2018 年在 A 股主板、中小板和创业板上市的 2262 家企业为样本，研究非控股股东中的风险投资机构对 IPO 抑价程度的影响，研究结论有三点。

（1）风险投资背景、风险投资持股比例、风险投资持股家数会提高 IPO 抑价程度。有风险投资背景、风险投资持股比例越高、持股家数越多，这些信息体现在上市公告书中，会让投资者认为该企业得到了风险投资机构的认可，从而积极申购，并且在股票上市时大量进行买入交易，非理性地拉高了股价，提高了 IPO 的抑价程度。

（2）风险投资机构的度数中心度和特征向量中心度越高，接近中心度越低，越能降低 IPO 抑价程度。这表明该风险投资机构越接近网络的中心地位，权力越大，同时交易能力、传递信息的能力也越强，并且与其合作的风险投资机构也是处于网络核心的机构，这能够帮助企业更好地增值，在一定程度上会提高企业的定价效率，从而降低 IPO 抑价程度。

（3）在回归的过程中，控制变量大盘指数、公司年龄、发行规模、净资产收益率、总资产周转率、承销商声誉及会计师事务所声誉对企业 IPO 抑价程度也有显著的影响。

从实证分析可以得到中国风险投资网络具有核心—边缘的结构，存在较多零星、孤立的风险投资机构，不紧密的风险投资网络会降低投资效率。但风险投资网络的优势也很明显，通过共享信息和资源，能够把握投资机会，积累经验，从而逐渐扩大规模，进而发现更值得投资的项目，这是一个良性循环。通过实证研究结果，再结合目前 A 股市场风险投资与 IPO 抑价现象的关系，本章提出以下三点建议：

第一，企业需要从长远角度考虑自身的发展，不能为了短期利益追求尽早上市，并且通过一些手段促成 IPO 高抑价来获得更多的资金，这对企业的后续发展不利。企业要把握好发展的战略方向，制定适合的经营政策，以优质企业的身份上市。

第二，规范扶持风险投资行业，让拥有产业、高校、科研机构背景的公司加入风险投资行业，可以增强风险投资机构的专业性。同时，风险投资机构可以通过招募有能力的人才增强自身实力，站在企业长远发展的角度给企业提供服务，慢慢地累积经验、提高实力和声誉。由于联合投资具有独特的优势，风险投资网络能提高投资效率及 IPO 定价效率，风险投资机构应积极进行联合，与其他风险投资机构建立联系，加强沟通与交流。由于建立联结要付出一定的成本，风险投资机构可以选择与自身规模、投资领域、业务发展等因素相关联的机构进行联结，以期获得最佳的网络密度。

第三，投资者在选择投资的股票时，不要一味追求表面的、容易获取的信息，要更深层次地分析上市公司各个方面的能力，降低情绪化投资，减少投机行为。因为投机行为带来的获利并不会长久，并且会造成投资市场的畸形发展。

关于投资网络的研究，因为风险投资机构占比较低，而其中联合投资占比也较低，风险投资机构合作关系有限，对投资网络的构建及网络中心性指标的计算造成一定影响，这可能使得研究结果有所偏差。未来研究可以将投资网络拆分，选择投资网络中规模比较小但比较密集的子网络，通过这样的"小集团"进行更深入的研究。

参考文献

［1］Cochrane J H. The Risk and Return of Venture Capital［J］. Social Science Electronic Publishing，2005（1）：3-52.

［2］Dimov D，Milanov H. The Interplay of Need and Opportunity in Venture Capital Investment Syndication［J］. Journal of Business Venturing，2010（4）：331-348.

［3］Hansen M T. The Search-Transfer Problem：The Role of Weak Ties in Sharing Knowledge Across Organization Subunits［J］. Administrative Science Quarterly，1999（1）：82-111.

［4］Hochberg Y V，Ljungqvist A，Lu Y. Whom You Know Matters：Venture Capital Networks and Investment Performance［J］. Journal of Finance，2007（1）：251-301.

［5］Kaplan S N，Strömberg P. Characteristics，Contracts，and Actions：Evidence from Venture Capitalist Analyses［J］. Journal of Finance，2004（5）：2177-2210.

［6］Lerner J. The Syndication of Venture Capital Investments［J］. Financial Management，1994（3）：16-27.

［7］Sahlman W A. The Structure and Governance of Venture-capital Organizations［J］. Journal of Financial Economics，1990（2）：473-521.

［8］蔡宁，何星. 社会网络能够促进风险投资的"增值"作用吗？——基于风险投资网络与上市公司投资效率的研究［J］. 金融研究，2015（12）：178-193.

［9］刘军. 整体网分析：UCINET软件实用指南［M］. 2版. 上海：格致出版社、人民出版社，2009.

［10］罗吉，党兴华，王育晓. 网络位置、网络能力与风险投资机构投资绩效：一个交互效应模型［J］. 管理评论，2016（9）：83-97.

［11］周伶，山峻，张津. 联合投资网络位置对投资绩效的影响——来自风险投资的实证研究［J］. 管理评论，2014（12）：160-169.

第七章
风险投资对 IPO 企业盈余管理的作用

当前我国资本市场及风险投资正不断发展并逐渐成熟，风险投资在我国 IPO 市场中的地位也越来越重要，其投资目标和行为必会对 IPO 公司的经济行为和决策产生重要影响。越来越多的风险投资力图通过帮助中小企业在创业板或中小板市场上市，从而实现自身风险资本的增值，获取额外的投资回报。在投资的公司上市后，风险投资会参与公司经营管理及承销商、承销时机和承销方式的选择，势必会对上市公司 IPO 过程中的盈余管理行为产生实质性的影响。创业板、中小板市场正越来越多地被作为一种新的风险投资退出途径。

因此投资者和监管层面临一个重要问题——风险投资机构在 IPO 中的作用是什么，风险投资是为了长远利益，还是为了让公司上市后获利退出？风险投资在企业 IPO 过程中起着"认证/监督"的作用，会抑制公司的盈余管理行为；风险投资也具有"搅拌效应"，会为了自己的利益促使上市公司进行正向的盈余管理。因此有必要探究中国风险投资在 IPO 过程中对 IPO 企业盈余管理的作用。

IPO 企业的盈余管理行为会导致上市公司真实的财务状况不能被反映出来，影响 IPO 定价的准确性。同时，盈余管理行为本身违背了股票交易市场准入条件，危害了投资者的权益和其他相关企业的利益。基于此，本章将中小企业 IPO 过程中的动态盈余管理行为作为研究内容，采用理论与实证相结合的研究方法，探求风险投资与中小上市公司 IPO 各阶段盈余管理行为之间的动态关系。

第一节 研究方法与方案设计

一、IPO 阶段界定

国外学者已经研究了 IPO 各阶段盈余管理行为的动态变化，并将 IPO 过程分成 IPO 之前、IPO 时、锁定期内、锁定期之后 4 个阶段。与无风险投资支持的企业 IPO

相比，风险投资的加入会使得 IPO 的过程更难形成定论：从承销商的角度看，风险投资是专业的金融机构；从发行企业的角度看，风险投资是企业的股东；从散户的角度看，风险投资是机构投资者。因此，风险投资的支持对中小企业的 IPO 过程具有非常重要的影响。

研究 IPO 过程中企业盈余管理的动态变化，首先要定义 IPO 过程的 4 个阶段。

IPO 前阶段（Pre-IPO）包含上市前的两个季度。在上市资源稀缺的情况下，拟 IPO 公司为了取得上市资格，在 IPO 之前会选择通过盈余管理取得较好的询价；同时风险投资可能会对其支持的企业进行一定程度的监督，使得盈余管理行为有所降低。

IPO 时阶段包含上市当季度和紧接着的下个季度。在 IPO 时阶段，企业为了维持公司形象及防止股价大幅波动，仍然会采取一定的盈余管理。

锁定期阶段（Lockup），上市公告书中会注明风险投资的锁定期。统计结果发现，我国当前的锁定期大多为 1 年，只有少数锁定期为 3 年。

锁定期之后（PostLockup）一般指锁定期后的两个季度。而在锁定期和锁定期后，由于公司已经上市一段时间，市场已经慢慢接受和消化了公司的实际情况，大多数公司可能就没有进行盈余管理的动机了。

在上市后期（Post_IPO），风险投资获得了一定收益后，由于自身机会成本、新投资机会的出现、合同约定等因素，风险投资会择机退出企业或者继续持有，从而影响公司的盈余管理。但由于风险投资考虑到自身的退出收益，可能会与企业管理者进行博弈，继续要求企业进行一定的向上盈余管理。

二、研究假设

由于政策限制和企业融资需求巨大，我国企业当前上市非常艰难，审核异常严格，特别是对于处在初创期、规模较小、缺乏资金支持的中小企业。例如要求拟 IPO 企业必须在近 3 年内连续实现盈利才有资格申请上市，为达目的，拟 IPO 企业经常采用盈余管理操作，对财务报表进行粉饰，这样经过粉饰处理的财务报表一般情况下会使企业获得较高的募集资金。中小企业为了上市，管理层有着强烈的动机和意愿去实施盈余管理行为。据此提出假设 1：中小企业 IPO 时具有显著的正向盈余管理。

将样本范围缩小为仅有风险投资支持的样本，能够更进一步地说明风险投资对盈余管理的影响，即风险投资在 IPO 过程中起着"认证 / 监督"的作用，会抑制公司的盈余管理行为，这就验证和强化了假设 1。据此提出假设 2：仅针对风险投资支持的公司，IPO时具有显著的负向盈余管理。

风险投资作为一种追求高风险和高收益的投资者，对所投资中小企业起着第三方认证、监督和管理的作用。它们会参与企业的决策，希望达到提高企业收益，同时维护风险投资本身的行业声誉的目标，所以会抑制公司的盈余管理行为。基于以上理论提出假设3：在IPO之前、IPO时，风险资本支持的公司比无风险投资支持的公司具有低的盈余管理。

公司上市后，包括风险投资在内的原始股东的股份都有锁定期，一般9个月以上，最长为3年。在这期间，新上市公司的经营业绩及盈余管理都会发生较大变化。这里探讨在公司IPO后锁定和解禁阶段，风险投资对其支持公司的盈余管理的影响。在这一阶段，风险投资具有"搅拌效应"，为了减持时获得高收益，它们可能会促使公司进行正向盈余管理，使公司股票价格上涨。因此提出假设4：IPO企业在锁定期及锁定期后具有正向的盈余管理，风险投资对企业盈余管理的程度在锁定期后更强。

三、变量构建

（一）被解释变量——可操控利润

为了检验风险投资对中小企业IPO过程中盈余管理行为的动态影响，首先要选择合适的盈余管理计量模型，分解出上市公司的可操控应计利润，度量盈余管理行为。截至目前，国内外大量研究表明，修正的Jones模型在测度盈余管理行为方面的准确性很高，修正的Jones模型如下：

$$TA_t/A_{t-1} = \alpha(1/A_{t-1}) + \beta(\Delta REV_t - \Delta REC_t)/A_{t-1} + \gamma PPE_t/A_{t-1} + \varepsilon \quad (7-1)$$

其中，TA为公司i第t年总应计利润，等于净利润NI与经营现金流CFO之差；A表示公司i上年末的总资产，ΔREV为公司i在第t年和第t-1年的主营业务收入差额，用来表示应计项目变化与公司经营业绩和宏观经济环境变化的关系；ΔREC为公司i在第t年和第t-1年的应收账款净额的差额；PPE是公司i在第t年的固定资产。将各变量均除以年初的总资产，抵消公司规模对可操控应计利润的影响。根据模型（7-1），并运用经过行业分组处理的不同年份数据进行回归，获得不同行业、不同年份的特征参数α、β、γ的估计值。不可操控性应计利润（NDAC）的模型为：

$$NDAC_t = \hat{\alpha}(1/A_{t-1}) + \hat{\beta}(\Delta REV_t - \Delta REC_t)/A_{t-1} + \hat{\gamma} PPE_t/A_{t-1} \quad (7-2)$$

可操控性应计利润（DAC）定义为公司盈余管理水平，其模型为：

$$DAC_t = TA_t/A_{t-1} - \hat{\alpha}(1/A_{t-1}) - \hat{\beta}(\Delta REV_t - \Delta REC_t)/A_{t-1} - \hat{\gamma} PPE_t/A_{t-1} \quad (7-3)$$

（二）主要解释变量

PreIPO 代表 IPO 动态过程中的 IPO 之前，包含公司上市前的 2 个季度。由于监管机构要求上市公司提供上市前 1 年的财务报表具体信息，所有 PreIPO 的数据是可以获取的。

IPO 代表 IPO 动态过程中的 IPO 时，包含上市当季度和紧接着的下个季度。Rangan 研究发现在这个季度区间内，管理者希望公司得到最佳的估值，如果在 IPO 紧接着的下个季度盈余管理存在较大的波动，可能导致投资者的信任度降低，引起审计机构的质疑。

Lockup 代表 IPO 动态过程中的锁定期，包含 1 年锁定期中间的 2 个季度。Rangan 研究发现只有在锁定期后决定卖出股票的持股者，才有动力进行盈余管理行为。根据统计结果，在中小板和创业板上市的企业中只有少数几家企业的锁定期为 3 年，其他企业的锁定期均为 1 年。

PostLockup 代表 IPO 动态过程中的锁定期后，包含 1 年锁定期结束前的最后 1 个季度及紧接着的 1 个季度。在这个阶段，持股者不再有进行盈余管理的动力。

VCBACKED 代表 IPO 企业是否有风险投资支持，有风险投资支持取值为 1，否则取 0。VC_RATIO 表示对应各个 IPO 阶段的风险投资持股比例。笔者根据巨潮网上提供的上市公告书，手动搜集中小板和创业板企业 IPO 是否有风险投资支持及持股和锁定期安排。如果该公司有风险投资支持，则计算出该公司所有风险投资所占的比例之和；若没有风险投资支持，则计为 0。风险投资机构主要参照中国风险投资网站上公布的 2012 年风险投资名录确定。

（三）控制变量

1. 承销商声誉（Underwriter）

承销商担任着上市公司的经营顾问，辅导拟 IPO 公司上市。Chemmanur 等（2004）认为好的企业为体现自己的实力，不让投资者在 IPO 过程中发生逆向选择行为，展现出企业的实际情况，通常会聘请声誉高的保荐机构作为承销商，以提高企业在投资者心中的形象。因此，证券承销商的声誉与盈余管理行为负相关。用发行企业 IPO 前 2 年承销商市场份额的均值来度量承销商声誉，其中市场份额是指某个承销商所承销的首次发行募集资金总额占当年所有首次发行募集资金总额的比例。

2. 审计机构声誉（Auditor）

审计机构声誉是指社会群体对会计师事务所的审计服务质量的信任度。国内外学者研究发现，"四大"会计师事务所对企业盈余管理行为的监督比非"四大"会计师事务所更强，因此假定审计机构的声誉与盈余管理行为负相关。若上市公司的审计机构在其上市前1年属于排名前十的会计师事务所，则审计机构声誉（Auditor）哑变量赋值1；否则，赋值0。

3. 公司规模（lnSize）

一般公司规模增加的同时，企业受到的政府、社会等外部的监管也会大大提高，从而使得盈余管理的程度降低。也有一些学者却认为公司业务范围扩大，会导致财务报表更加复杂，所以公司粉饰报表、进行盈余管理操作的可能性就越大。因此公司规模与盈余管理行为之间的确切关系目前尚不能确定。这里采用公司上季度平均总资产的自然对数度量公司规模（lnSize）。

4. 公司的成长性（GROWTH）

Morsfield（2006）的研究结果说明，每当公司具有较高的成长性时，为了满足公司后续发展对资金的迫切需求，将会有较高的盈余管理的动机。假定公司的成长性与盈余管理行为正相关。采用IPO不同阶段对应的季度营业收入增长率作为衡量公司成长性的指标。

5. 资产负债水平（LEV）

Kothari研究发现当企业具有较高的负债时，在很大程度上会粉饰财务报表，加强公司的盈余管理，期望能够满足IPO的条件。而Morsfield（2006）认为当企业具有较高负债时，会不得不面临更多的外部监督，使得管理层的盈余管理行为被约束。因此不能完全确定公司的负债水平与盈余管理行为之间的关系。采用IPO不同阶段对应季度的资产负债率来衡量公司的资产负债水平。

6. 资产收益水平（ROA）

Dechow（1994）研究表明，如果可操控应计利润和公司的经营业绩不太匹配，则计算出来的盈余管理程度可能不够准确。变量ROA就是用来控制这个偏差的，将变量ROA引入计量模型，ROA与盈余管理的具体关系尚不能确定。

各变量的定义见表7-1。

表7-1 变量定义及说明

变量类型	变量名称	变量符号	变量定义
被解释变量	可操控应计利润	DAC	采用修正琼斯模型度量
解释变量	IPO前阶段	PreIPO	上市日所在季度的前几个季度
	IPO阶段	IPO	上市日所在的季度
	锁定阶段	Lock_up	上市日所在季度至解禁日前的季度

续表

变量类型	变量名称	变量符号	变量定义
解释变量	IPO 后阶段	Post_IPO	最后解禁日所在的季度
	风险投资参与	VCBACKED	有风险投资参与，取值 1；否则，为 0
	风险投资持股比例	VC_RATIO	风险投资机构在上市后持股比例之和
控制变量	承销商声誉	Underwriter	前 2 年承销商市场份额的均值
	审计机构声誉	Auditor	前 1 个季度排名前十的会计师事务所，取值 1；否则，为 0
	发行规模	OfferSize	发行市值的对数
	资产规模	LnSize	前 2 个季度期末总资产均值的自然对数
	负债水平	LEV	前 2 年资产负债率均值
	盈利能力	ROA	前 2 年总资产收益率均值
	公司成长性	GROWTH	前 2 个季度营业收入增长率均值

四、研究方法与回归模型构建

考虑到盈余管理可能存在差异，导致新上市公司的盈余管理水平不服从正态分布，用 OLS 回归不能很好地解释风险投资对 IPO 公司盈余管理水平的影响，需用分位数回归检验在不同风险投资比例水平下，风险投资对新上市公司盈余管理水平的影响。以下就前面的假设建立多元线性回归检验模型。

1. 验证假设 1

中小企业 IPO 时具有显著的正向盈余管理。采用 DAC 衡量盈余管理的程度，作为被解释变量。$IPO_{i,t}$ 代表 IPO 当季度和下季度的时间区间。作为虚拟变量，在此时间区间内记为 1，否则记为 0。将承销商、审计机构、公司规模、资产负债比和公司的资产收益水平定义为控制变量，建立回归模型（7-4）：

$$DAC = \beta_0 + \beta_1 IPO + \beta_2 Underwriter + \beta_3 Auditor + \beta_4 \ln(Size) + \beta_5 GROWTH + \beta_6 LEV + \beta_7 ROA + \varepsilon \quad (7\text{-}4)$$

2. 验证假设 2

为了着重研究风险投资对其所支持公司的盈余管理行为的影响，验证假设 2 需要将样本范围缩小为仅有风险投资支持的公司。运用模型（7-4）进行回归，考察风险投资对企业 IPO 时盈余管理的影响。

3. 验证假设 3

在 IPO 时，风险资本支持的公司相比无风险投资支持的公司具有低的盈余管理。将模型（7-4）中的 IPO 替换成 VC 或 VC_RATIO，研究有无风险投资支持时盈余管理行为的差异。仍将承销商、审计机构、公司规模、资产负债比和公司资产收益水平等作为控制变量，建立多元回归模型（7-5）。

$$DAC = \beta_0 + \beta_1 \{VC\_RATIO, VC\} + \beta_2 \text{Underwriter} + \beta_3 \text{Auditor} + \beta_4 \ln(\text{Size}) \\ + \beta_5 \text{GROWTH} + \beta_6 \text{LEV} + \beta_7 \text{ROA} + \varepsilon \quad (7\text{-}5)$$

4. 验证假设 4

考虑 IPO 不同阶段盈余管理行为的差异，由于本书将 IPO 分为 4 个阶段，如果同时在回归方程中考虑 4 个阶段，会导致共线性问题。因此在这部分的研究中，省略 $\text{IPO}_{i,t}$ 这个虚拟变量，主要研究 IPO 前、锁定期和锁定期后 3 个阶段。以模型（7-5）作为基本模型，增加其他阶段的 IPO 变量，虚拟变量 $\text{PreIPO}_{i,t}$ 表示 IPO 之前，虚拟变量 $\text{Lockup}_{i,t}$、$\text{PostLockup}_{i,t}$ 分别表示锁定期和锁定期之后。将这 3 个阶段的虚拟变量分别与虚拟变量 VC_i 交叉，来研究有无风险投资支持对 IPO 不同阶段盈余管理的影响。同样将承销商、审计机构、公司规模、资产负债比和公司资产收益水平等作为控制变量，建立多元回归模型（7-6）。

$$DAC = \beta_0 + \beta_1 \text{PreIPO} + \beta_2 \text{Lockup} + \beta_3 \text{PostIPO} + \beta_4 \text{VC\_RATIO} * \text{PreIPO} \\ + \beta_5 \text{VC}_{\text{RATIO}} * \text{Lockup} + \beta_6 \text{VC}_{\text{RATIO}} * \text{PostIPO} + \beta_7 \text{Underwriter} \\ + \beta_8 \text{Auditor} + \beta_9 \ln(\text{Size}) + \beta_{10} \text{GROWTH} + \beta_{11} \text{LEV} + \beta_{12} \text{ROA} + \varepsilon \quad (7\text{-}6)$$

五、样本选择和数据说明

本节研究样本选自 2010 年 1 月至 2012 年 12 月底在深圳市场上市的创业板和中小板公司股票，公司财务数据选取时间为 2009 年 12 月至 2014 年 6 月。

样本期间公司的季度财务数据来自锐思数据库（RESSET），数据项包括总资产、固定资产、净运营现金流、财务支出、营业利润、应收账款、净收入、营业收入，公司上市信息包括承销商、审计机构、发行价、上市首日收盘价等；上市公告书中的风险投资持股及锁定信息、发行总股本、上市后总股本。承销商首发承销份额来自 Winds 数据库，审计机构排名来自 www.cicpa.org.cn 网站。同时进行了筛选：①剔除非正常上市的公司样本。②剔除样本期间数据不完整的公司、非正常上市的公司以及金融类公司。

本节选取 2010 年 1 月 1 日至 2012 年 12 月 31 日在深圳市场中小板和创业板上市的公司作为研究样本，从锐思数据库提取了上市公司 2009 年 9 月到 2013 年 6 月的季度财务报告数据。筛选后共剩余 662 家上市公司，其中 301 家在创业板上市，361 家在中小板上市。其中 271 家有风险投资背景，创业板 IPO 公司有风险投资支持的为 144 家，中小板中有风险投资支持的为 127 家。

第二节　风险投资影响 IPO 盈余管理的实证分析

本节考察在中小板及创业板市场中，在上市公司 IPO 过程中风险投资持股是否能够有效降低盈余管理行为及风险投资对 IPO 过程的动态影响。将 IPO 分为四个阶段（IPO 之前、IPO 时、锁定期以及锁定期之后），首先利用修正的截面 Jones 模型定量分析盈余管理行为，接着通过多元回归分析检验风险投资是否参股对中小板及创业板上市公司 IPO4 个阶段盈余管理行为的影响，最后将样本分解为创业板及中小板两部分，对实证结果进行稳健性检验。

一、描述性统计分析

（一）创业板及中小板 IPO 的行业统计分析

选取 2010 年 1 月至 2012 年 12 月在中小板和创业板市场 IPO 成功的全部公司，剔除具有干扰因素的样本后共有 662 家，其中创业板 301 家，中小板 361 家。

按照锐思数据库提供的证监会行业分类标准，考虑到可操控应计利润分季度、分行业回归需要一定的样本容量，主要涉及一级门类 C、I 和 T（其他）。C 为制造业，I 包括 I63、I64 和 I65，即电信、广播电视和卫星服务，互联网和相关服务，软件和信息技术服务业，余下的都归为其他。我们对上市公司所属行业进行了统计分析，如图 7-1 所示。

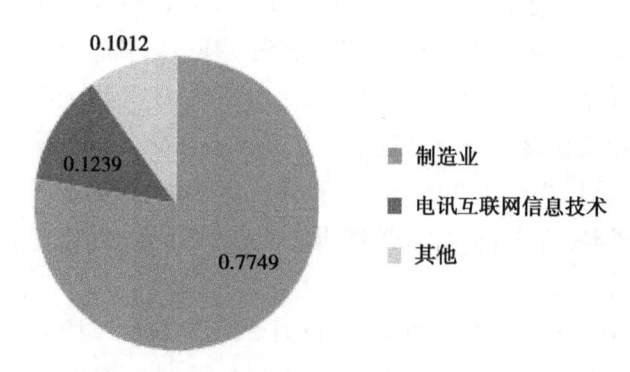

图 7-1　创业板和中小板 IPO 公司行业分布图

从图7-1中可以看出，制造业上市公司数量最多，占到样本总数的77.49%，电讯互联网信息技术占据12.39%，可见制造业和信息技术作为实体经济和高科技的重要组成部分，足够说明IPO对实体经济的重要影响。随着风险投资参与程度的逐渐增加，研究风险投资影响IPO企业盈余管理行为的必要性显著提高。

（二）各变量描述统计分析

将全样本数据分季度、分行业运用Jones模型（7-1）至（7-3）进行处理，得到可操控应计利润和非可操控应计利润，与IPO公司数据进行匹配，对全样本和有风险投资支持公司各数据项进行描述性统计分析，结果见表7-2。

表7-2 各变量描述统计结果

变量名称	均值	标准差	中位数	最小值	最大值	偏度	峰度
A栏：全样本 N=9958							
NDAC	0.04	0.04	0.03	−0.12	0.42	2.26	9.6
DAC	0.08	0.04	0.09	−0.3	0.24	−2.26	9.6
lnSize	9.13	0.32	9.1	7.95	10.94	0.44	1.56
ROA	0.04	0.04	0.03	−0.35	0.5	2.34	16.95
LEV	0.25	0.17	0.21	0	0.84	0.77	−0.15
GROWTH	−0.53	7.16	−0.48	−565.89	1	−65.41	4643.29
Underwriter	0.05	0.04	0.04	0	0.11	0.56	−1.06
Auditor	0.51	0.5	1	0	1	−0.03	−2
VC_RATIO	0.03	0.06	0	0	0.6	3.32	14.19
VCBACKED	0.26	0.44	0	0	1	1.11	−0.77
IR	0.32	0.38	0.24	−0.26	2.75	2.06	6.37
B栏：有风险投资支持的子样本 N=2910							
NDAC	0.05	0.05	0.04	−0.12	0.4	1.7	5.47
DAC	0.06	0.05	0.07	−0.28	0.24	−1.7	5.47
lnSize	9.01	0.33	9.02	7.95	10.79	−0.11	0.61
ROA	0.05	0.06	0.04	−0.1	0.5	2.77	11.63
LEV	0.25	0.17	0.22	0	0.84	0.81	−0.07

续表

变量名称	均值	标准差	中位数	最小值	最大值	偏度	峰度
GROWTH	−0.67	12.48	−0.46	−565.89	1	−40.33	1686.78
Underwriter	0.05	0.04	0.04	0	0.11	0.59	−1.05
Auditor	0.54	0.5	1	0	1	−0.15	−1.98
VC_RATIO	0.10	0.09	0.08	0	0.11	1.65	4.22
GEM	0.53	0.5	1	0	1	−0.11	−1.99
IR	0.27	0.35	0.18	−0.26	2.75	1.92	5.28
C栏：无风险投资支持的子样本 N=7048							
NDAC	0.03	0.03	0.02	−0.11	0.42	2.41	12.33
DAC	0.08	0.03	0.09	−0.3	0.22	−2.41	12.33
lnSize	9.18	0.31	9.13	8.46	10.94	0.86	1.68
ROA	0.03	0.03	0.03	−0.35	0.27	0.15	9.72
LEV	0.25	0.16	0.21	0	0.8	0.75	−0.2
GROWTH	−0.47	2.87	−0.49	−224.04	1	−67.73	5245.23
Underwriter	0.05	0.04	0.04	0	0.11	0.55	−1.07
Auditor	0.5	0.5	0	0	1	0.02	−2
GEM	0.41	0.49	0	0	1	0.37	−1.86
IR	0.35	0.39	0.26	−0.26	2.75	2.09	6.49

从表7-2中全样本的统计结果可以看出：可操控应计利润的平均值为0.08，中位数为0.09，不可操控应计利润均值为0.04，中位数为0.03，可见不可操控的重在右偏，可操控的左偏。公司的审计机构一般半为高声誉、一半为低声誉；风险投资是否参与的均值为0.26，中位数为0，风险投资持股比例的均值为3%，中位数为0，这表明得到风险投资支持的比例为26%，抑价水平平均为32%。

从表7-2中有风险投资支持子样本的结果看出：可操控应计利润的平均值为0.06，中位数为0.07，不可操控应计利润的均值为0.05，中位数为0.04。C栏与B栏做对照分析，DAC的平均值为0.08，可操控利润均值倒增加。公司审计机构的平均声誉变化不大，承销商声誉也没有变化；B栏中的风险投资持股比例平均值为10%，抑价水平平均值为27%。

通过将有风险投资支持企业与无风险投资支持企业的盈余管理行为进行对比发现，无风险投资支持企业的盈余管理行为的均值、中值都比有风险投资支持企业的大。在一定程度上说明，有风险投资支持企业的盈余管理低于无风险投资支持的企业。但有风险投资支持企业的标准差（0.05）要比无风险投资支持的（0.03）略大，反映出有风险投资支持企业的盈余管理行为相对而言具有较大的波动，可能是由于在 IPO 后 2 个阶段存在一定的盈余管理行为加大的现象。

二、实证分析

（一）IPO 阶段的盈余管理

运用模型（7-4），采用 IPO 时这一阶段的虚拟变量，以盈余管理行为 DAC 作为被解释变量，对全样本、创业板和中小板分别进行回归，同时对有风险投资支持的子样本、有风险投资支持的创业板子样本和有风险投资支持的中小板子样本进行回归，以验证假设 1 和假设 2。回归结果见表 7-3，从表中可以发现：

（1）表 7-3 中全样本回归结果表明，IPO 阶段的回归系数分别为 -0.035、-0.038 和 -0.031，均在 1% 置信水平上显著。这说明实证结果支持在 IPO 阶段，外部监管者如董事会、监事会、审计机构或风险投资等会限制管理层向上进行盈余管理的动机。风险投资起着筛选监督的作用，可能会参与到公司决策的过程中，以期提升上市公司价值并维持自身声誉。

（2）表 7-3 中有风险投资支持的子样本结果显示，IPO 阶段变量对盈余管理的影响系数分别为 -0.040、-0.041 和 -0.037，仍在 1% 置信水平上显著，这进一步验证了假设 1。同时有风险投资支持公司的回归系数比全样本对应系数（-0.035、-0.038、-0.031）在经济意义上更为显著，这验证了假设 4，即有风险投资支持的公司在 IPO 阶段比没有风险投资支持的公司的负向盈余管理要强。

（3）控制变量中的金融中介审计机构、承销商的作用是相反的。承销商声誉对盈余管理的影响均为负向，在全样本、创业板和中小板中均显著，这表明承销商起到了"中介认证者"的作用，抑制了管理层向上调节盈余管理水平的动机。而审计机构对公司盈余管理均有正向调整作用，这证明审计机构在拟 IPO 企业上市过程中与上市公司合谋粉饰公司财务报表，以达到上市的目的。两者在有风险投资支持的子样本中的中介认证作用和粉饰财务报表的作用都受到了削弱，这说明外部监督者均站在有利于自己的角度行事，风险投资可能因自身利益目的不同，具有双重身份，哪种作用占据优势可能因公司不同而不同。

表 7-3 IPO 时风险投资对盈余管理的影响的回归结果

变量名称	全样本			有风险投资参与样本		
	全部	创业板	中小板	全部	创业板	中小板
lnSize	0.033***	0.056***	0.021***	0.038***	0.064***	0.019***
	(0.001)	(0.002)	(0.001)	(0.002)	(0.004)	(0.004)
ROA	−0.221***	−0.152***	−0.260***	−0.174***	−0.096***	−0.236***
	(0.008)	(0.011)	(0.011)	(0.015)	(0.019)	(0.023)
LEV	−0.034***	−0.024***	−0.034***	−0.041***	−0.028***	−0.039***
	(0.002)	(0.003)	(0.003)	(0.004)	(0.007)	(0.006)
GROWTH	0.001**	0.003***	−0.0003	0.001	0.007***	−0.001
	(0.0003)	(0.001)	(0.0003)	(0.001)	(0.001)	(0.001)
Underwriter	−0.037***	−0.045***	−0.021*	−0.026	−0.028	−0.012
	(0.008)	(0.013)	(0.011)	(0.019)	(0.025)	(0.029)
Auditor	0.002***	0.001	0.002***	0.001	0.001	0.002
	(0.001)	(0.001)	(0.001)	(0.001)	(0.002)	(0.002)
IPO	−0.035***	−0.038***	−0.031***	−0.040***	−0.041***	−0.037***
	(0.001)	(0.002)	(0.002)	(0.003)	(0.003)	(0.004)
Constant	−0.200***	−0.414***	−0.098***	−0.260***	−0.489***	−0.083**
	(0.010)	(0.017)	(0.013)	(0.023)	(0.032)	(0.034)
Observations	9958	4415	5543	2910	1534	1376
R^2	0.240	0.328	0.194	0.240	0.331	0.184
F Statistic	449.052***	298.547***	191.706***	130.833***	107.792***	44.818***

注：***、**、* 分别表示在1%、5%、10%水平上显著。

（4）控制变量公司规模的回归系数范围为 0.021~0.056，在1%置信水平下显著，说明公司规模与盈余管理的程度成正比，且较为显著，公司规模越大，公司越有可能进行向上盈余管理。公司成长性对全样本和创业板子样本来说，系数为正且显著，这说明公司的成长性也与盈余管理正相关，公司成长性越高，管理者越趋向于进行正向盈余管理。公司资产负债水平和总资产收益水平，总体上在1%置信水平下显著为负，说明杠杆率越高，公司越会向下进行盈余管理；总资产收益越高，公司越可能进行负向盈余管理。这表明在中国上市中小企业的盈余管理过程中，公司财务指标对监督盈余管理行为发挥了较大的作用，上市公司质量有一定提高。

（二）风险投资支持对盈余管理的影响

运用模型（7-5），采用风险投资参与哑变量（VCBACKED）和风险投资比例分别作为解释变量，研究风险投资对盈余管理行为的影响。对全样本、创业板和中小板分别进行回归，回归结果见表7-4。

表7-4 加入哑变量后风险投资对盈余管理的影响的回归结果

变量名称	风险投资持股比例（VC_RATIO）的实证结果			风险投资参与哑变量（VCBACKED）的实证结果		
	全样本	创业板	中小板	全样本	创业板	中小板
lnSize	0.033***	0.057***	0.021***	0.032***	0.056***	0.020***
	(0.001)	(0.002)	(0.001)	(0.001)	(0.002)	(0.001)
ROA	−0.230***	−0.169***	−0.266***	−0.225***	−0.163***	−0.259***
	(0.008)	(0.012)	(0.011)	(0.008)	(0.012)	(0.011)
LEV	−0.029***	−0.017***	−0.029***	−0.029***	−0.017***	−0.029***
	(0.002)	(0.004)	(0.003)	(0.002)	(0.004)	(0.003)
GROWTH	−0.0001*	0.0003*	−0.0001***	−0.0001*	0.0003*	−0.0001***
	(0.00005)	(0.0001)	(0.00005)	(0.00005)	(0.0001)	(0.00005)
Underwriter	−0.035***	−0.041***	−0.024**	−0.036***	−0.041***	−0.023**
	(0.009)	(0.013)	(0.011)	(0.009)	(0.013)	(0.011)
Auditor	0.002***	0.002*	0.002***	0.002***	0.002*	0.003***
	(0.001)	(0.001)	(0.001)	(0.001)	(0.001)	(0.001)
VC_RATIO	−0.037***	−0.023***	−0.063***			
	(0.005)	(0.007)	(0.007)			
VCBACKED				−0.008***	−0.007***	−0.012***
				(0.001)	(0.001)	(0.001)

续表

变量名称	风险投资持股比例（VC_RATIO）的实证结果			风险投资参与哑变量（VCBACKED）的实证结果		
	全样本	创业板	中小板	全样本	创业板	中小板
Constant	−0.202***	−0.421***	−0.098***	−0.193***	−0.416***	−0.084***
	（0.010）	（0.017）	（0.013）	（0.010）	（0.017）	（0.013）
Observations	9958	4415	5543	9958	4415	5543
R^2	0.179	0.253	0.148	0.184	0.257	0.156
F Statistic	308.982***	212.916***	136.858***	321.023***	218.017***	145.669***

注：***、**、* 分别表示在1%、5%、10%水平上显著。

（1）全样本、创业板和中小板中风险投资持股比例对盈余管理水平影响的回归系数分别为 −0.037、−0.023 和 −0.063，风险投资参与哑变量（VCBACKED）对盈余管理水平影响的系数分别为 −0.008、−0.007 和 −0.012，且均在1%置信水平下显著。这说明风险投资具有抑制公司进行向上盈余管理的作用，这可能是因为风险投资企业仅是为了在公司谋求董事席位、在公司治理中发挥作用，这对新上市公司来说是潜在的价值。

（2）与创业板相比，有风险投资参与、风险投资比例高的中小板公司具有较高的可能向下调整盈余管理水平。当创业板公司上市时，风险投资的监督作用可能会减弱，更可能会为了成功退出而默许上市公司的盈余管理行为。

（3）从金融中介 Auditor 和 Underwriter 的实证结果来看，其粉饰财务报表和中介认证者的作用均得到了加强；从财务指标对盈余管理影响的实证结果来看，也得到了加强。这说明风险投资的参与对拟 IPO 企业起到一定的筛选监督作用。

考虑到风险投资参与哑变量和风险投资持股比例的作用是一致的，且风险投资持股比例的作用要强于风险投资参与，因此在后面的分析中仅给出风险投资持股比例的实证结果。

为了进一步考察 IPO 阶段风险投资在公司盈余管理中的作用，考察哑变量 IPO 和风险投资持股比例的共同作用，同时加入两者的交叉项。分别就全样本、创业板和中小板子样本分别进行回归，回归结果见表 7-5。

表 7-5 考虑 IPO 阶段哑变量及交叉项后风险投资对盈余管理的影响的回归结果

变量名称	全样本			有风险投资支持		
	全样本	创业板	中小板	全部	创业板	中小板
lnSize	0.032***	0.021***	0.056***	0.038***	0.018***	0.063***
	(0.001)	(0.001)	(0.002)	(0.002)	(0.004)	(0.004)
ROA	−0.220***	−0.258***	−0.151***	−0.169***	−0.232***	−0.090***
	(0.008)	(0.011)	(0.011)	(0.015)	(0.023)	(0.019)
LEV	−0.035***	−0.034***	−0.024***	−0.039***	−0.037***	−0.027***
	(0.002)	(0.003)	(0.003)	(0.005)	(0.006)	(0.007)
GROWTH	0.001**	−0.0003	0.003***	0.001	−0.001	0.007***
	(0.0003)	(0.0003)	(0.001)	(0.001)	(0.001)	(0.001)
Underwriter	−0.036***	−0.023**	−0.043***	−0.030	−0.012	−0.039
	(0.008)	(0.011)	(0.013)	(0.019)	(0.029)	(0.026)
Auditor	0.002***	0.002***	0.002	0.002	0.002	0.001
	(0.001)	(0.001)	(0.001)	(0.001)	(0.002)	(0.002)
VC_RATIO	−0.030***	−0.055***	−0.015**	0.029***	0.017	0.039***
	(0.005)	(0.007)	(0.007)	(0.009)	(0.013)	(0.012)
IPO	−0.034***	−0.030***	−0.038***	−0.040***	−0.037***	−0.041***
	(0.001)	(0.002)	(0.002)	(0.003)	(0.004)	(0.003)
Constant	−0.195***	−0.090***	−0.414***	−0.255***	−0.078**	−0.482***
	(0.010)	(0.013)	(0.017)	(0.023)	(0.035)	(0.032)
Observations	9958	5543	4415	2910	1376	1534
R^2	0.243	0.203	0.329	0.243	0.185	0.336
F Statistic	399.062***	176.004***	270.060***	116.125***	38.906***	96.342***

注：***、**、*分别表示在 1%、5%、10% 水平上显著。

（1）表 7-5 前 3 列的结果表明，风险投资对 IPO 盈余管理具有抑制作用。在 IPO 阶段，公司向下调整盈余管理水平，这可能是风险投资持有的股份在 IPO 阶段一般处于锁定期，公司先向下调整盈余，等风险投资股份锁定后期时，公司可能会向上调整盈余，这样公司股价会上升，等到解禁期到来时，风险投资很容易套现并获得高投资收益。

金融中介的作用仍然得到了稳健性验证。金融中介在公司刚上市 2 个季度内，对 IPO 公司持续督导，公司向下调整盈余；而审计机构仍具有帮助公司粉饰财务报表的作用。财务信息也能反映公司的盈余管理状况。

（2）表 7-5 后 3 列是有风险投资支持子样本的回归结果，金融中介的作用方向没有变，但不显著了，同时风险投资对公司盈余管理水平的影响总体上却显著为正，说明在有风险投资支持的公司中，风险投资确实具有促使公司进行正向盈余管理的作用，而 IPO 阶段对盈余管理的抑制作用比全样本更强了。因此，在 IPO 阶段，公司逆向调整盈余管理的水平强于风险投资向上调整盈余管理的能力。

（三）IPO 其余阶段的盈余管理

1. 全样本

运用模型（7-6）对 IPO 全阶段的盈余管理行为进行检验，为避免共线性问题，去掉 IPO 时，仅采用 IPO 前、锁定期、锁定期后这 3 个虚拟变量进行回归。将风险投资比例引入，进行带交叉项的检验，研究风险投资对 IPO 全阶段的盈余管理的影响。对全样本进行回归，结果如表 7-6 所示。

表 7-6　IPO 全阶段（不包括 IPO 时）盈余管理的回归结果

变量名称	（1）	（2）	（3）	（4）	（5）	（6）
lnSize	0.032***	0.032***	0.032***	0.032***	0.032***	0.032***
	(0.001)	(0.001)	(0.001)	(0.001)	(0.001)	(0.001)
ROA	−0.222***	−0.222***	−0.224***	−0.220***	−0.218***	−0.218***
	(0.008)	(0.008)	(0.008)	(0.008)	(0.008)	(0.008)
LEV	−0.027***	−0.027***	−0.027***	−0.026***	−0.030***	−0.030***
	(0.002)	(0.002)	(0.002)	(0.002)	(0.002)	(0.002)
GROWTH	0.001**	0.001**	0.001**	0.001**	0.001**	0.001**
	(0.0003)	(0.0003)	(0.0003)	(0.0003)	(0.0003)	(0.0003)
Underwriter	−0.035***	−0.035***	−0.034***	−0.034***	−0.037***	−0.037***
	(0.009)	(0.009)	(0.009)	(0.009)	(0.009)	(0.009)
Auditor	0.002***	0.002***	0.002***	0.002***	0.002***	0.002***
	(0.001)	(0.001)	(0.001)	(0.001)	(0.001)	(0.001)

续表

变量名称	(1)	(2)	(3)	(4)	(5)	(6)
VC_RATIO	−0.034***	−0.035***	−0.063***	−0.098***	−0.033***	−0.031***
	(0.005)	(0.006)	(0.006)	(0.008)	(0.005)	(0.006)
PreIPO	−0.006***	−0.008**				
	(0.002)	(0.003)				
VC_RATIO*PreIPO		0.019				
		(0.022)				
Lockup			0.008***	0.002*		
			(0.001)	(0.001)		
VC_RATIO*Lockup				0.081***		
				(0.013)		
PostLockup					0.010***	0.010***
					(0.001)	(0.001)
VC_RATIO*PostLockup						−0.012
						(0.017)
Constant	−0.196***	−0.196***	−0.200***	−0.194***	−0.196***	−0.196***
	(0.010)	(0.010)	(0.010)	(0.010)	(0.010)	(0.010)
Observations	9958	9958	9958	9958	9958	9958
R^2	0.179	0.179	0.183	0.186	0.189	0.189
F Statistic	271.640***	241.539***	278.012***	252.444***	290.500***	258.260***

注：***、**、*分别表示在1%、5%、10%水平上显著。

（1）风险投资比例对IPO盈余管理的影响仍显著为负，金融中介的作用仍是显著的，承销商对IPO公司持续进行督导，在公司刚上市2个季度内，对公司的盈余管理起到"认证/监督"的作用。而审计机构还将帮助公司粉饰财务报表，同时财务信息也反映了公司的盈余管理程度。财务指标也得到了稳健性的实证结果。

（2）单独加入PreIPO时，回归系数−0.006在1%置信水平下显著。表明在IPO前，深圳市场拟IPO企业没有粉饰财务报表，其盈余管理水平为负；VC_RATIO * PreIPO的回归系数的T值未通过显著性检验，说明无论有无风险投资支持，企业在

IPO 之前的盈余管理行为没有什么区别。这证明在 IPO 之前，风险投资在企业 IPO 过程中起着"认证/监督"的作用，会抑制公司的盈余管理行为。

（3）单独加入 Lockup 和 PostLockup 时，回归系数分别为 0.008 和 0.010，均在 1% 置信水平下显著。这说明企业在锁定期和锁定期解禁后均进行了正向的盈余管理，且锁定期对盈余管理的影响程度小于解禁后阶段对盈余管理的影响。上市公司在锁定期后的盈余管理动机更强了，包括风险投资在内的原始股东也有减持的意愿，他们为了获得较好的投资收益会利用其对公司管理的影响而人为地提高 IPO 公司的股票价格，且原始股东在解禁后的 2 个季度具有更强的粉饰财务报表的动机，因为 PostLockup 的系数 0.010 比 Lockup 的系数 0.008 要高 25%。

（4）VC_RATIO*Lockup 的系数显著为正，说明有风险投资支持的企业在 IPO 锁定期内具有进行正向盈余管理行为的动机，这可能是风险投资为了获得好的投资收益，在公司治理中并没有起到"中介认证者"的作用。VC_RATIO*PostLockup 的回归系数为负，但不显著，说明一般在解禁后，风险投资会很快卖出其所持股票，公司进行盈余管理与否和自身利益关系不大。表明有风险投资支持的企业在锁定期后，存在更强的反向盈余管理。从统计资料可以看出，风险投资对企业的经营有一定的引导作用，大多在锁定期会改变经营方向，增加固定资产等投资，从而使可操控应计利润减少。

2. 有风险投资支持的子样本

将有风险投资支持的子样本数据用模型（7-4）进行回归，回归结果见表 7-7。

表 7-7　有风险投资支持的企业不同 IPO 阶段的盈余管理

变量名称	（1）	（2）	（3）	（4）	（5）	（6）
lnSize	0.036***	0.036***	0.029***	0.029***	0.036***	0.036***
	（0.003）	（0.003）	（0.003）	（0.003）	（0.003）	（0.003）
ROA	−0.216***	−0.216***	−0.172***	−0.172***	−0.214***	−0.214***
	（0.018）	（0.018）	（0.017）	（0.017）	（0.017）	（0.017）
LEV	−0.032***	−0.032***	−0.010**	−0.010*	−0.032***	−0.032***
	（0.006）	（0.006）	（0.005）	（0.005）	（0.005）	（0.005）
GROWTH	−0.0001**	−0.0001**	−0.0001*	−0.0001*	−0.0001**	−0.0001**
	（0.0001）	（0.0001）	（0.0001）	（0.0001）	（0.0001）	（0.0001）

续表

变量名称	（1）	（2）	（3）	（4）	（5）	（6）
Underwriter	−0.041**	−0.041**	−0.036*	−0.037*	−0.041**	−0.041**
	（0.020）	（0.020）	（0.019）	（0.019）	（0.020）	（0.020）
Auditor	0.002	0.002	0.002	0.002	0.002	0.002
	（0.002）	（0.002）	（0.001）	（0.001）	（0.002）	（0.002）
VC_RATIO	0.007	0.011	−0.001	0.020	0.007	0.009
	（0.009）	（0.009）	（0.009）	（0.013）	（0.009）	（0.009）
PreIPO	−0.001	0.002				
	（0.003）	（0.004）				
VC_RATIO*PreIPO		−0.027				
		（0.027）				
Lockup			0.023***	0.026***		
			（0.002）	（0.002）		
VC_RATIO*Lockup				−0.036**		
				（0.017）		
PostLockup					0.009***	0.012***
					（0.003）	（0.004）
VC_RATIO*PostLockup						−0.022
						（0.030）
Constant	−0.243***	−0.243***	−0.200***	−0.203***	−0.240***	−0.240***
	（0.026）	（0.026）	（0.024）	（0.024）	（0.025）	（0.025）
Observations	2561	2561	2561	2561	2561	2561
R^2	0.182	0.182	0.236	0.237	0.186	0.186
F Statistic	70.943***	63.174***	98.368***	88.026***	72.818***	64.772***

注：***、**、*分别表示在1%、5%、10%水平上显著。

（1）公司规模、财务指标总资产收益率和杠杆率得到了稳健性的实证结果。而公司成长性指标在5%置信水平上显著为负，与全样本的结果相反，全样本的回归系数显著为正（0.001），这证明有风险投资支持的成长性好的公司，会向下进行盈余管理，风险投资起到了"认证/监督"的作用。

（2）风险投资比例对IPO企业盈余管理的影响变为正的，但不显著，部分验证了风险投资具有"搅拌效应"，但也不能排除风险投资在IPO过程中的"认证/监督"作用；金融中介的作用仍为正，不显著。风险投资和审计机构的作用在有风险投资支持的子样本中是一致的，对IPO公司进行正向盈余管理具有促进作用，但不敏感。而承销商的作用仍显著为负，且作用比全样本中要强，有风险投资支持的回归系数在-0.04左右，全样本的系数为-0.035左右。

（3）单独加入PreIPO，回归系数为正，但不显著，表明在IPO前风险投资对公司的"认证/监督"作用不明显了；加入交叉项VC_RATIO * PreIPO后，PreIPO的回归系数别为正的，但T值未通过显著性检验，说明无论有无风险投资支持，企业在IPO之前的盈余管理行为没有什么区别。在IPO之前，风险投资在企业IPO过程中的作用是混杂的，"认证/监督"和"搅拌效应"作用交织混合在一起。

（4）表7-7的第（3）列和第（5）列为单独加入Lockup和PostLockup的回归结果，回归系数分别为0.023和0.009，均在1%置信水平下显著，与表7-6相比，经济意义上均增强了，这证明有风险投资支持的公司在锁定阶段和锁定解禁后阶段的"搅拌效应"增强了。

（5）而加入与风险投资持股比例交叉项后，PostLockup在表7-7第（6）列和表7-6第（6）列的结果一致。而Lockup在表7-7第（6）列和表7-6第（6）列的结果并不一致。有风险投资支持的子样本锁定期和风险投资交叉项VC_RATIO* Lockup的回归系数为-0.036且在5%置信水平下显著，而全样本的回归系数为0.081且在1%水平下显著，这说明在锁定阶段，可能有风险投资的股份面临解禁，这会导致具有更长锁定期的风险投资对其支持公司的盈余管理行为具有"认证/监督"作用，而临近解禁的风险投资为了获得高投资收益会促使其支持的公司进行正向的盈余管理。因此在锁定阶段，风险投资对其支持公司盈余管理的影响是混杂的，这可能取决于处于锁定期的风险投资和面临解禁或已解禁要减持的风险投资之间的博弈，博弈的结果可能由它们在被支持公司中的地位及与公司签订的合同契约所决定，地位、契约不同，导致风险投资机构之间存在一定的冲突，其"认证/监督"作用没有得到很好的发挥。

3. 风险投资在IPO全阶段对盈余管理的影响

下面分析有风险投资支持的公司在IPO各阶段的盈余管理行为。运用模型（7-6）

对有风险投资支持的公司子样本及有风险投资支持的创业板和中小板公司两个子板块进行回归检验，检验结果见表7-8。

表 7-8 有风险投资支持的公司子样本的稳健性检验

变量名称	全部	中小板	创业板	全部	中小板	创业板
lnSize	0.023***	0.047***	0.001	0.023***	0.047***	0.002
	(0.003)	(0.004)	(0.004)	(0.003)	(0.004)	(0.004)
ROA	−0.102***	−0.031	−0.141***	−0.103***	−0.030	−0.143***
	(0.015)	(0.020)	(0.024)	(0.015)	(0.020)	(0.024)
LEV	0.003	0.010	0.008	0.002	0.010	0.007
	(0.005)	(0.007)	(0.007)	(0.005)	(0.007)	(0.007)
GROWTH	0.001***	0.009***	−0.00004	0.001***	0.009***	−0.0001
	(0.0005)	(0.001)	(0.001)	(0.0005)	(0.001)	(0.001)
Underwriter	−0.026	−0.031	−0.019	−0.026	−0.031	−0.019
	(0.019)	(0.025)	(0.028)	(0.019)	(0.025)	(0.028)
Auditor	0.002	0.001	0.002	0.002	0.001	0.002
	(0.001)	(0.002)	(0.002)	(0.001)	(0.002)	(0.002)
PreIPO	0.012***	0.016***	0.003	0.010**	0.017***	0.002
	(0.003)	(0.004)	(0.004)	(0.004)	(0.006)	(0.006)
Lockup	0.039***	0.042***	0.038***	0.038***	0.042***	0.036***
	(0.002)	(0.003)	(0.003)	(0.003)	(0.004)	(0.004)
PostLockup	0.040***	0.043***	0.040***	0.039***	0.042***	0.038***
	(0.003)	(0.004)	(0.004)	(0.004)	(0.006)	(0.006)
VC_RATIO	−0.018**	0.0004	−0.033**	−0.032*	0.004	−0.054*
	(0.009)	(0.012)	(0.013)	(0.020)	(0.026)	(0.028)
PreIPO*VC_RATIO				0.027	−0.008	0.032
				(0.032)	(0.041)	(0.049)
Lockup*VC_RATIO				0.017	−0.006	0.026
				(0.023)	(0.030)	(0.033)

续表

变量名称	全部	中小板	创业板	全部	中小板	创业板
PostLockup*VC_RATIO				0.016	0.006	0.027
				（0.035）	（0.047）	（0.051）
Constant	−0.165***	−0.381***	0.034	−0.167***	−0.381***	0.031
	（0.023）	（0.033）	（0.035）	（0.023）	（0.033）	（0.036）
Observations	2910	1534	1376	2910	1534	1376
R^2	0.280	0.369	0.236	0.280	0.369	0.237
F Statistic	112.490***	88.991***	42.187***	86.533***	68.336***	32.454***

注：***、**、* 分别表示在1%、5%、10%水平上显著。

（1）对有风险投资支持的企业来说，风险投资持股比例的影响总体上仍为负且显著，中小板子板块例外（中小板的系数为正，但不显著）。这证明总体来说，风险投资对IPO公司盈余管理具有负向影响，基本起到了"认证/监督"的作用。

（2）除创业板在加了IPO前阶段和风险投资持股比例的交叉项后的回归系数不显著外，其余板块IPO前阶段、锁定期和锁定期后的回归系数均为正且显著。这表明从IPO过程看，有风险投资支持的公司会在IPO前、锁定期和锁定期后粉饰财务信息，进行正向盈余管理，或为了达到上市的目的，或为了风险投资在减持时获得好的投资收益。风险投资在IPO阶段的回归系数为负，说明在IPO阶段，风险投资对新上市公司的盈余管理具有负向作用，这可能是因为，IPO前通过粉饰财务报表达到了上市的目的，上市当季及其后1个季度，一般也没有原始股东解禁的考虑，公司财务回到公司的真实运营状态，公司盈余就表现为向下调整了。

（3）金融中介的作用方向没变，但均不显著；承销商仍然具有"认证/监督"的作用，审计机构对公司盈余管理具有正向作用。对于作为第三方的承销商和审计机构来说，风险投资具有公司"内部性"，存在参与经营决策并谋求董事席位的可能等，所以风险投资对被支持公司的盈余管理行为更有"话语权"。

（4）除公司杠杆率外的财务指标能反映公司的盈余管理状况。杠杆率的影响在整个IPO过程中表现得不显著，可能与IPO之前和IPO之后存在很大差异有关，因为新上市公司通过公开上市募集到大量的资金，公司的负债水平大大缓解。从表7-6的回归结果看，考虑单个IPO阶段时，杠杆率也能很好地反映公司的盈余管理程度。

第三节 风险投资影响 IPO 盈余管理行为的稳健性分析

本节以深圳市场为研究对象，分析了风险投资对中小上市公司盈余管理行为的动态影响。从盈余管理及风险投资比例的描述性统计发现这两个指标具有很高的偏度和峰度，说明只通过 OLS 回归结果不能完整地反映它们之间的影响关系，因此需进一步探讨在不同的风险投资比例水平下，风险投资比例对盈余管理的影响程度是否存在差异。因此，本节主要对有风险投资支持的公司，采用分位数对模型（7-4）、模型（7-5）和模型（7-6）深入研究不同风险投资比例水平下，风险投资比例对盈余管理的影响程度的差异。

一、IPO 时的盈余管理

（一）分位数回归分析

将全样本和有风险投资支持的子样本采用模型（7-4）分别进行 10、20、50、80 和 90 分位数回归，回归结果见表 7-9。

（1）IPO 时哑变量对公司盈余管理在不同分位数上的回归系数均为负，且在 1% 置信水平下显著，与 OLS 的结果一致。全样本和有风险投资支持的公司子样本的结果基本一致，且随着分位数的增加，IPO 对盈余管理的影响程度在减弱。以全样本的回归系数为例，10 至 90 分位数的系数变化范围在 −0.062~−0.012 之间。有风险投资支持的公司子样本相比全样本，除了 90 分位数外，IPO 时的影响强度均较大，这表明有风险投资支持的公司的盈余管理水平要比无风险投资支持的公司低，风险投资具有"认证/监督"的作用。

（2）承销商的"中介认证者"作用在全样本各个分位数下均得到有效验证，在有风险投资支持的公司子样本中，仅在 50 分位数下得到了验证；审计机构向上调整盈余的作用仅在全样本的 50 分位数下得到了验证。公司规模大的公司进行正向盈余管理的程度降低了。财务信息中只有成长性因素在两个样本的各个分位数下均没有得到验证。

总之，各个影响因素在不同分位数下对 IPO 盈余管理的影响程度是不同的。为了更直观地观察不同公司规模和财务信息在 IPO 阶段对盈余管理的影响程度，我们进行

表 7-9　IPO 时盈余管理分位数回归结果

变量名称	全样本					有风险投资支持的公司				
	10	20	50	80	90	10	20	50	80	90
lnSize	0.047***	0.041***	0.029***	0.019***	0.011***	0.054***	0.049***	0.038***	0.026***	0.017***
	(0.003)	(0.001)	(0.001)	(0.0004)	(0.001)	(0.006)	(0.003)	(0.002)	(0.001)	(0.002)
ROA	−0.431***	−0.365***	−0.218***	−0.101***	−0.044***	−0.524***	−0.382***	−0.216***	−0.118**	−0.041
	(0.023)	(0.015)	(0.007)	(0.007)	(0.006)	(0.051)	(0.043)	(0.019)	(0.046)	(0.096)
LEV	−0.075***	−0.058***	−0.027***	−0.009***	0.003***	−0.077***	−0.064***	−0.045***	−0.017**	0.003
	(0.006)	(0.003)	(0.001)	(0.001)	(0.001)	(0.012)	(0.007)	(0.004)	(0.004)	(0.005)
GROWTH	−0.0001	−0.00003	−0.00001	0.00001	−0.0002	−0.0001	−0.00005	−0.00001	−0.0003	−0.0002
	(0.0003)	(0.0001)	(0.0001)	(0.0001)	(0.0002)	(0.0004)	(0.0004)	(0.0002)	(0.0006)	(0.0007)
Underwriter	−0.056**	−0.033***	−0.012**	−0.014***	−0.023***	−0.110***	−0.068**	0.00002	−0.003	−0.019
	(0.022)	(0.012)	(0.006)	(0.004)	(0.005)	(0.042)	(0.031)	(0.014)	(0.009)	(0.030)
Auditor	0.004***	0.002**	0.0005	0.0001	0.0003	0.003	−0.0003	0.001	0.0003	0.001
	(0.002)	(0.001)	(0.0004)	(0.0003)	(0.0004)	(0.004)	(0.002)	(0.001)	(0.001)	(0.002)
IPO	−0.062***	−0.048***	−0.029***	−0.016***	−0.012***	−0.060***	−0.053***	−0.039***	−0.025**	−0.017***
	(0.006)	(0.003)	(0.002)	(0.001)	(0.001)	(0.008)	(0.005)	(0.003)	(0.002)	(0.004)

续表

变量名称	全样本				有风险投资支持的公司			
	10	20	50	80	90	10	20	50	80	90

变量名称	全样本					有风险投资支持的公司				
	10	20	50	80	90	10	20	50	80	90
Constant	−0.346***	−0.278***	−0.166***	−0.066***	0.004	−0.410***	−0.351***	−0.247***	−0.136***	−0.047**
	(0.025)	(0.013)	(0.006)	(0.004)	(0.006)	(0.054)	(0.030)	(0.018)	(0.013)	(0.018)
Observations	9958	9958	9958	9958	9958	2561	2561	2561	2561	2561
Pseudo R^2	0.2114	0.1905	0.1176	0.0723	0.0445	0.2321	0.1952	0.2267	0.1022	0.0529

注：***、**、* 分别表示在 1%、5%、10% 水平上显著。

了 100 分位的分位数回归，如图 7-2 所示。

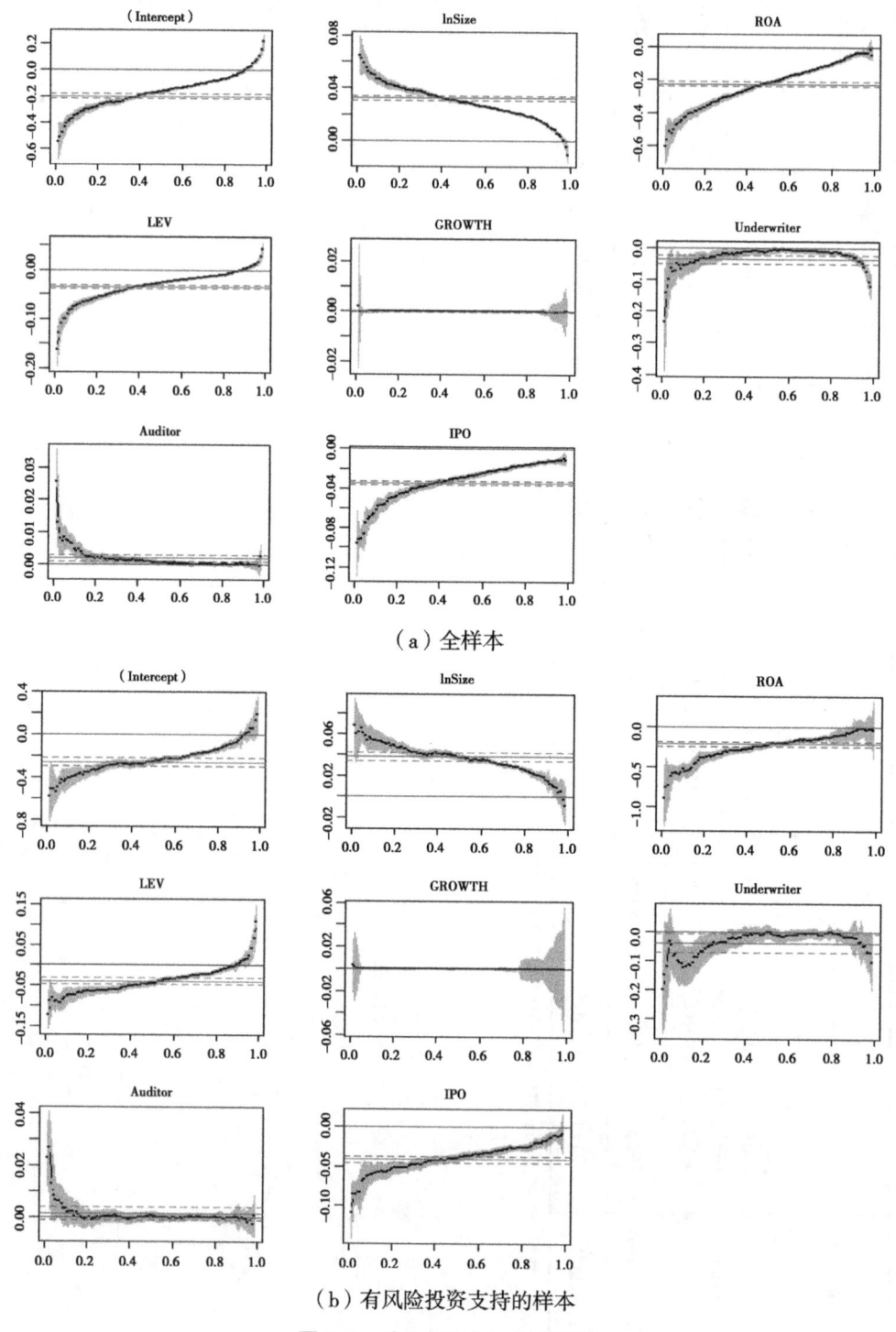

（a）全样本

（b）有风险投资支持的样本

图 7-2 分位数回归系数趋势图

从图 7-2 可以发现，不同分位数回归系数间存在很大差异，财务指标杠杆率和总资产市盈率都呈现向上的趋势，成长性在 0 附近，两端差距巨大；公司规模呈现向下倾斜的趋势，而 IPO 阶段呈现向上的趋势。金融中介承销商的影响基本在 0 以下，且呈现倒"U"型，而审计机构呈现"L"型走势。

下面以全样本为例进行分位数回归系数相等性和对称性检验，检验结果见表 7-10。

表 7-10 IPO 时分位数回归系数相等性和对称性检验结果

变量名称	0.1, 0.9	0.2, 0.8	0.3, 0.7	0.4, 0.6	10 个分位数
检验：$b(\tau_h) - b(\tau_k) = 0$					
Wald Test	869.8264	865.8866	652.5026	194.5455	3410.88
	（0.0000）	0.0000	0.0000	0.0000	0.0000
IPO	−0.0498	−0.0314	−0.0019	−0.0009	—
	0.0000	0.0000	0.0000	0.0224	—
Underwriter	−0.0322	−0.0189	−0.0070	−0.0057	—
	（0.1268）	0.0967	0.4144	0.3391	—
Auditor	0.0042	0.0016	0.0011	0.0010	—
	（0.0170）	0.0540	0.0987	0.0224	—
lnSize	0.0355	0.0218	0.0146	0.0063	—
	（0.0000）	（0.0000）	（0.0000）	（0.0000）	—
ROA	−0.3865	−0.2647	−0.1603	−0.0846	—
	（0.0000）	（0.0000）	（0.0000）	（0.0000）	—
LEV	−0.0779	−0.0049	−0.0305	−0.0014	—
	（0.0000）	（0.0000）	（0.0000）	（0.0000）	—
GROWTH	−0.0001	−4.01e−05	−3.17e−05	−1.51e−05	—
	（0.0000）	0.1867	0.4098	0.0041	—

续表

变量名称	0.1, 0.9	0.2, 0.8	0.3, 0.7	0.4, 0.6	10个分位数
检验：b(τ)+b(1−τ)−2*b(0.5)=0					
Wald Test	909.8041	489.0501	174.5517	21.6440	1202.657
	0.0000	0.0000	0.0000	0.0056	0.0000
IPO	−0.159	−0.0048	−0.0007	0.0010	—
	0.0189	0.1487	0.7266	0.5219	—
Underwriter	−0.0556	−0.0244	−0.005	0.0046	—
	0.0074	0.0334	0.5856	0.4081	—
Auditor	0.0039	0.0010	0.0005	0.0004	—
	0.0246	0.2552	0.4512	0.2899	—
lnSize	−0.0003	0.0009	0.0018	−9.10e−05	—
	0.8758	0.5537	0.1463	0.9162	—
ROA	−0.0395	−0.0307	−0.0117	−0.0027	—
	0.1906	0.0808	0.3383	0.7866	—
LEV	−0.0179	−0.0133	−0.0070	0.0003	—
	0.0019	0.0000	0.0035	0.8770	—
GROWTH	−0.0003	−3.96e−05	−7.63e−06	−1.93e−06	—
	0.0000	0.0000	0.3713	0.7488	—

从表7-10的相等性检验结果可以发现，Wald检验的卡方统计量在5组单分位数对检验和10个分位数点对同时检验时是显著的，表明分位数对的回归系数间存在显著的差异。具体从各个变量回归系数的差值看，IPO阶段变量在4组分位数对的差值不显著为0，说明在IPO时公司盈余管理程度不相等，在低分位数时变量对盈余管理的影响程度更强；金融中介承销商声誉仅在20和80分位数对检验时是显著不等的，在其他3组分位数对是相等；审计机构在4组分位数对的差值不显著为0，说明审计机构对公司盈余管理的影响程度存在显著差异；公司规模在所有分位数对的检验中均是

显著不相等的；成长性在 10 和 90、40 和 60 分位数对检验时显著存在差异；杠杆率和总资产收益率在 4 组分位数对的所有检验中均显著不相等。

从表 7-10 的对称性检验结果可以发现，Wald 检验的卡方统计量的值在 5 组单分位数对检验和 10 个分位数对同时检验时都是显著的，表明分位数回归系数间关于中位数是非对称的。具体从各个变量的回归系数的差值看，IPO 阶段变量仅在 10 和 90 分位数对的差值不显著为 0，非对称性非常显著；金融中介承销商声誉在远离 50 分位数对的 10 和 90、20 和 80 分位数对检验时是非对称的，在其他 2 组分位数对是对称的；审计机构仅在 10 和 90 分位数对检验时是非对称的；公司规模在所有分位数对的检验中均是对称的；成长性在 50 分位数远端的 2 组分位数对检验时是非对称的，在 50 分位数附近的 2 组分位数对检验时是对称的，杠杆率仅在 40 和 60 分位数对的检验中是对称的；总资产收益率仅在 20 和 80 分位数对的检验中是非对称的。

全样本和有风险投资支持的公司子样本在不同分位数水平下，各个因素对新上市公司盈余管理的影响程度不相等且关于 50 分位数是非对称的。

（二）稳健性分析

下面分析有风险投资支持的公司的盈余管理在创业板和中小板间是否存在差异。运用模型（7-4）对有风险投资支持的创业板和中小板子样本进行 10、20、50、80 和 90 分位数回归检验，回归结果见表 7-11。

从表 7-11 可发现，有风险投资支持的公司的盈余管理在两个板块中存在一定差异。创业板中公司规模的影响要比中小板的强；总资产市盈率的影响强度，中小板的要大；杠杆率的影响强度，也是中小板的强；而成长性的影响强度，创业板的要比中小板的强很多，创业板中成长性的影响系数显著为正，而中小板的为负且不显著，这可能与创业板在市场上的定位有关。金融中介中承销商在创业板中显著具有"认证/监督"的作用，这可能是因为创业板上市条件比中小板的要宽松，随着监管的加强，承销商的持续督导作用要强；审计机构的系数在创业板中尽管不显著但仍为正，而在中小板 50 分位数以上的回归中均为负的，但不显著，在 10 分位数下回归系数为正且显著。在 IPO 时，创业板和中小板企业都具有负向的盈余管理。

二、风险投资对盈余管理影响差异的分析

将全样本和有风险投资支持的公司子样本采用模型（7-4）分别进行 10、20、50、

表 7-11 有风险支持的创业板和中小板企业 IPO 时盈余管理分位数回归结果

变量名称		创业板					中小板			
	(1)	(2)	(3)	(4)	(5)	(6)	(7)	(8)	(9)	(10)
lnSize	0.085***	0.070***	0.046***	0.031***	0.023***	0.027***	0.022***	0.031***	0.021***	0.015***
	(0.005)	(0.004)	(0.002)	(0.002)	(0.002)	(0.008)	(0.006)	(0.004)	(0.005)	(0.005)
ROA	-0.444***	-0.274***	-0.128***	-0.040*	0.039	-0.551***	-0.541***	-0.346***	-0.185	-0.140
	(0.080)	(0.048)	(0.024)	(0.024)	(0.038)	(0.051)	(0.047)	(0.033)	(0.155)	(0.186)
LEV	-0.049***	-0.046***	-0.029***	-0.011**	0.013	-0.102***	-0.066***	-0.051***	-0.022***	0.004
	(0.014)	(0.009)	(0.005)	(0.004)	(0.008)	(0.015)	(0.010)	(0.007)	(0.005)	(0.010)
GROWTH	0.005**	0.003**	0.003***	0.003***	0.003***	-0.0001	-0.0001	-0.00002	-0.0003	-0.0002
	(0.002)	(0.001)	(0.001)	(0.0004)	(0.001)	(0.0003)	(0.0003)	(0.0002)	(0.020)	(0.024)
Underwriter	-0.085**	-0.089**	-0.032**	-0.0002	0.003	-0.027	0.022	0.003	-0.018	-0.063
	(0.041)	(0.037)	(0.016)	(0.012)	(0.015)	(0.056)	(0.039)	(0.025)	(0.028)	(0.039)
Auditor	0.001	0.003	0.001	0.0004	-0.001	0.011**	0.002	-0.001	-0.002	-0.001
	(0.004)	(0.002)	(0.001)	(0.001)	(0.002)	(0.004)	(0.003)	(0.002)	(0.001)	(0.002)
IPO	-0.059***	-0.052***	-0.038***	-0.025***	-0.011**	-0.059***	-0.050***	-0.037***	-0.027***	-0.022***
	(0.010)	(0.006)	(0.004)	(0.004)	(0.005)	(0.007)	(0.008)	(0.004)	(0.003)	(0.004)

续表

变量名称	创业板					中小板				
	（1）	（2）	（3）	（4）	（5）	（6）	（7）	（8）	（9）	（10）
Constant	-0.698***	-0.553***	-0.317***	-0.183***	-0.107***	-0.169**	-0.107**	-0.177***	-0.084*	-0.027
	（0.049）	（0.035）	（0.019）	（0.016）	（0.022）	（0.070）	（0.051）	（0.035）	（0.044）	（0.045）
Observations	1398	1398	1398	1398	1398	1163	1163	1163	1163	1163
Pseudo R²	0.3130	0.2872	0.2138	0.1176	0.070	0.2001	0.2052	0.1771	0.1135	0.0727

注：***、**、*分别表示在1%、5%、10%水平上显著。

80 和 90 分位数回归，从表 7-12 的全样本回归结果可以发现：风险投资持股比例除 90 分位数的结果外，其余均在 1% 置信水平下显著为负，说明在不同风险资本投资水平下，风险投资对 IPO 盈余管理的影响水平不同，影响水平从 –0.064 到 –0.013，且 90 分位数的系数也为负的，证明风险投资起着"中介认证者"的作用；但在有风险投资支持的子样本中为正，却不显著，这似乎证明了有风险投资支持的公司有"声誉—逐名"的动机，但也不能完全排除"认证/监督"作用。承销商声誉仍然扮演着信息生产者的角色，具有"中介认证者"的作用；审计机构在全样本中 50 分位数以下的回归系数显著为正，在有风险投资支持的公司子样本中仅在 10 分位数下显著，但总体上是正的，表明在无风险投资支持的公司中审计机构促进公司进行正向盈余管理的程度比在有风险投资支持的公司要强，这可能是因为风险投资对其支持的公司也起着促进正向盈余管理的作用。

为了更直观地观察不同公司规模和财务信息在 IPO 阶段对盈余管理的影响程度，我们进行 100 分位的分位数回归，结果如图 7-3 所示。从图 7-3 中可以发现，不同分位数回归系数间存在很大差异，财务指标杠杆率和总资产市盈率的回归系数都呈现向上的趋势，成长性的回归系数在 0 附近；公司规模的回归系数呈现向下倾斜的趋势，而风险投资持股比例的回归系数大体呈现宽"U"型趋势；金融中介承销商的影响系数基本在 0 以下，且呈现倒"U"型，而审计机构的影响系数基本在 0 以上，呈现"L"型走势。

下面以全样本为例进行 10 和 90、20 和 80、30 和 70、40 和 60 分位数对检验和 10 分位数的联合检验，从表 7-13 的相等性检验可发现：Wald 检验的卡方统计量在 5 组单分位数对检验和 10 个分位数对同时检验时是显著的，表明分位数对的回归系数间存在显著的差异。具体从各个变量的回归系数的差值看，仅承销商声誉在各分位数对的检验中是对称的，公司成长性仅在 20 和 80 分位数对是不对称的。这表明在不同分位数水平下，风险投资比例对公司盈余管理的影响程度存在显著差异，风险投资比例水平越低，风险投资对 IPO 盈余管理的"认证/监督"作用越强。

第三篇　不同市场主体在IPO过程中作用

表7-12　风险投资对盈余管理影响的分位数回归结果

变量名称	全样本 10	20	50	80	90	有风险投资支持的公司 10	20	50	80	90
lnSize	0.047***	0.041***	0.029***	0.020***	0.012***	0.057***	0.048***	0.039***	0.026***	0.016***
	(0.003)	(0.002)	(0.001)	(0.0005)	(0.001)	(0.006)	(0.004)	(0.002)	(0.002)	(0.002)
ROA	-0.460***	-0.395***	-0.228***	-0.102***	-0.045***	-0.541***	-0.444***	-0.245***	-0.121***	-0.042
	(0.024)	(0.017)	(0.007)	(0.004)	(0.009)	(0.053)	(0.047)	(0.025)	(0.039)	(0.075)
LEV	-0.062***	-0.053***	-0.026***	-0.008***	0.004**	-0.055***	-0.048***	-0.043***	-0.017***	0.006
	(0.006)	(0.004)	(0.002)	(0.001)	(0.002)	(0.012)	(0.010)	(0.004)	(0.004)	(0.005)
GROWTH	-0.0001	-0.00003	-0.00001	0.00001	-0.0002	-0.0001	-0.0001	-0.00002	-0.0003	-0.0002
	(0.0003)	(0.0001)	(0.0001)	(0.0001)	(0.001)	(0.0004)	(0.0005)	(0.0003)	(0.005)	(0.006)
Underwriter	-0.041*	-0.034**	-0.012*	-0.011***	-0.025***	-0.041	-0.067*	-0.004	-0.011	-0.026*
	(0.023)	(0.014)	(0.006)	(0.004)	(0.005)	(0.049)	(0.035)	(0.015)	(0.010)	(0.015)
Auditor	0.005***	0.002**	0.001*	0.00003	0.0003	0.008**	0.004	0.0003	-0.0001	0.0002
	(0.002)	(0.001)	(0.0004)	(0.0003)	(0.0004)	(0.004)	(0.003)	(0.001)	(0.001)	(0.001)
VC_RATIO	-0.064***	-0.062***	-0.035***	-0.013***	-0.005	-0.003	0.004	0.001	0.001	0.012
	(0.011)	(0.011)	(0.005)	(0.003)	(0.006)	(0.020)	(0.015)	(0.006)	(0.005)	(0.010)
Constant	-0.352***	-0.280***	-0.167***	-0.073***	-0.003	-0.460***	-0.354***	-0.259***	-0.136***	-0.043**
	(0.025)	(0.015)	(0.007)	(0.004)	(0.007)	(0.058)	(0.039)	(0.019)	(0.019)	(0.020)
Observations	9958	9958	9958	9958	9958	2561	2561	2561	2561	2561
Pseudo R²	0.1574	0.1456	0.1127	0.0631	0.0340	0.1607	0.1541	0.1316	0.0751	0.0406

注：***、**、*分别表示在1%、5%、10%水平上显著。

（a）全样本

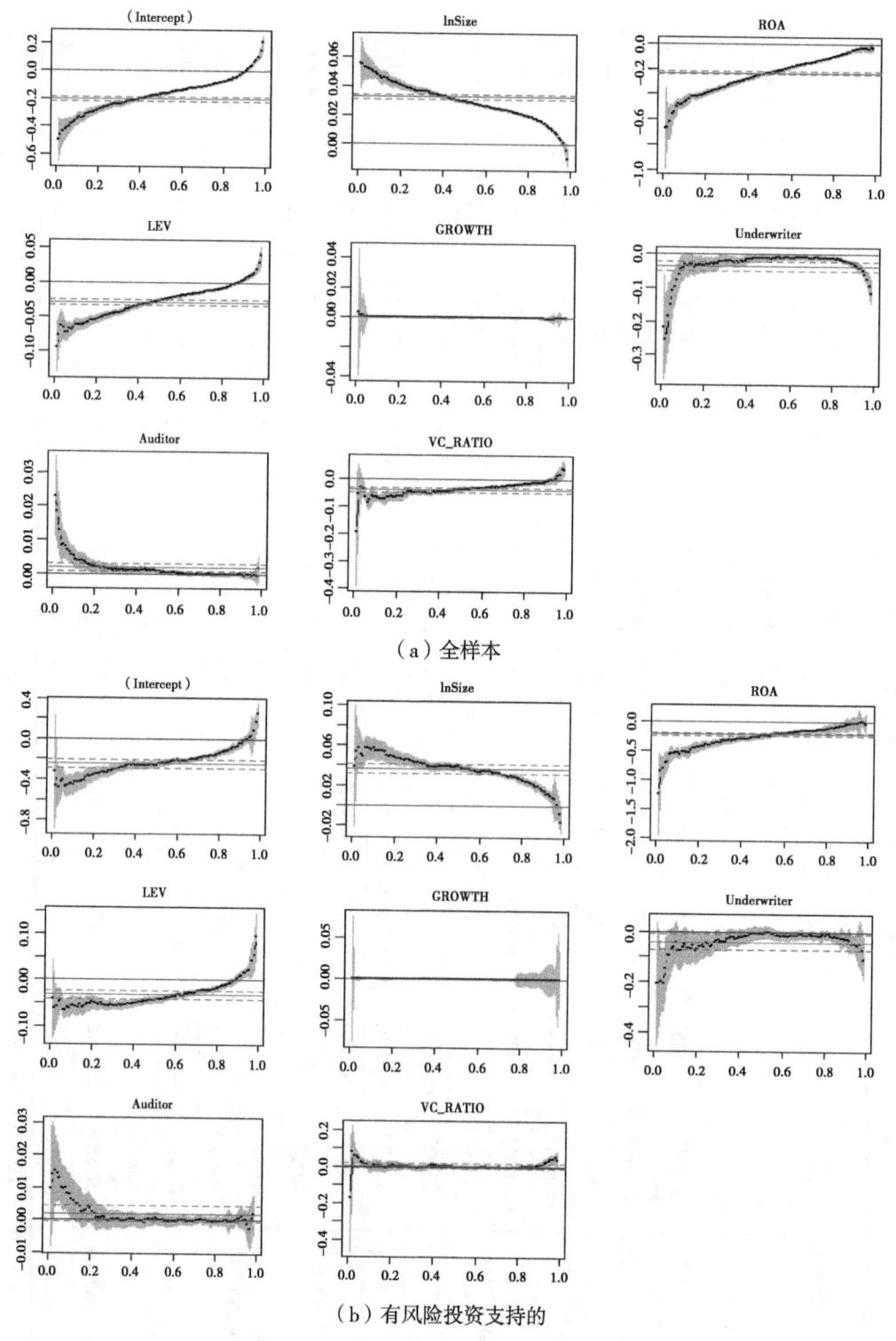

（b）有风险投资支持的

图 7-3　风险投资分位数回归系数趋势图

表 7-13 风险投资比例分位数回归系数对称性检验结果

分位数对	0.1, 0.9	0.2, 0.8	0.3, 0.7	0.4, 0.6	10 个分位数
检验: $b(\tau_h)-b(\tau_k)=0$					
Wald Test	639.0208	546.6793	431.4550	181.5481	2710.021
	0.0000	0.0000	0.0000	0.0056	0.0000
VC_RATIO	−0.0583	−0.0489	−0.0251	−0.0126	—
	(0.0000)	(0.0000)	(0.0000)	(0.0221)	—
Underwriter	−0.0161	−0.0223	−0.0091	−0.0044	—
	(0.4742)	0.0917	0.3239	0.4751	—
Auditor	0.0052	0.0022	0.0013	0.0007	—
	(0.0035)	0.0272	0.0709	0.0963	—
lnSize	0.0346	0.0210	0.0134	0.0067	—
	(0.0000)	(0.0000)	(0.0000)	(0.0000)	—
ROA	−0.4148	−0.2934	−0.1852	−0.0945	—
	(0.0000)	(0.0000)	(0.0000)	(0.0000)	—
LEV	−0.0665	−0.0448	−0.0293	−0.0014	—
	(0.0000)	(0.0000)	(0.0000)	(0.0000)	—
GROWTH	−0.0001	−4.28e−05	−3.59e−05	−1.67e−05	—
	(0.0000)	0.1722	(0.0000)	0.0024	—
检验: $b(\tau)+b(1-\tau)-2*b(0.5)=0$					
Wald Test	1016.335	481.9952	176.5254	21.20564	1263.221
	0.0000	0.0000	0.0000	0.0056	0.0000
VC_RATIO	0.0007	−0.0048	—	—	—
	0.9583	0.6558	—	—	—
Underwriter	−0424	−0.0218	—	—	—
	0.0074	0.0334	—	—	—
Auditor	0.0039	0.0010	—	—	—
	0.0551	0.0934	—	—	—

续表

分位数对	0.1, 0.9	0.2, 0.8	0.3, 0.7	0.4, 0.6	10个分位数
lnSize	5.81e–05	0.0014	0.0019	—	—
	0.9806	0.4080	0.1401	—	—
ROA	−0.00450	−0.0418	−0.0185	—	—
	0.2075	0.0336	0.2275	—	—
LEV	−0.0062	−0.0094	−0.0006	—	—
	0.2075	0.0079	0.0083	—	—
GROWTH	−0.0003	−1.06e−06	—	—	—
	0.0000	0.9706	—	—	—

这里运用模型（7-5）对有风险投资支持的创业板和中小板子样本进行10、20、50、80和90分位数回归检验，进一步研究有风险投资支持的子样本中创业板和中小板的盈余管理。从表7-14的实证结果可以发现，有风险投资支持的公司的盈余管理在两个板块中存在一定差异。创业板中公司规模的影响要比中小板中强；总资产市盈率的影响强度，经济上中小板的要强；杠杆率的影响强度也是中小板的强；而成长性的影响强度，创业板的要比中小板的强很多，在创业板中成长性的影响总体显著为正，而中小板的系数为负且不显著，这可能是因为创业板的企业一般成长性要强。在考虑风险投资的影响后，金融中介中承销商和审计机构对盈余管理的影响减弱了，基本不显著，承销商声誉仅在两个分位数点显著，创业板和中小板各一个，数据仅在中小板10分位数时是显著的。

三、IPO全阶段盈余管理分析

下面运用模型（7-6）对全样本和有风险投资支持的公司子样本进行10、20、50、80和90分位数回归检验，以考察IPO全阶段上市公司的盈余管理行为。回归结果见表7-15。

（1）全样本的回归结果表明IPO之前公司进行负向的盈余管理，而有风险投资支持的公司子样本的回归结果表明IPO之前公司进行正向盈余管理，风险投资具有"声誉—逐名"的作用，将产生"搅拌效应"。

锁定阶段和锁定期后阶段的分位数回归系数均为正，总体上是显著的，且有风险

表 7-14 有风险投资支持的企业分板块盈余管理分位数回归结果

变量名称	创业板 (1)	(2)	(3)	(4)	(5)	中小板 (6)	(7)	(8)	(9)	(10)
lnSize	0.086***	0.076***	0.046***	0.032***	0.024***	0.025***	0.019***	0.028***	0.024***	0.017***
	(0.007)	(0.005)	(0.002)	(0.002)	(0.003)	(0.009)	(0.007)	(0.004)	(0.006)	(0.004)
ROA	-0.462***	-0.272***	-0.143***	-0.046**	0.048	-0.556***	-0.541***	-0.380***	-0.198	-0.139
	(0.070)	(0.064)	(0.028)	(0.023)	(0.036)	(0.076)	(0.057)	(0.034)	(0.144)	(0.090)
LEV	-0.018	-0.036***	-0.027***	-0.009**	0.015*	-0.071***	-0.057***	-0.046***	-0.023***	-0.006
	(0.014)	(0.010)	(0.005)	(0.004)	(0.009)	(0.013)	(0.013)	(0.007)	(0.006)	(0.011)
GROWTH	0.003**	0.003	0.002***	0.003***	0.003***	-0.0001	-0.0001	-0.00002	-0.0003	-0.0002
	(0.002)	(0.002)	(0.001)	(0.0004)	(0.001)	(0.001)	(0.0002)	(0.0002)	(0.022)	(0.015)
Underwriter	-0.071	-0.100**	-0.008	0.001	-0.010	-0.031	0.020	0.008	-0.024	-0.058***
	(0.046)	(0.039)	(0.017)	(0.011)	(0.017)	(0.077)	(0.053)	(0.026)	(0.028)	(0.016)
Auditor	0.004	0.002	0.0004	0.0004	-0.001	0.015***	0.006	-0.001	-0.002	-0.001
	(0.004)	(0.003)	(0.001)	(0.001)	(0.001)	(0.004)	(0.004)	(0.002)	(0.002)	(0.004)
VC_RATIO	0.032**	0.034***	0.005	0.002	0.014	0.018	-0.003	-0.009	-0.002	0.008
	(0.015)	(0.013)	(0.008)	(0.007)	(0.014)	(0.022)	(0.024)	(0.013)	(0.010)	(0.012)
Constant	-0.724***	-0.617***	-0.329***	-0.190***	-0.118***	-0.174**	-0.088	-0.154***	-0.110**	-0.046
	(0.060)	(0.045)	(0.019)	(0.015)	(0.026)	(0.078)	(0.067)	(0.037)	(0.052)	(0.035)
Observations	1398	1398	1398	1398	1398	1163	1163	1163	1163	1163
Pesudo R^2	0.2546	0.2233	0.1624	0.0966	0.063	0.1186	0.1328	0.1291	0.0803	0.0503

注：***、**、* 分别表示在 1%、5%、10% 水平上显著。

表 7-15 IPO 全阶段盈余管理的分位数检验

变量名称	全样本 10	20	50	80	90	有风险投资支持的公司 10	20	50	80	90
lnSize	0.044*** (0.002)	0.036*** (0.002)	0.027*** (0.001)	0.018*** (0.001)	0.013*** (0.001)	0.038*** (0.005)	0.035*** (0.004)	0.028*** (0.002)	0.022*** (0.002)	0.018*** (0.002)
ROA	-0.405*** (0.023)	-0.349*** (0.017)	-0.202*** (0.007)	-0.096*** (0.006)	-0.047*** (0.008)	-0.440*** (0.057)	-0.275*** (0.038)	-0.179*** (0.021)	-0.088*** (0.021)	-0.029 (0.064)
LEV	-0.060*** (0.005)	-0.052*** (0.004)	-0.024*** (0.002)	-0.007*** (0.001)	0.002 (0.002)	-0.033*** (0.010)	-0.032*** (0.007)	-0.018*** (0.004)	-0.007** (0.004)	0.003 (0.005)
GROWTH	-0.0001 (0.0003)	-0.00004 (0.0001)	-0.00001 (0.0001)	0.00001 (0.0001)	-0.0002 (0.001)	-0.0001 (0.001)	-0.00004 (0.001)	-0.00001 (0.0003)	-0.0003 (0.001)	-0.0003 (0.008)
Underwriter	-0.060*** (0.019)	-0.027* (0.014)	-0.010* (0.006)	-0.012*** (0.004)	-0.030*** (0.006)	-0.107*** (0.035)	-0.065** (0.027)	-0.005 (0.013)	-0.004 (0.010)	-0.018 (0.012)
Auditor	0.007*** (0.001)	0.003*** (0.001)	0.0004 (0.0004)	-0.00000 (0.0003)	0.0001 (0.0004)	0.003 (0.003)	0.002 (0.002)	0.0001 (0.001)	0.00005 (0.001)	0.0001 (0.001)
PreIPO	-0.019*** (0.002)	-0.007 (0.008)	-0.018*** (0.005)	-0.011 (0.009)	-0.004 (0.007)	0.029*** (0.008)	0.034*** (0.009)	0.014*** (0.005)	0.015* (0.009)	0.020** (0.009)
Lockup	0.010*** (0.004)	0.007*** (0.002)	0.001 (0.001)	-0.001 (0.001)	0.0004 (0.001)	0.068*** (0.006)	0.058*** (0.006)	0.037*** (0.003)	0.025*** (0.003)	0.023*** (0.003)

续表

变量名称	全样本 10	全样本 20	全样本 50	全样本 80	全样本 90	有风险投资支持的公司 10	有风险投资支持的公司 20	有风险投资支持的公司 50	有风险投资支持的公司 80	有风险投资支持的公司 90
PostLockup	0.018***	0.015***	0.007***	0.004***	0.004***	0.072***	0.061***	0.040***	0.026***	0.024***
	(0.002)	(0.001)	(0.0005)	(0.0004)	(0.001)	(0.009)	(0.007)	(0.003)	(0.003)	(0.003)
VC_RATIO	-0.512***	-0.325***	-0.243***	-0.155***	-0.064**	0.030	-0.014	-0.029	-0.002	0.052*
	(0.040)	(0.060)	(0.035)	(0.026)	(0.032)	(0.055)	(0.043)	(0.022)	(0.033)	(0.028)
PreIPO*VC_RATIO	0.483***	0.238***	0.216***	0.210***	0.154***	-0.042	-0.063	0.017	0.055	0.043
	(0.042)	(0.062)	(0.057)	(0.071)	(0.042)	(0.059)	(0.046)	(0.054)	(0.088)	(0.044)
Lockup*VC_RATIO	0.493***	0.309***	0.230***	0.152***	0.058*	-0.050	-0.010	0.015	-0.003	-0.057**
	(0.044)	(0.061)	(0.036)	(0.026)	(0.033)	(0.059)	(0.044)	(0.022)	(0.034)	(0.028)
PostLockup*VC_RATIO	0.430***	0.231***	0.196***	0.137***	0.047	-0.088	-0.057	-0.008	-0.0003	-0.056
	(0.049)	(0.074)	(0.036)	(0.029)	(0.034)	(0.071)	(0.059)	(0.023)	(0.037)	(0.037)
Constant	-0.335***	-0.247***	-0.151***	-0.061***	-0.011	-0.335***	-0.286***	-0.195***	-0.123***	-0.078***
	(0.019)	(0.016)	(0.007)	(0.005)	(0.007)	(0.048)	(0.036)	(0.018)	(0.014)	(0.018)
Observations	9958	9958	9958	9958	9958	2561	2561	2561	2561	2561
	0.1769	0.1641	0.1262	0.0682	0.0370	0.2139	0.2092	0.1681	0.0893	0.0521

注：***、**、* 分别表示在1%、5%、10%水平上显著。

投资支持的公司子样本回归系数比全样本的要大，全样本 Lockup 的系数变化范围在 0.0004~0.010 之间，而有风险投资支持的公司子样本的变化范围在 0.023~0.068 之间，PostLockup 在全样本的系数在 0.004~0.018 之间，而在子样本的系数在 0.024~0.072 之间。可见在有风险投资支持的公司子样本中，IPO 时公司进行负向的盈余管理，这是因为有风险投资支持的公司在 IPO 前、锁定阶段和锁定解禁后阶段进行正向盈余管理。IPO 前进行正向盈余管理是为了公司能成功上市，锁定阶段进行正向盈余管理是为了锁定期短的风险投资在解禁后减持而获得高收益，锁定解禁后进行正向盈余管理是为了满足包括风险投资在内的原始股东在解禁后减持的需要，锁定解禁后的正向盈余管理强度大于锁定时，这是因为在 3 年锁定期解禁时，要减持的原始股东持股比例要比锁定时高得多，为了能成功减持股份而获得高收益并退出上市公司，进行正向盈余管理的程度肯定要高得多。而 IPO 时因为公司刚刚成功上市，进行正向盈余的动机大大降低了。

（2）IPO 前、锁定阶段和锁定解禁后阶段与风险投资持股比例的交叉项的影响在全样本中均显著为正，说明被持股比例高的风险投资支持的上市公司在 IPO 前、锁定阶段和锁定解禁后阶段进行向上盈余管理的程度更大。而有风险投资支持的公司子样本中，交叉项的影响均不显著，且锁定阶段和锁定解禁后的交叉项系数为负，在 90 分位数时是显著的，或可看成中等显著（−0.056/00.37=−1.514）。风险投资持股比例高的公司相对于持股比例低的公司而言，进行正向盈余管理的程度降低了，因为持股比例高的公司可能拥有多家风险投资机构，各风险投资机构的诉求不同，利益冲突大，互相监督，因而会促使公司向下进行盈余管理。

（3）金融中介承销商和审计机构对公司盈余管理的作用在全样本中仍是稳健的，在有风险投资支持的公司中影响程度降低。财务信息和公司规模的影响是稳健的。

对 IPO 全阶段进行 100 分位回归检验，分位数回归的结果如图 7-4 所示。

从图 7-4 可以发现：全样本和有风险投资支持的公司子样本的不同分位数回归系数间存在很大差异。财务指标杠杆率和总资产市盈率的回归系数仍呈现向上的趋势，成长性的回归系数稳定在 0 附近；公司规模的回归系数呈现向下倾斜的趋势。金融中介的趋势没有明显变化，承销商的回归系数基本在 0 以下，且呈现倒"U"型，而审计机构的影响系数在 0 以上，呈现"L"型走势。PreIPO 的影响系数似乎呈现"U"型，锁定阶段和解禁后阶段的回归系数呈现向下倾斜的趋势。而风险投资持股比例的回归系数在子图（a）呈现向上趋势，在子图（b）大体呈现宽倒"U"型趋势。IPO 阶段与风险投资持股比例的 3 个交叉项 PreIPO*VC_RATIO、Lockup *VC_RATIO 和 PostLockup*VC_RATIO 的回归系数在子图（a）中呈现向右下

（a）全样本

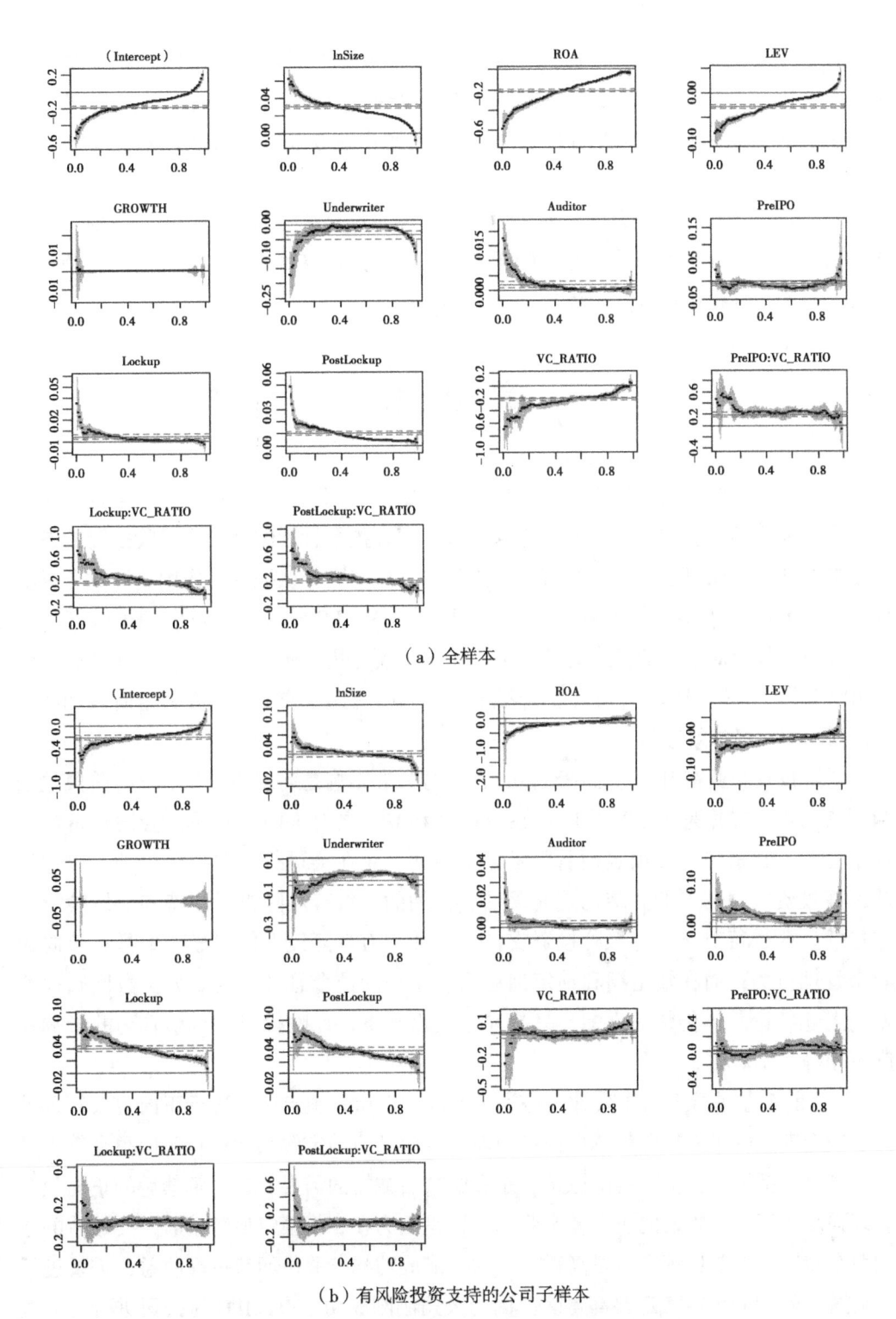

（b）有风险投资支持的公司子样本

图 7-4　IPO 其他阶段的分位数回归系数趋势图

倾斜的趋势，且在 0 以上；而在子图（b）中 PreIPO*VC_RATIO 的回归系数基本在 0 附近变化，而 Lockup *VC_RATIO 的回归系数基本在 0 以下变化，且呈现宽 "U" 型趋势；PostLockup*VC_RATIO 的回归系数也基本在 0 以下，而且大体呈现宽 "U" 型趋势。

这里将不再给出分位数回归系数的相等性和对称性统计检验的结果，与前面的分析类似。从图 7-4 可发现分位数回归系数对全样本来说基本都是不相等的，除公司规模外，基本上都存在非对称的情况。

本章结论

盈余管理行为会使投资者对股票价值做出错误的判断，造成损失，阻碍资本市场的健康发展。实证表明企业在 IPO 不同阶段都存在盈余管理的动机，风险投资的参与会影响企业的盈余管理行为，具有"搅拌效应"或"中介认证者"作用。本章通过实证研究发现：①中小板及创业板上市的中小公司在 IPO 阶段存在负向的盈余管理行为；②风险投资对 IPO 的盈余管理行为起到了抑制作用。研究结果表明，在 IPO 之前和 IPO 阶段，风险投资对中小企的业盈余管理行为有监督作用；而在锁定阶段和解禁后阶段具有"搅拌效应"。

风险投资企业在 IPO 过程中对盈余管理行为的影响是动态的，在 IPO 各阶段盈余管理的动机与操作是不断变化的。在 IPO 时和 IPO 之前这两个阶段，会发生负向的盈余管理；在锁定期和锁定期后则发生了逆转，企业会进行正向盈余管理，以达到获得高投资收益的目的。结论是显著的、稳健的。将有风险投资支持和无风险投资支持的企业进行对比，有风险投资支持的企业在 IPO 阶段，仍然显著地具有负向的盈余管理行为；而在锁定期和锁定期后具有正向的盈余管理行为。分位数回归检验发现上述结论总体仍是成立的，只是在不同水平下，风险投资对盈余管理的影响程度不相等、不对称。

IPO 前企业进行正向盈余管理是为了能成功上市，锁定阶段进行正向盈余管理是为了锁定期短的风险投资解禁后减持而获得高收益，锁定解禁后进行正向盈余管理是为了满足包括风险投资在内的原始股东在解禁后减持的需要。锁定解禁后的正向盈余管理强度大于锁定阶段的正向盈余管理，这是因为在 3 年锁定期解禁时，要减持的原始股东持股比例要比锁定阶段高得多，为了能成功减持股份而获得高收益，需要进行正向盈余管理的程度肯定要高得多。因为公司刚刚成功上市，IPO 时公司进行正向盈余管理的动机大大降低。

回归结果还表明，控制变量规模对公司的盈余管理具有正向影响；杠杆率和总资产市盈率具有负向影响；而成长性在全样本中有负向影响，在有风险投资支持的公司子样本中影响显著为正；金融中介承销商和审计机构总体上对公司盈余管理具有显著影响，承销商具有"认证/监督"的作用，而审计机构具有帮助公司进行正向盈余管理的作用。

总之，在上市前和刚刚上市时，公司存在负向盈余管理，而在锁定期和锁定解禁后阶段，公司存在正向的盈余管理。在 IPO 之前、IPO 时，有风险投资支持的公司存在负向的盈余管理，盈余管理行为相比无风险投资支持的公司有所降低。有风险投资支持的公司在锁定阶段及锁定期解禁后存在正向的盈余管理。

风险投资能够降低企业的盈余管理水平，可能是因为引入风险投资的企业相对于无风险投资支持的企业，有着更好的资产质量、管理水平和发展预期，所以企业对盈余管理的约束和被监督力度也远远大于无风险投资支持的企业。而包括风险投资在内的原始股东在股份锁定期到期后，具有很强的减持意愿，他们在解禁日之前可能存在进行正向盈余管理的强烈动机，以便获得高收益而成功退出，利用获利资金再进行投资，因此具有"搅拌效应"。

但是由于中国风险投资的发展时间较短，法律还不够完善，存在各种问题，风险投资家们目前的投资更趋于盲从，缺乏核心专业人才去挖掘企业价值，导致风险投资行业的发展趋于缓慢。所以要提高风险投资对企业盈余管理行为的监督作用，还需进一步提高风险投资行业的规范性及全社会对风险投资的认识。

通过对实证结果进行分析可以得到如下启示：首先，样本区间内我国深圳中小板及创业板市场实行的是核准上市制度，核准制度对于申请上市的企业实施了严格的审核，按照上市条件逐条监管，在一定程度上限制了企业的盈余管理行为。其次，由于我国目前的风险投资市场发展还不完善，相关政策法规也不健全，风险投资对企业的盈余管理行为并没有起到实质性的作用，可能仅起到了一些监督作用。最后，由于已实现上市的目标，所以风险投资追求自身声誉的激励因素不足，导致其对中小企业的盈余管理行为没有起到根本性的监管作用，我国的风险投资体系有待进一步完善。

企业的盈余管理行为在 IPO 之前和 IPO 时是负向的，在锁定期和锁定期后是正向的。正向的盈余管理行为会影响投资者的判断，干预市场，对此监管者要加大监管力度。负向的盈余管理行为，可能是由于公司经营方向的改变引起的，虽然对市场无重大影响，但也应该引起实业界和监管层的重视。政府和监管层应针对企业在 IPO 四个阶段的盈余管理行为采取相应的监管措施。

参考文献

[1] Gaver J J, Paterson J S.The Association Between External Monitoring and Earnings Management in the Property-Casualty Insurance Industry [J]. Journal of Accounting Research, 2001 (2): 269-279.

[2] Chemmanur T J, Loutskina E. The Role of Venture Capital Backing in Initial Public Offerings: Certification, Screening, or Market Power? [R]. EFA 2005 Moscow Meetings Paper, 2004.

[3] Morsfield S, Tan C. Do Venture Capitalists Influence the Decision to Manage Earning in Initial Public Offerings? [J].the Accounting Review, 2006 (81): 1119-1150.

[4] Dechow P M. Accounting Earnings and Cash Flows as Measures of Firm Performance: The Role of Accounting Accruals [J]. Journal of Accounting and Economics, 1994 (1): 3-42.

[5] Jain B A, Kini O. The Post-Issue Operating Performance of IPO Firms [J].Journal of Finance, 1994(5): 1699-1726.

[6] Lee P M, Wahal S. Grandstanding, Certification and the Underpricing of Venture Backed Capital IPOs [J].Journal of Financial Economics, 2004 (2): 375-407.

[7] Luo Wei. Earnings Management and Reputation of Venture Capitalists [D].Beijing: Guanghua School of Management, Peking University, 2006.

[8] Wan W. The Effect of External Monitoring on Accrual-Based and Real Earnings Management: Evidence from Venture-Backed Initial Public Offerings [J].Contemporary Accounting Research, 2013 (1): 296–324.

[9] Biddle G C, Hilary G. Accounting Quality and Firm-Level Capital Investment [J]. The Accounting Review, 2006 (5): 963-982.

[10] Brau J C, Johnson P M. Earnings Management in IPOs: Post-Engagement Third-Party Mitigation or Issuer Signaling [J].Advances in Accounting, 2009 (2): 125-135.

[11] Lee G, Masulis R W. Do More Reputable Financial Institutions Reduce Earnings Management by IPO Issuers? [J]. Journal of Corporate Finance, 2011 (4): 982-1000.

[12] 蔡宁.风险投资"逐名"动机与上市公司盈余管理 [J]. 会计研究, 2015 (5): 20-27.

[13] 龚建波.风险投资对我国中小企业板上市公司盈余管理的影响 [D].成都: 西南交通大学, 2014.

后 记

本书是国家社会科学基金一般项目"我国股票发行注册制研究"（项目编号：14BGL035）的部分研究成果。感谢全国哲学社会科学规划办公室社会科学基金的资助，感谢南京理工大学各级部门的鼎力相助，在大家的帮助下，本基金项目得以如期完成，书稿得以顺利出版。

感谢我指导的硕士研究生陆小涵、许雯琪、顾海梅、许玲，她们攻读硕士学位期间，积极参与本项目，并据此很好地完成了硕士学位论文。感谢参与科研训练的詹婧雯同学及胡鸿程团队为本研究项目做出的贡献。

中国 IPO 抑价水平研究内容广泛，本书主要从制度、发行主体两方面研究了 IPO 抑价水平相关问题，书中的一些想法或结论难免存在不足之处，有待继续讨论与深化，寄望各位同人批评指正。

刘玉灿

2021 年 11 月 28 日于南京理工大学